全学科阅读

助推区域教育高质量发展

QUAN XUE KE YUE DU

主编 ◎ 李颖

北京燕山出版社

图书在版编目（CIP）数据

全学科阅读助推区域教育高质量发展 / 李颖主编
—— 北京 ： 北京燕山出版社，2021.12
ISBN 978-7-5402-6376-8

Ⅰ．①全… Ⅱ．①李… Ⅲ．①阅读教学－教学研究－
文集 Ⅳ．① H09-53

中国版本图书馆 CIP 数据核字（2021）第 279285 号

全学科阅读助推区域教育高质量发展

主　　编：李　颖
责任编辑：王月佳
出版发行：北京燕山出版社有限公司
社　　址：北京市丰台区东铁匠营苇子坑 138 号 C 座
电　　话：010-65240430（总编室）
印　　刷：北京朝阳印刷厂有限责任公司
开　　本：787mm×1092mm　1/16
字　　数：260 千字
印　　张：19.75
版　　次：2023 年 4 月第 1 版
印　　次：2023 年 4 月第 1 次印刷
定　　价：58.00 元

编委会

主　编

李　颖

副　主　编

商学军

编　　委

任智茹　　史鹏越

王艺儒　　何英丹

于连蕊　　季晓媛

全学科阅读撬动核心素养发展

少年易老学难成，一寸光阴不可轻。

未觉池塘春草梦，阶前梧叶已秋声。

——朱熹《偶成》

习近平总书记指出："文化是民族生存和发展的重要力量。读书可以让人保持思想活力，让人得到智慧启发，让人滋养浩然之气。"习总书记倡导的全民阅读为创设浓郁的阅读氛围奠定了基础。在此背景下，为了适应城市副中心的发展需求，聚焦教育内涵发展；深化基础教育综合改革，提高学生阅读素养，全面提升基础教育教学的质量和品质，2018 年 5 月 18 日，通州区召开了基于核心素养的通州区 ASR（全学科阅读）项目启动会，自此，全学科阅读项目蓬勃兴起。

所谓全学科阅读，是指有系统生态的阅读，全员参与的阅读，全面而有个性的阅读，有指导的阅读。全学科阅读将学生阅读素养的培养置身于多学科体系中，以学科知识为原点，以特定学段学科知识框架为半径拓展阅读内容，既提高学科学习的自主性，促进学生核心素养的形成，又以培养学生的阅读习惯和阅读能力为切入点，培养学生成为终身阅读者必须具备的阅读素养。

全学科阅读项目自 2018 年启动以来，在多方面撬动了学生的核心素养发展：

1. 促进阅读文化的转型。全学科阅读的铺开，能让师生领悟到阅读不只是语文学科的专利，学习不只是做题，各学科除了教科书、教辅资料还有多种多样的阅读文本；师生头脑中单一结构的阅读概念将被打破，基于全学科的多结构形态的阅读概念将逐渐建立，学科阅读氛围随之会慢慢形成，学校整体的阅读氛围将更加浓郁。全学科阅读项目组为促进阅读研究氛围的形成，倍加注重相关区域立项国家级重点课题，在此过程中，学校教师积极踊跃申报课题。全学科阅读项目组充分发挥区域阅读影响力，成员多次被邀请在省市、国家级研讨会上交流经验，承担国际会议 GCCCE2019 "科技助力中小学全学科阅读"工作坊的设计与实施。

2. 推动育人方式改革。全学科阅读就是要构建学科课程内容的开放格局，引导师生从长、从宽、从高角度立体化地认知学科，在热爱学科课程、感受学科课程的奇妙与伟大中接受学科教育，使学科课程起到春风化雨的化育效果。全学科阅读项目组组建了由专家团队、研修员、一线教师、第三方专业机构组成的阅读研究与实践共同体。搭建了阅读服务支持平台，设计专家系列讲座，解读阅读相关的理论与实践；组织教师进行阅读研修，提升阅读教学指导力；进行阅读成果征集，扩大阅读影响力。

3. 融通各学科阅读策略。各学科阅读的特性有异，但也有一些通用路径，需要加以挖掘，凝练为学科阅读规律。全学科阅读项目组在多次走进学校开展专项视导、学科课堂展示、学部论坛交流，深化教师阅读教学研修的过程中，对相关通用路径进行了规律性总结：语文学科阅读常常要进行言与象的转换，即将语言转换为物象、形象、意象；数学学科阅读常常要进行言与图的转换，即将语言（含符号）转换为图像、图式（含模型图式、空间图式、关系图式等）、图表；科学学科阅读常常要进行言与过程的转换，即将语言转换为实验过程、检验过程、生产过程。

4. 探索自主发展范式。全学科阅读项目组建立了"上下协同、区校联动"的运行机制，开展学校专项视导，调研、诊断、指导阅读实践；设计学部专题论坛，总结、交流、提升阅读经验；组织学科主题展示课，提炼、引领、辐射阅读成果，不断探索自主发展范式。

此次全学科阅读成果征集活动，通过典型成果凝练与固化，大大提升了教师的阅读研究能力和成果固化能力，也促进了学校教学质量的提升和研究成果的积累，推动了通州区整体教学水平的发展。

期望通过全学科阅读项目的推进，让阅读成为广大师生的生活方式，使学生们的读书声越飘越远，使校园的每一处角落都充盈着淡淡的书香。

目　录

科学类学科阅读实践探索

学生阅读素养提升

以全学科阅读推动学校内涵发展

李 青 王建华

从 2019 年开始，我校参加了通州区"全学科阅读项目"，并以此为契机，首先带动全校师生的阅读行为，与我校办学理念"培养有理性的读书人"及"书乡校园"文化建设相结合，推动全员阅读。再引导教师通过课题研究，实践探索学科阅读策略，科学地引领学生高效高质阅读。

一、全力营造阅读氛围

我们在图书馆和楼道的设计与改造、班级图书角的创建、校园宣传环境的创设三方面做了扎实的工作，营造了浓郁的阅读氛围。

二、全学科阅读师者先行

钱理群先生说："什么是教育？就是爱读书的校长和爱读书的老师，带领着学生一起读书。"开展全学科阅读，首先要让干部教师行动起来。

（一）校长率先垂范

作为学校核心管理者，校长从制度建构和文化生成两方面重构学校阅读教育体系，营造积极的阅读氛围，带领师生进行阅读活动。

（二）干部带头读书

学校每年为干部购置图书 4—6 本，制定读书笔记检查制度。开学前，干部提前到校进行读书活动，形式有主题交流、分组研读、问题探讨等。

（三）全校教师共读

每学期学校为全体教师购置图书 2本，主要集中于教育类，利用每双周的全体教师例会，安排教师进行 8 分钟阅读分享。

（四）青年教师读书会成效显著

青年教师读书会是全学科阅读项目开始以来我们重点关注的读书团队。

1. 名家导读。邀请名家来引领和指导老师们阅读，一本书的价值可以实现最大化。吴欣歆老师引领教师们共读了《教室里的电影院》一书，由一本书的阅读逐步过渡到教师如何自己设计"校本课程"，给年轻老师们补上了"课程

作者简介：李青，北京市通州区第四中学校长，高级教师；
　　　　　王建华，北京市通州区第四中学副主任，高级教师。

建设"这一课。通过吴老师的积极引导，读书效益最大化成为我们的追求。

2.共读研讨。每学期，读书会的老师们都会按照计划共读2—3本书。"共读"环节采取自主阅读的方式，"研讨"环节会精心设计有价值的问题。在专业阅读的过程中，只要善于提出问题、分析问题，结合实践进行思考，就可以带来教师的快速成长。

3.好书推介。

4.心得演讲。读书心得的征集与演讲活动意义重大，对每位老师都是学习和提升的良机。2020年举办了以《致教师》读书心得为主题的演讲活动。

5.书院研修。当代书院的活动丰富多彩，各种仪式更是具有神圣、庄严之感，是进行文化交流学习的最佳场所。我们组织教师参加了西山京麓书院的研修活动，聆听整本书阅读讲座，参与文化体验，在这一日感受到的美，连同美带来的好心情，都会带到工作中去。

6.学以致用。指教师将阅读所得应用于教育教学实践。

三年的读书会活动，已经见证了青年教师们的改变，包括教师素养、教育理念、教育技能、专业写作与专业研究能力等多方面的提升。教育变得越来越精彩。

三、以课题研究引领全学科阅读的深化

我们以科研的态度来开展全学科阅

读活动，鼓励开展课题研究。各学科组教师通力合作，根据学科特点和实际情况，确立各自课题，采取行动研究的方式，边实践边反思。

整本书阅读始终是语文组研究和实践的重点。除了中考必读书目，教师们还积极拓展学生的阅读领域，开展主题性阅读，进行阅读策略研究，如"初中语文科幻小说的阅读研究"和"课外文学作品阅读评价研究"。英语组在初中北师大版教材的基础上，利用阳光英语分级阅读材料进行拓展阅读。他们把两本教材建立关联，有效整合。注意主题情境的创设和对主题意义的深层探究，运用多种阅读策略培养学生思维品质。物理组进行了"基于核心素养的初中物理阅读策略实践探索"，根据物理语言的特点，物理阅读主要包括以下几个类型：文字的阅读、公式的阅读、图表的阅读和习题的阅读。每种类型的阅读都有不同的阅读策略。数学组的课题是"加强数学阅读，提升学生自主学习能力的实践研究"。他们经过实践探索总结出指导学生阅读数学教材的方法和数学阅读的策略。在教师的引领下，学生逐渐掌握了阅读数学教材、研读书中的例题和错题的方法，即使对于数据比较复杂的实际问题，学生也能很快提炼出信息，正确分析，提高了课堂效率。地理组教师重视地理与文

学的融通阅读，在教学中结合具体教学内容，有针对性地融入诗词、古文、小说名著等进行情景再设置，充分关注文学中的地理知识，合理进行地理解读。学生能在"文学情境"的引领下，感受地理学科的博大精深与魅力，让地理学科不只是眼前的知识，还有远方的田野、丰富的文学常识和文化底蕴的洗礼。谢晨老师以"诗词话河流"为题设计了一节"河流专题"的中考复习课，非常成功。

总之，当我们从促进学习力提升的角度理解全学科阅读，就能把握其核心与主旨，在学科教学中渗透"通过阅读来学习"的理念，选择适宜的阅读内容，采取相应的策略与方式，真正对促进学生学习力及核心素养的提升发挥作用。

四、重视阅读成果的"输出"和阅读素养平台的"搭建"

我校注重学生阅读成果的"输出"环节，通过多种渠道为学生搭建展示平台，设计有挑战、有趣味的阅读实践与展示活动，引导学生把阅读理解、感悟以多种形式呈现出来。

（一）成果"输出"的方式

1.专题研究类；2.读书会或读书沙龙；3.制作类；4.改编创作类。

（二）学校阅读经典活动

1.读书节。每年4月23日，举行全校性的读书节活动。今年已经是第七届，内容越来越丰富。目的是引出潜藏在学生内心的智能，让他们拥有持续一生的学习热情。

2.戏剧节。戏剧节已经成功举办了三届，改编名著，演名著，还曾经联合京冀地区两校学生进行经典名著展演。

3.诗韵四中。形式有诗词朗诵展示或比赛、诗词积累比赛等。激励同学们浸润优秀传统文化，养成长期诵读积累的习惯。

4.午读时光。每天中午的20分钟午读时光一直陪伴着小学部的所有同学，成了他们最期待的幸福时光。

（三）组织参赛（略）

五、以评估提升全员全学科阅读质量

除了开展一些比赛、展示等活动，我们还将表彰阅读先进作为年度常态工作。包括针对干部教师群体的"四中读书人"，针对学生群体的"读书之星"，针对学生家庭的"书香家庭"，每位获奖者都要上交自己的阅读记录单，记录下一年来的读书成绩。

近年来，我们以教师团队的阅读来引领学生的阅读，以科研的态度来开展全学科阅读。通过多种措施，提升教师的课程实施能力，改变教学方式和学习方式，提高教育教学质量；培养学生阅读兴趣、习惯，关注学生核心素养的提升，为学生终身学习奠定坚实基础，推动学校走上一条内涵发展之路。

举全校之力　推进全学科阅读

杜福栋　陈锦梅

多读书的重要性不言而喻。长远来看，书籍就是望远镜，就是一盏明灯，让我们看得更远、更清晰，所以古人就有"博百家所长，为我所用"的读书情怀。从阅读内容来讲，学生阅读多侧重语文考试科目的阅读，对其他方面涉猎较少。学校意识到了阅读的重要性和以上种种问题，开展了一系列全学科阅读活动，力争构建书香校园。

一、利用大数据，为阅读中出现的问题把脉

大数据时代，我们成立全学科阅读项目组，从校领导到学科骨干教师、教研组长及一线学科老师进行了两次关于全学科阅读的座谈与研讨。通过两次全方位阅读座谈，详细分析了我校学生及老师的阅读情况，如阅读能力、阅读量、阅读兴趣、阅读环境、老师对学生的阅读指导方法等。同时对初一、初二的全体学生做了阅读能力测评，形成了学生阅读能力测评报告。结合能力测试结果，我们开展问卷调查并对影响学生阅读的各方面因素做了调研，便于发现问题，精准施策。

二、利用碎片化时间，开展经典阅读活动

为落实以立德树人为核心，以培养核心素养为理念，深入开展社会主义核心价值观教育和中华优秀传统文化教育，贯彻全科阅读项目以语文阅读为先导的指示，我校在全校范围内开展了"学科经典阅读"的主题阅读活动。由老师们布置阅读任务，并用文学圈阅读、思维导图、读后感交流等方式，引导学生在班内进行阅读交流，每周做一次读书汇报。例如，组织高中年级进行《红楼梦》专题阅读活动，老师们每天布置阅读任务，指导学生进行相关章节的阅读，让学生进行人物角色分析，结合视频片段赏析帮助学生们加深理解，避免阅读的

作者简介：杜福栋，北京市通州区永乐店中学党总支书记、校长，北京市中小学特级校长，北京市先进工作者，正高级教师；
陈锦梅，北京市通州区永乐店中学教务处副主任，高级教师。

浅层化。在学期末，还组织了《红楼梦》知识问答竞赛和片段表演，学生们阅读的兴趣大大提升。

三、利用现有资源，营造阅读氛围

（一）为师生阅读提供便利

我校根据《义务教育课程标准》推荐书目和全学科项目组提供的书单，充实了图书馆图书数量，提高了图书质量，力争为学生和教师创设一个舒心的阅读环境。增加阅览室的全学科前沿杂志，延长阅览室的开放时间，为师生阅读提供便利。

（二）对优秀的管理员进行表彰

为了丰富班级图书角，便于同学们随时随地开展阅读，图书馆还为每个班级办理了班级图书卡，由班级图书管理员定期到图书馆借阅书籍，放到班内图书角供大家借阅，班级图书管理员做好借阅登记和书籍管理工作。为了激发图书管理员的工作热情，我们每学期都召开班级图书管理员学期工作总结大会，对优秀的管理员进行表彰。

（三）给爱阅读的学生提供交流的空间和机会

为了创建良好的读书氛围，学校鼓励各年级自己建设年级阅览室，图书馆定期为年级图书馆输送报刊、杂志，年级组织教师、学生捐书，邀请年级教师定期开展阅读讲座活动和读书分享会，给爱阅读的学生提供交流的空间和机会。

四、利用社团活动，丰富阅读形式

为了激发学生阅读兴趣，我校安排语文老师组织成立了"无问书社"。社团每两周举办一次读书会，学生可以尽情地畅所欲言，分享自己独特的见解，倾听他人的心得，交流彼此喜爱的情节。"无问来处，只问收获"。无问书社自成立以来，多次组织精彩的校内活动，如"朗读者""三行诗""朗读快闪"等，在学生们中间产生了很深的影响。书社还设有"小记者团"，负责阅读活动的推广和宣传。小记者们曾就阅读采访杜校长，采访结束后，记者还邀请校长为同学们朗诵了艾青的《我爱这土地》，活动在学校引起了很大的反响。社团活动极大地提升了同学们的阅读热情和参与积极性。

五、利用假期时间，开展全学科阅读

阅读一本好书，也许会影响同学们的一生。寒暑假里，我们希望同学们在酣畅淋漓地享受假期的同时，也给他们"充充电"。我校为了帮助同学们养成阅读习惯，让同学们终身受益，会在寒暑假前，利用公众号推送阅读书单，并有备课组教师对本年级本学科的阅读书目进行挑选，针对本学科阅读布置特色作业，如阅读手抄报、思维导图、制作教具等等。每次开学初前两周，我们会安排年级对学

生上交的作品进行筛选和评比，对优秀的作品在我校宣传栏进行展示，对作品作者进行表彰，鼓励更多的师生对全学科阅读进行探索。

六、利用学校平台，开展知识竞赛

为了组织师生参加全学科阅读达人争霸赛活动，我们召开了动员会，为学生做赛事介绍和通知校内比赛安排。之后组织班级选拔赛，学生通过书面答题方式参加竞赛。最终每个班级选出了两个代表队参加校级评选。全学科阅读校级争霸赛是一个思维碰撞、强者云集的战场，是一个锻炼胆识、展现风采的舞台，也是激发学生阅读兴趣、增强学生阅读动力的活动。通过比赛不仅让学生们明晰了阅读的意义以及阅读的重要性，还能鼓励学生努力参与到全学科阅读中来，开启自己的阅读之路，让知识更加丰富，让眼界更加宽广。

七、利用家校共育平台，促进家庭阅读

针对学校地处农村、学生家庭阅读氛围缺失的问题，学校利用家长会时间，请专家、老师为家长们讲解阅读的重要性，并分享家庭阅读的方法。此外，学校还策划开展了送书到家活动和"阅读明星家庭"评选活动。对于评选出的家庭，利用校园公众号进行推送和典型事例分享，以此吸引更多的家庭加入到阅读活动中来。

当前，中高考命题方式正在进行很大的改革，学生的阅读面也在悄悄发生变化，哲学、历史、科技什么类型的内容都有，现在阅读的要求远远高出了语文教学平时教的那个水平。这就要求学校、家庭对阅读更加重视。切实有效地开展阅读活动，不仅是考试的需求，也是素质提升、文化延续的必然要求。举全校之力推进全学科阅读，从而构建"书香校园"，功在当代，利在千秋。

双线并进推进全学科阅读

李卫东　李　涛

　　学生和教师双线并进推进阅读活动的开展，教师主要从提升指导学生阅读的能力入手，学生主要从阅读习惯阅读情志入手，从而形成学校浓厚的阅读氛围。

一、针对老师开展了一系列阅读活动

（一）阅读培训指导——提升教师阅读设计能力

　　教研组长会在教师上进行动员，要求老师们将各学科开展阅读活动纳入学期的工作，根据本学科的学习特点，寻找指导学生阅读的点（阅读技巧、阅读习惯、图形转换等）。开展了基于全学科阅读的各种研究课，把指导学生阅读的点在课程中体现出来。指导教师对学生的相关阅读能力点进行跟踪确认，确认活动开展的效果，建立学生阅读档案，让学生完成不同的学科阅读，经过自主选择不同方式的考评，最终汇总得出每一位同学在不同学段的阅读档案，建立

学生阅读、表达、汇总、提升的完整过程。组织了教师阅读教学设计的评比活动，引导教师把指导学生的阅读融入课堂教学。参加了研修中心全学科阅读的征文活动和教学案例征集活动，总结开展的经验和教训，调整指导阅读活动的方向。

（二）阅读交流活动——养成教师良好的阅读习惯

　　引导教师养成良好的阅读习惯带动学生，学校给全校老师配备了 12 本书，指导老师撰写读书心得，组织教师进行了读书交流活动，分享读书中获得的知识和快乐，引导教师把阅读和工作实践相结合，用阅读中的理论指导教学实践，调整自己的教育教学。部分老师根据读书心得结合实际的工作，撰写了自己的教育教学案例。

（三）专家引领诊断——提升教师阅读反思能力

　　除了参加上级部门组织的专家讲座，为了更好地实施全学科阅读，提升

作者简介：李卫东，通州区运河中学党支部书记、校长，高级教师；
　　　　　　李涛，通州区运河中学历史高级教师，教学副校长。

学校教师阅读和写作水平，学校邀请原西城区教育科学研究院院长郄亚臣，与青年教师们分享如何阅读和如何写作的经验；邀请国学专家对教师进行传统文化的教育；特别组织了全学科阅读的视导活动，邀请市区专家走进运河中学，对 8 个学科 18 位老师的阅读教学进行了指导，专家对学生阅读习惯的培养、学生阅读速度、阅读的深度、如何提取阅读信息、各学科阅读素养的培养都提出了自己的建议，对学校下阶段的阅读开展有很大指导意义。

（四）课题攻关——推动阅读针对性的研究

阅读是搜集处理信息、认识世界、发展思维、获得审美体验的重要途径。由此可以看出，阅读的第一要务便是搜集处理信息。基于此，我们提出"信息提取法提升中学生课堂阅读速度的行动研究"，希望对于不同学科，可以通过合理的信息提取方法，找出促进学生课堂阅读速度的阅读方法。学校初一年级统一组织进行"中小衔接培养学生阅读习惯"的行动研究，各学科在初一针对学科特点指导学生进行阅读活动，教师反思活动过程，撰写中小衔接阅读指导论文。

二、针对学生开展的全学科阅读活动——提升学生阅读兴趣、阅读技巧和习惯

"全学科阅读"其实是一种真正的以学习者为中心的理念。过去，学科之间的界限无意中也在学生的大脑中留下了条条框框，忘记了大脑本来就具有"融会贯通"的潜能；而"全学科阅读"就是进一步探索，打破学科壁垒，立足于学习的本质，深层次激发大脑的思考欲望，探索学习，享受学习。

（一）专题活动——提升校园阅读氛围

学校开展阅读和朗诵活动，每年一次开展的读书节，组织学生开展阅读推荐活动，利用学校大屏幕滚动播放。学校宣传栏每周一首古诗词阅读欣赏，提高学生阅读的兴趣，体味阅读之趣。把阅读和德育相结合进行"读名著做儒雅运河人"名著阅读征文活动，体味在阅读中的做人道理。组织学生进行绘制名著插画和书签，深入阅读，体味阅读之美。组织学生参加了通州区全学科阅读争霸赛活动，学生积极备战获得冠军。学校以全学科阅读达人争霸赛夺冠为契机，把我们热爱阅读的态度高调亮相，让阅读无处不在，体味阅读之乐。假期中各年级组织每天 1 小时阅读活动，各学科推荐学生阅读的书目，开展"深度阅读"活动。结合中学生基础阅读书目开展系列阅读指导，开展整本书阅读和全学科阅读等深度阅读活动，引导学生写阅读笔记。开学初在全班分享阅读成果，组织初一初二参加书香燕京的阅读征

文活动，体味阅读之情。邀请高级朗诵培训师张凤霞教授到我们学校进行题为《用声音点亮文字》的培训活动；请知名科幻作家王晋康到我们学校进行演讲及见面活动，帮助学生提高阅读兴趣和情志，借专家讲坛之机继续大力倡导阅读，让书香弥漫在运河中学的上空。

（二）专门课程——提升阅读的深度

在碎片化生存的时代，对学生而言，如果没有阅读的参与，没有人文素养的积淀，生命将是不完整的或者缺乏重量的。应帮助学生建立真正的高于学科的阅读，增加阅读深度，拓宽他们的人文视野，这样才能打好基础，从而在接下来的学习中实现一通百通，迅速提高。学校专门配备阅读专任教师，在初一和初二指导阅读。初一年级每周一课时开展阅读活动（张瑞兰），诗歌鉴赏《春江花月夜》，散文欣赏《小园赋》《天堂赛》，经典诵读《道德经》《少年中国说》《大学》，拓宽学生阅读的广度和深度，指导学生深度阅读，培养学生阅读的情志。

（三）学生社团——弘扬传统文化

本学期组织了吟诵社，聘请专家和教师，带领社团学习诵读传统名篇，报名参加吟诵比赛，通过社团的点带动年级的面，组织年级学生进行国学诵读竞赛活动，弘扬中国传统文化。

（四）学生课堂阅读——指导阅读技巧

课前阅读—课中阅读—课后阅读。课前阅读在教师的引导下线上线下同时进行，做好阅读笔记为课堂阅读做好准备；课中阅读在教师指导下深度阅读，提升阅读速度和技巧；课后进行阅读反思。

三、家长培训——带动阅读习惯

在阅读这个领域，学生们的差距不大，如果家长能够重视孩子的阅读，为孩子的阅读创造良好的环境，花点时间与孩子一起读书，父母与孩子经常搞家庭阅读交流会，对孩子的阅读进行适度的引导，相信不出几年孩子的阅读能力就会更上一层楼。学校利用家长会对家长开设专家讲座，指导家长养成良好的阅读习惯，对学生形成正能量的影响。

四、下一步工作打算

（一）开展名篇朗诵比赛、名家讲坛、戏剧表演，戏剧表演是下阶段重点进行的工作。

（二）阅读专家联合教研员下校指导学科教研组阅读的开展。

（三）在提升学生阅读速度的基础上，在学生阅读的深度上开展进一步研究。

（四）在家长对学生阅读的指导上还要进一步研究和开展。

核心素养背景下的全学科整本书阅读教学实践

左春云

摘要：中国学生发展核心素养的发布，深入回答了"立德树人"中树什么人的问题，强调人的存在是一个整体性的存在，要培养"全面发展的人"。为了适应当前高素质要求的发展，在核心素养背景下开展全学科整本书阅读教学实践。尝试开发整本书阅读课程，搭建整本书阅读课程体系，促进学生的全面发展。

关键词：核心素养；全学科；整本书阅读课程体系

2016年中国学生发展核心素养发布，深入回答了"立德树人"中树什么人的问题，强调人的存在是一个整体性的存在，要培养"全面发展的人"。学校具有贡院、书院双重的文化基因。贡院是古时读书人参加科举考试的地方，古人学而优则仕"，寒窗苦读数十载参加科举考试，从而走上报效国家的道路。"风声雨声读书声，声声入耳，国事家事天下事，事事关心"，可以说是古代书院办学精神的生动写照。所以在贡院，无论是古代还是现代，读书、阅读都是实现个人发展的最重要途径之一，"腹有诗书气自华"是带有中华民族属性的精神气质。

与此同时，贡院作为古时科举考试的重要场所，书院作为古代的教育机构，保有着中国教育传统思想精髓的印记。从周代的六艺教育就强调人的全方面发展。而且古代教育还有两个重要的倾向，一个是重"德"的修进，一个是重"学"的乐趣。因此，从历史中走来的贡院小学，在"立德树人"、核心素养的引领下，结合自身文化特色，将"明德至善、笃学致远"作为核心价值观，提出明远教育的办学理念，从自然、文化、社会与自我的关系上规划人的完整成长，提出了"明远少年"三大成长目标：阳光、

作者简介：左春云，北京市通州区贡院小学校长，高级教师。

儒雅、责任。"阳光"是指学生学会处理与自我的关系，阳光自信，个性活泼，紧扣中国学生发展核心素养中的"自主发展"；"责任"是指学生能够处理与他人、社会、国家的关系，与核心素养的"社会参与"高度相关，关注学生的家国情怀和实践创新能力；"儒雅"即指学生的文化属性，具有宽厚的文化基础，深具人文意蕴和科学精神，发展能学习与传承内含"人类智慧成果"的优秀文化的相关素养。

为了达成明远少年的培养目标，学校将阅读作为涵养学生精神成长、厚积文化底蕴的重要途径，在改进教学，初步尝试单元整合的基础之上，构建了整本书阅读的课程体系。

一、课堂教学的改进

学校聘请特级教师，每周定期开展教研活动，深入解读教材，提高课堂教学的效率和质量，在不折不扣实行国家教材的同时，为"整本书"阅读教学节省课时。

二、单元整体教学

采取单元整体教学，在学科内部与学科之间对国家课程进行了"校本化"的处理，加大了与整本书阅读的整合力度，以便腾出时间，让学生汲取更多的内容。

三、"整本书"阅读课程体系的搭建

为了加强学生的系统思考，厚积文化底蕴，培养科学精神，学校构建"整本书"阅读课程体系，激发学生对不同领域的阅读兴趣，让学生在六年毕业后能够有一个大的时空观，对这个世界（自然、社会、人）形成一个较为宏观的初步认识。学校以课程目标的确定、课程内容的开发和实施为设计思路，全面推进"整本书"阅读。

（一）建构整本书阅读的课程目标体系

在国家、地方课程基础之上的，根据我校已有的课程建设资源和教学条件，遵循儿童身心发展节律制定了整本书阅读的课程目标。课程总目标：指向人的完整成长，包括精神滋养、阅读素养两个维度。精神滋养目标是实现学校"阳光、儒雅、责任"的培养目标；阅读素养包含阅读能力和阅读品格，而阅读品格是指学生的阅读兴趣、习惯和阅读量等阅读行为与态度。

（二）研发整本书阅读的书目体系

依据儿童心理发展特点，国家、地方课程标准和教材内容以及我校学生的特点，在专家的指导和一线教师研发团队的努力下，我校开发了"整本书"阅读书目体系。分为核心书目（必读书目）、拓展书目、全学科书目，将学校的基础要求与学生个性化阅读、精读与泛读结合起来。

1.核心书目。核心书目是根据学生成长发展需求以及新课标对一至六年级学生应达到的阅读能力目标的描述，结合部编本"快乐读书吧"中的推荐，与专家共同研究后精选 15 本经典书目作为学校全体学生的必读书目，其中既包含语文类整本书阅读，也包括数学类整本书、英文类整本书的阅读。

2. 拓展书目。除了全校必读书目之外，根据孩子不同的阅读需求，在自主选择的基础上，为孩子推荐相关主题的其他 20 本书籍，涉及艺术、科学、文学等多种领域，让孩子们以积累"阅读存折"的方式进行广泛阅读，实现精读与泛读的有机结合。

3. 全学科书目。学校已建成设备先进的大型图书馆，涵盖历史、文学、科学、艺术、哲学等多个门类，还可根据师生的阅读需求不断补充新的图书、报刊。充满童趣的学生阅览室，给学生个人阅读、小组合作阅读、班级集体读提供了舒适自由的空间，保证全体师生人人有书读，时时有书伴。各个班级建立了班级书架，并经常鼓励学生开展图书漂流活动，组织学生将自己读过的书与其他同学进行交换，在学生之间实现图书资源流转使用。

同时购买了线上的阅读资源，学生在线上进行相关的图书认证、图书笔记等活动，然后获得成长值、财富值，阅读的图书越多，所获得的奖励越多，以此来大幅度提高学生的阅读量。

（三）梳理整本书阅读的教学实践策略

学校根据核心书目、拓展书目、全学科书目等三大课程内容，探索了不同的课程实施方法，形成了核心书目—（语文类整本书—体验式学习圈阅读策略、数学类整本书—QSL 阅读策略、英语类整本书—语言·思维·文化阅读策略），从整体上着眼，指导学生把握全书内容；拓展书目—阅读活动推进策略，将阅读与学生的生活建立联系；全学科书目—混合式学习策略，实现阅读的个性化、定制化。

1. 核心书目。（1）语文整本书—体验式学习圈阅读策略。在开展语文类整本书阅读时，教师关注学生的阅读体验，采用"亲历"—通识全书，"回顾"—梳理反思，"抽象"—深化认识，"交流"—分享成果等四个环节，给学生提供指导，给予帮助，并引导学生关注整体性问题，联络全书，多线齐头并进，对整本书获得完整而深入的认识。目前，学校已经开发了《爱丽丝梦游仙境幻想阅读活动手册》《草房子成长阅读活动手册》《不一样的爸爸快乐阅读活动手册》《窗边的小豆豆—校园阅读活动手册》《青蛙和蟾蜍—友情活动手册》《北纬 36 度—"他们的生活"阅读活动手册》《点亮小橘灯—诗意生活阅读活动手册》《盐丁儿—成长阅读活动手册》《林汉达历史故事集—民族成长阅读活动手册》等核心书目的活动手册。这些阅读活动手册被海淀、朝阳、平谷、延庆等学校广泛借鉴、使用。有来自浙江、河北、天津、山西、山东等多个省市代表团到校参观学习。（2）数学整本书阅读—QSL阅读策略。数学类整本书阅读旨在培养学生提取信息、整合信息的能力，开拓学生头脑中的数学空间，捕捉身边的数学信息，碰触现代数学的脉络，体会数学文化。数学项目组通过多次课例研磨，初步形成"提取问题情境—寻求解决方法—形成感悟评价—联系生活实际"的阅读理解路径，在理解过程中，通过构建文本与自己，文本与自己、同伴，文本与自己、同伴、教师等三轮对话关系，帮助学生亲历将实际问题抽象成数学模型的过程，理解和解释数学文本信息，建立数学与生活之间的密切联系，体会数学的意义与价值。（3）英语整本书—语言·思维·文化阅读策略。项目组梳理了英语类整本书阅读的教学策略。通过StoryMap的使用，以一种轻松愉快的方式让学生在故事情境中学习和获得语言知识；在阅读时，通过想象、推断、比较，从不同角度展开丰富的思考活动，涵养学生的思维品质；通过汇报、演出等方式，让学生透过作品了解多元文化，促进国际理解，体会不同国度共同的、基本的价值观，具备家国天下的情怀，为本民族的文化学习注入新的活力。

2.拓展书目—阅读活动推进策略。（1）教室内的阅读活动。为了让阅读成为学生的一种生活习惯，开展班级内部阅读存折储蓄活动，存折上记录学生阅读后的作品、评价卡，以及所做的读书资料与摘录，并且记录有关每一个学生的老师、同伴、社区人士、家长对阅读的点评。通过建立阅读存折的方式，让学生看到自己在阅读量上的累积成长，增强阅读信心，养成良好的阅读习惯。此外，还在班级经常开展朗读、默读、听读等训练活动：通过每天进行晨诵、午读、暮省的古诗文读书活动，进行朗读训练；每天固定安排学生20分钟的读书时间，进行默读训练；中午收听校园广播"悦读时分"节目，进行听读训练等。（2）校园里的阅读活动。在图书馆里开展丰富多彩的学科阅读活动，如"畅游模型世界，放飞科技梦想"的科学类主题活动，"游走在地图上的数学"数学类主题活动，"汉字有画说—探寻明雅校园里的象形文字""心随乐动"等艺术类主题活动等。

另外，学校每年举办书香节，在书香节上聘请"鲁迅文学奖"获得者谭旭东先生、"国际安徒生"奖获得者曹文轩先生、《大头儿子和小头爸爸》的作者郑春华女士、中国科学院陈贺能工程师等社会上的知名学者、作家走进校园，与学生面对面地交流，探讨自己的阅读体会、阅读感受，极大地激发和调动起学生读书的热情。（3）校园外的阅读活动。将阅读与学生的生活建立联系。如参加区艺术节，进行话剧的创编、汇演；到国图艺术中心参加"当安徒生遇到小提琴"读书体验活动；整合社区和家长资源，开展"古诗吟诵""讲故事"活动等等，并将不同职业背景的家长引进到学校的阅读文化建设中来；开展"书香传递爱"图书捐赠活动，与其他省市的学校建立友好关系，将对读书的热情传递给更多爱书的孩子，让孩子们共享读书的乐趣。

3. 全学科书目—混合式学习策略。学校购买了丰富的线上阅读课程，极大地拓展了阅读空间。在线阅读部分，学生可利用线上的丰富资源，自主控制阅读的时间、地点和进度，经过打卡、积分、获取财富值，上传阅读成果，以评论等方式，实现个性化、定制化的阅读；在校阅读部分，通过面对面的交流，分享阅读感悟，为学生提供一种整体性的阅读体验。

（四）开发整本书阅读的课程评估方式

1. 研发、引进儿童阅读能力评价与测量工具。参照 PIRLS、PISA 等国际阅读素养评价体系，学校尝试研发基于学校特色的儿童整本书阅读能力评价与测量工具，专门针对学生对核心书目的基本阅读理解能力和高级阅读理解能力的评价，每学期以附卷的形式进行检测，考察学生信息获取、积累、归纳、概括与迁移等阅读能力。并且与阅读推广中心合作，引进《小学生阅读能力测评》等评价工具，利用标准差、阅读能力等级评价标准，采取相应的阅读试题对学生阅读效果进行检测，通过数据统计分析，客观、科学地评测学生总体阅读能力的发展状况。

2. 建立基于大数据的阅读监控评价体系。通过对学生阅读数据的统计分析，引导学生构建自身完善的知识体系，在发挥特长的基础上防止过于偏重某一个领域的阅读，努力兼顾阅读不同种类、不同方面的书目，将阅读做到可控、可测、可视。

3. 建立线上—线下，学生—班级—家庭的评选体系。打通线上、线下的评选体系，根据学生的阅读量和阅读的领域，积极开展"阅读达人"的评选，并将获奖学生的海报张贴在图书馆的荣誉栏内；根据网上阅读系统中的数据以及在《明远少年》的校刊杂志社里专门开设的整本书阅读板块，依据各班的投稿量和中稿率评选出书香班级；根据家庭的藏书量、每周家庭的线上阅读时间以及所参加的亲子读书活动，评选出"书香"家庭，并给予颁奖。

发现·悦读

——通州区第一实验小学全学科阅读探索之路

陈金香　张春红

2018年通州区教委、教师研修中心推行了重大教育改革项目——全学科阅读项目，我们学校有幸被评为项目实验校。围绕"营造书香校园"主题，按照"学生主体、全员参与、以校为主、辐射家长"的工作思路和"内容充实、形式多样、鼓励创新、持之以恒"的工作要求，我校优化校园文化环境，大力开展校园读书活动，丰富师生精神生活。全学科阅读项目为学校的特色发展开辟了崭新的航道，为学生的综合素质与核心素养的提升提供了有效的途径。

一、以调研分析为始端，建构全学科阅读课程目标体系

我校成为阅读促进项目实验校后，首先成立阅读体系建设小组，选举陈金香校长为组长。陈校长带领我们分析学校自身情况，调查学生阅读实际情况，制定阅读推进计划和相关举措，群策群力，几经修改，初步拟定了校园阅读体系大纲，撰写了阅读课程体系构建的三年规划。可以概括成一思想、六研点、四提升。

一思想：依据课程标准对不同学段的阅读要求做出的详细说明和阐释，根据我校学生的年龄特点和心理特点，确定了阅读分层推进的思想。第一学段以激发兴趣为主，适当增加阅读容量；第二学段通过适当的任务驱动着力培养孩子的阅读韧性，让学生能够持之以恒地阅读整本书。第三学段帮助学生巩固阅读习惯，发展学生的审美与鉴赏能力，促进思维的发展与提升。六研点：我校把全学科阅读项目细化为六个研究点，依次为教师课堂教学能力提升研究、教师阅读素养提升研究、阅读校本课程的研发研究、家长阅读指导能力提升研究、学生阅读能力提升研究、校园环境改造

作者简介：陈金香，北京教育科学研究院通州区第一实验小学校长兼党支部书记，正高级教师，特级校长；
张春红，高级教师，北京市骨干教师。

提升研究。每个学期选择一个研究点推进。四提升：希望通过阅读项目推进，学校、教师、学生、家庭都有收获。

二、以层级实施为途径，建构全学科阅读管理体系

在全学科阅读实施的总体思路指引下，我们进一步明确了"高站位思考、高标准实施"，形成了立体化、全方位的阅读推进模式，建构全学科阅读工作扁平化管理体系。在管理组织建设层面，整合行政、教研、科研、课程、后勤等几方面的力量，以校长为总负责人，平行建立课程研发团队、实践活动研究团队、信息管理团队和项目保障团队，统筹协调，分工负责，团队作战，以渗透与融合的方式，规划全学科阅读工作，实现管理重心下沉，保证全学科阅读工作的规范化、有序化、实效化实施。

三、以整本书阅读为依托，建构"悦·读"课程体系

整本书更丰富、更复杂的情节，有利于提高学生的整体感知，评价鉴赏、推断解释等能力，所以我校的全学科阅读，以整本书阅读为依托，建构了"悦·读"课程体系。

每学期，各年级都会选出一本书，这年级的各学科老师和学生共读。每周一、三、五下午第三节课，是我们的阅读时间。每到这时，老师陪着孩子一起阅读，这种陪伴让更多的学生静下心来阅读，逐步养成了阅读的习惯。

为了让每一个学生都想读书、爱读书、会读书，深度读书，从小养成热爱书籍、博览群书的好习惯，并且能坚持把一本书读完，我校的课程研发团队经历了"确定书目，前期阅读思考；集思广益，研究导读策略；交流分享，开阔导读思路；基于课标，完善伴读手册"这四步，最终完成《悦读成长手册》的研发，希望用这本手册陪伴学生进行整本书阅读。到现在为止，我们已经研发30本《悦读成长手册》。

在这些手册中，开卷是陈校长的寄语，鼓励学生们坚持读书。接下来是根据整本书内容出的各种形式的测试题，有的按章节出题，有的按故事出题，如绘画、思维导图、猜测故事、判断对错、填空、朗读等。学生既可以在读前做，也可以在读后做。题量适中，不会给孩子增加负担。

学生用这本小册子记录阅读经历，记录进步的风采，扬起自信的风帆，提升阅读能力。精美的装帧、创意的设计以及孩子们童真诙谐的读后感，将他们美好的内心世界一页页展现。

《悦读成长手册》让孩子们喜欢阅读，感受阅读的乐趣，养成良好的阅读习惯，也让父母与孩子有了更进一步的交流与沟通，增进了亲子之间的关系，培养了家庭阅读的氛围，受到了家长的一致好评。

2020年上半年疫情期间，为了指导

学生更好地阅读整本书，教给学生读书方法，我校请北师大吴娟教授团队进行指导，利用三余阅读 APP，采取"每周一次线上直播＋每日线下阅读＋每日线上参与活动"的线上线下混合式形式，进行"悦·读"课程学习。

在课程体系中，对于学生的实践活动设计必不可少，实践研究团队研发了丰富多彩的阅读实践活动。我们学校最有特色的要算是"发现·少年行阅读嘉年华"闯关活动。此活动每学期开展一次，不仅以游戏的形式增长学生知识，促进学生交流，也丰富了"发现教育"的内涵，让学生在阅读中发现，以阅读培养学生思维。让学生从兴趣出发，养成阅读习惯，进而丰富精神世界，树立远大理想。也将以"发现·少年行阅读嘉年华"活动为契机，不断创新学生阅读形式，增强学生阅读体验，鼓励学生阅读分享与展示，让阅读陪伴学生成长。

全学科阅读作为教育发展的新航道，推动了学生、教师及学校的多层面发展。我们学生的核心价值观得到巩固，综合素质得到提升，社会责任感逐渐增强，创新实践能力得到培养。

学生在通州区诗词大赛、解题能力大赛等赛事中获得冠军及一等奖等优异成绩，《质疑日记》《创意小说》《五彩拾贝文集》等学生实践成果不断丰富。

我们的教师在主动发展中，由课程的执行者发展成课程的研发者，教师的研究意识与研究能力得到提升，多名教师在全国、市区课例及论文评优中取得特等奖及一等奖，并出版了论文集《发现之旅伴我成长》。学校办学质量与办学品位日益凸显，被评为项目学习示范校，所开展的主题实践活动多次在市区教委微信平台进行宣传，并被现代教育报、教育圆桌转发。《中国教育报》、《北京教育》、《北京日报》、中央电视台、北京电视台等多次报道我校办学情况。

最是书香能致远，坐而言，不如起而行。路虽远，行则将至。未来，我们将不断探索全学科阅读的育人体系，持续拓展学生的视野及其思维的深度，不断地创新前行！

项目引领 主题式探究助力
多学科阅读的有效开展

——学生居家学习期间阅读活动开展初探

冯玉海 邓凌云

摘要： 在居家学习期间，我们将以通州区研修中心全学科阅读项目为引领，以学科阅读为主线，以主题活动为载体，以线下自主探究线上分享交流为方式，进行探究式学习。各学科根据学科特点，以教材为蓝本，根据现实生活，根据学生实际，设计切实、有效的活动主题，让学生在丰富、有趣的探究活动中提升学科素养，提升自主探究能力。

关键词： 主题式探究；多学科阅读

2020 年 2 月 12 日，教育部办公厅在中小学延学期间"停课不停学"有关工作安排中强调，要强化居家学习指导，做好开学后教学与居家学习的衔接，确保不增加学生负担，坚决防止超前过快学习。学生居家学习，学习的内容该如何设置？教师如何指导更加有效？采取怎样的学习方法才更有助于学生发展？这些问题不断地敲击着我们。其实也不难发现学生居家学习期间，学习的内容应更加广泛，学习的方式应更加开放，教师的指导方法应更加多样灵活。居家学习更有利于学生发挥自己的主观能动性，去学习，去探究，去思考。我们在不断地摸索与思考中前行。

一、众里寻他千百度——明确方向

疫情的影响，老师们不能像以往一样通过面授的方式引领学生学习，在居家学习中如何保持学生学习的动力？如何更好地发展学生的学科素养？如何在居家学习期间助力孩子成长？经不断研究，我们发现以项目引领、菜单式学

作者简介： 冯玉海，北京市通州区梨园镇中心小学校长，高级教师；
　　　　　邓凌云，北京市通州区梨园镇中心小学教学副主任，市级语文骨干教师。

习为载体，可以更好地发挥学生的自主性、探究性，这样学生学起来有兴趣，也有助于学生自主探究能力的发展与提升。根据居家学习的特点以及我校学生情况，经教研组长和学校领导研究决定，在居家学习中，我们将以通州区研修中心全学科阅读项目为引领，以学科阅读为主线，以主题活动为载体，以线下自主探究线上分享交流为方式，进行探究式学习。

二、衣带渐宽终不悔——研磨策略

各学科根据学科特点，以教材为蓝本，根据现实生活，根据学生实际，设计切实、有效的活动主题，让学生在丰富、有趣的探究活动中提升学科素养，提升自主探究能力。

各教研组经过深入研讨制定了活动主题。各学科设计活动主题意在让学生通过主题式的探究活动，联结旧识与新知，联结课内与课外，联结知识与能力。接着，各教研组制定主题学习计划，以一个月作为一个周期进行，并将活动细化到每一周，制定学生研究内容、研究方法、研讨方式。

最后，各教研组以短片或封信件的形式发布活动，目的是激发学生探究兴趣，明确探究内容，知晓探究方法。

三、待到山花烂漫时——助力成长

各教研组反复研讨具体实施方案，

精准施策，在实施中不断改进与完善。教师们在学生自主探究、小组合作学习的基础上，每一周进行一次集体展示与指导，教师根据学生的学习成果，有针对性地进行互动指导，钉钉、腾讯会议、微信群等是教师与学生沟通交流的主要工具。

语文学科基于学生古诗词学习的基础与能力，教师设计采用自主积累、搜集资料、话题探究、成果展示等方式进行古诗阅读，在学习中积累古诗、了解大意、感受特色、认识诗人，从而达到广积累、爱阅读的目的。第一阶段：背一背。根据主题背一背教材中和自己搜集的诗。低年级以教材中杜甫写春天的古诗为主线学习其更多描写春天的古诗，中年级从范成大的《夏日田园杂兴》拓展到这位诗人其他田园诗，高年级以王维的诗进行其山水田园诗的拓展学习。第二阶段：学一学。根据年级段特点，学生采用多种形式自主学习古诗，并在相互交流中提升认知。第三阶段：做一做。在自主学习的基础上，教师引导学生以小组为单位通过话题的方式深入学习，学生通过查阅资料、加工整理、分析研究，提出见解，完成学习单，从而带着问题深入了解古诗，进而了解诗人。第四阶段：展一展。通过讲一讲、绘制思维导图等形式展示本组的学习成果，学生通过视频把自己学到的对古诗及对诗人的了解展示出来。最后中高年级的学习还把研究的过程与成果制作成了美篇进行总结。

学生接到数学老师发布的"我要去旅行绘本设计大赛"召集令后，运用已有的数学知识，发挥自己的学习能力，去寻找旅游地，研究特点，设计出行路线，制作出行清单，最后制作绘本。

在英语组老师们的倡议下，孩子们围绕"走进植树节"这一主题，通过查英语词典、英文绘本和京版教材自主学习植树节的来历，激发学生学习英语的热情，提升英语表达能力。

道德与法治学科以"电影润泽居家生活"为主题，利用观看影片缓解了学生的焦虑情绪，提升个人修养，从艺术、文学、思想等多个角度潜移默化地促使学生思考、判断、学习。

科学学科在"我和小苗共同成长"的主题活动中，学生们不仅去观察去记录，遇到问题、困难、兴趣点还会去查书籍、找资料。在互动时，学生以证据为基础去获得科学知识，并注重归纳总结，初步形成植物的多样性与共同性相统一的观点。科学学科活动缓解了学生的焦虑情绪，减轻了心理压力，同时也学到了知识，提升了能力。

体育组的"冬奥大讲堂"通过冬奥运动项目知识、冬奥人物故事、运动方法介绍、经典比赛回顾四个板块，让学生认识冬奥，喜爱运动，为北京冬奥助力。音乐、美术两个学科通过唱响春天、欣赏春天、手绘春天、剪贴春天、创意春天广泛涉猎，提升学生艺术素养。

四、杨柳满长堤，花明路不迷——总结提升

各学科教学因阅读而更加厚重，学生学习因阅读更加有力。这样的主题探究式学习是以课本内容为蓝本，以拓展内容为基础，以探究学习为策略，以提升素养为目标，从而真正达到夯基础、练能力、养习惯的目的。在各学科的主题探究过程中，学生也不是单单运用一个学科的知识来学习，方法是相通的，内容是相连的。孩子们在学习古诗时绘制诗人眼中的春天，或唱或舞演绎古诗，在唱《春晓》时也在学习着古诗，学科间是互通的，在这样的主题活动中早已打破了学科间的壁垒，在学习过程中相互影响、相互促进、相互提升。

我们以全学科阅读项目为引领，运用主题式探究的学习方式，扎实推进多学科阅读，让孩子们在阅读中探究，在探究中去自主发现、自主学习、自主成长。这样的学习方式，也真正促使我们的孩子们在各美其美中美人之美，在美美与共中共美和谐。

有效开展全学科阅读的实践与探索

许德胜　孙秀丽

摘要： 在推进全学科阅读进程中，学校针对如何整合资源，有效解决学生在校阅读时间少、阅读用书参差不齐等问题扎实落实阅读工作。怎样集教师智慧于一体，实现思维碰撞、启迪智慧的初衷？如何通过共读、共赏、共品，实现一书多用的价值最大化？不少方面都存在困惑。本文将从多维度整合阅读资源和创新开拓阅读视域两个方面，探索开展全学科阅读的有效策略。

关键词： 有效开展；多维整合；拓宽视域

全学科阅读使学生终身受益，是特别有意义的事。倡导提出两年多了，在此之前，学校在环境建设、阅读活动开展等方面做了不少工作，而阅读活动确实更多地局限在了语文学科。

多次参加研修中心学习和培训后，使我们对"全学科阅读，既不同于'整本书阅读'，也不同于'群文阅读'。它是要'拆除'各个学科的'墙'，站在学科的角度，用书籍教育学科知识；用学科知识帮助孩子爱上阅读，帮助孩子们播下一颗阅读的种子，有效提升课堂教学的外延与内涵"的认识更为清晰。

尽管如此，时间从哪来，工作该怎么开展，都是困惑所在。于是学校反复思考与尝试，展开了多种方式的实践与探索。其中"多学科共读一本书"便是实践路径之一。这一实践从学校管理和课堂实践两个方面展开。

一、整合资源，以破解阅读障碍

（一）保障阅读时间

为改变学生阅读时间少，特别是在校阅读时间少的现状，学校先后颁布了《张家湾镇中心小学课程改革实施办法》和《张家湾镇中心小学阅读课程实施方案》。办法中明确提出"调整原有课时安排，设置长短课。在总学时数不变情

作者简介：许德胜，北京市通州区张家湾镇中心小学校长，高级教师；

孙秀丽，北京市通州区张家湾镇中心小学主任，高级教师。

况下，每周节约出的一课时开设《主题阅读》与《口语表达》课程"。各校可以自选每周二、四、五下午其中任意一天的第七节为阅读大课，使师生有时间阅读。

（二）保障阅读书目

"书籍参差不齐"对于农村乡镇学校而言，也是一个不小的问题。对此，学校首先是发放书卡，学生人手一卡，在指定时间到指定书店领书；其次为学生提供学习通平台，可阅读海量的电子读物；第三建议家长给学生买书。这三种方式解决了学生书源的问题，确保了每一个孩子不错失阅读的机会。

（三）保障教师参与

影响活动成效的关键因素之一还在于教师的参与。为此，学校一方面要求各学科教师为学生推荐阅读书目，一方面不定期到各校了解大家是怎么开展工作的，包括听评课、听工作汇报和交流研讨等，以确保工作有人在做，且是扎扎实实地在做。

二、在实践中寻求突破，开拓阅读视域

（一）共备——融通资源

针对同一本书，在不同的课堂中，选择什么结合点，怎样体现本学科特点，都是摆在面前的首要问题。于是学校组织老师开展集体备课，旨在通过发挥集体智慧，实现相互启发、支撑互助的初衷。

共备中大家基本形成共识，即：语文课解读文本，为各科老师了解文本、确定学科切入点创造条件；数学从数据统计、计时等方面切入并展开学习；科学关注其严谨性，激发探究的兴趣；美术老师则围绕昆虫形象设计课程内容，引导构图、学习造型等学科知识。

（二）共上——绽放思维

有了集体备课的基础，进而教师们开始了课堂实践。尽管是同读一本书，但就所选内容而言却是不同的：

一种是围绕同一本书同一内容。如村小呈现的三节课：语文课主要通过品读文本，分享感兴趣的内容，初步感受《昆虫记》的一些文学色彩，为后面的课奠定学习基础；美术课则把提取的关键信息转化为学科语言，带领学生进行个性化的主题画作创作和精彩的作品展示与分享；科学课依托文本，借助资料，培养学生质疑、寻证、求真的科学精神。

本校的老师们选择的则是同一本书不同的内容。语文老师的导读课，带领学生猜封面、读目录、读故事，点面结合，教会了学生如何开始阅读一本书；数学老师选取了关于蜗牛的内容，带领学生认识时间，从时间的维度去观察昆虫，感悟时间对昆虫、乃至对生命的意义；美术老师以征集蜜蜂画作为情景，引导学生把握结构特征，再用美术语言表达出自己的理解。

尽管大家所选的内容不同，但这些大胆的尝试，都丰富了学科教学内容，绽放了师生思维。

（三）共研——形成共识

课堂实践之后，我们又开展了联合教研，分享共读经验。通过交流，初步达成了一些共识，如：学科间及课堂中要遵循多学科的整体性、各学科之间的关联性、学生活动的实践性和互动性等原则；基本形成了语言情境式、激趣探究式、拓展补充式的课堂模式。而无论是哪种方式的教学，课堂结构基本都包括创设情境、学科特色品读和实践运用的环节。

三、活动成效

（一）于师生而言，有助于在有限的时间内进行深度阅读

一本书，特别是名家名著，它所承载的绝非仅有文学价值，通过多学科共读、共赏、共品，把书中其他学科的教学价值梳理提炼出来，对其做进一步的学习和探索，从而实现一书多用的价值最大化。

（二）于学校而言，丰富了育人的路径

张家湾镇中心小学作为一所百年老校，一直秉承着"培养适应社会发展的发展人"的办学宗旨。什么是适应社会发展的发展人呢（我们认为首先是适应社会生活，进而能更好地解决走进现实社会生活中，将要面临的立体交叉又多元的问题。而这种能力在学校期间仅仅从单一的语文学科中学习是远远不够的，肯定要从多学科中去培养和锻炼。

杜霞教授曾强调过：现在国际国内阅读研究发展的总体趋势，都是更加注重学生运用相关知识和阅读能力去完成某些应用型的任务。

《昆虫记》就是教材以外的内容，无论是语文老师教会学生如何开始读一本书，还是科学老师引导学生运用观察法和文献研究法（图资料）引导学生辨别蛾与蝶，都具有很强的实用性，也为培养学生解决实际问题能力做了最初级的铺垫。所以说全学科阅读符合学生成长与发展的需要，与做主人教育也有契合点，拓宽了学校的育人路径。

融通视域下学校全学科阅读
现状分析及实施途径

李 涛 林朝雪

摘要： 当前教育教学改革与中高考改革越来越关注学生的阅读能力与阅读积淀。阅读工作不只是语文学科的任务，也是所有学科的任务；不只是学校教师的任务，也是社会、家庭的共同任务。因此，应该倡导全员全学科阅读，深化阅读理念，拓宽阅读渠道，提高阅读质量，让阅读成为一种广泛的学习方式和育人方式。本文在"融通教育"办学理念下，从学校全学科阅读的制度保障、精准定位、多元延展、活动推介四条途径来进行落实，来推动以学生的阅读能力提升为目的的校园阅读工作的全面开展。

关键词： 融通视域下；阅读素养；现状分析；影响因素；实施途径

"全学科阅读"旨在打破传统观念，打通学科之间的壁垒，让各个学科在阅读方面找到契合点、落脚点，然后根据其各自的学科特质，给出明确的阅读导向，从而让学生的阅读生活得到滋养，触发学生的阅读兴趣，拓展阅读视野，提升阅读品质。下面浅谈我校在推进"全学科阅读"的过程中一点粗浅的做法。

一、我校"全学科阅读"缘起

2018年底，我校参与区级"全学科阅读"课题的研究。研究初期我们以混合式学习的理论为基础，通过阅读能力测评、问卷调研和深入访谈的方式对学生阅读能力及影响学生阅读发展的"生态圈"进行全面扫描，旨在了解并客观地呈现学校的总体阅读建设现状和学生

作者简介： 李涛，北京市通州区芙蓉小学党支部书记兼校长，高级教师，北京市五一劳动奖章获得者，北京市特级校长，通州区名校长，通州区优秀教育工作者；
林朝雪，北京市通州区芙蓉小学教师，高级教师，北京市骨干教师。

注： 本文是北京市教育学会"十四五"教育科研课题2021年度一般课题"基于核心素养小学各学科'大单元'课程设计与实施研究"的阶段研究成果。课题编号：JYGLYB2021-067

的阅读发展状况，在此基础上充分发挥评价的正确导向作用，推动以学生的阅读能力提升为目的的校园阅读工作的全面开展。

参与调研的共有 2 位副校长、112 位教师、178 位家长和 173 位学生。其中，参与调研的教师中语文老师有 46 位，英语老师有 9 位，数学老师有 23 位，科学老师有 5 位，品德与社会老师有 6 位，音体美及其他老师有 23 位；学历为专科的有 4 人占 3.57%，本科的有 87 人占 77.68%，硕士有 21 人占 18.75%；职称为初级的有 63 人占 56.25%，中级的有 36 人，占 32.14%，高级的有 3 人，占 2.68%。

表 2　阅读能力测评维度表

一级维度	一级维度解读	二级维度
信息提取	基于文本直接呈现的事实，读者能够根据阅读任务迅速找到自己所需要的信息。	关键信息的提取
		多重关联性信息的提取
解释推断	从文本中了解并识别一些关键信息，建立文本信息之间的联系并进行转换，形成对文本的理解或得出合理的推论。	字词句指代义的辨析
		字词句含义的理解
		字词句隐含义的分析
概括分析	读者需要关注多个局部内容和整体结构，将信息进行对比、分类，将各部分文本信息进行整合，通过对信息的加工，构建自己的观点。	内容的概括
		主旨的概括
		结构的梳理
		文本的分析
评价鉴赏	能够以自己价值观为基础，对文本中的人物、事件、观点等有自己的看法；能够对文章的语言、结构、表达方式、写作手法等作出评价。	内容和观点的思辨评价
		写法的鉴赏分析
创新运用	能够从多角度来思考问题，在原有文本基础上联系生活实际或其他阅读经验，产生新想法或将文本中的信息或观点运用于解决实际问题。	文本与生活间建立联系

表 1　学生人数分布表

男	性别		合计
		女	
年级	三年级	41	47	88
	四年级	46	39	85
合计		87	86	173

参与调研的家长中，父亲占 28.09%，母亲占 69.66%；家长的学历为本科的人数最多，占 58.43%，硕士及以上的占 7.87%。

参与本次调研的学生为小学 3、4 年级学生，具体分布情况如下表所示：

本次调研将阅读能力分解为 5 个一级维度 12 个二级维度来进行考量，具体如下表所示：

我校学生在阅读能力各一级维度上的表现如下图所示：

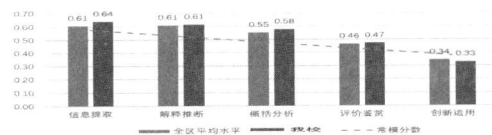

图 1　学生在阅读能力各一级维度上的表现

由图 1 可见，除创新应用能力外，本校学生在各能力维度上均低于区级平均水平，在信息提取、解释推断、概括分析、评价鉴赏这几个维度上的得分率高于常模分数，而在创新运用维度学生的得分率较低，跟常模分数相差较大。

我校学生在阅读能力各二级维度上的表现如下图所示：

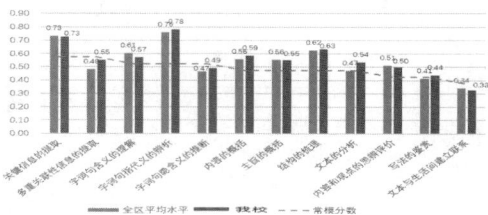

图2　学生在阅读能力各二级维度上的表现

从图2可以看出，学生除了在多重关联性信息的提取、字词句隐含义的推断、字词句指代义的辨析、内容的概括、文本的分析、写法的鉴赏维度上高于区级平均水平以外，其他各二级维度均低于全区平均水平。在关键信息的提取、字词句指代义的辨析、结构的梳理这三个二级维度上表现较好，得分率高于常模分数较多；而学生在字词句隐含义的推断、文本与生活间建立联系这两个二级维度上表现不太理想，值得重点关注。

二、我校"全学科阅读"影响因素分析

（一）学生阅读个人情况分析

本次调研从学生阅读态度、阅读行为和阅读能力三个方面对学生个人的阅读情况进行分析。学生阅读态度决定他们的阅读行为，阅读行为直接导致阅读能力的高低。本校学生阅读态度的得分为80.59，阅读行为的得分为77.89，阅读自我效能感的得分为80.08。学生阅读态度、行为、自我效能感处于良好水平。与全区平均水平相比，我校学生在阅读态度、阅读行为和自我效能感上都略高一些。具体如下图所示：

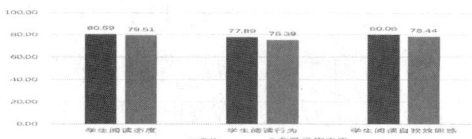

图3　学生阅读的情况

（二）学校开展阅读的情况分析

本次调研从学校硬件环境与图书资源、组织管理、阅读课程与教学、教师阅读情况与专业发展四个方面对学校开展的阅读情况进行分析。学校硬件环境与图书资源为学生阅读能力的提升奠定了良好的物质基础，组织管理是学校阅读项目开展和推进的保障，阅读课程与教学是学生阅读能力提升的重要抓手，而教师个人对阅读的重视程度及其所受到的专业培训则直接决定了阅读课程与教学开展的效果。

调研结果显示，学校硬件环境与图书资源得分为67.62，组织管理得分为55.40，阅读课程与教学得分为72.52，教师阅读情况与专业发展得分为71.15。数据表明，学校阅读课程与教学、教师阅读与专业发展情况良好，但是学校硬件环境与图书资源、组织管理情况一般。与全区平均水平相比，除了组织管理，我校在硬件环境和图书资源、学校阅读课程与教学、教师阅读与专业发展上均略高于全区水平。具体如下图所示：

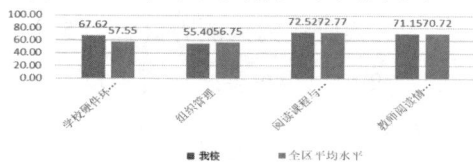

图4　学校开展阅读的情况

（三）家庭开展阅读的情况分析

本次调研从家庭硬件环境和图书资源、家长阅读态度、家长阅读行为、家长阅读指导能力四个方面对家庭开展的阅读情况进行分析。除了学校以外，家庭也是影响学生阅读能力发展的重要阵地，家庭环境主要通过"阅读投入"影响孩子的阅读能力。PIRLS研究表明，家庭的经济文化状况、父母对阅读能力的重视以及父母的阅读行为和态度，都会对学生的阅读能力产生重要影响。

调研结果显示，家庭硬件环境与图书资源得分为76.55，家长阅读态度得分为83.65，家长阅读行为得分为61.94，家长阅读指导能力得分为76.60。家庭硬件环境与图书资源、家长阅读态度、家长阅读指导能力良好，家长的阅读行为处于一般水平。与全区平均水平相比，我校家长在阅读行为上略低于全区平均水平，在家庭硬件环境和图书资源、家长阅读态度、家长阅读指导能力上略高于全区平均水平。具体如下图所示：

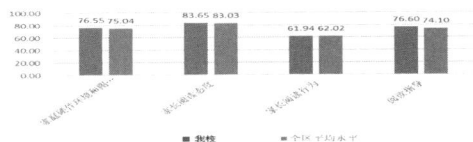

图5 家庭开展阅读的情况

三、我校"全学科阅读"实施的主要途径

我校全学科阅读从制度保障、精准定位、多元延展、活动推介四条途径来落实。

（一）以制度保障"全学科阅读"的实施

1. 写入学校计划。在学校"融通教育"办学理念引领下，我校将全学科阅读项目写入《通州区芙蓉小学三年行动计划（2019~2021年）》中，并具体列出年度任务清单，强力推动阅读工作。学校在2019年初，出台了《通州区芙蓉小学全学科阅读》指导意见，建立"悦读"评估机制，同时加强硬件建设，营造阅读氛围；在2020年初，我们完善了"悦读"评估机制，积极开展全员全学科阅读系列活动10余次；2021年，学校全面优化阅读环境，提升阅读质量。

2. 健全组织领导。我校成立"全学科阅读"项目领导小组，由校长担任组长，教学副校长、德育副校长担任副组长，各学科主任为学科牵头人，指导制定全员全学科阅读工作方案并具体实施。

3. 顶层整体设计。2019年，为确保全学科阅读顺利实施，我校发布《通州区芙蓉小学全学科阅读工作的行动方案》，将全学科阅读工作课程化，使零散、碎片化、随意的行为得到有效干预。为此，我校根据学生的年龄特点和成长规律，制订学科阅读课程纲要，编制各学科阅读课程方案，将课外阅读与课内教学有机结合。并组织全体教师学习研讨全学科阅读实施方案，在全员通过阅读方案的同时，也通过了《芙蓉小学全学科阅读工作评估标准（试行）》，全学科阅读工作正式全面实施。

（二）精准定位"全学科阅读"双模块

全学科阅读、全科覆盖意味着各学科既相对独立又综合交融。我校在育人价值追求的基础上，立足核心素养及生活情境，通过学科本位阅读、主题融合阅读的二级进阶模块，指导学生把学科知识、技能、思想等融入阅读过程，基于生活需要，开展基于当下需要又服务于学生未来生活的项目化、主题式的阅读行动。

1. 核心素养构建的学科本位阅读。以国家课程为主体的学科本位阅读，是依据学科特质和核心素养确定育人维度、整合阅读资源，来开展学科阅读的学习与交流的。如语文和英语学科是以语言和文化的学习与应用为基础，在阅读中培养学生对中国文化的热爱与传承，对跨文化的认识与理解，从而积淀深厚的文化底蕴，提高跨文化交际能力；数学和科学学科将阅读与探究活动相结合，拓宽学生视野，鼓励学生在研究性阅读中走向应用与实践等。

2. 生活需求规划的主题融合阅读。根据学生生活现状和精神需求出发设计主题融合阅读，从"我与自然""我与社会""我与生命""我与未来""我与历史"五个维度出发，明确育人目标，划分阶段层次，结合学生生活情境、年

龄特点和心理发展状况进行细化分类，并根据细化主题推荐适合的书籍及资源，开展主题统领下的融合阅读活动，以任务群的方式构建起整体框架。

（三）以多元延展"全学科阅读"空间

1. 升级学校阅读环境。主要是以融通课程理念设计阅读环境，推动阅读环境课程化。学校精心提档升级校园文化建设，让校园景观成为课文典故、历史经典的再现、延续和创生。

2. 创生阅读创作期刊。我校阅读创作期刊《雨花清荷》是学校为师生量身定制的校园期刊。学校定期将师生原创的优秀作品、阅读成果等发给中国当代语文教学专业委员会的专家为我们进行指导，优秀作品为我们推向更为广阔的平台。

3. 扩容学校阅读内存。学校充分利用社会资源，营造多元阅读氛围。学校图书馆在原有规模的基础上进行扩建改建，购置智能机器人帮学生导航图书资源，定期向家长开放形成阅读群，让我校学生在生生共读、亲子共读、师生共读三个阅读群中浸润。学校还调动阅读推广的社会力量，借助网络、媒体等平台，使校内与校外精准对接，实现阅读资源有无互补、优势互补。

（四）以活动推动全员"全学科阅读"

1. 组织校级活动。我们根据学生的

年龄特点，举办学生喜闻乐见的校园阅读活动，这样既能激发学生的阅读积极性，还能培养学生的阅读兴趣，发展学生的阅读特长。我们会定期开展读经典、品名著等读的活动，原创诗文、软笔书法等写的活动，还有古诗词擂台赛、读书辩论赛等讲的活动，绘本创编、书签制作等画的活动，古诗新唱、童谣表演、情景剧表演等演的活动，表彰"阅读之星""原创达人""诗词大王""绘画高手""小小表演家"等综合活动，来展示我校学科阅读及综合阅读方面的成效。

2. 共办各类比赛。阅读项目领导小组积极创设条件，搭建平台，组织丰富的比赛、展示活动，提高学生的阅读积极性，促进学生阅读能力发展。如我校借助"高参小"项目创设的《艺术＋国防教育》家国情怀系列课程，充分融入学校"融通教育"理念，孩子们用画笔描绘迷彩中的国防常识深情演绎经典中的英雄事迹、用镜头去寻找军旅中动人故事、在辩论中体悟现代军事的发展趋势，涵养铮铮铁骨、坚毅阳刚的民族精神，吟经典、诵诗词，体悟大漠黄沙、金戈铁马的华夏气节，让信仰之火熊熊不息，让红色基因融入血脉，让爱国情怀激荡力量，我们的《艺术＋国防教育》家国情怀系列课程还上央视了，孩子们在更大的舞台绽放着自己的光彩。我校"红通社"的小记者来到中央电视台走上星光大道，开启以"探寻星光逐梦前行"的研学之旅等等。

我校在"融通教育"理念下"全学科阅读"的本质是"全人教育"，是培养能够适应未来社会发展、与整个世界站在一起的人，在"全学科阅读"课程设计中引导学生积极地、广泛地、有远见地追寻有意义的学习，在"全学科阅读课程"的理念与行动中推动学生多种眼光看世界、看社会、看内心，与最好的自己、最好的未来、最好的世界相遇。

润泽生命　书香校园

——教师研修中心实验学校阅读工作开展回顾

韩华明　张乃清

过去的一段时间，我们自上而下提出书香校园建设的策略，从学校组织管理、教师阅读培训、学生阅读活动开展几方面入手，按照目标制定、建章立制、环境建设、书目选择、教研并行、开展活动的步骤进行实施，全面推进了学校书香校园建设的工作。学校的阅读工作逐步开展起来，调动了学生自主阅读的兴趣，取得了一定的成绩。

一、目标制定——为"阅读"确定方向

为了持续推进阅读工作，我校从梳理校园阅读现状入手，找出问题的关键所在，通过发现问题、分析问题、解决问题的思路进行探索和研究。

（一）梳理学校阅读现状

2018年3月我校组织老师、学生及家长完成阅读测评调查问卷，根据调查数据撰写调查报告。我们借助问卷调查和实地勘察的方式反思学校阅读现状：（1）校园藏书不能满足学生多样化阅读需求。（2）良好的阅读环境还未完全构建。（3）学生阅读能力有待提高。

（二）厘清学校阅读工作目标

在梳理当前校园阅读现状的基础上，学校提出校园阅读促进工作的目标和三年工作计划。1. 总体目标。通过开展校园阅读促进项目，进一步落实立德树人的根本任务，全面提高学生的综合素养，整体提升我校教育品质。2. 年度目标。（1）2018年度，依据《校园阅读评价方案（参考）》，开展学校阅读现状抽样调研工作。据此，科学制定周密的校园阅读促进三年行动计划，营造"图书随处可见，学生随时可读"的书香校园氛围。完善阅读管理组织，成立校园阅读促进管理委员会。建立阅读评价体系，开展阅读促进活动。（2）2019年度，结合通州区必读书单，邀请专家设计特色校本阅读体系，研发校本阅读课程。丰富学校读书资源，完善学校阅读激励机制，开展丰富多彩的阅读活动。加强教师阅读培训，有序推进校本阅读课程实施。（3）2020年度，完善特色校本阅读体系，推进校本阅读课程实施。继续开展丰富多彩的阅读活动，做好总

作者简介：韩华明，北京市通州区教师研修中心实验学校党支部书记、校长，中学高级教师；张乃清，教师研修中心实验学校语文教师，高级教师，通州区骨干教师。

结展示工作。

二、建章立制——为"阅读"保驾护航

为保障项目更好地实施，学校成立阅读工作领导小组，结合课程要求和学校的实际，对我校阅读工作进行了整体规划，制定了《创建"经典润泽生命，好书伴我同行"活动实施方案》《校园阅读促进项目推进工作三年行动计划》《教师研修中心实验学校"阅读之星""阅读小达人""书香班级""书香家庭"评选方案（初稿）》《教师研修中心实验学校学生阅读考级方案（试行稿）》，提出了常规阅读活动"一条主线和五个一"工程等，从制度上促进书香校园的建设。

三、建设环境——为"阅读"创造氛围

（一）打造开放式书吧

为了弥补学校没有专业图书馆的问题，学校把教学楼楼道中的空间充分利用起来，把图书从档案室中搬出来，打造开放式阅读书吧，做到了图书触手可得、方便传阅的效果。

（二）营造班级阅读环境

各班设立了"图书角"，号召学生向班级图书角捐助图书，建立了完整的图书借阅制度，还有的学生在老师的指导下开办了阅读"流动小书摊""跳蚤书市"，方便了图书交流，使同学能看到想看的书，让好书在学生中间传阅起来。班主任还组织学生书写读书励志的

标语，在班级墙壁上、板报上展示学生读书感受、习作、手抄报、记录单等成果，以营造浓厚的班级阅读氛围。

（三）保证阅读时间

学校提倡学生每天自主阅读不少于30分钟。我校将每周一的第七节课定为学校校本阅读课程时间，集中安排全校学生在此时段进行阅读，并随时由中层干部和学生先锋岗监控此段时间学生的阅读组织情况。很多班级还自发地设立"读书周""读书月"，让学生有时间美美地读书，激发学生阅读兴趣。

四、选择书目——促"阅读"顺利开展

好书，才能成就好的人生。为顺利开展阅读工作，首先要选择适合学生阅读的好书。共为学生选择、推荐了必背古诗词122首，必读古文经典4本，必读整本书书目40本，拓展和选读书目60多本书，保证学生能够读到文质兼美的好书，让他们读有收获，从而有效地促进阅读活动顺利开展。

此外学校还邀请专家帮助设计学生阅读资源包，一种是线上的资源包，一种是线下的资源包，依据学校提供书单，研发阅读手册，便于教师指导学生深入阅读书籍。手册分平时手册和寒暑假分年段的阅读手册，营造"人人爱阅读、家家飘书香"的浓郁书香阅读风气，使阅读成为家庭的必需，增进家长与孩子之间的关系，增加家长与孩子的共同话

题，强化家庭教育在孩子成长中的潜移默化作用。

五、教研并行——促"阅读"有效实施

我校高度重视教师阅读培训，力求打造一支高素质的教师阅读队伍。促进全校教师围绕儿童阅读进行深入研究、深化交流、深度阅读，为教师的专业成长建设"高速公路"。

我校组织召开了全员阅读"点亮"计划启动大会，邀请阅读教学和传统文化方面的专家教授来我校进行阅读讲座。向教师代表颁发图书，激发老师们与书籍携手同行，做个幸福优雅的读书人。

六、开展活动——为"阅读"注入生机

学校相关部室带领各年级教研组精心谋划，组织了精彩纷呈的阅读活动，就像是搅动一池春水的东风，激发了师生的阅读兴趣，营造了"爱读书、读好书、善读书"的良好阅读氛围。

2018年4月23日，在我们的读书节启动仪式上，全校师生共同参与，分年级诵读经典。低年级学生诵读《声律启蒙》《弟子规》，中年级诵读"走过四季"古诗合集，高年级齐诵《我们爱你，中国》，最后，全体齐诵《少年中国说》，激昂的感情点燃了全场！

之后，我们以"经典润泽生命，好书伴我同行"为主题，开展了一系列阅读活动。

1. 与名家面对面，让阅读润童心。我们邀请了《名人学校》的作者庄建宇，文艺青年、中国诗词大会参赛选手彭敏老师，《小猪吃十彩》的小作者曹天健，中国当代动物小说作家沈石溪，声音表演艺术家张柏涵等作家、名师进校园，与学生面对面交流阅读感受，对学生进行阅读指导，激发了学生的阅读兴趣。

2. 组织各种竞赛活动，搭建学生阅读展示平台。我校组织了多项阅读活动，以"4月23日世界读书日"为依托开展读书节活动，以"行走在亲子共读"为口号开展亲子共读，以"情感共鸣润物无声"为目标开展师生共读，以深入了解知名作家途径开展"小学生与大作家"系列活动，以提升学生分享意识开展"淘宝书市"活动，以丰富学生寒暑假生活开展"红领巾爱读书"活动，丰富学生的课余生活，并在阅读中促进学生的全面发展。

3. 建立学生阅读档案，记录学生阅读成果。（1）编制《阅读手册》。为了培养学生良好的阅读习惯，我们编制了学生阅读手册。手册的编制经过"机构推荐—学校微调—自主设计"三个阶段，不断细化，更加符合我校学生阅读实际，更能起到激发学生阅读兴趣、提升学生阅读水平、提高阅读素养的作用。（2）汇编校刊《萌芽》。阅读激发了学生创作的兴趣，更多的学生不再对习作发憷，愿意上作文课，愿意动笔，愿意表达了。学校把学生习作，精选、整理、汇编成《萌

芽》。学生尝试使用文字语言，书写自己的生活，表达自己的情感，有力地激发了他们的阅读和写作兴趣。

七、特色总结——让"阅读"工作持续开展

阅读活动开展以来，我们逐步形成了三个阅读活动特色：

一是节日特色。如寒假开展了"欢度春节，了解中国年文化"的活动、十一"走访红色印迹，书写爱国情怀活动"、暑期布置学生"读万卷书，行万里路"活动。我们还将陆续开展"运河书院赏花节""运河书院采摘节""话剧节""科技节""艺术节""体育节"等，把纪念节日和阅读结合起来，使学生在节日里读各种类别的书籍，丰富他们的精神世界。

二是全学科阅读特色。学校各个教研组都关注学生阅读对本学科教学的促进作用，学校语、数、英教研组分别进行了"古诗教学""玩数学""绘本教学"的课堂教学整合研讨活动。不仅将读书融入到课堂，还将读书活动与学科教学有机地结合起来。

三是家校联动特色。学校不仅给学生准备了图书和阅读手册，还通过家长会指导家长和孩子"共读"。学校将家长请进学校，展示学生的读书笔记、绘制的手抄报、撰写的课本剧等，既争取到家长对读书活动的支持，又调动了家长参与读书活动的积极性，为阅读活动注入了家庭生机和活力。

自阅读工作深入开展以来，我校学生的阅读素养不断提升，在各种比赛中取得佳绩。我校数十名学生在"全国中小学生'清玄杯'公益朗读大会"中，表现突出，荣获一二三等奖，学校获优秀组织奖。几十名学生在"曹灿杯"全国青少年朗诵展示活动中获奖，多位教师获优秀辅导教师奖。在通州区"精彩三分钟"课堂成果展示暨《小小演说家》第一季电视活动中，我校黄成烨同学拔得头筹斩获金奖奖杯，学校也获得优秀组织奖。我校课本剧社团还受邀参加了第一届北京校园之夜——"原创之美"绘本剧大赛启动仪式暨阅读创新大赛课本剧展演活动，她们表演的节目受到观众的一致好评。

八、计划展望——让"阅读"工作更加深入

过去的一段时间，我们自上而下推出"学校—教师—学生"三位一体书香校园建设的策略，从学校组织管理层面、教师阅读培训方面、学生阅读活动开展方面入手，全面推进了学校的书香校园建设的工作。学校的阅读工作已经开展起来了，调动了学生自主阅读的兴趣，有了一定的成绩。未来我们将把阅读纳入学校整体课程体系，探索阅读课程教学策略和教学模式，打造具有阅读自身逻辑的课程体系，帮助学生掌握有效的阅读方法，力求让阅读成为学生一生的习惯，润泽生命，成就他们的人生。

全学科阅读理念下小学班级
图书角建设策略研究

李　莲　李云霞

摘要： 本文基于全民阅读的时代背景，以及小学课程标准中对学生阅读能力培养的要求，而班级图书角是进行全学科阅读的重要阵地。本文致力于探究全学科阅读理念下小学班级图书角建设的不足之处，提出一些切实可行的方案，达到促进学生全学科阅读的目的，希望对班级读书角建设具有一定的启发意义。

关键词： 全学科阅读；图书角建设；策略

随着国家一系列的政策文件出台，说明全民阅读已是国家战略。而中小学阅读是全民阅读的基础部分，是建设学习型社会的关键点。班级图书角是养成良好阅读习惯、提高阅读素养的有效平台。因此全学科阅读理念下班级图书角的建设是提升学生课外阅读能力的重要途径。但是小学班级图书角建设并没有体现全学科阅读理念，并存在图书资源种类单一，不能体现全学科；阅读活动缺少针对性指导，教学相割裂；学生阅读积极性低，不能激发阅读兴趣等问题。因此，笔者认为各班应充分利用班级图书角开展全学科阅读指导，构建班级全学科阅读环境，让学生积极参与到全学科阅读活动中，最终提高阅读素养，发展阅读思维。可以从以下三个方面入手。

一、丰富图书资源，突出学科多样

班级图书资源是班级图书角建设的核心环节，更是实现全学科阅读教育价值的基础。丰富多样的图书资源，突出学科多样性尤为重要。

首先，应该制定科学、合理的全学科阅读书单。为学生营造全学科阅读的环境，制定读书清单，需要遵循各学科阅读理念。一方面要从单一的语文学科阅读转向多学科阅读为基本思路，另一

作者简介：李莲，潞城镇中心小学语文教师，一级教师，通州区青年骨干教师；
　　　　　李云霞，潞城镇中心小学道法教师，高级教师。

方面要以"应试教育"向"素质教育"转轨的需要为目标。考虑小学语文、数学、英语等多个学科整合，课外阅读与教材内容相契合，并根据学段特点，给出针对性的阅读书单，帮助学生走进学科，提高学科学习能力。其次，丰富图书资源的来源。仅靠学校提供的图书不能满足全学科阅读理念下班级图书角建设的需要。可以通过学生之间共享、班级团购、班与班之间交换图书的方式丰富图书资源。有了更多更丰富的图书资源，不仅能够满足学生全学科阅读的需要，提高学生阅读兴趣，而且会提高学生参与率，进而提高图书利用率。最后，各科老师要对班级图书及时更新。班级图书角图书不能及时更换是很常见的问题。因此各科老师应关注学生阅读状况，及时更新图书资源，满足学生想读什么书，图书角就有的需求。此外，教师应根据学生年段特点及时调整适合学生认知难度及身心发展需要的图书。如小学低年级各学科应以绘本为主，如《爷爷一定有办法》《发明家奇奇兔》《活了一百万次的猫》等。中年级可以推荐具有故事情节类的书籍，如《奇妙的数学王国》《亲爱的汉修先生》《导盲犬迪克》等。到了高年级，可以侧重于思维培养，如《莎士比亚戏剧》《狼王梦》《福尔摩斯探案集》等。

总之，各科老师要根据学生的实际状况对书籍及时进行更新，为学生进行全学科阅读提供基础保障。

二、教师联合指导，辅助学科教学

全学科阅读需要各科教师加强自身学科阅读素养，共同研究如何有效利用班级图书资源，发挥班级图书角对学科教学的辅助功能。

各学科教师要加强沟通和交流，以班级为单位，组建全学科阅读理念下的阅读指导小组。每位教师根据所教学科特点，有目的地进行阅读指导。如语文学科，利用图书角开展"整本书阅读"教研活动，五年级可以阅读《中国民间故事》，六年级可以阅读《童年》……数学学科，可以将数学思维应用于日常生活，借助图书角开展数学实践活动，如根据班级图书情况，绘制统计图……英语学科，可以根据单元学习主题，开展相关阅读活动。科学学科，可以根据实验和观察，进行交流分享活动……

其实，各个学科可以共读一本书。如五年级一起读法布尔的《昆虫记》，数学老师可以从阅读《昆虫记》走向"统计"，体会生活与数学的联系；语文老师进行读书交流会，帮助学生总结整本书阅读的策略；美术老师可以从品读《昆虫记》走向"创意儿童画"，获得创作灵感；科学老师可以引导同学透过《昆虫记》了解动物……

总之，各个学科可联合指导，互相学习借鉴，取长补短，发挥全学科阅读对教学的促进作用。

三、营造阅读氛围，激发阅读兴趣

经过长期观察，发现每个班级图书角使用率不高。其根源在于教师未能有效地利用班级图书角组织学生开展多学科阅读。提高图书角的利用率，培养学生独立自主的阅读能力，各科教师须联合在班级内采取有效措施，才能培养学生积极主动的阅读习惯。

奖励措施。利用奖励措施吸引学生走进阅读世界，应把握学生每一阶段身心特点与兴趣爱好。如低年级对周围一切新鲜事物感兴趣，可以口头表扬、录小视频家长群里表扬、发贴画、发喜报；到了中年级，可以颁发奖状、赠送图书、代表班级进行国旗下讲话；高年级上光荣榜、制作宣传页。总之可根据班级学生年段特点进行奖励，意在激发阅读兴趣，营造良好的读书氛围。

共同阅读。榜样的力量是无穷的，而小学生受周围环境影响很大，这就要充分发挥同学、老师、家长的作用。因此应在班级里营造良好的阅读氛围，实现生生共读；与家长沟通，得到家长的配合，进行家长与学生共读；教师更好地以身作则，进行师生共读。共读的内容可以与学生进行沟通，在老师给出的阅读书目中选出感兴趣的进行共读。

交流分享。一味的"输入"而没有"输出"，学生的阅读兴趣会减半。因此要在班里定期进行阅读交流分享会。让学生们把自己的读书感受和大家交流分享，收获更多读书的幸福感。交流，不仅使思维得到发展，也能感受到阅读的乐趣，还能营造良好的班级阅读气氛。

总之，小学班级图书角为学生提供了一个方便快捷的的阅读平台，在班级图书角的建设中融入全学科阅读理念，为全学科阅读理念的落地提供了新的途径。应及时发现小学班级图书角建设的不足之处，并提出切实可行的解决方案，以期达到最终促进学生阅读素养提高的目的。

幼儿园"全学科阅读"的内涵与实践策略

任智茹

摘要： 幼儿园"全学科阅读"是促进幼儿全面发展，为儿童的终身发展奠基的有效途径。经过三年的项目研究，我们对于全学科阅读的内涵、目的与实践路径有了一定的认识与了解。主要提出了三条具有普遍性的实践策略：研究图画书，形成优秀阅读书目和导读资源，保障阅读材料的质量；创设阅读环境，营造书香幼儿园，激发阅读兴趣，培养阅读习惯；开展多种形式的读书活动，支持幼儿的多样化自主阅读，在阅读中培养幼儿正确的价值观、关键能力和必备品格。

关键词： 幼儿园；全学科阅读；内涵

"全学科阅读项目是全国首个针对学生阅读素养培养，以区域为单位整体设计、实施的重大项目，是致力于育人质量提升而着力推进的教育改革项目。"基于早期阅读对幼儿全面发展和终身发展的价值，我们在幼儿园开展了"全学科阅读"项目研究。以下主要从幼儿园全学科阅读的内涵、目的与实践路径的角度进行阐述我们的认识与做法，以期为研究提供理论和实践支持，更好地助力全学科阅读项目的研究。

一、幼儿园全学科阅读的内涵

（一）全学科阅读的内涵

全学科阅读是依据系统论、生态理论，站在儿童终身发展的视角，基于区域高质量发展的现状与需求提出的概念与实践路径。其内涵可以从"阅读"、"学科"和"全"三个层次来理解。阅读涵盖"学习阅读"和"通过阅读学习"，学科阅读是指包含语文在内的所有学科的阅读和阅读教学，"全"是指全员、全学段、媒介多样、形式多元、整合式的阅读。全学科阅读是阅读主体运用多种途径开展单科、跨学科的阅读活动，旨在学习学科基本知识和基本技能，培养和提升阅读能力和阅读素养。全学科阅读倡导为师生创设宽松、自主的阅读空间，提供优质、丰富的阅读资源，培养阅读兴趣和良好阅读习惯。倡导打破学科壁垒，学科之间有机整合，在阅读中融会贯通，使学生形成可持续学习力，为培养终身阅读者，构筑幸福完整的人生奠基。

（二）幼儿园全学科阅读的内涵

1. 全员阅读

依据布朗芬布伦纳的社会生态理论，微系统、中系统、外系统、宏系统中的所有环境都会影响人的发展。而对幼儿来说，微系统中的家庭、学校、同伴的影响则最

作者简介： 任智茹，北京市通州区教师研修中心学前教育学科教师，二级教师，教科研部副主任。

大。因此，幼儿园全学科阅读，家庭成员、学校成员、社区人员都是参与阅读的主体。成人应该成为有协助能力的大人，教师更应该成为有协助能力的教师。

2. 全面阅读

突破以往局限于语言领域的早期阅读、绘本阅读，将阅读拓展为涵盖5大领域7个学科的阅读。目的从培养幼儿的阅读与前书写能力，拓展为促进幼儿的全面发展。全面阅读也可以理解为幼儿"阅读脑""阅读眼""阅读耳""阅读手"共同发展，体现视、听、说、演多通道的阅读。全面阅读还体现在阅读空间和阅读时间的保障。

3. 全方位阅读

借助各方资源，在幼儿园开展的连接家庭、社区的阅读，通过环境创设、亲子共读、幼儿自主阅读、领域教育教学、主题活动等方式开展阅读活动，形成学习型幼儿园、学习型家庭和社区。

4. 系统化阅读

对于幼儿来说，阅读更多地是学习阅读，从学习阅读走向阅读学习就是一个系统化的阅读过程。即从激发兴趣、培养良好阅读习惯，到提高阅读能力，再到发展幼儿的学习品质，这是一个学会阅读、通过阅读掌握阅读方法、提高阅读力的过程，同时也是阅读学习，提高幼儿综合素养的过程。

从上述内涵来看，幼儿园全学科阅读首先是"阅读"，是从学习阅读走向阅读学习的一个系统化的阅读发展过程；其次是"全阅读"，体现在阅读的参与主体、目标、内容、途径、过程方面；最后是学科阅读，涵盖五大领域七个学科的阅读，以及多学科、跨学科的阅读。幼儿园全学科阅读是幼儿全面感知、体验阅读，并通过多种途径培养阅读和良好阅读习惯的阅读。

二、幼儿园全学科阅读的目标

（一）基础目标：促进幼儿"阅读与书写准备"

1. 喜欢听故事、看图书（好奇心－唤醒主体意识－阅读兴趣习惯）

2. 具有初步的阅读理解能力（丰富情感－初步阅读理解能力）

3. 具有书面表达的愿望和初步技能（方法－早期书写行为）

（二）发展目标：促进幼儿的全面发展

1. 积累对世界的认知（好奇心－获取认识世界的知识、问题与方法）

2. 促进社会能力的发展（情感和精神发育－发展自我成长和社会适应能力）

3. 丰富感受和欣赏的可能性（艺术素养－丰富幼儿的美感体验和审美能力）

4. 发展有助于学习的心智倾向（人格品质－发展幼儿的学习品质）

（三）远期目标：构建终身学习共同体

让家长、教师、幼儿等参与其中的人员都热爱阅读，成为终身学习者，有更多的阅读推广者能够擎着智慧之光、理性之光，照耀儿童的阅读和成长之路。

三、幼儿园全学科阅读的实践策略

（一）研究图画书，形成优秀阅读书目和导读资源，保障阅读材料的质量

优秀图画书是开启幼儿园阅读图书的第一步。研究图画书、遴选优秀的图画书是保障幼儿园开展高质量全学科阅读的第一步。如何选择图画书是首要问题。

1. 明确筛选图画书的五项基本原则。

基于阅读价值观和阅读理念的选择，以真善美为中心；基于阅读本体和阅读对象的选择，以儿童中心；基于阅读内容和文本类型的选择，以故事中心；基于阅读载体和阅读形式选择，以图画中心；基于阅读方式和阅读手段的选择。以共读中心。

2. 筛选优秀图画书的五条路径。

搜集经典书目，整理国内外阅读大奖、奖阅读领域专家推荐的图画书，形成幼儿园优秀图画书资源筛选目录；幼儿推荐评选，形成幼儿喜欢的图画书资源；家长推荐，家长基于对幼儿家庭阅读情况进行推荐；教师从专业眼光筛选甄别，初步确定班级图书资源库；幼儿园研究团队筛选形成幼儿园图书资源库。

（二）创设阅读环境，营造书香幼儿园，激发阅读兴趣，培养阅读习惯

阅读环境创设是支持幼儿阅读的物质环境和精神空间。只有创设孩子有书可读、有书想读、有书能读的空间，才能为激发幼儿的阅读兴趣，培养阅读习惯提供物质环境和精神氛围。

1. 创设浓郁书香的公共阅读空间，支持全员阅读。

尽可能在幼儿园公共环境创设多个阅读空间。比如在幼儿园大厅创设温馨的亲子阅读空间，有助于全园幼儿、教师、家长灵活运用入园、散步、离园等环节随时看到图书并投入到阅读中。

2. 创设凸显年龄和发展特点的公共通道空间，支持不同年龄班幼儿阅读。

利用公共楼梯侧面墙壁创设不同年龄班的好书推荐。鼓励幼儿利用自己喜欢的艺术表现形式，展示自己喜欢的图画书。一方面支持推荐者对于所阅读书籍做深入观察，思考展示的内容和形式；另一方面吸引看的小朋友来阅读。利用公共楼梯侧面墙壁展示幼儿的"图画书模仿秀"。形式就是幼儿利用道具、服装、动作等，扮演图画书中的角色，以照片的形式展现出来，吸引幼儿发现、关注更多的图画书。

3. 创设具有班本特点的阅读区环境，支持幼儿个性化、可持续的阅读。

阅读区是幼儿在班级自主阅读图书的专门区域。为了更好地激发全员幼儿阅读兴趣，除了遵循共性的要求：合理布局、靠近光源、独立安静，还需要考虑本班幼儿当前的阅读兴趣、问题困惑，创设能够展现幼儿的兴趣和需求，能够

展现幼儿思维发展的线索，能够展现幼儿发现问题解决问题的过程，这样的环境应该是班级幼儿独特的阅读环境。

4. 创设具有操作性、互动性的阅读环境，支持幼儿阅读的转化和应用

首先，创设 1.2 米以下的可操作互动墙面，并随幼儿兴趣更换故事内容和场景。比如，小班为了缓解小班幼儿分离焦虑而创设的"小熊去上幼儿园"；中班创设幼儿喜欢的《情绪小怪兽》《七色花》等绘本情境；大班创设幼儿投票选出的《西游记》故事片段。支持幼儿进行互动、创编和表演。其次，投放可操作讲述的立体场景，给幼儿自主表达的情境。第三，创设、绘制平面场景，支持幼儿讲故事。最后，还可以创设表演舞台，在表现表达中感受和体会阅读带来的乐趣。

（三）开展多种形式的读书活动，支持幼儿的多样化自主阅读

1. 以读书节活动为契机，为幼儿提供自主阅读和自主表达的机会，提升幼儿阅读理解与表达能力。

读书节是一个节日，也是幼儿园开展活动的一个契机。丰富的读书节活动可以让幼儿喜欢上阅读，逐渐能够看懂图书，表达自己的想法。通过《小小朗读者》，让幼儿用模仿讲、表演等方式分享故事，激发了幼儿阅读和表达的愿望；通过《家长朗读者》支持家园共创阅读氛围，体会亲子阅读的乐趣，增加阅读表达机会；通过《年级朗读者》（幼儿、家长、教师）三位一体，营造浓厚阅读氛围；通过《小小图书馆》搭建碎片阅读平台；通过《家长故事分享会》激发多种方式阅读，帮助幼儿更深层次地理解故事内容。通过读书节的系列活动，为幼儿提供阅读表达的机会，进而提高幼儿的阅读理解与表达能力。

2. 以书展活动为契机，为幼儿提供深入认识了解图画书的机会，提升幼儿的阅读认知和阅读表达能力。

幼儿园图画书展览是帮助幼儿开拓视野、丰富图画书经验、提高阅读表达能力的途径。当幼儿园图画书资源积累到一定程度，如果将这些图画书恰当地介绍给幼儿、营造全员阅读的氛围，是幼儿园面临的一个问题。我们在实践中，通过教师办书展的活动激发幼儿对于举办书展的兴趣；通过开展展台设计，提升创造性思维；通过幼儿图画书分类，提高他们对图画书多样性和类型的认知；通过书展宣传，提高幼儿语言表达能力；通过书展活动，进一步激发幼儿对多种图画书阅读的兴趣。

参考文献：

[1] [日] 松居直，郭雯霞，徐小洁译，我的图画书论，上海人民美术出版社，2009.3.

[2] 朱永新、王林，中国幼儿基础阅读书目·导赏手册. 中国人民大学出版社，2016.12.

[3][日] 松居直，幸福的种子，十二一世纪出版社，2013.9.

[4][美] 吉姆·崔利斯，陈冰译，朗读者手册，新星出版社，2016.7.

创设"全"阅读环境
支持幼儿阅读能力发展

刘学苹　　宋文宇

在幼儿园培养幼儿阅读习惯的养成，其重要途径更多体现在创设"全"阅读环境上，并以此来激发幼儿的阅读兴趣，支持幼儿阅读能力发展，为幼儿阅读习惯的养成积蓄力量。这其中创设多样的阅读空间，营造"全"员阅读的氛围，开展符合幼儿年龄特点的多种阅读方式是途径也是手段。

一、创设公共阅读空间，营造园所"全"员阅读氛围

幼儿园阅读区环境创设是开展幼儿阅读活动的基础，打造幼儿喜欢的、符合幼儿年龄特点和发展需要的阅读环境，能够有效激发幼儿的阅读兴趣。

（一）利用公共阅读区，创设浓郁阅读环境

为了让幼儿处处感受到"书香"，在物质环境上，应打造一处具有浓郁氛围的公共阅读空间。公共阅读区内仿照图书馆环境，投放丰富的幼儿读物。创设支持幼儿读书的或坐或靠的椅子、垫子。有幼儿喜欢的动物、植物空间环境；有阅读小

阁楼,有手偶,有操作讲述的各种场景……这些都吸引着幼儿参与阅读。

（二）利用公共通道，展示好书推荐，吸引阅读兴趣

利用公共楼梯侧面墙壁创设好书推荐。幼儿利用自己喜欢的艺术表现形式，展示自己喜欢的图画书。一方面支持推荐者对于所阅读书籍做深入观察，思考展示的内容和形式，另一方面吸引看的小朋友来阅读。

利用公共楼梯侧面墙壁展示幼儿的"图画书模仿秀"。形式就是幼儿利用道具、服装、动作等，扮演图画书中的角色，以照片的形式展现出来。如此吸引其他幼儿对于这本图画书的关注与阅读。

同时，这些展示出来的图画书，都是幼儿园图书馆馆藏的、幼儿可以随时借到的优秀图画书。

（三）为幼儿操作讲述提供场景支持，发展语言表达能力

1.结合学龄前幼儿平均身高情况，

作者简介：刘学苹，北京市通州区梨园镇新城嘉园中心幼儿园园长，高级教师；
宋文宇，北京市通州区梨园镇新城嘉园中心幼儿园副园长，高级教师，市骨干教师。
注：本文是北京市学前教育研究会"十三五"规划一般课题"以实践活动为载体激发幼儿好奇心的实践研究"的阶段研究成果。课题编号：04244。

打造楼道1.2米以下作为幼儿可操作的互动墙面，随幼儿兴趣更换故事内容和场景。如：为了缓解小班幼儿分离焦虑而创设的"小熊去上幼儿园"，其中的小熊、河马老师、长颈鹿阿姨都是用柔软的布缝制，并塞进了柔软棉花。幼儿可以通过操作讲述来熟悉幼儿园的生活，消除陌生，减少分离焦虑情绪。还可以随时摘下来抱一抱，搂一搂，像抱个毛绒玩具一样，增加身体接触，缓解不良情绪。中班则创设幼儿近期喜欢的《情绪小怪兽》《七色花》等绘本场景。还有大班楼道，呈现的是幼儿投票选出的传统经典《西游记》故事的片段，如：三打白骨精、盘丝洞等。这些互动性墙面创设，既符合幼儿发展水平使其在操作中讲述，同时，也支持了幼儿进行不同内容的创编，发展思维及语言表达能力。

2. 在楼道的窗台上为幼儿投放可操作讲述的立体场景。如：利用奶箱制作的故事盒子，利用木板制作的有背景灯的演出小舞台。故事盒子里的每一个布景、道具都是可移动的，幼儿可像导演一样，自导自演自己创编的故事。除此之外还有森林、海洋、农场、幼儿园大滑梯等各种不同内容的立体场景……为幼儿的小剧本创编提供角色、材料和道具的支持。

3. 平面讲述：幼儿将自己喜欢的故事场景亲手绘制出来，铺到桌上、地上，作为创造性讲述的场景，如恐龙平面场景、海洋平面场景、森林平面场景等。幼儿再使用彩泥、树枝、纸盒等自制故事中的角色。这时幼儿又变成了小小道具设计师和制作者。

4. 利用透明的塑料膜，幼儿可绘制形同皮影的道具材料，再加上为幼儿准备的皮影舞台，幼儿动手便制作出了融合传统手工艺于一体的皮影演出，在感受传统民间艺术表现形式乐趣的同时，也使其在快乐中得到发展。

二、研制经典阅读书单，形成优质"全学科"阅读资源

优秀图画书是支持幼儿阅读能力发展的第一步，在活动开展的过程中，秉承精选优秀图书资源的理念，甄别每一本呈现在幼儿眼前的图画书。

（一）严把图书来源

1. 通过搜集已有经典书目，整理阅读领域专家、绘本馆导读人等推荐的图画书，形成优秀图画书阅读资源库。

2. 通过幼儿推荐，形成幼儿喜欢的图画书。

3. 通过家长推荐：由家长在家客观观察幼儿们经常翻阅的书籍进行的推荐。

4. 通过教师专业的眼光筛选甄别每本图画书。最终形成幼儿喜欢的图书资源库。

（二）图画书内容

内容上包括：不同国家的优秀图画书，中国传统文化书籍，节日书籍，生

活书籍，民俗书籍等

（三）图书质量上：从筛选出版社到印刷质量要严格把关。其中，也梳理出国内比较权威的出版社，他们的出版质量一般是毋庸置疑的。

三、举办书展，激发"全"员阅读兴趣

幼儿的年龄特点，决定了他们需要在参与中学习。阅读活动的开展对于幼儿阅读兴趣就起着重要的作用。而书展本身对幼儿就具有吸引力。可以让幼儿在参观中激发阅读兴趣，在阅读中开拓视野，使其形成良性循环。

（一）教师书展—燃起阅读的兴趣

通过好书推荐活动的开展，教师整理出了很多的优秀图画书资源。为了充分发挥这些书的作用，幼儿园决定将这些书以不同的形式展示出来，然后邀请幼儿参观并参与阅读。同时还可以评选出自己喜爱的展台。

（二）幼儿书展—在参与中共同发展

幼儿参观了老师的书展，激发了他们也想把喜欢的书展示出来给其他小朋友看的欲望。于是，幼儿们从收集图书开始，一起商讨将图书分类，尝试摆放展出及使用能够作为展台的材料……在参与中得到了提升与发展。

四、开展亲子阅读活动，制造家园"全"员阅读机会

《幼儿园教育指导纲要》指出：家庭是幼儿园重要的合作伙伴，幼儿园应积极支持、帮助家长提高教育能力。基于此，幼儿园通过多种形式来制造家园"全"员阅读机会。

（一）建立社群，引导家长做高质量的陪伴

（二）倡议家长带领幼儿走进图书馆，让幼儿接近图书，感受阅读

（三）评选"书香家庭"，晒一晒家庭藏书量，引导家庭阅读环境的打造

（四）创设让家长走进班级做一次带教老师机会，让幼儿换个老师听阅读，让家长体验导读

五、创建班级阅读环境，满足幼儿个性化的阅读需求

（一）依据幼儿年龄特点打造班级特色图书区，满足幼儿个性化阅读需求

1. 创设符合幼儿年龄特点和兴趣的环境。如：小班打造有情境的图书区环境，如创设长颈鹿图书区、袋鼠图书馆。海洋图书区真的可以坐在船里面看书。中班打造同一主题的图书区环境，如：认识身体、保护身体、处理意外情况的，以及怎样使我的身体更加强壮的主题图书。还有各种恐龙知识、恐龙故事的"恐龙"主题图书区。大班打造有文化元素的图书区环境，如：使用传统红色、传统窗棂、长城、故宫等。还有将排字印刷投入其中供幼儿操作体验，这也是环境阅读的一种体现。

2. 创设适合幼儿参与阅读的空间环

境，如：采光适合，空间安静，阅读设施舒适。同时，营造宽松、温馨的师幼共读氛围。

3.引导幼儿形成良好阅读习惯墙面创设，如："一寸一拳一尺"就是握笔距离笔尖一寸，身体距离桌面一拳，眼睛距离图书一尺，从而达到保护眼睛保持正确坐姿的目的。

4.提升幼儿全方位阅读能力的支持材料，如：幼儿可操作的录、播设备及实物投影等。

（二）追随幼儿的发现开展综合性主题活动，支持幼儿知识经验的整合

在"奇妙的恐龙世界"主题中，幼儿从参观恐龙博物馆开始，到了解恐龙从哪里来、恐龙生活的年代、恐龙之最等系列活动，幼儿增长了知识，拓展了视野，同时，萌发了"我要像恐龙一样，做个最棒的小朋友"的志向。

（三）区域游戏活动与主题联动，积累丰富的感知经验，获得综合性发展

1.拼插区幼儿利用废旧纸盒制作恐龙。2.泥工创意活动，发展幼儿创造性。3.自制图画书发展创编能力。这些活动都体现了对于幼儿阅读"手、脑"的培养。

六、搭建阅读展示平台，发展幼儿的"全"阅读能力

幼儿会看、会听还不够，还要敢说、会说，于是，老师为幼儿搭建阅读表达的平台，发展幼儿的"全"阅读能力。

1.在播报活动中得到提升。如：天气播报员、新闻播报员、故事大王、故事明星等

2.在故事表演中获得发展。如：小班"蔬菜的故事"知道了不挑食；中班认识了"丑小鸭"的自信；大班知道了"三只小猪"所蕴含的道理。

3.自制图书活动中，促进幼儿"阅读手"的发展。如：自制图书《我换牙了》，幼儿记录了自己掉下第一颗乳牙时的紧张心情。到后来认识到，原来这是自己长大了的心路历程。《我会骑车了》幼儿记录自己在小区看见其他小朋友在骑两个轮子的自行车后，激发了学习的欲望。幼儿记录自己的故事，激发了大胆表达的愿望。

4.创设趣读墙、趣听墙、趣说墙。创设趣读墙：利用专业播音员录制的故事，呈现于墙面，幼儿用点读笔可随时听播故事，这是幼儿阅读"耳"的培养。创设趣听墙：爸爸妈妈录制故事到芯片中，幼儿使用点读笔也可以随时播放。创设趣说墙：这是为幼儿搭建的展示平台，幼儿随时可以录制自己的故事进行播放。

创设全阅读环境的整个研究过程以图画书为媒介，以教师为激发点，以幼儿为主体。从上到下制定目标，又从下到上倒推和调整活动推进方向，追随幼儿的发现与发展。保证幼儿的主体地位不变、教师主导作用支持到位，从而支持幼儿阅读能力的发展。

以读书节活动为抓手
促进幼儿阅读理解与表达能力的提升

党　艳　何少龙

摘要： 幼儿园阶段的幼儿学习特点是从玩中学，为提升幼儿阅读理解与表达能力，就需要教师思考哪些策略是适宜的。在全民阅读的理念日趋深入人心、阅读价值和意义得到广泛认同的当下，在幼儿园中以读书节活动为抓手促进幼儿阅读理解与表达能力的提升比较适宜。这需要教师结合幼儿的年龄特点、兴趣、能力水平去设计、实施。

关键词： 读书节活动；阅读理解；表达能力

读书节，又称"世界图书与版权日"，其设立的目的在于推动更多的人去阅读和写作。每到这一天，世界一百多个国家都会举办各种各样的庆祝和图书宣传活动。而幼儿园五大领域是相互贯通、融合和相互支持的。阅读能力是每一个领域都需要的助推器。如何通过幼儿园各类活动支持幼儿阅读能力的提升，让阅读能力支持幼儿园其他领域的发展呢？可以读书节为抓手，整合多种方式，激发幼儿的阅读兴趣，提升幼儿阅读理解能力，提供阅读表达的机会，让幼儿爱书——爱图——爱读。

一、以读书节为契机激发幼儿阅读兴趣

读书节是一个节日，也是幼儿园开展活动的一个契机。通过读书节活动的开展，让幼儿喜欢上阅读，逐渐能够看懂图书，表达自己的想法。

（一）《朗读者》激发阅读兴趣

《小小朗读者》活动来源于电视节目"朗读者"的热播，幼儿模仿着用讲、表演等自己喜欢的方式，将故事分享给大家。此活动的开展，激发了幼儿阅读和表达的愿望。

（二）《家长朗读者》支持家园共创阅读氛围

幼儿有自己喜欢的故事，爸爸妈妈也有。班级中有的利用家长进课堂活动，把家长请进活动室，为幼儿讲生动有趣的故事。有的幼儿家长工作繁忙，教师便利用视频、微信、直播等方式邀请家

作者简介： 党艳，北京市通州区马驹桥镇马驹桥中心幼儿园保教副主任，二级教师；
何少龙，北京市通州区马驹桥镇马驹桥中心幼儿园园长，一级教师。

长线上互动分享故事。幼儿对于家长们能够参与到班级活动中来，十分的开心。在家长生动有趣的互动过程中，对于幼儿看图、理解、表达等能力都有所提高。通过《家长朗读者》活动的开展，在家长分享故事的过程中，体会到了亲子阅读的乐趣，也了解了阅读对于幼儿成长的重要性。

（三）《年级朗读者》（幼儿、家长、教师）三位一体，让阅读气氛浓厚

在年级朗读者的活动中有家长有幼儿还有教师。大家通过参加各班级、各年级的朗读者选拔活动，为大家分享好听的、有趣的故事。通过此活动，将园所、家庭、班级的阅读氛围推向了高潮。

（四）《小小图书馆》搭建碎片阅读平台

每次户外活动后，老师都会带着幼儿一起放松身体，小小图书馆的开放帮助幼儿解决了户外活动后的碎片时间。图书馆不大，但是里面的图书种类十分丰富。大家将自己的书带来，经过幼儿的精挑细选，放在园级图书馆里。应运而生的还有好书推荐海报。各班幼儿根据自己班级推选的好书，制作相应的图书宣传海报。每天都会在小小图书馆门口贴出今日的好书推荐海报，方便幼儿利用碎片时间进行选择和阅读。小小图书馆的开放，不仅充分利用了幼儿户外的碎片时间，减少了等待现象，还支持了幼儿阅读

兴趣和理解能力的提高。

（五）《故事分享会》激发多种方式阅读

在故事分享会活动中，负责讲故事的是家长志愿者。幼儿在休息时选择到讲故事的区域听故事。有的家长拿着图书为幼儿一边看一边讲，有的围坐在一起用音箱播放，还有的家长边讲边表演。多种形式的阅读，不仅能激发幼儿多样性阅读的兴趣，同时还能够让幼儿通过看、听、说、表演更深层次地理解故事内容。

二、读书节制作活动支持幼儿阅读理解与表达能力的提升

全学科阅读的最终目的在于幼儿阅读能力的提高，转换观念，扩大视域，真正发挥在不同领域融合阅读，让阅读为其他学科奠基助力的作用。这正与读书节活动的开展不谋而合。读书节前期活动的开展激发了幼儿的阅读兴趣，促进了幼儿阅读能力的提升，而读书节当日活动则是为前期阅读能力的提升提供展示的平台，真正地做到了阅读支持各领域协同发展。

（一）亲子制作活动支持幼儿多种形式表达对于阅读的理解

1.小班亲子制作——3D绘本，支持幼儿理解故事内容。小班幼儿通过多种方式的阅读，对于图书内容的理解逐渐加强。幼儿与家长共同制作3D绘本，一起收集废旧的鞋盒，用橡皮泥、彩纸、

废旧物等为 3D 绘本盒子做装饰，共同动手捏，画故事里的人物、动物、场景等等。制作的过程又是对故事深层次理解的过程，同时也为阅读后的表达提供了展示平台。

2. 中班亲子制作图书灯笼，为连续的阅读表达提供支持。中班幼儿对于图书的兴趣更加浓厚，喜欢翻看各种图书，能够通过观察了解其中的故事内容。结合中班幼儿的年龄特点，家长和幼儿共同制作图书灯笼，将图书中的重要的故事情节和内容利用灯笼的形式表达出来。在制作过程中幼儿需要用连续几幅画面表达故事的内容。这需要幼儿找到精准、核心的关键内容进行展现。同时也从侧面帮助幼儿练习了总结、概括、找关键线索的阅读能力。

3. 大班亲子制作原创绘本，促进大班幼儿创编能力的发展。大班幼儿喜欢改编和创造自己的故事。因此为了帮助幼儿更好地展现自己的创作想法和意图，大班幼儿进行亲子制作原创绘本活动。通过原创绘本能够看到很多幼儿在模仿自己喜欢的图书故事内容，在创编不同的故事，在根据自己的想象创造故事等。过程中成人为幼儿提供白皮书，幼儿自主创作并装订。原创绘本的制作能够帮助幼儿整合阅读的多种能力，过程中阅读能力起到了很大的支撑作用。

案例：一次，班级中有一位小朋友画了一只毛毛虫，便开始向我提问：这只毛毛虫有几节身体？原来他按照数学活动中的小问题画了这幅画。当老师分享了他的作品后，他又创作了很多张类似的数学问题画。在这样一个案例中能够看到在数学活动中幼儿对于数学概念和逻辑的阅读理解很充分，在此基础上还能够进行抽象的思考，进而对脑中的概念进行整合并利用绘画的方式表达出来。这样的阅读和制作难道不是幼儿阅读能力水平和阅读能力对其他学科理解的有力支撑的体现吗？

（二）《猜猜猜》活动为幼儿阅读理解与表达提供平台

故事猜猜猜活动将大家亲手制作的 3D 绘本、图书灯笼、自制绘本整齐地摆、挂、收纳在幼儿园的连廊附近。幼儿手拿游艺卡到各个区域去猜一猜不同的 3D 绘本、图书灯笼、原创绘本画的都是一些什么故事。此活动需要幼儿首先能够通过看、听理解故事内容，并准确表达自己的观点，因此在阅读理解与表达方面为幼儿提供了充足的机会。

幼儿园阶段的幼儿学习特点是从玩中学，在幼儿园中通过以读书节为抓手激发幼儿阅读兴趣、培养幼儿阅读理解能力、支持幼儿阅读表达能力的提升是十分适宜的策略。通过培养阅读理解与表达的能力，可以更好地支持幼儿在其他领域的发展。

多措并举 读必有方

王玉霞

摘要：阅读是获取信息、认识世界、发展思维的重要途径，在推进全学科阅读的过程中，我们要努力做到有方向、有目标、有资源、有引领、有方法、有评价、有策略、有展示，这样才能激发学生的阅读兴趣，提升学生的阅读素养。

阅读是运用语言文字获取信息、认识世界、发展思维的重要途径。所以，我们必须要注重培养学生的阅读习惯和阅读能力。随着通州区教师研修中心"全学科阅读"项目的推进，我们学校对提升学生阅读素养的策略进行了探索，总结出"八有"策略，提升了阅读工作实效。

一、明确重点，让阅读有方向

为了让师生明确阅读方向，我们确定了三项重点内容，第一是部编教材快乐读书吧的书目，这是语文教材规定的阅读内容。我们将其确定为必读书目。第二是科技、心理、健康图书，比如《病毒星球》《细菌历险记》等列为共读书目。第三是各科教师为学生精心挑选的精读书目，利用网络教室组织学生研读。比如数学学科选择《狼精爱吃猪八戒》《数学帮帮忙》，让学生在阅读的过程中"探

索规律""认识图形""学习统计"……英语学科选择牛津阅读树分级绘本，让学生在阅读过程中掌握词汇、学习短语、理解句子。通过这三种方式，达到以读促学，有机整合的目的。

二、研定目标，让阅读有要求

阅读内容确定之后，教师们根据各年级学生特点确定了各个学科、各个年级的阅读目标。这样，不仅能让教师明确对学生进行阅读指导的要求，而且能够让学生明确需要完成的任务。在这其中语文学科结合语文要素制定了各个年级快乐读书吧的阅读目标。比如要求一年级学生认真填写《导读手册》，选择精彩的部分进行展示；注意积累好词佳句；能够结合主题对儿歌进行分类；学习仿写儿歌；练习将儿歌或童谣描绘的场景用图画表现

作者简介：王玉霞，潞城镇中心小学校长，一级教师。

出来……这些目标的制定，使课内阅读和课外阅读有机结合，达到了课外阅读辅助课内阅读的目的。

三、研发程序，让阅读有资源

为了解决学生的阅读困难，我们录制了配乐阅读音频，编辑了电子书，并把这些内容统一设计成阅读小程序。家长自由选择让学生看电子书、听音频书，或是采用视听结合方式阅读。这样，解决了学生和家长反映的用眼问题，实现了阅读版本的统一，也能够帮助学生有效利用时间掌握所要阅读的内容，激发学生阅读的兴趣。

四、教师先行，让阅读有引领

要想让学生读，老师必须先读。所以，我们为每位教师购置了读书吧全套书籍。要求语文教师利用业余时间读完自己任教年级的书目，在此基础上录制二十分钟的导读视频。这种方式促使教师认真阅读，准确把握每本书的内容、主旨和写作特点，并精心设计了导读微课。这其中有阅读任务启动时的导读课；阅读过程中的指导课；针对具体问题的精读课和阅读之后的展示课。疫情防控期间，我们重点完成了四十五本读书吧书目的导读工作。经过实践，老师们有效掌握了上述四种导读课的方法，为指导学生阅读奠定了基础。

五、编制手册，让阅读有方法

为了促使教师把握每本书的重点内容，学校还引导教师按照每本书的内容框架设计导读手册，以问题+任务的方式导引学生进行整本书阅读。经过一遍遍修改完善，部编教材上下册45本书的导读手册均已设计完成。在设计过程中，教师们对不同年级采用了不同的设计思路。低年级采用图画导读法设计导读手册。中年级从引导学生看目录开始，渗透整体把握书籍内容的意识。高年级运用问题导读以及角色导读法进行设计。比如在《鲁滨逊漂流记》导读手册中，教师们设计了13个阅读任务，引领学生把鲁滨逊在荒岛上28年的冒险经历以及人物关系梳理出来，提高了学生阅读整本书的质量。

六、建立题库，让阅读有评价

除了要有目标、有内容、有落实，还必须要有评价，才能实现阅读的课程化。在研究的过程中，我们根据学生的年龄特点为不同年龄段的学生设计了有针对性的测试游戏。这些测试游戏内容丰富，形式多样，能够让学生们在玩儿中学，玩儿中读，玩儿中悟。此外，我们还研发了线上测评工具，教师们对导出的线上数据进行分析，进而为学生提供有针对性的阅读指导。

七、组织活动，让阅读有策略

我们从个人、班级、年级、校级四个层面设计开展了各种生动有趣的读书活动，为学生搭建阅读、交流、展示的平台。

1. 个人活动包括三项：一是为每个

学生准备一本读书笔记，让学生摘抄好词好句；对阅读的重点内容作注释、写评语、配插图。二是展示文章中富有教育意义的警句格言、精彩生动的词句段落，畅谈自己的收获和体会。三是开展每日 15 分钟读书打卡活动，促使学生养成良好的阅读习惯。

2. 班级活动包括两项：一是在班内开展读名著接龙活动，利用录制工具录制名著诵读音频，进行阅读分享；二是组织我说你猜的趣味游戏，由教师或学生阅读文字或说出一个人物的特征，由其他同学猜猜这是哪个故事中的人物，以此激发学生阅读兴趣。

3. 年级活动主要是利用网络教室进行阅读展示，如让低年级学生朗诵童谣儿歌；让三年级同学讲寓言故事；让五六年级分享精彩语句或段落，以便为学生搭建展示、交流、思考、碰撞的平台。

4. 校级活动主要是借助节日开展主题阅读活动。比如结合 4.23 世界读书日，开展"用爱读出春天"活动。利用网络教室开展病毒知识知多少阅读活动。还组织学生设计阅读章，开展阅读状元评选，促使学生积极参与到阅读活动当中。

八、积淀成果，让阅读有展示

在读书过程中，学生自主完成了诸多作品，学校定期将这些成果收集在一起，为每个年级编辑电子成果集，生成二维码，发送给家长进行展示。这种方式不仅积淀了阅读成果，而且为学生搭建了展示平台，达到了互学、互促、激趣的目的。

通过上述"八有"策略，我校师生的阅读实现了系统化、课程化。大家不仅爱上了阅读，而且掌握了读法，可谓事半功倍。今后，我们会进一步推进阅读课程化、系统化进程，努力提升师生的阅读素养，提升阅读工作质量。

多措并举 提升学生阅读素养

孙秀丽

摘要：在推进校园阅读进程中，学校如何保障阅读时间，怎样开展有效阅读以及保持持续深度阅读方面都存在困惑。本文将以多措并举为路径，从环境建设、构建课程、专题活动和资源融通四个方面，探索提升阅读素养的有效策略，从而提升学生的阅读素养。

教育家苏霍姆林斯基说过："让孩子变聪明的方法，不是补课，不是增加作业量，而是阅读、阅读、再阅读。"为此，学校创设环境氛围，开展丰富的阅读学习与实践活动，多措并举，助力学生成长。

一、创设氛围，激活阅读兴趣

环境对人的影响举足轻重。学校充分利用图书馆、阅读角、楼道小书架、校园书吧、读书长廊、墙面及一切可利用的公共空间，营造自然生态式阅读环境，力图以环境影响阅读，以阅读激发智慧。这些"小而美"的阅读空间的有益实践，使学校成为了一本可以随时阅读的"大书"，学生随时随地随手都可以阅读，时刻都能浸润在书香中。

二、构建课程，提升阅读能力

（一）保障课时

为改变学生在校阅读时间少的现状，学校先后颁布了《张家湾镇中心小学课程改革实施办法》和《张家湾镇中心小学阅读课程实施方案》。办法中明确提出"调整原有的课时安排，设置长短课。在总学时数不变的情况下，每周节约出的一课时开设《主题阅读》与《口语表达》课程。"学校自选每周二、四、五下午其中的任一节为阅读大课，保证了阅读时间。

（二）把关书目

阅读喜欢的书籍，心境更愉悦。我们拟定书单便依循学生、教师、教研组长、学校阅读工作负责人、专家"会诊"这一层层递进的方式，筛选出相对统一、含必读与选读的推荐书目，涉及文学经典、科普读物、人文历史、人物传记、童话故事等中外书籍，使学生与好书相遇。

（三）指导方法

进学之功，贵在心悟；施教之功，贵在诱导。学生阅读，特别是阅读并非心怡的书目，怎样激起阅读兴致，获得阅读方法呢？学校分层设计，即课内阅读请教

作者简介：孙秀丽，张家湾镇中心小学主任，高级教师。

研员把脉定夺，严加指导；课外阅读借助专家引领、教师实践的方式，以研促教。这些举措促进了学校阅读课程的开展，提高了师生参与阅读课程的学习实效。

（四）形成策略

使学生的阅读活动有效而深入是开展阅读活动的目标之一。经过实践我们认为，针对一个主题的阅读教学活动进行策划，通过专家指导与教师实践，形成可操作的主题阅读实践活动，是使阅读有效而深入的策略之一。如：结合《北京的春节》，开展"走近老舍"的主题阅读活动，借助研读老舍的作品，调查研究老舍生平、书中人物、时代背景、北京特色等相关内容，使学生对作家、作品有了更为深入的了解。此外，有的班级拓展阅读了《茶馆》《四世同堂》等，有的观看了话剧，还有的开展了戏剧排演活动，激发了持续阅读的兴趣，也使阅读走向了深入。

三、专题活动，深化阅读感悟

（一）听故事，激发欲望

故事具有很强的情节性，深受学生喜爱。学校以精彩三分钟为契机，在家、校分别由家长、师生给学生讲故事，借助形象的语言把学生带入美妙的中外故事中，力求以故事引领课外阅读，激起阅读兴致。

（二）讲故事，积累数量

精彩三分钟是日常活动，每年学校都会组织"我说我秀"故事赛。同学们

想在比赛中取得好成绩，首先要有充实的阅读量，再在大量的阅读中筛选素材，有了这样的目标任务，更能促使学生广泛、持续的阅读。量的积累必然会促成质的飞跃，阅读亦如此。在参与和准备的过程中，学生的阅读量不断得到充实。

（三）改编故事，创新思维

改编可以使阅读充满趣味，帮助学生准确把握文章描述，在学生和文本人物间搭建一座桥梁，引导学生深入理解故事中的人物形象。小学生以形象思维为主，老师引导学生改编故事，就是有效地帮助他们进一步梳理故事中人物之间的关系，感受人物的形象，体察课文的表达，从而品味语言，是促进理解创新的过程。

（四）表演故事，升华品质

学生阅读和改编故事时已充满思考。表演时，观看的学生往往又会将表演的形象与自己阅读所创造的形象进行对比，在不断地对比和调整中，人物形象越来越丰满，对文本的理解更加深入，表演者与观看者在相互交流中升华了阅读品质。

四、融通资源，开拓阅读视域

学校有围墙，教育无边界。将校内外资源融通，最大化服务于教育，是拓展学生阅读视域的有效途径。

（一）线上阅读，丰富路径

当下时代，线上阅读已是一种不可或缺的学习方式。学校开展的线上阅读，

既可以阅读丰富的电子读物，又能参与所读书目读后检评与闯关，学校对参与线上阅读情况进行数据统计，并以此进行反馈评价。线上线下的有机融合，丰富了阅读路径及内容，提升了阅读效果。

（二）项目推进，滋养力量

高效开展阅读活动，仅凭教师毕竟势单力薄。为此，学校签下整本书阅读和作家进校园项目，助力阅读效能的提升。

我们请作家进校园讲述与书的趣事，和师生交流互动；请专家来校开展整本书阅读的专题讲座、示范课、课堂指导及听评课研讨互动等活动，充分发挥名家名师的辐射引领作用。通过专家指导，在学校整本书阅读教学设计、课堂教学及论文评优活动中，教师们撰写设计和执教课堂的能力都得以增强。

阅读项目式推进，营造了浓郁的阅读文化氛围，启迪了心智，使师生得到了锻炼与成长。

（三）地域特色，拓展实践

张湾古镇人杰地灵，文化悠远，既有城墙辉映的萧河水，更有名著寻踪见古韵的红楼文化，我们带学生读经典名著，也引导他们读"张湾"，即《走进家乡》。在"走出去"的活动中，学生们生动地为他人讲述萧太后河的过往，曹雪芹生活的种种变故和创作的心路历程，不仅使自己对萧太后河、对红楼的认知更为丰满，同时也体验了一把"小导游"的乐趣。

学生们在多次的参与式分享的阅读活动中，使个人阅读的广度、深度与欢悦度，以及阅读的意义得以深化与拓展。

五、阅读活动成效

随着学校阅读环境的优化、资源的充实、活动形式的丰富和质量的提升，师生、学校均获得了有益的发展。

（一）校本化阅读特色凸显

自阅读活动以来，学校先后颁布了张家湾镇中心小学《课程改革实施办法》和《阅读课程实施方案》，拟定了书单，保障了阅读的顺利开展，丰富了学校的内涵建设。

（二）生本化阅读成效显著

通过参与阅读活动，学生们自信表达、学习思考力等综合素养得以提升。出版了《作文集》；《我说我秀》讲故事、演讲和戏剧比赛屡创佳绩；市区级国学诵读大赛团体和个人均摘得各种奖项。

（三）阅读经验得以分享

多名教师关于阅读的案例或论文在市区级评比中获奖，有的教师的文章在《小学教学设计》中刊登；有的做区级管理经验介绍；还有的在第23届全球华人计算机教育应用大会上交流，得到与会领导的认可。

提升阅读素养的研究有意思，有意义，有研究的空间和内涵，却也是道路漫长。和学生们一起走在阅读的路上，一起享受阅读的幸福和快乐，将是我们不懈的追求！

农村高中英语课外阅读教学案例

范　森

摘要： 现阶段，高中英语教材的阅读文章虽然话题多样，但是学生的阅读兴趣不高而且教学侧重于聚焦语言知识的学习，不利于培养学生阅读习惯和独立思考的能力。本案例基于持续性默读的阅读方法，以一所农村普通校所进行的课外阅读教学实践为依托，从案例背景、实际操作和案例反思等方面进行探讨。

关键词： 持续性默读；农村高中；英语课外阅读

一、案例背景

《普通高中英语课程标准》（2017版）提出普通高中英语课程提倡指向学科核心素养发展的英语学习活动观和自主学习、合作学习、探究学习等学习方式。然而在实际教学中，由于受高考应试和课时有限的制约，很多教师还是更侧重于应试技能的训练，这样就削减了学生进行语言体验的机会，也不利于学生形成独立思考的能力和良好的分析解决问题的能力。现阶段的高中英语阅读教学虽然话题多样，但是学生的阅读兴趣不高而且侧重于聚焦语言知识的学习，不利于学生培养阅读习惯和独立思考的能力。在教材的内容之外，以人与自我、人与社会的话题为依托，适当增加课外阅读，尤其是有情节的、地道的英美青少读物，这样有利于培养学生的阅读兴趣和提高阅读素养，更重要的是能够达到教书育人的最终目的。

二、实际操作

持续性默读（Sustainable Silent Reading）是让学生每天在一个固定的时间安静阅读的一种读书活动。简而言之，就是把大量的阅读活动分散到每天的零散时间，并且不测试学生的阅读内容，阅读任务要求降至最低或为零，让学生充分享受阅读所带来的乐趣。笔者在进行课外阅读教学实践的过程中，以持续性默读的方式为基础结合本校学生的实际情况进行适度调整。笔者进行课外阅读教学的实践始于高一新生入学，可分

作者简介： 范森，北京市通州区永乐店中学英语教师，一级教师。

为三个阶段进行。

第一阶段主要是调动学生的阅读积极性，一点点开始养成阅读习惯。全班从同读一篇小短文逐步过渡到各自挑选读物，例如《书虫》系列，迪士尼电影双语阅读系列，剑桥双语分级阅读系列等。师生在每节英语课的前5-8分钟进行持续性默读，每次阅读完成后老师会预留1分钟的时间让学生完成阅读记录表（书名，日期，起始页码，终止页码，好词好句）。阅读记录表的目的是让学生养成良好的阅读习惯，记录每天的阅读内容，增强学生自主阅读的责任感和成就感。在此阶段，学生在阅读后没有任何书面的练习，此外，学生之间还可以互相分享自己的读物，在班级内部形成一个小小的图书馆。

第二阶段主要是在培养学生阅读习惯的同时进一步发展学生的综合语言运用能力。学生以班级为单位购买《典范英语》7、8和《黑布林英语阅读》高一阶段两套丛书，保证人手一本，并且建立借阅档案。课堂上依然延续持续性默读，课后没有书面任务。由于这套丛书每一本的故事都比较短，程度较好的同学两周可以读三本，程度稍差的同学一周差不多读一本，学生在读完之后可以自愿分享所读的故事。学生向老师提出申请，老师根据课程时间安排学生做口头陈述，从而提高学生的口头表达能力和总结归纳的复述能力。除了这些同学

以外，笔者根据借阅档案的记录将那些读同一本书的同学组合在一起，安排这些同学以组为单位制作PPT介绍他们所读的书，并要求每名成员都参与，都要在展示的时候用英语发言，不可由他人代劳。经过一个学期的锻炼，所教班级的学生阅读词汇量逐步扩大，阅读习惯基本养成，英语的口头表达能力也有明显提高。

第三阶段主要是在阅读的同时提高学生的自主合作探究学习的能力，引导学生关注阅读文本深层的含义。在高二阶段，笔者以人教版教材的话题（关于个人、家庭和社会交往的话题）为依托为学生推荐了多次荣获纽伯瑞奖的美国著名儿童文学作家凯特·迪卡米洛的小说——《傻狗温迪克》（Because of Winn-Dixie）。与此同时将班级内的学生按照英语学习差异由低到高分为四个层次，所有学生在完成本周的持续性默读后在周末完成一篇读书报告，A层和B层的学生至少完成基础的Words和Good Sentences部分，C层的同学至少完成Words、Good Sentences和Summary三部分，D层的同学则需要完成Words、Good Sentences、Summary和Feeling四个部分。经过读书报告一段时间的积累，学生们将口头的或是心中所想的都落实到笔头，学生的写作表达能力得到了显著提高，读书报告也是越写越长。此外，根据学生的阅读记录表和读书报告统计

学生的阅读进度，在学生完成每个章节之后由不同的小组进行PPT演示呈现该组的读书报告，这样不仅可以帮助学生梳理文章的故事脉络，还让同学之间形成一个读书交流的氛围。学生展示结束后，结合本章节的内容以及学生所筛选出来的内容进行更进一步的补充和指导，引导学生分析文本所潜藏的深层意义并结合自身的情况对人生进行反思，例如第一章：思考人们喜欢养宠物的原因；第二章：思考是什么原因让温迪克得到了认可，换成与人相处有什么启示等等。经过这段时间课外阅读的教学实践，学生积累了知识，交流了情感，激发了阅读的热情，同时还加深了对阅读文本的认识，从阅读中汲取了力量。

三、案例反思

在实施课外阅读的实践过程中，笔者所教班级的学生阅读记录表的内容不断丰富，英语成绩相对于入学时继续进步，特别是农村学校的学生从怯场到大方展示的蜕变，让笔者看到了坚持持续性默读式的课外阅读给学生带来了巨大收获。实施课外阅读实现了学生独立自主阅读、分析问题能力的培养，又实现了学生信息交换能力、合作能力的培养。回顾这些年的实践探索，笔者有以下几点反思。

第一，教师应对所教学生的阅读水平有一个清晰的认识，从而才能在课外阅读的实践中给予学生直接有效的选材指导。只有符合学生阅读水平的读物才能激励学生坚持课外阅读。

第二，教师应在学生阅读的过程中适当地进行阅读策略以及学习策略的指导。例如，在课外阅读过程中指导学生遇到出现频率较高的词或影响文章内容理解的词要借助工具书，查清词的意思和用法，必要时进行摘录；在遇到优美句子或者地道表达时可以把这些句子摘录下来进行背诵，增强英语的语感；鼓励学生根据上下文猜测词义而不是见到生词就查，猜测词义也是英语学习中一个非常重要的能力；引导学生通过精读和泛读结合的方法，在了解文章大意的同时积累一些有用的词汇和优美的表达。

第三，教师应提高自身解读文本的能力，教师对文本的解读能力直接影响学生的学习体验程度、认知发展的维度、情感参与的深度和学习成效的高度。文本是英语教学的基础，它赋予语言学习以主题和情境，对文本进行分析和解读才能帮助教师更好地把握主题意义，挖掘文化价值，从而确定教学的重点，为学生探究主题意义创设合理的学习活动。

英语知识在中学语文文言教学中的应用初探

陈　希

摘要： 从统编版中学语文教材和中高考的试卷结构来看，传统文化会在语文教学中占据越来越大的比重。为解决学生读不懂文言、害怕做文言的问题，本文在跨学科阅读的基础上，通过比较学习的方式，对融合英语知识和文言知识的教学方式进行了探究。在实践中，学生可以借助英语知识更好地理解文言字词句式，同时对两个学科的学习都产生了一定的兴趣。

关键词： 比较学习；英语知识；文言教学

在当前的语文教学中，传统文化所占的比重越来越大，相关知识的考试难度也逐年增强，但文言文题目可以说是学生丢分的"重灾区"。同作为语言学科，文言文与英语的语法知识存在相似的地方，词语解释、词性分析、语法结构也有互通之处。如果能够通过知识的迁移和转化，将英语知识应用到语文文言的教学中去，帮助学生更好地理解文言结构、梳理文言句意，那么也不失为一次值得尝试的跨学科阅读探索。也许还能够借此激发学生的学习兴趣，促进两个学科的学习与融合。

自改革开放以来，党和国家始终把提高全民族的素质作为关系社会主义现代化建设全局的一项根本任务。提高学生的整体素质，不仅在于提升学科成绩，更在于培养学生跨学科思维的融合，打破科学边界，促进学科间的相互渗透，培养自主学习和思考的能力。

一、将英语语法中的"倒装"迁移到文言教学中

在进行中学语文文言文教学时，往往会遇到理解词语和翻译句子上的问题。学生已经习惯了现代汉语的语法逻辑，便会对文言文中的一些特殊句式感到困

作者简介：陈希，北京市运河中学西校区初二语文教师，二级教师。

惑。但当我们结合英语语法来看，不难发现，英语语法和文言语法有着一定的共通之处。如果将解读英文句子的思维迁移到理解文言句子之中，便能在古汉语和现代汉语之间搭建有效的教学支架。

如《记承天寺一游》中有一句"相与步于中庭"，翻译为"一起在庭院中散步"，"于"引导的地点状语后置于"步"字。在分析此句时，有许多同学不能理解后置句式的用法，主要依靠"于"为关键词进行死记硬背，这样的固化思维对后续的教学不利。于是我让学生把此句翻译成了英文"We waked in the yard together."此句用英语表达出来就更为简单易懂，学生一下可以辨认出"in the yard"是地点状语，为讲解文言句式降低了难度。

再如《荆轲刺秦王》中"太子及其宾客知其事者"是典型的定语后置。因为和现代汉语的语言顺序不同，学生在初次翻译时较难组织语言。于是我让学生把这句话翻译成英文，不需要改变语序，就可以写出"the prince and guests who knew about it"，再转换为现代汉语，就成为"太子和知道这件事的宾客们"。学生在此过程中明显地感知到，无论是千年前的古人还是西方人，都有着相同的语言习惯——将要强调的部分放在句子的重要位置上。

在多番尝试之后，学生不仅可以通过英语语法的桥梁更清晰地分析文言语法的结构，还可以反其道而行之，用自身积累的文言知识去解读英语长难句，于是对中英互译产生兴趣。

二、利用英语单词解释不易区分的字词

在文言文的教学中，除了重要的文言句式，还经常会遇到一词多义、词类活用、古今异义等文言现象。在恰当的时候引入英语的讲解，可以通过不同形式的表达帮助学生进行理解。

（一）利用英语单词助力对"词类活用"的理解

《狼》中有"一狼洞其中"一句，其中的"洞"是名词活用为动词，由"洞穴"之意活用为"打洞"。刚接触文言的学生难免会产生困惑，但如果是区分"hole"和"dig"就简单得多了。

（二）利用英语单词助力对"一词多义"的理解

《愚公移山》的"操蛇之神闻之"一句中出现了两个"之"，但意思完全不同。第一个"之"是助词，译为"的"，第二个"之"是代词，代指前文中愚公说的话。如果将此句话翻译为英语"the God with the snake in his hand heard about Yu Gong's words"就能让学生直观感受到"with"和"his words"是截然不同的两件事。

（三）利用英语单词助力对"古今异义"的理解

在《得道多助，失道寡助》中，"委

而去之"的"去"翻译为"离开"，是一个古今异义词。有的学生会产生疑问，古代汉语和现代汉语中的"去"有何不同呢？实际上，在现代汉语中，"去"更多地表示"从所在地到别的地方"，和"来"相对，类似于英语中的"go to"，而文言文中的"去"则更类似于"go from"，强调离开的地点，而不是目的地。

在汉语中相同或相近的字词，在英语中却是截然不同的词汇，借用英语词汇可以增强区分的效果。

三、利用英语单词让文言翻译更加准确

在文言文中，"于"常常用来引导时间状语和地点状语。在《古汉语常用字字典》中，"于"做介词有九个意思，有"在"、"从"、"到"、"向"、"对"等等。那么如何去判断某句中的"于"到底是何意思呢？对照一下英语句子就能更轻松地得到答案。

"相与步于中庭"对应"walk in the yard"，此处"于"对应"in"，译为"在……里"。"管夷吾举于士"对应"Guan Yiwu was released from prison."此处"于"对应"from"，译为"从"。"故天将降大任于是人也"对应"so God will give an important task to a certain person"此处"于"对应"to"，译为"到"。

不同的英语单词可以让相似的意思更鲜明，解决学生翻译不准确、不规范

的问题。

在进行这样的跨学科阅读实践后，我发现学生的语文和英语阅读兴趣都有所提升。他们会在进行阅读的时候主动进行思考，试图寻求更多的例子，将文言语法和英语语法融会贯通。而在英语学习时，也能迁移文言语法知识。一些学习英语困难的学生，在借助文言语法后，可以准确分辨出英语句子中的时间状语、地点状语、形容词、副词等，进一步出现了学习质量的改变，达到了相互促进的效果。

这样的跨学科阅读还没有形成体系框架，尚没有坚实的理论依据。但我发现学生可以在这样的尝试中激发兴趣，融会贯通，自主进行知识的迁移，形成探究意识。因此，我认为这样的尝试是可以进一步进行的。知识可以跨学科融合，思维也可以。也许学生在跨学科的学习和思考中，可以给我们带来更多的惊喜。

参考文献：

[1] 关青 . 他山之石可以攻玉——浅谈英语语法与文言文语法的比较教学 [J]. 中学语文，2019（33）：69-70.

[2] 丁可 . 汉语文言文中词类活用与英语构词法中词类转化的对比 [J]. 校园英语，2019（07）229.

[3] 徐延春 . 英语语法与文言文语法二者相似性的教学探讨 [J]. 校园英语，2016（24）：131.

初中历史教学中史料阅读策略研究

张倩男

摘要： 史料阅读是初中历史学习的关键能力之一，本文通过对史料阅读重要性的阐释和对初中历史教学中的史料进行归类，总结了几种提升初中生史料阅读的策略，培养了学生思考问题和分析问题的能力。

史料阅读是初中生学习历史必备的一项能力，是历史学习一项基本技能。学生在初中历史学习阶段需要养成良好的阅读习惯，进而提高个人的史料阅读能力。而且近几年北京中考侧重考查史料阅读能力，学生答题过程失误多在史料阅读方面，培养学生历史史料阅读能力迫切需要教研与实践。

一、史料阅读的重要性

苏霍姆林斯基说："学生的智能发展，取决于良好的阅读能力。"阅读是历史学习的前提，是观察、分析、比较、讨论、思考等高层次能力的基础。历史教学讲究有一份材料说一份话，探究历史问题的重要一步是对有价值的史料进行分析，但史料本身不能直接回答问题，需要学生对史料进行分析、概括、综合、比较、判断等，这就是思维的过程，也是解决历史问题的过程。

《义务教育历史课程标准（2011年版）》对历史阅读能力做了细致的要求："提高历史的阅读能力和观察能力……初步学会从多种渠道获取历史信息……初步形成重证据的历史意识和处理历史信息的能力。"可是现实中大部分学生并不具备与课标要求相适应的阅读能力，学生在阅读史料过程中不能准确获取材料中的有效信息，理解、分析、应用困难大，影响历史成绩的提高。

中考历史试题要求学生的阅读量不少于六千字，而且是将古今中外的历史知识综合在一起进行材料分析，考查综合能力的力度加大。试题的呈现也是以教材为基础，运用新的材料，创建新的情景，学生审题过程中需要

作者简介： 张倩男，第六中学历史教师，二级教师。

大量的阅读。综上，历史中考对学生阅读史料并从中获取有效信息能力的要求越来越高。

二、初中历史中的史料分类

史料是历史研究与教学过程中不可缺少的组成部分，史料：按价值可以分为一手史料和二手史料；按呈现的方式可以分为文献史料、实物史料、口述史料等。历史教学中的史料包括文字史料、图片、音像等部分。文字史料包括像《后汉书》这样各个朝代的官方史料，也包括笔记、小说、诗歌等，还有一些文学作品也能间接地反映当时的历史情况，例如《红楼梦》等。图片史料包括地图、绘画、照片等。音像资料包括纪录片、影视资料等。在初中历史教学中，对史料的运用大都是以阅读文字史料为主，观看图片和音像史料为辅。

三、提升初中生史料阅读的策略

学生们的困难主要体现在对文字和图片两种史料的阅读理解不到位，由此导致了不正确的选择和阐释。

（一）对文字、图片类史料的解读方法

1. 文字类史料。文字类史料，历史中考试题中占得比例最大，选择题和材料题中都有大量的文字，而且问题往往是"以上材料说明什么""可见"；非选择题设问往往是"根据材料一、

二指出有什么变化及原因""根据材料来概括""材料表明了什么"。解答这类试题分为四步，第一步要把所给的材料仔细读完，并在句号那里标记，一般一句话一层含义，还要找到每句话的主谓宾，简化材料。第二步要找出材料中时间、地点、人物、连接词、材料出处等有效信息，去伪存真。第三步提取完有效信息后要综合这些信息，精准的描述现象、分析原因、揭露本质，准确理解题干的意义以及所延伸的内涵和它想考察的考点。第四步是做出正确的判断并回答问题。这四步解读方法，符合初中生的认知水平，能由表及里慢慢提高学生解答文字类史料的能力。

2. 图片类史料。图片类史料形式多种多样，有的是柱状图、曲线图、漫画图，这些图片隐含的信息比较隐蔽，难度也大。如果学生阅读时没有方法的指引，或者基础知识欠缺，不能把所学知识和图片信息有效对接，知识迁移就会有阻碍，答题就会失分。解答这类题分为三步。第一步：读问题，问题是图片题的出发点和归宿，不同的设问决定了不同的答题方向；第二步：读图片，找出其中标题、图例、时间、空间、人物、阶段特征等要素，尤其注意图例，图例对图片起着补充和解释的作用，对理解题意有帮助。第三步：学会观察，把读图的结果和读文字的

结果紧密结合，并用教材的观点来组织答案，最后用科学规范的历史语言清楚的表达出来。

（二）方法指导，示范引领

"授人以鱼，不如授人以渔"，教师在日常的教学中应该慢慢渗透各种史料阅读的方法和策略。教师可以以教材为载体，指导学生进行阅读，用圈点、提炼关键词等措施，逐步培养学生良好的阅读习惯。教材正文中知识多、杂，教师设置问题可根据材料的不同，使用不同的方法：时空变幻明显的历史事件，应该配备相应的地图，引导学生们读图来理解关键问题；课本中对重难点知识提供的史料不足时，教师要补充相关史料或者让学生动起来一起找寻相关史料，史论结合。这样做的好处是以往那种不看书只听讲、不思考、不动手的现象基本得到改观。

学生以前害怕材料题，不会读、不会做，现在学会了阅读的基本方法和技巧，形成了基本步骤，提高了阅读史料的能力。如李同学在交流时说"做材料题时要先看问题，带着问题看材料；在阅读材料时就要把重点标注出来特别要标注材料的出处、人物和时间。"

（三）问题引领史料阅读

阅读方法千千万，问题引领是一条捷径。学生带着问题进行阅读，在阅读的过程中不断地进行反思，聚焦一个个历史事件、放眼长时段的阶段特征、落在历史与现实的理解和关怀上，不断引领学生们思考、解决问题，这才是建构历史的途径。而"问题引领阅读过程"中最核心的问题是"问题"从哪里来？这个需要教师精心设计。笔者在讲授七上《魏晋南北朝的科技与文化》一课时，给予学生的问题串如下：

探究一：探究魏晋南北朝的科技与文化发展的表现？

【问题1-1】概括贾思勰的《齐民要术》特点？

【问题1-2】贾思勰为什么要写《齐民要术》？

【问题1-3】贾思勰是怎么写出《齐民要术》的？

【问题1-4】概括《齐民要术》的重要价值？

【问题1-5】阐述中国古代对圆周率的研究特点？

【问题1-6】祖冲之为什么要精算圆周率？

【问题1-7】祖冲之是怎么算出圆周率小数点后七位的？

【问题1-8】祖冲之为什么能在科学道路上取得成功？

【问题1-9】从贾思勰、祖冲之身上我们学习到了什么？

【问题1-10】为什么书法在东汉后会成为专门艺术？

【问题1-11】王羲之为什么能成为

"书圣"？

探究二：为什么在政权分立的情况下会出现如此兴盛的文化表现？

探究三：探究魏晋南北朝的科技与文化在统一多民族国家中的地位、影响？

【问题 3-1】根据材料分析魏晋南北朝的科技与文化发展的特点？

【问题 3-2】概括魏晋南北朝的科技与文化发展在统一多民族国家中的地位、影响？

这一串有效有价值有情境的问题问下来，可以积极调动学生思维；用有效的任务来驱动学生重建历史的体验，加强学生对史料的理解。让问题教学引领初中历史课堂、引领历史教学，可以提高学生史料阅读能力，发展了核心素养，激发了学生兴趣。

总结

史料阅读理解是学生将自己掌握的认知结构和新材料相联系起来，以某种有意义的方式架构在一起。在教学中，利用史料阅读来解答问题，可以巩固核心素养中的史料实证，也可以培养学生思考问题的能力和分析问题的能力。

融合不同学科　聚焦英语阅读

崔建楠

全阅读这一概念最早起源于 20 世纪 70 年代末 80 年代早期的西方"全方位语言教育（Whole Language）"。"全阅读"的"全"可以从不同的维度进行解释。从阅读内容的角度出发，全阅读要求阅读的学科视野应该是"全学科"，可以概括为"读有形的文字"和"读无形的生活"。传统的课程观把阅读训练当做是语言学科的任务。而现如今，在这个信息爆炸的社会，对阅读能力提出了更高的要求，不再是文字阅读能力，而是综合的阅读能力。

融合不同的学科来开展英语阅读，一方面可以激发广大学生的英语阅读兴趣，丰富阅读经历；另外，也可以不断开拓阅读视野、提升综合能力。本文尝试结合具体英语阅读材料，融合不同学科，聚焦英语阅读，探讨英语阅读中的跨学科、多角度融合问题。

一、英语与其他语言类学科（语文）的融合阅读

学习英语离不开阅读外国文学作品。而单纯读全英的作品不仅难度大，学生不易于理解，而且会增加学生的负担，失去对英语阅读的兴趣。因此，阅读外国文学作品，需要借助译本来帮助学生更好地阅读。一方面，借助译本来帮助阅读外国文学作品，可以大大降低翻译难度；另一方面，不同的译本作品呈现出不同的语言表达技巧、语言风格，也直接影响了我们对这些作品意义和内涵的认识。比较不同翻译版本之间的区别，以此来研读英语语言的文学作品，体现英语和其他语言学科（语文）跨学科融合式的阅读。

法国著名儿童文学《小王子》诞生于 1942 年，作家安托万·德·圣·埃克苏佩里以小王子的孩子式眼光看待这个世界，透视出成人的盲目、空洞、死板与教条。用简单易懂的语言描写出人类的寂寞孤单，如浮萍般随风飘摇的命运。《小王子》整体语言浅显通俗，贴近初中生的思维习惯与实际生活，适合初中生阅读。

在认真阅读了原版译本作品基础上，我选择了三种在国际上具有代表性的翻译，比较其中的差别，来有效地帮助学生进一步突破英语学习的边界，既可以从英语学科层面上深入理解英语语言的复杂和多义性，也能从语文学科层面深入地理解语言实际应用的精炼准确性及思维艺术性，达成与语文学科的跨学科融合阅读。

在第 22 章里，小王子遇到扳道工时，

作者简介： 崔建楠，北京市通州区甘棠中学英语教师，二级教师。

扳道工对他说过这样一句话"No one is ever satisfiedwhere he is."比较三位翻译家的译文见表1：胡雨苏采用了直译的方法，直接将英文对译成了中文，言简意赅，尊重了原文。但是不符合中国人的思维习惯，让学生们觉得些许晦涩，增加了阅读难度。相比而言，艾梅的译文语言最为生动，既精简准确地传达了主要信息，又形象地表达出人们不满现状的情况，为文章增添了不少色彩。

例 如，"They always need to have things explained."胡雨苏的翻译就很口语化，像是在给别人讲故事一样，娓娓道来，让读者去听的。而相比之下，艾柯的译文就较书面化。艾梅的翻译最为书面、正式，这就使得读者有一种去"阅读"而不是去"听"的感觉。

综上所述，通过与语文学科的融合阅读，学生对《小王子》语言表达等方面有了更加深刻的理解，这利于英语阅读的深入进行。

二、英语与其他人文类学科的融合阅读

狄更斯先生作为当今世界上最伟大的英国诗人和戏剧作家之一，被我们乃至后世广泛尊敬，并信奉为"召唤人们回到欢笑和仁爱中来的明灯"。狄更斯以著名的画家威廉·荷加斯为其人生榜样，勇敢地直面艰苦人生，真实、客观地展示了当时伦敦这座"英国贫民窟"的悲惨命运与艰苦生活。他一直怀揣着一个崇高的社会道德愿景——竭力抗议社会的不公，并且以此唤起社会舆论，推行改革，使那些正处于水深火热斗争状态的贫民能够真正地得到有效的救助。

《雾都孤儿》被普遍认为是狄更斯第一部动人的奇幻现实主义、英国社会心理小说。这部小说充分地揭露出当时一些英国的社会犯罪问题。它既真实地描写了当时人类的善与坏、美丽和丑陋、公平正义与邪恶之间的激烈斗争，同时赞扬了英国人民的正直、善良。

《雾都孤儿》在语言艺术上具有鲜明的时代特征，并以高超的语言艺术赋予了它时代和人类生活中更为丰富的外延。忽略了其中的特点和历史性，小说就会丧失必要的背景，读者就没有办法真正认识到这部小说的意义和内涵；忽略了其中的艺术和文学属性，历史就失去了个体的基本思想，成为空洞、虚无的架子。只有了解了这一特定的历史、政治背景才能帮助学生更好地透过语言知晓作者所传达出来的价值观以及中心思想，才能更好地理解名著，学习不同的文化知识，而不仅仅是简单地阅读文字含义。

就具体小说文本而言，狄更斯用大

原文	艾柯	艾梅	胡雨苏
No one is ever satisfied wherehe is.	人们从来都不满现状	人总是这山望着那山高	人们对自己所在的那个地方是永远都不会满意的
They always need to have thingsexplained.	哎，大人最麻烦了，老是需要我们给他们解释	他们总是这样，需要别人做进一步的解释	这些大人啊，总得要别人给他们解释呀解释

量的篇幅和细致的语言描述了主人公（奥利弗）的悲惨身世以及遭受的艰难境况：奥利弗早期曾在一个济贫院里过着如地狱般凄惨的生活，之后很长一段时间，他历尽了无数人世辛酸。通过这种种描写可以看到当时社会充斥的种种残酷，也反映出作为底层人民所过的水深火热的生活。另外，《雾都孤儿》通过一双本应该纯真的儿童的眼睛来看这个世界，正是对当时社会的狠狠的、无情的批判。

在狄更斯笔下，底层小人物有的罪大恶极，还有的却闪烁着人性的光芒。在黑暗和苦难的社会中，人民艰辛地奋斗着、生活着，与各种不公、恶势力作斗争。通过对善良的人民的刻画，我们可以从中看到善与恶的较量。在批判资本主义世界的同时也在讴歌着劳动人民的真善美，寄托着对美好生活的向往与憧憬。

阅读英文名著不仅是一个扩大词汇量及句式结构的途径，更是一个开阔眼界、丰富经历的过程。通过不同形式的讲解，学生们像是看故事一样去阅读英文名著，不仅增加了些许的乐趣，更能使文学更加饱满，可读性更高。

三、英语与自然科学学科的融合阅读

英语学科阅读不仅仅要求学生阅读课外读物，也不能放松课本的文章阅读。英语是门工具学科，语言只是载体，在初中阶段，除了要引导学生关注语言形式及结构，掌握语言语法外，更多地是要引领学生透过文字看到其中的内容。中学英语课程标准涉及24个大类的话题项目，涵盖社会生活的方方面面，其中与自然科学学科相联系的有"科普知识与现代技术""自然""健康"等。

在传统英语阅读教育基础上辅助以自然科学为主的知识，不但能够有效地激活学生的背景知识，调动课堂气氛，而且能帮助学生更好地认识和理解文章，将所需要阅读的内容与我们日常生活相联系，学会学以致用，最大程度地达成提高学生综合能力和核心素养的目的。

例如，在阅读《Healthy Bones》（北师大版初二年级上册）这一课时，我首先展示了两张生物课本上出现的骨头的照片，学生们立即就来了兴趣，争先恐后地讲解着有关骨头的生物知识。有了这样的背景知识，学生在阅读《Healthy Bones》时就容易很多，语言变得既生动形象又易于理解，阅读的效果也事半功倍。

《A Young Hero》（北师大版初二年级上册）是一篇记叙文，主要讲述了年轻女孩 Tilly Smith 通过自己学到的地理知识在海啸来临前拯救了他人的故事。这篇文章生词较多，而且对于北京农村的学生来说海啸似乎过于遥远与陌生。所以初次阅读效果很差，大部分学生都反映没看懂，事后也就毫无印象。因此，在阅读原文的基础上，我播放了与海啸相关的视频，并请地理老师为学生讲解了相关地理知识。将文本与地理相融合，学生在阅读过程中积极性高涨，读得津津有味，不仅让学生了解了更多与海啸相关的信息，而且能帮助学生更好地进行英语阅读。

在科技与信息飞速发展的时代，人文学科与自然学科不再泾渭分明地"对立"。尤其是对于英语来说，与自然科学的结合已成为一个趋势。科普类文章在英语阅读中占据越来越重要的地位。不管是从阅读难度还是阅读兴趣来说，这类文章令不少老师和学生望而却步。因此，将自然科学与英语阅读相融合不仅能顺应发展方向，更能为培养学生的学科素养与促进全面发展保驾护航。

以上分别从三个角度深入地探讨了跨学科融合阅读视阈下的英语与语言类学科（语文）、人文类学科、自然科学学科在全科融合阅读中的问题，试图为跨学科的融合阅读找到方向、探寻实践方法。

以下是我的一点体会：

首先，这样做可激发学生的学习兴趣，发挥学生的主体作用。全科阅读是一种具有科学创造性的阅读方式，打破了传统单一、单角度的阅读形式，给学生们提供了不一样的阅读体验。但是，需要特别注意的一点就是，教师要在阅读过程中继续扮演"引导者"的角色，而非"主导者"。阅读实践活动要以学生阅读为活动中心，发挥主体作用，充分调动各种兴趣和学习积极性，使学生能够主动地充分利用目前所学的英语及

相关学科知识，融合到阅读中去，深化英语阅读。

其次，坚持英语为主，其它学科为辅。跨学科的融合阅读一定要分清主次。对于以英语学科为主的阅读活动，要始终坚持英语语言为上，不能为了"融合"而本末倒置，失去了原本英语阅读的价值和意义。在具体实施过程中，教师容易忽略英语的语言性，而过度讲解其他知识。这就要求教师要合理融合各个学科，找到最契合的切入点，舍弃关联性不强的、学生不感兴趣的、学生学起来有困难的学科角度。作为教师，我们要做的是降低阅读难度，以最有效的方式来促进全科阅读。

最后，为合适的文本选择合适的阅读角度。全学科阅读绝不是任何学科都能融合进英语阅读中的，不能为了"全学科"而"全学科"。一定要充分研读英文文本，选择合适的学科进行整合。另外，教师还要敢于不断尝试。在融合阅读的过程中，没有固定模式，也不存在所谓的标准答案。只要是一篇真正适合学生阅读学习的文本，有助于调动学生的英语阅读兴趣、增强阅读学习效果、锻炼学生的阅读思维，就值得推广。

综上，对于跨学科、多角度的融合式阅读研究还有非常广阔的空间去挖掘。全学科阅读对于培养学生综合素质和增强核心能力的影响是显而易见的，因而尤为值得我们不断探索，深入实践，为之努力。

APP 辅助线上英语阅读教学实践探索

刘　琼

在"停课不停学"背景下，线下课堂被迫转移到线上，学生英语阅读环境、方式、习惯等随之改变，对学生的自制力提出了挑战。学生英语笔试难点是阅读理解中说明文和议论文阅读。学生因缺乏相关背景知识或英语基础薄弱，导致做题举步维艰，逐步丧失阅读兴趣和信心。因此，笔者需要探索高效的在线英语阅读课堂。在这种形势下，笔者偶然发现了 VOA 慢速英语 APP。经过数月的 APP 辅助在线教学实践，学生的阅读热情被唤醒，教学效果有所改善。

一、APP 辅助教学实践

VOA 慢速英语 APP 是美国之音官方授权内容的英语学习软件，包含"VOA 慢速""新闻""美文""电影""每日一句"等栏目。前三个栏目的阅读材料为完整语篇，50 到 400 词不等，包含实时新闻和励志文章，每日更新，由标题、图片、语篇构成，VOA 播音员播报，语调清晰，语速较慢，句式词汇简单，特别适合笔者所教的初中生阅读。

（一）文本分析

本文教学实践以 APP 上"中国机器人旨在帮助医生对抗冠状病毒"一文为例，如图 1 所示。通过梳理文章浅层信息、挖掘深层涵义，培养学生逻辑、批判性思维，帮助其了解科技前沿信息，

图 1　阅读界面

作者简介：刘琼，北京市通州区次渠中学英语教师，中学二级教师。

激励其投身科技事业，落实立德树人的课程目标。What 主要内容：说明文，五段 449 个词，主要介绍抗疫中国机器人的工作原理、作用、优缺点、设计缘由、应用现状及发展问题等。Why 主旨意图：通过介绍中国机器人帮助医生对抗冠状病毒，使学生了解机器人发展和应用现状，启发学生投身科技事业。How 语言特点：以第三人称美国电台播音员 Bryan Lynn 的口吻介绍，多引用发明者被采访的话，语言真实。

（二）教学流程

第一步：闭眼听文，抓取大意。教师首先引导学生根据标题、图片预测内容，然后学生借助 APP 限时闭眼听文抓取大意，最后利用视频会议展开全班讨论。培养听并获取信息的语言能力。

第二步：边听边读，增进理解。学生借助 APP 边听边读文本，关注生词难句，可根据需求查词、回放，增进理解，并用电子词汇本积累生词。教师对学生问题进行指导。拓宽了语言学习渠道，积累了语言知识。

第三步：无声默读，绘制导图。学生细读文本，梳理文章结构，绘制思维导图，培养学生逻辑思维和语篇意识。

第四步：分享导图，口头转述。学生在微信群分享导图，视频会议口头转述。师生、生生从内容完整度和逻辑性、转述清晰度和流畅度进行评价，培养学生口头表达能力。

第五步：跟读配音，集赞互评。在完成文本意义建构后学生跟读完成口语测评，并分享自主朗读作品，帮助学生巩固语言，改善发音。

第六步：回顾所学，表达观点。教师提问：What have you known about the robot？ What canwe do to promote the development of robot？通过问 1 回顾所学，发挥说明文读后有所知的特点，巩固所学。问 2 引导学生思考写作意图，培养创新思维和主人翁意识。

此外，笔者还带领学生阅读台词、格言、美文等，在学生中开展短句表演、背诵接龙、读书会等活动，旨在激发阅读兴趣，丰富阅读体验。

二、线上阅读与线下阅读优势对比

（一）线上阅读优势

1. 阅读资源的丰富性。VOA 慢速英语 APP 上是顺应时代的数字化阅读材料，以时事新闻为主，内容新颖，话题广泛，实时性强，语言地道，学生可根据兴趣自主选择，有效激发阅读欲望，帮助养成自主阅读习惯，培养文化意识，拓宽学习渠道，提高学习效率。

2. 阅读活动的多样性。借助 APP 线上阅读，学生可进行听读、默读、跟读等多形式的阅读活动，学生可自主选择喜欢的阅读方式展开阅读，视觉和听觉相结合的阅读丰富了阅读体验，达到了良好的阅读效果。

3. 读后评价的多元性。学生可在APP上公开发布自己的朗读作品，平台根据准确度、流畅度和完整度进行评分，师生、生生互赞互评，实现了评价主体、评价方式、评价标准的多元化，促进全员参与。

（二）线下阅读优势

线下传统的课堂阅读活动也有其独特优势，如不受网络、设备和软件操作熟练度的约束，学生可随时随地展开阅读。传统阅读以书面材料为主，便于学生书写批注，读后随时温习。另外，传统阅读保留了人们最初的阅读习惯，利于保护眼睛，舒适度更高。

三、启示

笔者认为要提高英语阅读教学效率，需要发挥各自优势，相辅相成。具体做法如下：

首先，借助APP开发更丰富的阅读材料引入线下课堂。教师可结合当前时事和学生关心的话题搜集材料，发挥线上资源丰富的优势，克服传统教材文本陈旧性特点，有效激发学生的阅读兴趣。

其次，借助APP开展听读、默读、配音等多形式阅读活动补充线下阅读。增强活动多样性和趣味性。VOA慢速英语APP的阅读材料嵌入了中英切换、单击查词、循环播放、语速调节、文章搜索下载、配音集赞、口语评测等功能，发挥了数字化阅读的技术平台优势，让阅读体验丰富多彩，促进了个性化阅读。

第三，开展线上线下相结合的活动。例如启发学生借助APP展开课后自主阅读，教师可定期组织线下课外阅读交流会，鼓励学生交流阅读心得，如阅读方法、阅读内容、阅读收获等多角度的交流，激发阅读兴趣。

总之，教师需要将线下传统阅读和线上APP辅助阅读相结合，发挥各自优势，努力激发学生阅读动机，逐步提升学生综合阅读素养。

有效利用信息化手段整合 ASR
提升学生核心素养

王艺儒

摘要：教育信息化 2.0 是教育信息化的升级，是指以教育信息化全面推动教育现代化，开启智能时代教育。而 ASR（全学科阅读）项目也是素质教育的背景下提升学生核心素养的有效途径之一。信息技术与学科教学整合是一个研究很久的课题，本文以信息化 2.0 与 ASR（全学科阅读）有效整合为研究思路，探索"互联网＋"条件下人才培养的新模式。

关键词：教育信息化 2.0；ASR（全学科阅读）；整合

教育信息化 2.0 的颁布，标志着信息化的发展迈入了新的时代。教育的本质就是培养和发展人，培养学生和培养人的关键点在于核心素养的培养。而这里面阅读是一项十分重要的因素，因为它直接影响到学生核心素养的发展。在这种形势的影响下，通州区教师研修中心承担了"基于核心素养的通州区 ASR（全学科阅读）项目"。项目研究有效应用信息化手段，提升师生信息素养，探索"互联网＋"条件下人才培养的新模式。

一、教育信息化 2.0 在 ASR 领域的创新应用

2015 年的《政府工作报告》中，国务院总理李克强同志提出"倡导全民阅读，建设书香社会"，这是从顶层设计体现了阅读的关键作用。一个人阅读水平的高低将直接决定个人思想境界的高低。现今的中高考理科的试卷也出现了大量的阅读内容，"得语文者得天下"的呼声越来越高。而 ASR 是一种综合立体的阅读模式，跳出语文学科单一阅读观念，提炼各学科教学特点，激发学生

作者简介：王艺儒，北京市通州区教师研修中心信息技术学科教师，二级教师。

阅读兴趣，提升学生对不同学科知识的理解能力和综合实践应用能力。而现今网络时代对传统阅读方式产生强烈冲击，教育信息化 2.0 要求数字校园建设要覆盖全学校，电子教材、电子期刊、文献以及数字图书馆的建设也将陆续完善，读书交流平台也投入建设。这些内容不是信息化 1.0 初期时将传统的纸质变成电子的形式，而是可以增加交互、批注、数据的汇集、评估、分析，围绕着阅读开展的在线交流研讨专题课、专家讨论等系列的功能，可满足学生在线交流、分享、展示的需要，可激发学生阅读兴趣，提升学生学科素养；教师可依托平台以工作坊、听评课、展示课、讲座等多种形式，打造学科研修共同体，共享优质资源，通过阅读可以提升教学的品质，从而使学生的心灵和精神世界得到升华，使新一代的年轻人具有人文精神。

二、信息化与 ASR 整合模式探究

信息化的时代，带来了一切的数字化、媒体化，人类传统的阅读活动从印届媒介向电子媒介、数字媒介发展，现在已经全面进入到以数字阅读为主体的时代。

（一）时代发展，变革必然

古代，"映雪囊萤""凿壁借光"的经典阅读案例从小就教育着我们；康熙大帝也提出了"帝王勤求治理，必稽古典学，以资启沃之功""未有不以讲学明理为先务"的观点，并以身示范每天五更起床先读书。现代，伟大领袖毛主席就是一位成功的读书人，一生读书 9 万册以上。他有一句名言："饭可以一日不吃，觉可以一日不睡，书不可一日不读。"如今迈入信息时代，阅读不再与书本、纸张相提并论，阅读载体发生了变化。数字化阅读使人们的阅读习惯发生了变革，不再是青灯古卷前清冷独思，而表现为：阅读对象异常丰富，呈现阅读信息的载体更多；新媒介如插图、多媒体信息等，使传统的文字更加丰富多彩；环境也不局限于书房，时间不局限于固定，阅读方式也有休闲式、快餐式、拓展式、检索式、赏析式等，碎片化的时间，多样化的阅读方式，都可以满足阅读的基本要求。故时代的变迁使得 ASR 的研究必然要借助信息化手段。

（二）媒介转型，混合多样

自信息化 1.0 以来，在传统的纸质书籍的基础上，逐渐出现了数字图书。早期的数字图书仅可满足文字阅读的基本需求，而随着信息化的发展，数字图书增加了批阅、扩展、整合，同时配以声、频、图、乐等多种媒介，让阅读不再枯燥，让获取知识的形式得到扩展，增进记忆的周期有效缩短。如学习中国传统文化的"诵读"，有了声音阅读、情景视频融入的阅读示范课。这样的阅读就更加直观，较之传统单凭文字的注音讲解的

诵读课，数字化阅读符合多元智能理论要求，实现了多元化阅读。

分析现在中学生对文章或阅读材料的阅读，如果只停留在对其中关键词句的理解、体验上，就会停留在表面，这不利于学生的再思考、再深造，也不利于对信息的再创造。通过信息化手段，将阅读材料做延伸扩展，知识点就会更丰富，就可有效提升阅读品质。

（三）打破常规，碎片集成

随着中高考对学生阅读面范围的扩大，古典文学、经典名著、史学、哲学、国学等均要求中学生有所了解，其中有些篇目还被列为必读内容。但迫于考试压力和时间限制的学生，如何能有效地掌握名著的"精华"是时代给师者出的新题目。此时充分利用信息化手段，充分利用技术、生活和思维方式的交互影响，基于移动终端的各类资讯，将整体的名著打破成碎片化的"精华点"，使极度稀缺的注意力资源聚焦，充分应对局面，使学生的时间有效提升。

（四）线上课堂，多元供给

我们可以将全学科的阅读活动依托网络平台来开展，将各学科的阅读书目按专题建立一个个讨论区，同时再共享配套资源，这就成了一个虚拟的线上课堂。学生不受时空限制，还可以在这里自由讨论，获取网上海量的优质资源。当学生把自己的阅读体验、感受在网上分享后，老师可组织以各种形式开展学生的交流研讨活动，学生们畅所欲言，充分体现传统课堂讨论的优势，这既满足了学生的表达欲望，提升了个人能力，又能给其他学生以启迪，同时也极大地提升了传统课堂中讨论效率，节省了时间。正是在这样交流、互动、争辩的过程中，发现他人的理解、思维的独特之处，从而反思自身的不足，并获得修正认识的启示，取长补短，凸显个性。

三、信息化有效提升 ASR 项目研究率

近年来的高考试卷，每科都增大了阅读内容，涵盖的知识层面越来越广，如时政、经典、科技、传统文化等，同时增加了阅读内容的融合创新、情境创设等。那如何能让学生在有限的时间内，有效提升阅读素养，积累融汇学科知识是亟待解决的问题。而有效利用信息化媒介，在某种程度上可以达到事半功倍的成效。

借助信息化手段，特别是以大数据技术为手段，开展阅读评价，带来了很多变化。如评价依据的丰富。大数据可全方位采集到阅读者各种信息，从而解决传统评价难的一些问题，如收集评价依据和评价信息单一、片段化的问题。另一方面，评价更加及时。学习者可完成随时评价，即时评价，随时调整，随时查询，通过数据对比、图表呈现，以更加全面、更加直观的效果呈现评价结果。第三，评价应用更加便捷。老师通

过大数据的分析随时了解学生的阅读情况，还可以根据学生的阅读效果进行点评；家长也可以随时与老师沟通反馈，了解孩子完成的阅读情况。这样阅读不再受时间和空间的限制，可以是一对一、一对多、多对一、多对多的双向互动。

阅读是人类一种最优美的生活姿态。好的阅读品质体现了学生创造力的勃发、智慧的积淀、以及灵魂的深度。宋代理学家朱熹就阅读提出了六条法则，即循序渐进、熟读精思、切己体察、着紧用力、虚心涵泳、居敬持志。随着时代的进步，教育信息化 2.0 的到来，我们可以在传统阅读的基础上，读原著，学原文，悟原理，同时思考建立未来的图书馆应该是什么样？是否可以有具有交互式功能的电子阅读机，可以改变传统阅读模式对阅读材料的限制，让学生面前能够呈现更丰富的阅读材料，让阅读更便捷，使传统与现代有机融合。创新阅读教学模式，充分调动学生学习的主动性和积极性，培养学生的创新意识和探索意识。在立足"课堂"这一主阵地的同时，深度挖掘教材的文化内涵，有效连接课内外阅读的渠道，引"水"入"塘"，营造一个良好的学生"生态阅读环境"，为学生的全面发展和终身发展打下坚实的基础。

线上整本书阅读设计和选择

史鹏越

从"停课不停学"期间的三个典型案例出发，分析线上整本书阅读活动的设计和选择。

一、案例情况介绍

（一）案例一：阅读分享会

1.设计目标：激发学生阅读兴趣。2.阅读内容：学生自选一本书。3.实施流程：学生线下阅读一本书——学生将阅读体会制作成数字化作品发送给教师——教师在"微信群"中给予学生反馈。4.线上工具：学生数字化作品制作工具＋师生互动工具"微信"。

（二）案例二：以任务驱动整本书的深度阅读

1.设计目标：推动学生从"自然阅读"变为"带着方法策略去深度阅读"，再进而提升为"带着现实人生体验去读"。2.阅读内容：教师指定一本书。3.实施流程：教师设计整本书阅读任务单——学生线下阅读并完成任务单——教师针对学生完成的任务单给予反馈。4.线上

工具：学生电子版任务单制作工具＋师生互动工具"微信"。

（三）案例三："夏洛的网"整本书阅读

1.设计目标：培养学生整本书的阅读习惯。2.阅读内容：教师指定一本书。3.实施流程：共同初读——个性化细读——群体研读——反思回读。5.线上工具："三余阅读"软件＋直播软件。

二、线上整本书阅读活动设计思路

（一）阅读目标的设计

吴欣歆指出整本书阅读的目标定位在：增加阅读数量，拓展阅读领域，营造阅读氛围，激发阅读兴趣，提高学生自主选择能力。结合线上阅读环境特点，可重点关注学生自主选择阅读的能力。

（二）阅读内容的选择

在线上网络学习环境中，整本书阅

作者简介：史鹏越，北京市通州区教师研修中心信息技术学科教师，二级教师。

读资源有了新的特征，教师在选择阅读内容时也有了更多的空间。第一个特征是资源的多样性，不仅包括文字读物，还有大量的整本书音频资源、配有画面的视频资源等，同时文字读物在电子化后具有了交互性特点，教师能在关键内容处设置问题、给予引导等。第二个特征是资源的非线性，学生能够通过网络搜索出与整本书相关的其他背景资源，如作者简介、创作背景等。

教师在进行整本书阅读内容选择时，既要看到网络资源的优势，给予有自主选择能力的学生更多的机会去进行拓展阅读；也要看到网络资源对学生能力的要求，避免大量资源堆砌增加学生的认知负荷，需要从提出清晰的阅读要求、设计精细的阅读任务等方面配以资源的使用。

（三）学生学情的分析

在线上阅读中，教师可以进行更加具体、个性化的学情分析，实现差异化阅读指导，基于学生已有知识能力水平、学习风格，采用不同的反馈策略。

教师还需要进行额外的学情分析，一个是分析学生是否具备线上学习的条件，如硬件、软件、网络等，另一个是对学生信息素养的分析，尤其对低龄段的学生来说，需要确认他们是否有能力参与线上活动，是否能完成教师布置的数字化阅读任务，如做 PPT 展示分享、拍照上传等。

（四）阅读过程的组织

线上阅读环境不受时间和空间的限制，并且可以记录学生阅读的痕迹，为教师组织学生进行持续的整本书阅读提供了很好的支持。

1. 营造熟悉的环境。线上学习对部分学生来说是一个新的学习环境，相关功能学生必须了解并掌握，教师可以通过制作一个微课来向学生讲解如何参与互动与学习。

2. 支持学生阅读过程的发生。在为学生呈现的学习方案中，阅读的资源需要明确，可以直接指定资源，也可以给有一定能力的学生指定主题，支持他们去线上搜索资源。阅读任务设计需要精细，在描述上要清晰明确，特别是相关的时间节点，需要学生完成的成果也要指明形式。提供的支持可以个性化，尤其要对学困生提供更多的帮助。及时监督学生阅读的进度，并给予适时的反馈激励。

3. 留痕学生阅读过程。对整本书阅读活动的留痕主要关注学生的阅读行为数据和互动反馈数据，需要设计阅读过程中的任务，可以是客观的检测题，或是主观的话题讨论、情景创作等任务，主观题目支持学生的个性化成果输出。

（五）阅读评价的设计

阅读兴趣、习惯等情志类目标，往往通过问卷或真实阅读数据来评价，如有关学生阅读兴趣的调查问卷、通过学生阅读数据来看阅读习惯的养成等。阅读能力类目标，对于识别记忆与概念理解等相对低阶的能力目标，可以通过检测题目来评价学生是否掌握；而对于需要学生分析、应用，甚至创造的高阶能力目标，需要通过布置主观任务来测评，如情景迁移、改写创编等。

三、线上阅读工具选择

现有的线上阅读工具按功能大致分为四类。第一类是日常使用的交流工具，如微信、QQ 等，它们的特点是上手方便、无缝对接；局限性在于简单的功能使得很多活动无法进行。第二类为专业学习交互平台，如钉钉、腾讯课堂等，它们支持直播与互动，能满足基础的教学功能。第三类与第四类是专门针对阅读主题而选取的平台。其一是资源类平台，主打海量、多样的数字资源，如人教社电子教材、中文在线等；其二是综合类平台，不仅包括数字资源，还可以设计种类多样的阅读活动，如三余阅读、超星学习通等，它支持学生朗读、做概念图、讨论等。除了阅读工具外，学生在完成阅读任务过程中，可能会用到多样的数字化工具，从简单的 word、PPT、思维导图，到利用绘画工具创作，利用视频软件拍摄作品等，也值得教师关注。工具选择的首要标准是服务阅读过程，并不是越复杂的工具效果越好。其次要充分考虑学生的学情，选择他们易操作的工具，不为阅读添加额外的负担。最后，教师要对工具有熟练的操作和理解，选择合适的工具并坚持使用。

传统课堂"搬家"式的在线教育只是抗疫期间一时的现象，并不是中小学教育的真正需求。虽然信息技术手段在不断升级与发展，但从实践角度来看，未来整本书阅读活动的开展既要充分发挥线上阅读的优势，也应与面对面实地课堂相"混合"，共同助力学生阅读素养的提升。

视域融合视角下的整本书
阅读教学对话策略研究

赵海凤

摘要： "视域融合"是解释者与解释对象之间的一种对话过程，整本书阅读教学的视域融合包含着学生与整本书的视域融合和师生之间、生生之间的视域融合两个层次。为了真正实现整本书阅读的对话交流，达到多重视域的融合，需要教师在教学时运用多种策略和方法。

关键词： 视域融合；整本书阅读；对话

"视域融合"是由伽达默尔提出的，它是哲学解释学的核心概念。"视域"一般指眼睛所能看到的范围，从解释学的角度看，它是指理解的起点和视角。而"视域融合"则指解释者的视域与解释对象之间既有的视域融合在一起，从而生成新的意义的过程。所以"视域融合"从本质上讲是解释者与解释对象之间的一种对话过程。《义务教育语文课程标准》指出："阅读教学是学生、教师、教科书编者、文本之间对话的过程。"这实际上就是在哲学解释学影响下的教学意义上的对话，即教师与学生之间、学生与文本之间、学生与学生之间的对话。在整本书的阅读教学中，视域融合包含两个层次：一是学生与整本书的视域融合，一是师生之间、生生之间的视域融合。

一、整本书阅读教学"视域融合"的含义

学生与整本书的视域融合是对学生主体精神的建构过程。学生从自身的视角出发，与作品发生一种理智与情感的交融，在书中发现和建构一个新的自我世界。也就是说，整本书阅读是学生向作品敞开，并将自己的体验，融入到作品的生活表达之中，进而与作者的灵魂进行对话，在对话中形成对世界、对人存在方式的一种新的体悟与理解。

师生视域、生生视域的融合不光指作为解释者的师生与作为解释对象的作品之间的沟通和融合，还表现在"教"与"学"之间，以及在教师指导下的"学"

作者简介：赵海凤，北京市通州区贡院小学语文教师，一级教师。

与"学"之间的对话与交流。教师在进行整本书阅读指导课的设计时，是建立在对全书的整体把握、深入解读的基础上进行的。这就意味着，教师是从"前理解"出发，分析作品，精心设计导读课、指导课以激起学生兴趣，这就无疑会带有教师自己的立场、观点，而学生在"学"的时候，也是从自身的经验出发，试图让自己"学"的视域与教师"教"的视域不断接近，从而实现自我理解与相互理解的形成。同时，每一部作品都是一个开放的意义结构。在整本书阅读教学中，除了有教师的"教"与"学"的融合，还有在教师设计下的"学"与"学"之间的融合。学生之间的多元对话，能够相互启发和诱导，共同的促进和提高，在思想的火花碰撞中，实现对整本书主题意蕴的生成。而此时的教师，更应该像是一位高明的智者，对学生起到思维的点拨和开导的作用，将生生之间的对话引向更深处。正是由于不同阅读主体之间的碰撞与沟通，使学生对作品的深入理解成为可能，从而建构出更为丰富的文本意义和教学意义。学生与整本书的视域融合是师生视域、生生视域融合的基础，师生视域、生生视域融合是促进学生与整本书的视域融合的保障，而不论是学生与整本书的视域融合，还是师生视域、生生视域融合，学生都在生成文本意义的过程中，实现文化知识的积淀和精神世界的充分发展。

二、视域融合视角下的整本书阅读教学的对话策略

为了真正实现整本书阅读的对话交流，达到多重视域的融合，需要运用多种策略和方法。笔者在整本书阅读教学实践中，积累了一些有益的经验：

（一）期待受阻与不断猜想

整本书的阅读不同于单篇阅读教学，它的内容更多，结构更为庞杂，需要学生投入更多的时间和精力才能完成。为了保持学生持久的阅读兴趣和阅读期待，就需要教师巧妙地进行教学设计，让整本书的阅读任务与学生自有经验、期待视野之间既有一定的熟悉感，又保持一定的距离，于"曲径通幽处"领略"柳暗花明"的曼妙境界，不断让学生在阅读期待中受阻，一路探究，从而深入挖掘作品的内在意蕴。比如《窗边的小豆豆》，学生了解小豆豆在课堂中种种怪异的表现，猜想小豆豆可能会面临怎样的处境，学生根据现有的经验进行想象，拉近了作品与学生之间的距离。然后出示刚上一年级的小豆豆就被学校勒令退学了，打破学生原有预期，紧接着设疑，这样被退学的小豆豆，长大后可能成为怎样的人？学生自由推想后，介绍小豆豆长大后取得的诸多荣誉，使学生的期待受挫。在期待受阻中学生自然会产生这样的疑问，到底小豆豆在新学校里遇到了哪些人、哪些事，让她具有如此大的转变？学生带着这样的强烈的好奇心，

自然会对作品展开深度的阅读，而在问题的不断追寻中，对《窗边的小豆豆》这本书的主题也有了进一步的认识。

（二）模糊象征与空白召唤

文学作品的意义具有模糊性和多重性，尤其是诗歌和童话，这种特征更为明显。这类作品的语言往往较为含糊，而正是这种含糊性、象征性，引发读者不同的理解和感悟，而这种作品意义的空白点，就会召唤读者与之对话，召唤读者参与作品意义的建构。阅读这种作品的时候，就需要读者对作品的"空白处"加以想象、补充和建构。比如金波先生的《点亮小橘灯》里面收录了许多童话和诗歌，在指导阅读时，就需要把握作品的"空白点"，引发学生想象和探究。书中的蝴蝶诗人深情吟唱："在山的那边，有一座花园，那是我的家，我常常思念。"在山的那边有什么？为何让蝴蝶诗人如此思念？这都是作品自带的象征意义，这种意义空白召唤着学生参与对话，在对话中，作品的教学意义、教育意义也就能够得以实现。

（三）作品类型与对话交流

学校整本书的阅读，选取的作品有童话、小说、散文、诗歌等多种体裁，每一种体裁的文学作品，都具有其不同的特征，不同类型的作品就决定了对话展开的内容和形式。比如阅读《爱丽丝梦游奇境记》这部童话就需要理解荒诞离奇的梦中世界所具有的象征意义，这就需要学生结合这部作品的创作背景展开对话交流；阅读《草房子》就需要学生深入挖掘人物的内心活动，变换角色：假如你是桑桑，你又会如何做呢？从而体会书中人物的喜怒哀乐。所以，教师要依据作品的体裁特点，精心设计，展开对话和交流，这样才能较为准确地把握作品的文体特征和内在意义。

（四）学生经验与求同存异

学生对作品的理解是建立在已有的知识经验基础之上的，不同的学生，由于知识经验不同，对作品的理解和解释也就不同。所以，在整本书阅读中，既要"求同"，还要"存异"，课堂中的学生，同是作品的理解者，彼此之间，既有情感的共鸣，又有意见的不一致，每个学生都对作品形成个性化的解读，而作为教师，要指导学生开放自己的视域，倾听不同的声音，这样，整本书阅读的课堂对话，才会走向深入，经典作品的教学意义和审美价值才能不断丰富和叠加。比如《水浒传》的阅读指导课，在讨论林冲的悲剧时，学生由于背景知识、视野不同，所持有的观点就有分歧。这样，在课堂上就出现了"争鸣"，而教师要善于利用这种"争鸣"，打破学生原有的视域，让学生对作品意义的探究成为一个不断生成的过程。

小学语文线上线下混合式阅读策略探索

王雅宸

一、研究背景及意义

随着"混合式学习"模式在理论与实践中的不断完善，聚焦在不同学科与领域的尝试也越来越多，"混合式学习"模式下的对应内容也越来越精准。"混合式阅读"，可以指广义上全学科模式下的"混合式阅读"，也可以是狭义上的语文学科的"混合式阅读"。2020 年因疫情的存在，客观上推动了线上教学的发展，而此时对狭义上"混合式阅读"策略的研究，既有助于更好地进行线上教学工作，又有助于推动广义上全学科模式下的"混合式阅读"策略的研究。同时，也为客观存在的学生个体化差异提供更好的因材施教的机会。

二、小学语文线上线下混合式阅读的策略探索

（一）线上线下单元阅读的策略探索

疫情防控期间，采取观看"空中课堂"的形式进行学习，与在校学习相比，学生缺少了系统性，缺乏单元意识，在网上进行多学科学习后，精神上出现一些疲惫感，复课后需要及时调整状态。因此采用更多的互动形式，激发学生兴趣，促使他们的注意力更为集中。在这里主要以小学高年级阅读策略单元为例进行分析。

1.趣味线上游戏助力线上线下单元阅读。本套部编版教材小学高年级语文涉及两个阅读策略单元，以五上阅读策略单元为例。它需要教师引导学生"读的时候集中注意力，不要回读"；"尽量连词成句地读，不要一个字一个字地读"；"借助关键词句，用较快的速度默读课文"；"带着问题读"：逐步达到提升阅读速度、促进学生理解的目的。本单元学习到的策略，并不局限于本单元，可以运用到各个文本的阅读当中。

学生看似理解了策略，但在实际阅读过程当中，缺少恰当的运用，对以往涉及"预测""提问"策略选择了忽视，变成学一种只练一种，机械刻板地进行

作者简介：王雅宸，北京市通州区玉桥小学语文教师，二级教师。

学习，效果不佳。所以这这里，我结合课本内容本身设计了一些小游戏，帮助学生更好地提升阅读速度与质量。

在《将相和》课后习题中有这样一道练习题："读下面这段话的时候，你一眼看到了多少内容？秦国的国君历来不守信用……我们怎么敢为了一块璧而得罪强大的秦国呢？"

切换课件后，请学生分享自己一眼看到的内容。通过对比，请记住内容多的学生分享自己的技巧。在这时发现该生比较无措，他并不知道自己运用了什么技巧。这时再次出示课件将学生记住的内容圈画出来以方便发现规律。这时发现学生对于开头出现的"秦国的国君历来不守信用"记忆深刻，对应内容也较为准确，到后面则是准确记住了关键词，再通过自己的语言将这些关键词进行了串联。通过我带领学生圈画之后，大家发现该生的阅读时的视线是跳跃的，这时我分别向学生展示了低度、中速、高速阅读的人的眼球运动图，大家发现该生的阅读效果更趋近于高速阅读的人的眼球运动。从而学生体会到阅读中要尽量连词成句地读的重要性，也知晓在注意力集中时，眼球位置的跳转变化能助力阅读。

接着，我又出示了一段文字，检测学生阅读效果。有部分学生阅读速度提升，但也有个别学生出现速度降低的情况。面对这样的游戏结果，学生十分不解。

在这里，我引导学生眼球运动本身不是直接提升阅读速度的捷径，阅读速度需要通过多练习阅读，才能够达到真正的提升，不仅要学习科学原理，还要运用到实践之中。

2.思维导图助力线上线下单元阅读。要形成单元概念，不仅仅要有意识，还要进行一些具体的实践。在阅读策略单元的学习过程中，我引导学生每课围绕阅读方法梳理知识点，当学习该单元语文园地时，将之前的板块进行组合形成单元思维导图。最后，我将优秀的思维导图拍照留存，制作成课件，在整本书阅读前会再和学生分享相关内容。

3.互动反馈系统助力线上线下单元阅读。我借助学校的"互动反馈系统"检验学生实际阅读效果。在线上测试前，我先运用该系统让学生进行自我评价。接着，学生阅读纸质材料，在规定的时间内，将选择的答案实时提交到系统中。在实际操作过程中，我计算了平时本班学生的阅读速度，以此为依据，确定测试时间。实时反馈出的结果能够看出哪些同学阅读基础更为薄弱，为我之后的教学设计提供了有力的参考。同时，学生对于这样的互动形式非常有兴趣，比起直接做一篇阅读题的枯燥，他们反而期待起了测试。

（二）线上线下"非连续性文本"阅读的策略探索

"非连续性文本"阅读在小学阶段

也越来越突显，教材中《故宫博物院》一课可以说是非常经典的"非连续性文本"阅读材料。对于如此长篇的材料学生是非常不适应的，我们需要进行一些探索。

1. 立足课本，学以致用。这两年学生渐渐在考试中接触到了"非连续性文本"阅读，也渐渐明白要让他们做什么，然而想要做好，还是需要再下功夫。首先要立足课本，学以致用。以六上第六单元语文园地的一道小题为例，"从站牌中提取信息，解决生活实际问题"。站牌是学生生活中见得到、摸得着的事物，它也具有阅读价值，在不同情境下，设计的路线方案会不同，学生对此兴趣浓厚。在解决问题之前，我出示了不同的站牌，学生发现哪怕是北京的站牌也不完全相同，而一些其他地区的站牌有与北京站牌区别较大的，但总的来说信息点是一致的，但如果不仔细阅读，可能出现提取错误信息的情况。在学习过程中学生解决了实际问题，非常有成就感。

2. 搜集资料，"反客为主"。在这样的成就感的驱动下，我安排学生进行了一次线上线下相结合的活动。学生线上搜集资料，"反客为主"成为小考官，线下相互测试、讲解。

布置这项任务时，我鼓励学生开动脑筋，从生活出发，大胆创设情境，不局限于此出题，鼓励他们结合课文，关注自己感兴趣的领域，搜集材料，仿照平时练习出题，学生积极性很高。

3. 互动系统，线上练习。同时，我们也继续利用"互动反馈系统"进行线上线下结合测试，对于新颖的"非连续性文本"，学生趣味浓厚。

三、小结

在探索小学高年级语文学科线上线下混合式阅读策略的探索过程中，我主要关注了单元阅读、"非连续性文本"阅读，引导学生由课内走向课外，由学习方法到运用方法，由方法探索到方法小结。希望这次初探能为推动全学科阅读作出一点点贡献。

"三步走"模式让整本书阅读有章可循

张春红

摘要：本文结合指导学生阅读《三国演义》时"课堂内外关联，与《三国演义》的美丽邂逅——项目研究实践，与《三国演义》的深度对话——线上线下结合，与《三国演义》再度相约"的"三步走模式"，对指导学生读整本书的过程进行总结，以帮助教师有章可循，更好地指导学生进行整本书阅读。

关键词："三步走"范式；整本书阅读

整本书阅读与语文学习是密不可分的。整本书阅读是课内学习的延伸，是课内学到的阅读方法在课外阅读中的实践运用。读整本的书，既是语文课程标准对于学生学习的要求，也实实在在能够培养学生良好的阅读习惯、激发阅读兴趣、形成一定的阅读能力。

语文老师在整本书阅读中发挥的作用不可忽视。首先，整本书阅读从选书开始，而且还要上好导读课，使学生全面、整体地感知这本书，产生深入阅读的兴趣。接下来，学生自由阅读，教师要注重方法指导，组织好阅读分享，创造机会让学生分享自己的心得体会。在持续阅读中，老师与学生共度，帮助学生解决阅读中遇到的困难，鼓励学生坚持阅读，在一本又一本的书籍中体会阅读的快乐。

下面，我以自己指导学生读《三国演义》为例，谈谈自己是如何以"课堂内外关联来选书——项目研究实践促深读——线上线下结合促深思"的"三步走模式"，助力学生走进《三国演义》的。

一、课堂内外关联，与《三国演义》美丽邂逅

教师要学会开发和利用语文课内外阅读资源，努力寻找课内与课外的阅读联结点，引导学生进行整本书阅读。我在教学五年级下册《用奇谋孔明借箭》时，我抓住"神机妙算"这个词引导学生感受诸葛亮的形象，接着，把学生引到《三国演义》书中，观看第49回《七星坛诸

作者简介：张春红，通州区第一实验小学语文教师，高级教师，北京市骨干教师。

葛祭风 三江口周瑜纵火》这部分内容。最后，引导学生看目录，读一读关于诸葛亮的故事，去丰满对诸葛亮的认识。下课前，我把《三国演义》这本书，介绍给学生，并指导学生做好读书计划。小故事、巧任务引领着学生开启了他们与《三国演义》的美丽邂逅。

我采用关联阅读策略，把学生由课内引向课外。这样以一篇课文带动整本书的阅读方式，能够有效地拓宽学生的知识面，开阔学生的阅读视野。

小学生并非成熟的读者，他们的阅读旅程是一个在教师的引导下不断成长的过程。因此，我指导学生做了周密的阅读计划。

二、项目研究实践，与《三国演义》深度对话

要改变阅读浅表化的现象，教师必须突破思维的定势，以高质量的任务引领学生深度参与阅读。教师可以采取项目研究的方式，学生依据喜好结成研究小组，制定研究方案，搜集整理相关资料，进而探讨、交流并发布。

学生按计划初读完成后，我引导志同道合的4、5个同学组建成一个研究小组。各组选好组长，小组内讨论交流，确定项目研究主题，讨论研究方案。合作开始研究，撰写研究报告。学生开启了与《三国演义》的深度对话。

同学在自习时、作业后、周末乃至课间，兴致勃勃、可持续地沉浸在《三国演义》的韬略风云中。有的学生在感悟深处进行了简洁批注、精彩情节处做了摘抄，一张张手抄报、思维导图、人物脸谱紧随其后跃然纸上。在项目研究过程中，学生们合理分工，时而各抒己见，时而绘画、书写，时而冥思细想。不可否认，学生们用心了，作品中凝聚着他们多样的绘画设计、材料筛选、语言提炼、愉快合作，这样悄然而至的能力素养可遇而不可求！

《三国演义》项目研究分享可谓妙趣不断。徐若瑄小组研究了诸葛亮，他们组从诸葛亮的精神、特点、主要事例、个体评价等方面进行了阐述，倾听中，平时桀骜不驯的东浩杨点评道：你们组交流诸葛亮的精神方面与其特点方面其实是重复了，可以合并为一方面。建议得到了徐若瑄小组的一致认同。东浩杨还不由自主说道："诸葛亮——牛！佩服！五体投地！无话可说！"不得不说，三国耀眼人物诸葛亮的忠君爱国、谨慎沉静、足智多谋、智慧韬略，令这个自诩为"聪明人"的大男孩折服而虚心学习。而这恰是阅读所绽放出的非凡魅力。

周辰翼小组对姿颜雄伟、英勇重情的赵云产生了浓厚的兴趣。在项目汇报时，他们组为大家先吟诵了赞颂赵云的两首诗，原来，这两首诗是周辰翼在暑期收听评书《三国志》时偶然知道的，为了丰富对赵云的认识，这次她特意上网搜集了诗句，她说她感受到了诗句言

简意赅评价人物，要是让她描述赵云可要不少话呢。看到台下静心聆听的同学们，我想，这样的深度阅读，一定会潜移默化地影响很多人吧。

在项目研究中，在交流汇报中，在体验成功甚至是失败中，学生们领悟到书本中所学习不到的生活真谛，更难得的是他们更乐意用书面语言来总结。更为可喜的是各小组通过汇报分享，提高认知，锻炼表达能力，固化与他人合作，同时在协作交流中延伸问题、创新问题。学生再计划、实践、交流……良性的循环让我们与名著经典深度对话，亲密对接，构建起学习与实践相融的美好境界。可能他们的认识还显稚嫩，但真实、视角新鲜，我很喜欢！

三、线上线下结合，与《三国演义》再度相约

线上线下相结合，可以促进学生阅读，开阔学生视野。我充分利用网络资源，给学生提供链接，鼓励学生看国家图书馆的名家讲《三国演义》公开课。借助互联网聆听著名专家学者的研究，以丰富自己的认识。

《三国演义》多次被拍成影视作品搬上荧幕，这些电影电视集声、光、色于一体，让学生聆听美的声音，欣赏美的画面，感受美的形象，这样不仅能开阔视野，提高阅读兴趣，而且能让学生在观看中提高文学作品的鉴赏力。

学生读完名著后，我推荐他们观看根据原著改编的同名电视剧《三国演义》，听一听袁阔成的评书《三国演义》，比较影视作品和文学文本的异同。

线上线下结合，让学生对人物认识更丰满，通过分析判断、勾连比较，读出了新感悟，获得了新体验，在比较异同中实现阅读延伸。还促使部分学生认识到：自己的阅读还很粗糙，表达了要把《三国演义》重新细致读一遍的良好意愿……可以说与《三国演义》的再度相约，我们来了！

整本书阅读能带领学生进入更为广阔的文学世界。小学阶段是阅读兴趣和阅读能力形成的关键时期，教师不能仅仅推荐阅读书目，放任学生自由阅读，而应持续关注学生阅读的整个过程。这"三步走"的整本书阅读指导模式，使整本书阅读有章可循，有法可依，课内课外相关联选书，可以激发学生自主产生阅读的兴趣。项目研究汇报，促进学生主动阅读，深度阅读，让阅读真正发生。线上线下相结合的混合式阅读过程，学生经历了从记忆、理解、应用到分析、评估、创作，他们的思维会更缜密，核心素养得到培养。

节气古诗词教学贯穿小学阅读课程的应用研究

杨玉兰　　陈卫华

学校依托二十四节气的古诗词教学，贴近学生生活实际，将古诗词学习贯穿于各学科阅读课程中。在语文课程中诵读理解；在综合实践课程中体验活动；在美术课程中制作创意作品。让学生在节气的古诗词文化中增强阅读理解及体验，增强学生民族与文化自信，继承和发扬中华传统文化。

一、在语文课程中诵读关于节气的古诗词，感受独具魅力的文化，提高阅读能力

古诗词在小学语文课本中的篇目开始增多，这充分说明古诗词对学生国学教育的重要性。关于二十四节气的古诗词很多，也可以结合杨金志撰写的《给孩子的节气古诗词》一书进行教学，教师可以引导学生诵读这些关于二十四节气的经典古诗词，结合语文的"听说读写"提高学生的语文阅读理解能力。

（一）听是初步理解古诗词的手段

听是语文学习的基础。要会听，一听一知，有所收获。例如在教学杜牧的《清明》一诗时，教师可以播放音频，听着悲思的二胡配乐和朗诵，引导学生在配乐诵读中思考：诗人站在哪里看到了什么景象而写出了这首诗？学生通过倾听认为诗人可能是在拜祭逝者路上所看到的景象，引起他悲伤的心情，触景生情而写的。学生在声音中感知了清明节气的天气和人们悲思的心情，为理解这首古诗词大意做好了铺垫。

（二）说是深入感知古诗词的基础

训练学生多样化语言，能够丰富学生的思维活动。例如，教学戴叔伦的《小雪》一诗时，教师鼓励学生表达出自己感受到了什么？学生们争前恐后地说出自己认为小雪这个节气冷，雪花挺美的，作者心情不好等，仿佛学生自己就是诗

作者简介：杨玉兰，通州区后南仓小学语文教师，一级教师；
　　　　　　陈卫华，通州区后南仓小学副主任，一级教师，区骨干教师。

人，感知到了小雪节气的寒冷。

（三）读是精彩展现古诗词的途径

古诗词诵读，节奏的停顿尤其重要，节奏停顿要注意连而不断，并且要注意为加强语气、阐明观点、表达感情作逻辑的停顿。各种不同的诵读方式，在古诗文教学中有着不同的作用。例如在讲授雨水节气的古诗词《春夜喜雨》时，教师可以采用以下朗读方式：

1. 范读。它起抛砖引玉的作用，能架起作品与读者的心灵交流的桥梁。

2. 独诵。让学生进行个体表演，可展示学生的才华。

3. 男声齐诵、女声齐诵、男女声轮流诵、男女声合诵、独诵与合诵的结合。根据作品的特点，可起到如同交响乐般的奇妙效果。

4. 诵读比赛。激发学生的诵读激情，拓展视野。

（四）写是巩固拓展古诗词的关口

阅读古诗词是一种泛读，背默是一种精读，精读和泛读是不可分的，而更应该以精读为主，所以从这个角度而言，背默是不可替代的，而且这样的积累学生会终生受益，因此背默是由面到里巩固古诗词的关口。在背默的过程中，教师还可以让学生仿写古字，有趣味性的理解古汉字的由来及含义。同学们通过写"谷雨"汉字的活动，对甲骨文与我国农业知识的联系有了进一步的了解，感受到了汉字独特的魅力！更加感叹中国文化博大精深！

二、在综合实践课程中践行有关节气的古诗词活动，体验传统文化，实践传统习俗，让学生悟得其中美德

综合实践课程围绕着过立冬习俗的知识，结合有关节气的古诗词教学，让学生充分了解人与自然和谐统一。教师通过以下几方面教学，达成学习目标知习俗。

（一）迎冬

教师在教学李白的《立冬》一诗时，让学生观察图片内容，了解在农耕社会，人们劳动了一年，利用立冬这一天要休息，顺便犒赏一家人的辛苦。谚语"立冬补冬，补嘴空"就是最好的比喻。

（二）贺冬

教师出示《红楼梦》中大家过立冬的视频，让学生了解贺冬亦称"拜冬"，在汉代即有此习俗。东汉崔定《四民月令》："冬至之日进酒肴，贺谒君师耆老，一如正日。"宋代每逢此日，人们更换新衣，庆贺往来。

（三）冬藏

教师在讲授元稹的《立冬十月节》时，引导学生思考立冬时节，作者感受到自然界万物都怎样了？从而引导学生理解了古诗含义。紧接着教师出示农谚：立冬不砍菜，必定受冻害。最后教师布置了实践活动，让学生们回到家中，和家人们一起利用周末郊游或者去长辈农

村的家中,体验劳动丰收的乐趣,感受"秋收冬藏"节气文化。

（四）习俗

教师在教授完《立冬》这首古诗词后,鼓励学生拓展知识,说一说还知道立冬有哪些习俗?这可激发起学生们的热情了,齐呼"吃饺子"!在为什么是吃饺子习俗的疑问中,教师解释了吃饺子习俗的原因。立冬的到来是阳气潜藏,阴气盛极,养精蓄锐,为来春生机勃发作准备。既然要养精蓄锐,必须要进行食补来增加冬季各类的免疫力,所以选择简单易得的饺子作为食补材料。之后出示饺子动画小故事吸引学生注意力,学生知道了饺子的原名叫"娇耳"。"立冬不端饺子碗,冻掉耳朵没人管",这可是家里人对亲人最贴心的关怀了。最后,老师让学生们在课上学习包饺子,增强了孩子的生活能力,并布置回家为家人包饺子作业,进行感恩教育。

三、在美术课程中感知节气古诗词中的美，实现个性的发展，乐在其中

美育是义务教育的重要资源。学生在感知有关节气的古诗词意境内容中创造出了美的作品。

例如教学清代诗人高鼎的古诗词《村居》一诗时,教师引导学生思考这首诗描写的是哪个季节?是什么节气?学生从诗句中感知到是刚刚开始的春天,但不知道是什么节气。教师出示图片引导学生观察节气是夏至左右,谷雨过后。以这首诗创设了绘画情境,请学生们在小组里互相说说当时大自然是什么样的?学生们用画笔绘制出了这首诗的景象。教学活动结束后,美术教室的主题墙上贴满了学生精美的作品,呈现出桃红柳绿的美丽景色。

实践证明,通过在不同课程中学习"二十四节气"相关的古诗词,使学生们亲身感受到诵读传统古诗词能够潜移默化地感受到中华民族悠久、独具魅力的文化,还可以提高阅读能力,体验传统文化,实践传统习俗,悟得其中美德;还可创造审美价值,实现学生富有个性的发展及学生素质可持续全面的发展。

基于混合式学习的小学生古诗项目式学习案例分析

——以李白诗词探究为例

荀文娟

摘要： 混合式学习方式能够从学习资源、学习方式、学习展示等多方面实现学生自主探究，培养爱学习会学习的习惯，提升学生的核心素养。本次李白诗词探究项目式学习活动中，教师转变教育理念，进行了教学方式的转化，注重学习方式的路径设置，提供主题和技术，设定策略，学生能够自主参与探究和深度学习，激发了学生学习的积极性。

关键词： 混合式学习；项目式学习；李白诗词探究

一、案例背景

费希特说，教育要培养的人应当是能够有自我决定能力，而不是适应传统的世界。这就要求教师要引导学生去自主参与，进行理解力的培养和抽象力的提升，而不是只进行知识的传授。

2020 年庚子开年，疫情来袭，推迟返校，在线教学。其中教师、家长和学生都面临了比面对面教学更大的挑战。"停课不停学"的要求下，我们为学生研制了各种学习内容。紧随区级网课《跟着李白去旅行》，学生们被诗仙李白的旅行所吸引。我们随即提出可以让学生踏着李白的足迹，开始对这位豪放派诗人的探寻之旅……这就是开展此项项目式古诗学习的起源，即以诗人为主线，复习小学阶段诗人必背古诗词，通过自主探究性学习，走近诗人，并对当下的社会生活有所启示和发现。

那么，如何才能高效地开展此项目式学习活动呢？我们认为混合式学习方式能够从学习资源、学习方式、学习展示等多方面实现学生自主探究、培养乐学善学的习惯，提升学生的核

作者简介： 荀文娟，北京市育才学校通州分校语文教师，二级教师，区青年骨干教师。

心素养。

二、案例描述

（一）跨学科的学习资源整合

结合当前现状，在翻看了一些优秀案例基础上，结合让学生深度阅读，拓展阅读的理念，在班级群发布了如下的学习清单：

驱动问题	疫情期间，李白来到我们身边，会做什么？会对我们说些什么？
探究过程	（一）我们把部编本里所有的李白的诗整理出来。研究内容不限，呈现形式不限，如，用硬笔书法写李白的作品、诗人写诗生平轴、跟着地图学古诗，表格呈现等等。 （二）将整个学习过程及收获记录下来，总结出一个报告主题。 （三）完成写作：疫情期间，李白来到我们身边，会做什么？会对我们说些什么？
学习方式	在钉钉小组中分享学习过程和成果。
探究过程细化、层级化	
书法作品	用硬笔书法写李白的作品。
诗人写诗生平轴	按照诗人写诗的时间顺序，画一个线性轴，将诗写在时间轴上，可以标注人物生平的几个时间段，把所有诗都写上去，也可以查阅其他诗。
跟着地图学古诗	按照诗人写诗的内容，可以在地图上标注。比如，写在长安，可以画一张中国地图，在西安旁，标注这首诗，在扬州旁边标注这首诗等。把所有诗都写上去，也可以查阅其他诗。
手抄报 视频	可以对诗人的某一首诗，进行深度剖析，画成思维导图或手抄报。 可以拍背诵和鉴赏的视频。
思维导图	根据人物生平故事或诗人的写作特点。
表格	诗人的诗歌、人生历程等内容。

表1　学习清单

可以看出，以上学习清单的发布，基于学生学习兴趣和学习能力的调研，是对学生学习目标和过程的个性化设计。诗人生平所涉及的历史学知识，跟着地图学古诗背后的地理学知识都涉及跨学科的学习资源整合。

寻找学习资源成为了此项活动的开端。酷爱古诗词的夏远昊根据部编版古诗词电子课本，为大家整理出了需要学习的古诗，并为大家安排了钉钉群每日背古诗的篇目。李尚锦为同学们推荐了全历史APP，在这个软件上可以查出来丰富的史学资料，只要输入某一个时代的人，就会出现这个人的网状知识表，比如，李白的朋友圈。同学们在这里也会受到学习资料的整理方式的影响。程思钛则为同学们推荐了百家讲坛康震老师讲的关于的李白视频资料。有的同学拿出自己书柜里的古诗词书查看，还有的同学则选择在百度、知网等网站搜索资料。

学生们主动进行资料的查询，主动获取知识，充分利用了在线的教育资源。不论学生的资源获取方式如何，对于"李白"的探究这就开始了。

（二）线上小组合作的学习方式

小组群的建立是为了让学生实现社团式的学习体验，实现混合式学习中的社会存在感。我通过学号建立了六大钉钉小组，每个小组指定一位学习能力较强的学生为"小老师"，组织同学们对于李白的研究。他们会一周举行一次线上的交流分享，互相质疑提问，促进各自研究的伸入。同时也会在每日背诗中背诵所研究的李白的诗。

夏远昊对诗人的生平特别感兴趣，在查阅大量资料后，他制作了李白生平数轴图，并发视频教组内其他同学怎样制作。他果然带动了一些同学通过数轴学习。马梅迪跟我说，我以前觉得那么多资料怎么整理啊？我决定这个方法能够借用数学的数轴，让我清晰地学会整理资料。我特别喜欢。滕子毅也是班级的诗词大咖，他也非要画一画，和夏远昊一决高下。

小组学习为学生创建了学习的环境。不少学生都变得愿意在线上讨论中分享自己的想法，这也带动学生更多地参与讨论。通过自发的讨论，学生们不断扩充自己对李白的研究，丰富了学习视野，学习成效有所提高。

（三）学习过程展示多样化

一周之后，同学们的学习展示让我十分吃惊，他们通过各种各样的方式，展示了自己对于李白的研究成果。

学生在查阅大量资料，采用了自己最想用的表达方式之后制作，内容丰富，形式多样。

在这一阅读鉴赏的之后，我又让学生进行了梳理探究，将自己的创作过程写下来，内容包含选用形式的原因、查阅的资料以及渠道、学习收获和感悟。历经这一过程，学生梳理学习过程，进行自我反思，形成学习经验和能力，在学习其他诗人时，也能够迁移这一学习过程。

我采用了书法的形式，选择了这首《夜宿山寺》。因为这首诗的意境很好，充满了浪漫的幻想主义。选择这一张书法纸是因为它的形式让我觉得可以更好的表现这首诗，它是竖写的格式，竖写是中国汉字独特的表现形式，因为这种表现形式形成了独有的中国书法艺术。

确定了创作方式以后，我就开始搜

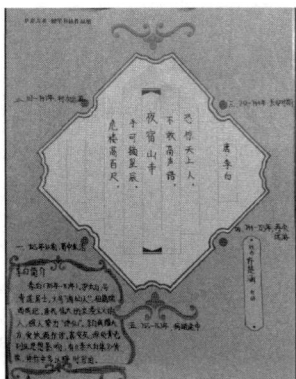

图1 许楚涵《用书法向尊重自然的李白致敬》

集相关资料，发现了一个很有趣的事，李白的生平用时间轴分为几个重要的阶段，举个例子：742-744这中间的两年多时间，李白在长安供奉翰林院，他自以为能够得到朝廷的重用，但唐玄宗只是让他陪侍身边，给皇帝写诗娱乐，无法施展才华，同时又被人陷害，遭皇帝疏远，之后他心灰意冷，离开长安，再次开始漂泊之路。

我用了一种回文的方式，用极简的时间轴概括了李白的生平。刚好无意中听爸爸说起李白存世的唯一书法作品《上阳台帖》现存于故宫博物院，我在百度上了解到了《上阳台帖》的创作经过及流传历史，感觉首先是作者字如其人，作品豪迈奔放；其次此贴历经千年得以幸存，其间故事跌宕起伏。所以我选择书法的表现形式向诗人致敬。

嗨，大家好，我为大家介绍一下我画的这幅地图。

图2　李宇彤《跟着地图学古诗》

用地图表示有两大好处：一、可以更直观地表现出李白在什么地方写了什么诗，方便了解写作背景；二、地域性强。

需要查的资料：中国唐代地图；部编本里李白的诗；部编本里李白的诗写作背景；李白的游学经历；关于游学；东南部风景名胜。

这幅地图是李白所写的诗的汇总。我们可以发现，李白的诗大部分写在东南。因为东南有一些风景名胜，比如《望天门山》，《独坐敬亭山》，《望庐山瀑布》。

我猜测他比较喜欢游玩，通过查资料了解到：李白喜欢游学。他是在边游玩边学习。

前段时间，语文老师给我们安排了一个作业，叫数轴图，让我们用画图的方式体会大诗人李白的性格特点。

数轴图，顾名思义，就是以数轴的方式写出一个人的生平。我在绘制数轴图时，查阅了大量资料。不仅如此，我还将生活中的知识学以致用，将李白的诗作标在图上。甚至李白人生中各种大事件，也写在了图上。

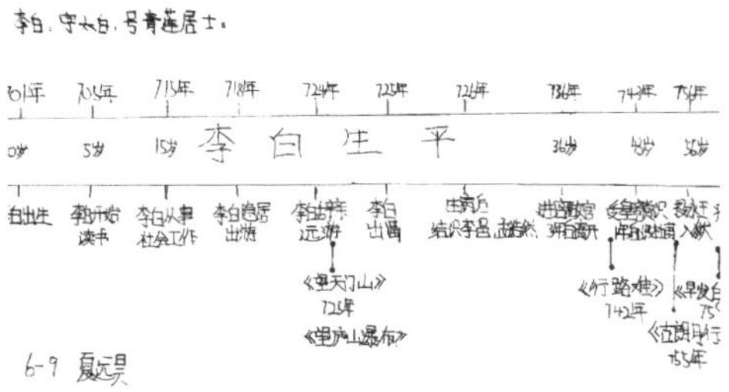

图3　夏远昊《通过数轴图体会李白的性格特点》

通过数轴图，我们可以了解到李白的各种信息：李白一生大多在游山玩水，他没有被政治的黑暗蒙蔽了双眼。在安史之乱后，李白走出了黑暗的官场。一句"仰天大笑出门去，我辈岂是蓬蒿人"展现的是对命运的不屈；"钟鼓馔玉不足贵，但愿长醉不复醒"体现对生活的乐观心态。通过这些信息，我们可以知道，李白是一个放荡不羁，对生活有着乐观心态的人。

做完这个作业，我不仅了解了李白以及他的生平，还学会了用数轴图来学习知识。这种方法可以巧妙地将诗人的生平与创作结合在一起。在今后的学习中，我们要多运用这种方式进行学习。

图4　李尚锦《思维导图绘诗与李白》

我用思维导图的原因是思维导图能够准确分类古诗，条理清晰，为了这份思维导图，我查阅了各种关于李白和他的诗的各种资料，这篇导图主要是将李白所写的《望庐山瀑布》、《望天门山》、《赠汪伦》、《早发白帝城》、《古朗月行》、《送孟浩然之广陵》、《夜宿山寺》这几首诗，分成观景类，友人分别类，时间早晚类。

通过这次导图制作，我知道了关于李白的很多知识。我还认识到了古诗文化的博大精深。我们应该多去诵读、背诵古诗，了解每一首古诗的意境，表达的感受，体会诗人的想法。

学生在查阅大量资料，采用了自己最想用的表达方式之后制作，学习成果内容丰富，形式多样。

（四）面向现实的语言文字运用

学生一系列探究过程最终一定会落实在实际问题的解决上。将学生对于李白的学习收获与现实状况相结合，是这一驱动问题的核心内在。学生纷纷进行了写作，将自己的作品纷纷发表在小组群内，同学们进行了评价。评价标准是：要结合李白的学习成果，还要结合自己对于疫情的资料整理。

来看看大家的汇报作品吧。

《假如疫情期间李白来到我们身边》

——夏远昊

今年是 2020 年，我的本命年。在这个看似平静的冬日，一种新型冠状病毒不请自来，如同一把无形的利刃，残害了许多中国同胞。中华民族为了抗击疫情，竭尽全力。

但是，如果疫情期间，大诗人李白穿越到我们身边，会怎么样呢？

不用想也知道，李白一个古代人，到了现代，一定会目不暇接。但是，工作人员看到了这个没戴口罩的古代人，一定会将李白送去隔离。但是李白很快了解到，这里是 2020 年的中国，一场病毒正在横行霸道。工作人员知道眼前这个人是李白时，给李白介绍了现在的状况，还给李白一些口罩和几瓶酒，就将李白安置在宾馆。在宾馆里，李白通过一种叫"电视"的方盒子，了解到医护人员的艰辛。很快，患者人数急速下降，由原来的 8 万到现在的 2 万。但是，李白留在现代的时间不多了。回去前，他深有感触地说："我真敬佩现代人的毅力。我坚信，你们一定可以战胜疫情的！"

虽然这些只是想象，但是中国对于疫情的防控措施是值得人们敬佩的。我们坚信，只要我们团结一心，配合防控工作，我们一定可以取得这场站"疫"的胜利。武汉加油，中国加油！

教师点评和指导：学生怀着一腔热血，将李白带到我们身边。文中有李白的"带着几瓶酒"等细节，又结合了疫情现状等信息，达到探究学习的目标。最后，表达了自己对现状的看法，是为佳作，值得借鉴！

从以上研究学习的成果来看，学生在写作中将李白的研究成果和当前疫情相结合，是知识转化为能力的过程。这对学生素养的提升有着重要的意义。

三、案例反思

本次项目式学习活动中，教师转变教育理念，进行了教学方式的转化，注重学习方式的路径设置，提供主题和技术，设定策略，学生能够自主参与探究和深度学习，激发了学生学习的积极性。

此次项目学习的实践后，我们发现，与常规的课堂学习相比，项目学习实现了教学四个方面的转变：

（一）学生学习方式的转变。学生由坐在教室听，跟着老师学，转变为小组合作解决实际问题，在解决问题的过程中调用已经学过的知识，激发自身潜力。

（二）教师教学方式的转变。在项目学习中，教师作为学生学习的组织者和协助者的角色参与活动，不再是知识的灌输者。

（三）评价方式的转变。评价标准是指向量规的，加入"小组互评"和"教师评价"。打破以往单一的考试的形式。

（四）学习成果呈现方式的转变。在项目学习中，学习成功呈现方式非常丰富，演讲、手工作品、绘画、作文、PPT、倡议书、手机 APP 等都可以成为学习成果的呈现方式，学生的表达能力、动手实践能力、写作能力都能得到充分体现。

学生在项目学习中体验到了真实的学习，收获的是知识、能力、思维的提升。学习的环境改变了，格局扩大了。

当然，也存在很多不足：

第一，学生在学习过程中，资料的搜集、阅读和分析能力，差别较大，在成果展示汇总，他们可能的积极性还需要老师积极引导。

第二，对于当前疫情的现状，学生查询资料较少，可能写作思考深度有待提高。因此，可能教师还要在任务流程中，专门加入一项新闻资料的查询。

参考文献：

[1] 冯晓英，孙雨薇，曹洁婷.2019."互联网＋"时代的混合式学习：学习理论与教法学基础 [J]. 中国远程教育（2）：7-16，92

[2] 胡久华，王磊，胡晓红.探究式教学模式的课堂教学策略的初步研究——基于我们的实践研究 [J]. 化学教育.2002(11)

[3] 黄甫全.试论信息技术与课程整合的基本策略 [J]. 电化教育研究.2002(07)

[4] 李克东.信息技术与课程整合的目标和方法 [J]. 中小学信息技术教育.2002(04)

[5] 徐春玲.混合式学习模式在小学英语教学中的应用研究 [D]. 曲阜师范大学 2008

优化英语阅读策略　提升学生思维品质

张亚娜

　　阅读是语言和思维交互作用的过程，具有发展语言和思维的特殊功能，是培养阅读习惯和增强思维能力的有效途径。在小学英语阅读教学中，运用"观图启发思维"、"巧问引领思维"和"拓展丰富思维"等策略综合提升学生的语言和思维能力。

一、"观图启发思维"，导入话题，诱发兴趣

　　阅读前是课堂教学的热身环节，旨在调动学生对文本和情景的关注，帮助学生了解与文本相关的知识、文化背景、预测文本内容。北京版教材图文并茂，大多数 Listen and say 教学板块都配上了与语篇内容相吻合的插图，而图片正是小学阶段英语学习的重要资源，不仅能为学生提供生动真实的印象，还能启发联想和激发思维。此处以《外研社丽声拼读故事会》第四级 Queen Anneenna's Feast 为例，具体阐述教师在读前引导学生观察、提取、联想图片信息，诱发学生阅读兴趣，激活背景知识，打开思维大门。

（一）观图猜测，激发联想思维

　　教师指引学生观察插图，提出话题 Look atthis young lady. She is a queen. Do you think sheis pretty？ If you were invited，what would you liketo eat at the feast？并引导学生联系生活常识以及所学知识进行积极表达，给出可能的回答，为后续环节的学习作好铺垫，同时也可以训练学生思维的敏捷性。

（二）观图感知，提升发散思维

　　学生根据图片可先初步感知文章的

作者简介：张亚娜，北京市通州区教师研修中心实验学校教师，一级教师。

主要内容，教师可引导并示范发音，帮助学生扫除词汇障碍，接着教师带着学生进行图片环游，同时运用语言讨论、TPR 等阅读策略，身临其境地引导学生理解故事意思，让学生能更好地感受故事情节。文中遇到需要拼读的单词再次引导学生拼读，巩固拼读技能，从而在阅读的初始阶段，更好地发展学生的思维自主性。

二、"巧问引领思维"，围绕话题，分层解读

阅读中是课堂教学的核心环节，旨在引导学生在解决问题的过程中，层层深入文本、把握语篇。

（一）整体设问，拓宽思维广度

教师根据十二生肖排位提出老鼠为什么可以排在第一位的问题"Why does the rat start thecycle？"从而引发学生猜测，然后学生带着猜测进入到故事的第一部分。教师通过展示十二生肖图片，帮助学生复习十二生肖名称，同时点出今天故事主题。教师以问题 Why does the rat startthe cycle？为引导，引发学生猜测，激发学生思维，激活学生语言，提升学生通过阅读故事验证自己猜测的探究欲望。并让学生对文本形成整体性的认识，从而提升其逻辑思维能力。

（二）探究细节，攫取思维深度

在学生了解文本梗概和发展脉络后，教师找出文本关键问题并结合教材练习，细化教学任务。学生在第二次阅读时，教师可通过更进一步的设问，引导学生细读文本，提炼关键信息，从而达到对文本的深层次理解和内化，拓展学生的思考空间，提升思维的深度和广度。

首先教师出示问题，给学生时间进行静默阅读，学生从文中划出和写出答案，教师在情境中通过讲解帮助学生理解文本中的难句。其次，教师使用与文段中句子比较接近的句子，来解释文段中学生理解起来有些困难的句子。教师播放录音，学生跟读。再次，教师依据第二部分的故事内容，提出问题，"What would happen to the catand the rat？" 引发学生猜测，促使学生带着猜测进入阅读的第三部分。最后，学生自主阅读，验证猜测; 教师出示问题,学生再次阅读,然后写出答案，并验证前期猜测。学生自主阅读，找到答案，写在学习单上。

三、"拓展丰富思维"，延伸话题，综合运用

阅读后，教师可以立足文本主题、结合文本特点，设计续编故事内容等任务，旨在帮助学生巩固故事的理解，尝试从多个角度去想象、思考、推理和判断，拓展和深化学生的思维。

（一）图表归纳，开发灵活性思维

图表形式丰富多样，教师可根据文本的题材和内容，选取合适的图表以满足教学需求。此处选取北京版教材中的几个阅读板块，举例阐述如何

在阅读教学中运用图表策略，帮助学生完成语篇的学习，并在此过程中发展思维能力。利用思维导图梳理文本关键信息。如下图。

通过此图，学生可理清文本中了解 Lingling 的旅行计划具体内容，如出行方式、活动安排、时间安排等。学生亦可根据图表关键词进行由词成句、由句成段的书面或口头表达训练。在循序渐进的练习中，学生能逐步提高用英语思维和表达的能力。学生通过图表掌握文本主旨，也为复述和仿写提供了范例。

（二）创意续编，发展创造性思维

教师从高阶思维的创造层面提出问题，引导学生结合生活实际以及已掌握的英语知识，合情合理地续编故事，从而达成创造性的思维活动。本环节以人教版五年级上册 Unit 6 In a naturepark 对话为例，阐述教师如何指导学生对文本展开合理续编。

针对大自然话题，教师抛出问题：What elsecan you see in the forest？ What else can you do inthe lake？ 而后给每个小组分配不同关键词：forest，river，lake，go boating，go fishing，go swimming，swim，expensive 等，引导学生展开小组合作，学生在湖上除了划船，还可以钓鱼和游泳等，有的学生围绕划船的话题还增加了上船买票的环节。激发学生运用学习过的单词续编对话，构建了一个相对真实的对话。教师亦可鼓励学生进行演绎，让学生根据组内的特点合理地选择策略，从而提升学生思维层次。

英语阅读教学是培养学生思维品质的重要载体。在设计阅读教学时，教师要梳理课堂教学逻辑，优化阅读教学活动，关注课堂提问质量，为学生提供思维训练的机会，搭建思维训练的平台，结合思维能力的培养目标和具体的阅读任务发展学生的思维品质。

深化英语阅读　凝练高效思维

马丽伟

摘要：英语绘本是小学英语阅读教学重要的教学资源，思维品质是发展学生核心素养的重要组织部分，因此教师要借助绘本阅读将学习与思考相融合，阅读与思辨相结合，从创设探究问题，激活学生思维；制造认知冲突，引发学生思考，寻找判断依据，明确思辨路径；注重审视文本，发展思维深度等几个方面，在绘本阅读教学中有效促进学生思维品质的发展。

关键词：英语绘本；阅读教学；思维品质

《义务教育英语课程标准（2011 年版）》（教育部，2012）中指出："英语学习对学生思维培养的作用，就工具性而言，英语课程承担着培养学生基本英语素养和发展学生思维能力的任务"。"语言教学应注重通过引导，发散思维，启发联想，鼓励分析，探究多种方式培养学生的思维，应当把语言能力的培养与思维能力的培养结合起来"。（何克抗，2007）。因此，在英语教学中，教师不仅要引导学生对教学内容进行掌握与理解，更要让学生学会思考，全面发展学生的思维深度。

一、巧设探究问题，激活学生思维

课堂提问作为师生之间互动的常见方式，是教师从学生那里得到信息反馈的主要途径，优质的课堂提问可以有效提升学生的思维能力。因此教师要善于设计探究性问题，以更加开放的角度引发学生的思考，进而引起学生的讨论，促进其理解和探究，激发学生的学习欲望，调动其参与课堂学习的自主性，从而激活学生的思维，向深度思考与深度学习迈进。

例如在讲解绘本《The magic paintbrush》一课时，为了引发学生的思辨，对比马良与坏人的性格与品质，我设计了以下几个探究性问题：

1. Why did the bad man take Ma Liang's paintbrush?

2. What did he think before he did this?

作者简介：马丽伟，北京市通州区台湖镇中心小学英语教师，一级教师，北京市骨干教师。

3. What did he want to do with the paintbrush ?

4. If you got the paintbrush, what would you do with it?

Why ?

通过一系列开放性的问题，对反面人物的所思，所想，语言，动作进行合理的猜测和想象，从而激发学生主动的思考。同时通过巧设问题，挖掘了文本的内涵，让学生辨析善良与恶毒行为的区别，从而有效发展学生的思维能力。

二、制造认知冲突，引发学生思考

英语绘本，通过图文并茂简短的小故事，来阐述道理，渗透精神，探寻规则，充满想象力与创造力。在绘本中我们会发现有些内容与现实生活的矛盾冲突，如人物形象与学生已有认知的冲突，人物的行为与学生生活经验的冲突，故事表象与道理本质上的冲突等。教师要有效利用这些认知冲突，把学生带入思辨的氛围。

例如，《攀登英语分级阅读》绘本《Grandpa，Grandma and the Donkey》，主要情节是讲述爷爷和孙子去城里的路上发生的滑稽又引人思考的故事。在阅读前，教师首先引导学生观察第一幅图，

爷孙两人骑着驴。并询问：What are they doing? Where are they going? 接着出示故事的结局，即爷爷和孙子一起抬驴的画面，与前面形成了鲜明的对比，同时引发认知冲突，因为根据实际生活经验，应该是人骑着驴。此时提出问题：What happened to them ? 引发了学生的猜测和思考，学生的思维得到发展。

又如在绘本《feelings》讲述的是小男孩在日常生活中的情绪的矛盾变化。例如生病时很难过，但是因为妈妈的细心照顾却很开心。男孩在朋友们有秘密不告诉他时很失望，但是在朋友们在生日给他惊喜时很兴奋等等。在授课时同样根据本文前后的冲突，引导学生进行思考：Why is he happy now? Why do we often change our feelings?

教师让学生直面文本内容与现实生活和已有认知的冲突，打破学生的思维定式，进一步激发学生的探究欲望，使

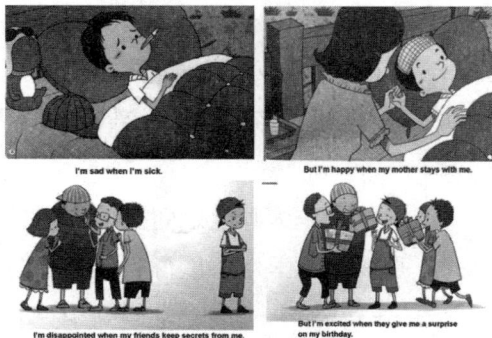

学生在挑战认知冲突的同时，能够更深入的思考问题，进而想办法分析和解决问题，促进学生思维能力的发展。

三、寻找判断依据，明确思辨路径

学生是阅读的主体，有效的阅读必须依靠学生的心智和情感意向活动，通过对书面符号的感知理解，经过思考，分析比较综合，筛选提炼等一系列的思维过程，才能把其反映的意义获得个性化的理解与阅读体验（邓黎利，2017）。因此教师需要引导学生有依据的判断，有依据的表达，有依据的思考，从而深入理解文本，迁移运用所学知识，促使学生提升思维品质。

例如，绘本《Sam the big，bad cat》讲述主人 Tom 发现宠物 Sam 不舒服，打算带他去看医生，但是 Sam 并不想去，于是开始了与 Tom 的躲藏游戏，家里也被弄得乱码七糟，Tom 更是累得筋疲力尽，而 Sam 却坐在沙发上尽情享用它的猫粮。此绘本语言结构相对简单，并且绘本中的人物神态生动逼真，每一幅插图都隐藏着许多有待仔细观察和深入挖掘的细节信息，为学生进行有依据的表达和思考提供了支撑。

为帮助学生理解 Sam 在藏身时的感受，我运用了问题链的形式，即 Where did Sam hide？ How did Tom find him？ How did Sam feel？ 来引导学生观察图片中的文字和非文本信息，获取关

键词，关键句子和关键的细节。学生可以通过阅读文字，找到 Sam 的藏身地点；通过仔细观察非文本信息，如 Sam 颤抖的身体，奋力逃跑的爪子，用力打人的尾巴，愤怒的神态，它被夹到尾巴的惨叫，周围的环境发生的变化，以及 Tom 的遭遇等等细节，感受到 Sam 情绪的变化，并分析 S 吗这样的原因在于它不想去看医生，为最后讨论 Sam 到底是不是一只坏猫，发展学生的批判性思维做好了铺垫。

像这样，引导学生在阅读时找到文中的关键文字或者关键的非文本信息，让他们在浸润，内化，辨析中理解故事，做出有依据的判断，表达并思考，是提升其思维品质的重要途径。

四、注重文本审视，发展思维深度

讲授绘本时，如果放任学生自主阅读，他们对文本的阅读大多停留在表层，很难在原有的基础上有所提高。因此要想通过英语绘本阅读教学提升学生现有思维和言语水平，教师就需要注重文本的解读，促进学生形成更加积极的思考状态，从而让学生获得更好的发展。

在上文提到的《攀登英语分级阅读》绘本《Grandpa，Grandson and the Donkey》中，在读后环节，为了让学生思考最后爷孙两人会抬着驴进入市场的原因，我设计了：Why do they look at each other? If you were them， how do you go to the market? Why do this happen?(如果你是爷爷或者孙子，你们会怎么去市场？会抬着驴吗？为什么会发生这种想象？) 学生们很自然会说不会这样做。而对于为什么会发生这种想象，这就需要学生们能够根据文本内容对孙子骑驴到爷爷骑驴"或"爷爷骑驴到二人一起骑驴"这两个过程的因果分析，从而得出，是因为爷孙俩没有自己的主见，别人说

什么就是什么的结论。

可见，阅读时需要注重对整体文本的分析与解读，以此加深学生对故事情节和人物心情的理解，启发学生多角度思考，培养其批判性思维，进而提升学生的思维深度。

综上所述，在小学英语绘本阅读教学中，教师不能只关注语言的学习，还要更加注重学生思维品质的培养与发展，将语言学习和思维培养有机的融合起来，让学生在阅读中做到乐思善思。教师可以借助具有探究价值的问题，充分利用认知冲突，引导学生寻找判断依据，加强文本审视与解读，从而有效激活学生思维，促使学生思考，明确思辨路径，发展学生思维深度与广度，为学生以后的综合发展打下坚实的基础。

参考文献：

[1] 教育部 . 义务教育英语课程标准（2011 版）[M]. 北京师范大学出版社，2012.

[2] 何克抗 . 儿童思维发展新论 [M]. 北京；北京师范大学出版社， 2007.

[3] 邓黎莉 . 从阅读能力道阅读素养的檀变 [J]. 江苏教育，（1）：36-39. 2017.

英语绘本"悦"读中思维能力的培养策略

孙欣然

摘要：开发学生的思维能力是英语课程的重要任务和基本要求。图文并茂、寓意绵长的绘本兼具文学性和艺术性，是加强学生阅读训练的良好载体，也是培养学生思维能力的有效途径。然而，在实际绘本阅读教学中，教学水平的良莠不齐、教学策略的匮乏偏颇，导致学生思维能力的培养形式化、表面化、单一化，造成绘本教育价值的缺失。因此，本文结合绘本教学经验，探讨在英语绘本阅读教学中运用"互动式提问""延伸性留白""发现式观察"等策略培养小学生的思维能力。

关键词：绘本阅读；思维能力；教学策略

《英语课程标准》指出："英语课程承担着培养学生基本英语素养和发展学生思维能力的任务。"阅读教学，是英语课程的重要组成部分。"绘本"为英语阅读教学注入了鲜活的生命力，因此绘本阅读教学的研究尤为重要。本文结合绘本教学经验，简要谈谈在英语绘本阅读教学中培养小学生思维能力的有效策略。

一、英语绘本阅读教学中培养思维能力的意义

作为基础学科的小学英语是一门注重学习兴趣、强调语言发展、激发思维能力的课程。思维能够帮助学生有效地应用知识并建立自己的知识体系，正如托尔斯泰所说："只有当它靠积极的思维得来，而不是凭记忆得来的时候，才是真正的知识。"由此可见，思维能力的培养，是时代对教学的需要，也是每个教育工作者义不容辞的使命。

绘本，作为新型教育形态下的阅读材料，其生动的故事情节、有趣的图文画面，不仅能给学生带来视觉冲击和美感体验，还能促进学生进行深层思考和大胆想象，符合小学生的认知规律和学习特点。

然而，目前的绘本教学仍然存在漏洞，"被动接受故事"的学习现状

作者简介：孙欣然，北京市通州区潞县镇中心小学，英语教研组长，一级教师，区青年骨干教师。

极大制约了学生思维能力的发展。就阅读本质而言，读者与文本、作者之间的交流，不仅仅是文本内容的简单破译，而是读者通过阅读结合自身生活经验，处理矛盾冲突，建构自己知识、精神、人格的过程。这个过程更需要思维能力的加持。

因此，在小学英语绘本阅读教学过程中，教师要善于运用智慧，科学地开发学生的思维活动，合理地监测学生的思维过程，全面地挖掘学生的思维潜能，落实"悦"读目标。

二、英语绘本阅读教学中培养思维能力的策略

（一）引入"互动式"提问，培养学生的发散性思维

苏格拉底认为："问题是接生婆，它能帮助新思想的诞生。"普列汉诺夫也曾说："有教养的头脑的第一个标志就是善于提问。""提出问题"是一种能力，是一门艺术，也是激发思维、启迪思考的重要手段。问题的提出，往往渗透着思维活动的内容，教师的提问内容正是教师思维的外在体现。

"教师问—学生答"这种传统的提问方式，以教师的思维为主导，限制了学生主动思维的发展。因此，在绘本阅读教学过程中，教师应引入"互动式"提问，即"生问师答""生生互问"，换被动思维为主动思维，正如爱因斯坦所说："提出问题比解决问题更重要。"

例如在丽声拼读故事会第二级 The Odd Pet 的教学中，针对导入环节"提问激趣"的教学目标，不同的提问方式导致教学效果差异显著。

在 A 班，针对绘本题目，教师直接提出问题：What does "the odd pet" mean？在教师思维的主导下，学生的思考内容固定在"odd pet 是什么意思"，odd 是目标词汇，多数学生在阅读前难以回答。学生在学习之初便遭遇挫败，学习兴趣大幅下降。教师的单向提问阻碍了预期目标的达成。

而在 B 班，教师改进了提问策略，开启"互动式"提问，教师制定提问规则：每位学生针对绘本题目思考一个感兴趣的问题，教师抽取学号，该学生提第一个问题，最先回答正确的同学将得到 Bingo 牌，并提第二个问题，以此类推，共有三个提问机会，如果规定时间内没有正确回答，教师将说出正确答案并反问全班一个问题。学生们发散思维，踊跃提问。第一位学生问：What color is the pet？学生们大胆猜想：orange，yellow，brown 等颜色，直到 red，教师便喊 Bingo，学生们得到了信息：宠物是红色的。猜对的学生接着问：Is the pet fat？这个问题很简单，只有 Yes 和 No 两个选择，学生通过第二个问题得知：宠物很胖。接着学生提出最后一个问题：What's the pet's name？学生们虽积极猜测，但在规定时间内没有正确答案，教师便用

单词卡出示了宠物的名字"Zog"，并反问学生：How many legs does it have？学生猜测一只、两只、三只，最后老师公布了答案：Ten legs，三分钟的师生互问，学生得到了信息：胖胖的红色宠物 Zog 有十条腿。听到"十条腿"，学生们惊讶不已，不停思考：什么样的宠物有十条腿呢？连续的思考过程，既帮助学生理解了 odd 这一难词，又激发了学生的阅读兴趣。

因此，在绘本阅读教学中，老师可以合理引入"互动式"提问，一方面通过学生的问题了解学生的兴趣点、疑点和障碍点，及时丰富教学内容；另一方面通过互动思考，可以培养学生的发散性思维，实现师生智慧火花的碰撞。

（二）设计"延伸性"留白，培养学生的独立性思维

格式塔心理学派的"完形压强"理论认为：当人们在看一个有"缺陷"或"空白"的形状时，会情不自禁地产生一种紧张的内驱力，并促使大脑积极兴奋地活动，去填补和完善那些"不完满"，从而获得喜悦的感受。音乐有言外之音，诗文有言外之意，课堂教学同样需要有"留白之美"，淡化教育的痕迹。因此，在绘本阅读教学中，教师应结合教学内容，有意识地设计一些"延伸性"留白活动，鼓励学生结合自身成长足迹和生活经验，自主思考学习内容，进而差异性地完成对绘本内容的多元化解读，真正实现学生与绘本作品之间的个性化交流，持续培养学生的独立性思维。

例如，绘本大师艾瑞克·卡尔的作品 Brown Bear，Brown Bear，What Do You See？韵律感十足，含有大量的重复句式、叠句和顶真修辞，读起来朗朗上口。通过图片环游，完成前三组句式的学习后，学生已掌握句式特点。教师可以提供"延伸性"留白空间，让学生思考"Yellow duck，yellow duck，what do you see"。学生能够结合生活经验用"I see … looking at me"思考小黄鸭子都看到了什么呢。黑色的马？白色的羊？绿色的青蛙？橙色的狐狸？基于独立思考的深度阅读，有助于加深学生对于绘本内容的理解。

又如，在英国作家安东尼·布朗的绘本作品 My Dad 中，故事主题的理解颇有难度，教师可以针对"He makes me laugh a lot"一句设计"留白"活动，让学生自主思考，并合作交流，猜测"爸爸都做了什么事，逗得我哈哈大笑"。学生可以根据自己的生长足迹，通过回忆自己与爸爸的美好时光，对问题进行猜想，并与小伙伴们交流分享。"爸爸总是忘记带家里的钥匙，进不来家，让我想笑"，"爸爸总是把牙膏当成洗面奶洗脸，让我想笑"，"爸爸肚子太大，让我想笑"，"爸爸为了让我吃到蛋糕，百米冲刺跑得鞋掉了，让我想笑"……通过独立思考和小组讨论，学生互相分

享父亲给予的陪伴，对"Dad's Love"的理解更为深入。因此，在绘本阅读教学中，教师可以在读中、读后设计有效的"留白"活动，引导学生独立思考，延伸绘本的学习，升华主题意义，落实育人目标。

（三）鼓励"发现式"观察，培养学生的抽象性思维

苏霍姆林斯基曾说："观察对于儿童之必不可少，正如阳光、空气、水分对于植物之必不可少一样。观察是智慧的最重要的能源。"绘本具有艺术性，图画的色彩鲜明协调，图画的意象耐人寻味。图画不仅仅是文字的附庸，更是作者思想的"叙述者"，需要读者去关注、去分析、去解读，因此绘本图片的观察与理解是不可或缺的教学活动。教师应培养学生的抽象性思维，鼓励学生进行"发现式"观察，正如波莉亚所说："学习任何知识的最佳途径是由自己去发现，因为这种发现理解最深，也最容易掌握其中的规律、性质和联系。"

例如，安东尼·布朗的绘本作品 *My Mum* 的图片内容十分抽象，直接讲授法虽然降低了学习难度，却也制约了学生思维能力的发展。教师可以鼓励学生通过观察发现细节，锻炼抽象性思维。绘本第三页呈现了悬空的小汽车、包、玩具熊、小房子、水壶、橙子和"妈妈"，学生细心地发现了妈妈的手正在做抛物品的动作，因此猜测妈妈是个杂耍演员

或者魔术师；绘本第 8 页呈现了妈妈微张的嘴巴、妈妈手中的吉他、妈妈背后的翅膀，学生通过观察解读出妈妈唱歌像天使一样；绘本第 11 页呈现了沙发，学生观察后，发挥想象："妈妈需要在沙发上休息"、"妈妈为我们打理好生活的一切，让我们如同坐在柔软的沙发上一样舒适"……立足抽象思维发展的图片解读，常常能带来许多惊喜。

因此，教师应鼓励学生通过"发现式"观察，拼凑细微末节，并运用抽象思维进行分析，助力绘本的理解。

（四）布置"趣味性"作业，培养学生的创造性思维

格式塔心理学认为：创造性思维就是打破旧的完形，形成新的完形。苏霍姆林斯基也曾说："儿童的时间应当安排满种种吸引人的活动，做到既能发展他的思维，丰富他的知识和能力，同时又不损害童年时代的兴趣。""趣味作业"是培养学生创造性思维的有效手段。

例如，针对丽声拼读故事会第二级 *The Odd Pet*，教师可以布置趣味作业：自绘奇怪宠物，与同伴分享，描述特点，并用学具"拼读日历"为它起名字。学生可以创造性地画出自己想象中的奇怪宠物，运用"It has..."句型描述外貌特点，运用拼读规律为它起名字。趣味性作业激发了学生的创造性思维，学生创造了"六只手，能游泳的猴子 Tom"、"三只眼睛，能看到未来的猫咪 Bob"、"四

只耳朵，能听到一切声音的青蛙 Fog"等等。学生在作业中练习了句型，巩固了语音知识，锻炼了思维，加深了对 "the odd pet" 的理解。

又如，艾瑞·卡尔的绘本作品 *The Very Hun-gry Caterpillar* 内容丰富，富有趣味。教师可以布置"创编故事后续"的作业，引发学生天马行空的想象，锻炼学生的创造性思维。有的学生讲述了毛毛虫变成蝴蝶后，会吃哪些食物才能维持它的美丽；有的学生讲述了毛毛虫变成蝴蝶后，每天胡乱吃了好多东西，又变回了毛毛虫……从作业中，不仅可以看到学生思维活动的痕迹，还可以看出学生成功理解了绘本蕴含的主题意义——"不要暴饮暴食"。

因此，"趣味性"创意作业既能帮助学生实现绘本知识的内化，也能促进学生创造性思维的发展。

总之，小学英语绘本阅读教学是培养学生思维能力的主阵地之一。"工欲善其事，必先利其器"，英语教师应在绘本阅读教学实践中勤于思考，勇于探索，竭尽全力帮助学生积累"思维能力"这笔无形的"财富"，使其在阅读中碰撞智慧，收获快乐！

幼儿园大班"串联"式绘本自主阅读初探

曹恩锌　　刘明远

摘要： 幼儿园作为区级全学科阅读项目实验园所，以自主阅读作为切入点，立足于园本实际，基于幼儿主动参与的核心思想，通过创设幼儿园和家庭及社区等不同的绘本阅读环境，激发幼儿自发性地阅读、表演、讲述、绘画等，并使各项阅读活动之间形成连接，构建基于幼儿的自主性学习的绘本阅读模式，形成"串联"式的绘本自主阅读模式，从而有效提升了幼儿的前阅读能力和前书写能力及想象能力。

关键词： 串联；绘本；自主阅读

《幼儿园教育指导纲要》中指出："引导幼儿接触优秀的儿童文学作品，使其感受语言的丰富和优美，并通过多种活动帮助幼儿加深对文学作品的体验和理解。"绘本作为一种最适合幼儿的读物，具有独特的艺术，深受幼儿的喜爱。《3-6岁儿童学习与发展指南》中也指出：应为幼儿提供丰富的、是异地阅读的材料，营造宽松自由、宽松的阅读环境，让幼儿在丰富多彩的绘本画面中感受作者的想法和情感，从而进一步激发幼儿的绘本阅读意识和兴趣。我园作为全学科阅读项目实验园，确立了幼儿自主参与的核心思想，在大班开展了以自主阅读作为切入点，家园共同参与的绘本阅读活动。通过探索阅读、绘画、讲述、表演等各种形式的阅读活动以及之间的内在联系，形成具有"串联"式的大班绘本阅读模式。通过此种形式阅读活动的开展，充分地利用幼儿的家庭、学习等环境资源，多种方式引发幼儿自主探究阅读，让阅读真正融入幼儿的一日生活，培养幼儿的早期阅读兴趣和综合阅读能力。

一、"串联"式绘本自主阅读的形成

通过家园合作来为幼儿创设丰富的绘本自主阅读环境，通过看、画、说、演、

作者简介： 曹恩锌，北京市通州区永顺镇中心幼儿园教师，一级教师，区骨干教师。
　　　　　　刘明远，北京市通州区永顺镇中心幼儿园园长，高级教师。

创等多种方式延展幼儿阅读活动。具体可包含以下几个环节：1 绘本读书漂流；2 绘本阅读记录；3 绘本讲述；4 绘本剧目表演；5 绘本故事新编。探索各种绘本阅读活动之间的内在联系，由绘本读书漂流开始提供故事来源，而后分别在家、幼儿园等不同的阅读环境中，对绘本进行绘画、讲述、表演、创编等活动，最终形成绘本故事新编，以此充实班级图书区，进行新一轮的绘本漂流，从而形成螺旋式上升。活动中各个环节层层递进，紧密联系，引领幼儿参与阅读活动，提高幼儿阅读能力。

二、"串联"式绘本自主阅读的实践探索

为了进一步丰富扩展幼儿的阅读资源，园内开辟了一块"漂流书屋"阅读活动区，让幼儿家中的优秀绘本读物都流动起来，进而让幼儿享受到最多的更优秀的绘本资源，实现绘本资源利用最大化，并通过以下规则来确保漂流书屋的顺利进行。

（一）资源共享，自定规则

绘本资源由幼儿园和每个家庭共同提供，如何让幼儿爱护同伴带来的绘本呢？幼儿通过讨论归纳出自己想要对同伴说的话，班级老师帮助记录下来，并把这些话制作成了各种形状的小卡片，粘贴在每一本绘本的环衬上。此项活动使每位幼儿都接触到了更多的绘本读物，树立了绘本阅读意识，形成良好的阅读

习惯。通过选择自己最喜欢的绘本进行阅读和演绎，幼儿对绘本阅读的兴趣持续增加。以自由组合进行小组共读，将自己阅读获得的信息与同伴分享交流，促进同伴间的相互"学习"、相互合作，培养幼儿的语言交往、协商合作能力。

（二）家园记录，激发兴趣

家庭为培养幼儿阅读能力提供了一个重要环境，家长是幼儿成长中的第一任教师。幼儿在家人面前可以更自然地表现自己，也更容易接受爸爸妈妈的指导和鼓励。幼儿把自己阅读的绘本故事，运用已有的绘画技能，并尝试使用书上的标记、符号、文字等进行绘画记录，家长可以通过点睛式的文字记录，配以幼儿的绘画作品，以此来激发幼儿的想象力、创造力以及演绎的连贯性。家长通过赞美、鼓励的方式，让幼儿较为完整地讲述故事，从而激发幼儿的阅读兴趣，感受阅读的无穷乐趣，提高早期阅读的能力。

（三）自主讲述，经验共享

利用每日晨间及餐前饭后等过渡环节，幼儿再次把用绘画记录的绘本故事讲述给同伴听，形成幼儿同伴间的自主分享、自主评价、共同学习。教师和幼儿一起把优秀讲述者的特点，通过幼儿绘画教师描述的图片配字的方式，创编成分享讲故事的小妙招，投放在图书漂流的区角内，供幼儿学习和借鉴。

（四）自编自演，甜蜜欣赏

经过了阅读、绘画、讲述、分享等

一系列活动，幼儿对这一绘本获得了诸多的感受和深入体验。通过表演，让幼儿更好地理解绘本故事的含义，会灵活地运用新学到的短语、对话，感受表演绘本故事的快乐。在他们自主的表演中，一切都按自己的意愿进行，幼儿在轻松平等的氛围中进行讨论，使同伴间的经验、困惑进行有益的碰撞，促进幼儿同伴间的相互学习，激发他们不断思考，去发现问题，解决问题。

（五）大胆想象，多元创作

幼儿对绘本中内容及人物角色有了足够的理解，随着语言思维能力的发展，可以尝试着鼓励幼儿大胆想象，在阅读理解的基础上进行仿编，依据原有绘本中的画面线索大胆想象并推测故事情节的发展，改编故事的部分情节或者对故事的结尾进行续编。我们围绕着创编，引导幼儿展开讨论，帮助幼儿故事理清主线，明确创编目标。通过创编讨论创作，即从绘本读书漂流看故事到创编出新的故事成为新的起点，另一方面则让幼儿在写写画画的过程中体验文字符号的功能，培养前书写兴趣，为幼儿即将升入小学做好阅读与书写的准备。

三、"串联"式绘本自主阅读初见成效

"串联"式绘本自主阅读与绘本教学活动相结合，充分挖掘家长资源，形成以幼儿为核心，教师、家长共同参与

的新模式，为幼儿创设自主阅读、自主想象、自由创作的良好条件。通过"串联"式绘本自主阅读的方法，鼓励幼儿自主选择绘本，进行讲述、绘画、交流、编演和创新等活动。在兴趣的基础上，幼儿可以与同伴、教师及家人讨论自己在绘本阅读中的发现、体会和想法，如：故事中都有谁，在哪里、发生了什么事等等，从而对故事有更深的理解；幼儿可以通过角色扮演，大胆地表达自己对故事中角色的理解；幼儿还可以自编故事，并为故事配上图画，制作成图书。在自主阅读活动的每个环节中都有效地发挥了幼儿的想象力和创造力。

"绘本自主阅读"作为一种新的阅读方式正逐渐走进幼儿园，走近孩子。通过大班"串联"式绘本自主阅读活动的开展，使幼儿通过自发性地阅读、表演、讲述、绘画等，发展想象力和创造力，激发幼儿对阅读的兴趣，有效提升大班幼儿的前阅读能力和前书写能力，真正实现绘本的教育价值，使幼儿的绘本阅读走向发现式学习和深度阅读。

参考文献：

[1] 陈帼眉. 学前心理学 [M]. 北京：北京师范大学出版社，2000.

[2] 康长运. 幼儿图画故事书阅读过程研究 [M]. 北京：教育科学出版社，2007.

[3] 周兢. 早期阅读教育的关键——幼儿自主阅读 [J]. 早期教育，2002(5).

支持幼儿古诗阅读的有效策略

张　盼

摘要：自古以来，古诗词是中国的一种特有文字，记录了中华几千年的历史，具有深厚的文化底蕴。人们用诗词抒发情感、记录生活，是我国优秀传统文化中的一颗璀璨明珠。古诗的特点是既精炼又含蓄，诗人将自己的想法提炼成为五言绝句、七言绝句等多种形式进行表达。对于幼儿园阶段的儿童，他们的年龄特点是具体形象性思维为主，抽象思维逐渐萌芽，基于幼儿年龄特点，通过创设情境，幼儿设身处地的感受故事，在情景表演中感受古诗的有趣。借助多媒体的教学形式，感受古诗的意境，通过动画短视频讲述古诗的含义，帮助幼儿更深刻的理解古诗的意义。领域整合，将古诗阅读和艺术领域相结合，体现出古诗的特色与特点，运用绘画、剪纸、吟唱、舞蹈表现，再现古诗的情境，巩固幼儿对古诗的理解。

关键词：支持；古诗阅读；策略

古诗是中国古代诗歌的简称，也是一种特有的记录文体，诗歌中的内容能够看到中国几千年的文化和历史，具有深厚的文化内涵。处于幼儿阶段的孩子，他们对一切事物都很好奇，考虑到幼儿的年龄特点，想要让幼儿喜欢古诗，首先就需要让幼儿对古诗感兴趣，在兴趣的基础上，尝试运用多种形式的教学方式，使幼儿对古诗的理解能力进一步提高。对于幼儿园的孩子来说，古诗这种文体，是抽象的，简短的几个字却能表达出很多意思，如果就像记符号一样的死记硬背，这会使幼儿觉得学习古诗是一件非常没有意思的事情，从而产生讨厌学习古诗的抵触情绪。而运用使幼儿感兴趣的、生动有趣的方法，让幼儿能够在轻松愉快的氛围中学习，感受到古诗文阅读的乐趣，这样便能获得事半功倍的效果。

一、通过情境游戏表演，感受古诗的乐趣

幼儿生性活泼好动，好奇好问爱模仿、爱表现等都是他们身上的可贵特质。因此，我们在开展古诗诵读活动的时候，

作者简介：张盼，北京市通州区花石匠幼儿园保教主任，学前教育，一级教师，区骨干教师。

可以采用情境表演法，尝试在古诗教学时配上一些简单的身体动作，这样便于幼儿在理解的基础上记忆诗句，同时又能保证幼儿的参与度和学习兴趣。例如，在学习古诗《悯农》的过程中，教师请两个幼儿模仿古诗中的角色，一名幼儿扮演耕地的农民，一名幼儿扮演现代的儿童。"现代儿童"说：我不想吃了，剩下的倒掉吧。扮演耕地的幼儿："锄禾日当午，汗滴禾下土。谁知盘中餐，粒粒皆辛苦。"这样的情景表演，能够更能贴近幼儿的生活，使古诗学起来更轻松，也更感兴趣，愿意参与。

除了在集体教学活动中开展，古诗诵读还可以延伸到班级的区域游戏中。例如，班中开设了古诗录音棚，为小朋友录像，并且在晚离园时为全班幼儿播放当天录像的视频，增加幼儿的成就感。小朋友看完录像后，还可以说出这个幼儿的优点，哪里比较好，自己可以学习的地方。通过幼儿与同伴间的交流，在幼儿自主自发的游戏中感受学习古诗的乐趣，他们敢于在同伴、集体面前表现自己，大声朗诵、古诗表演、唱古诗等等多种形式的表现，与此同时也增强了幼儿的表现力，培养了幼儿的自信心。

二、通过多媒体教学形式，感受古诗的意境

时代变迁，如今二十一世纪的幼儿生活环境中，充斥着大量的电子设备，

教师的教学用具也随着更新换代，现代的教学技术不断运用到教育教学活动中。我们的交互式液晶屏可以很方便的将图片和 Flish 动画显示出来，这也体现了电子设备的优势。这些贴近幼儿生活的动画、视频，是幼儿日常非常喜爱的。当然，在进行古诗教学时，我们利用图片、动画、影响等形式充分调动幼儿视觉、听觉等多种感官，使幼儿能够马上投入到学习中。例如，在学习古诗前，可以先利用图片 ppt 对应古诗内容，边说边看。让幼儿先说一说发现了什么、自己的感受等等。通过不断地欣赏和表达、描述的过程中，幼儿感受古诗意境的能力自然而然的有所提高，幼儿对故事的理解能力也逐渐提升。然后再通过动画短视频讲述古诗的含义，帮助幼儿更深刻的理解古诗的意义。

例如：大家熟悉的古诗《春晓》，就可以利用 Flish 制作将古诗内容制作成一幅动画：春天的夜晚至天亮，窗外树枝上的小鸟叫，许多花瓣落在庭院的石阶上。幼儿看到这副画面时，诗句会自然而然的映在眼前"春眠不觉晓，处处闻啼鸟。夜来风雨声，花落知多少。"

三、通过绘画、剪纸古诗内容活动，再现古诗的情境

当幼儿已经了解了古诗背后的故事或意境后，可以尝试让幼儿通过多种方式表现出来，例如绘画、剪纸等方式再现古诗中的情景，进一步巩固幼儿对古

诗的理解。

绘画活动是幼儿园组织幼儿创作的一种表现形式，它是幼儿表达自己想法的形式之一。当然古诗的学习也可以通过绘画的形式进行表现。大班幼儿，随着幼儿年龄的增长，幼儿的抽象思维逐渐发展，各种表现能力的逐步增强，可以尝试临摹绘画水墨等古诗画面。每次活动前教师会请幼儿观看相应图片，这时可以请幼儿挑选一幅自己最喜欢的图片，然后通过画面中的内容，再结合自己对古诗的理解完成自己的绘画。幼儿创作古诗画前，教师选择的古诗内容一定是幼儿容易理解、画面感强，同时也是幼儿喜欢的古诗，这边易于幼儿创作。例如古诗《莲花坞》，古诗中有莲花池，有荷叶，有水有船有采莲的姑娘，古诗的内容贴近幼儿的生活。幼儿可以画出傍晚的月亮，湖水中有莲花、荷叶和莲藕，采莲的美女划着船，化抽象为具体形象。同样，剪纸活动也可以参与到古诗活动中，但这需要孩子有一定的剪纸经验。

四、通过吟唱、舞蹈，表现古诗蕴含的美

古诗的吟诵方式有很多种，由于古诗本身富有韵律，所以我们在朗诵时可以结合音乐，将古诗有节奏、有韵律的说、唱出来。当幼儿熟悉古诗内容后，可以请幼儿尝试变化节奏来诵读古诗，这样可以增加幼儿诵读古诗的趣味性，使幼儿更愿意诵读。例如：古诗《春晓》，可以有"春眠——不觉晓，处处——闻啼鸟。"还可以有"春——眠－不觉晓，处——处－闻啼鸟"等各种节奏来诵读，一名幼儿想出新节奏，全班幼儿跟读整首古诗。还可以选择古诗歌曲，歌曲一定要容易上口，不要过于复杂，这样往往更能调动他们的积极性。由于旋律动听，幼儿学唱起来掌握更快、乐于哼唱。还可以将古诗歌曲和舞蹈结合起来，使幼儿充分调动多种感官表现对古诗的理解。例如：古诗《饮湖上初晴后雨》，古诗旋律优美动听，古诗意境优美，"晴天时，西湖的湖水在阳光照耀下，波光粼粼，美不胜收。下雨时，远处的山烟雨朦胧，若隐若现，眼前一片迷茫，这朦胧的景色无比美丽。如果把美丽的西湖比作美人西施，那么淡妆也好，浓妆也罢，总能很好地烘托出她的天生丽质和迷人神韵"。结合旋律和意境，将舞蹈和古诗合二为一，利用肢体动作展现出古诗中的另一番美景。幼儿不仅可以学习古诗之美，更可以表现古诗之美。

现在的中国伟大复兴，在时代快速发展，科技先进的社会中，中国的传统文化也不能丢失。学习古诗应从幼儿期开始着手，而在幼儿期进行古诗文的学习中，一定要选择合适内容，运用多种形式来激发幼儿学习古诗的兴趣，体会古诗中所蕴含的美。

绘本主题活动提升幼儿全学科阅读素养的实践探索

——以绘本《龟兔赛跑》主题活动为例

张 静

《3—6岁儿童学习与发展指南》中语言领域指出：要为幼儿提供丰富、适宜的低幼读物，经常和幼儿一起看图书、讲故事，丰富其语言表达能力，培养阅读兴趣和良好的阅读习惯，进一步拓展学习经验。

一、整合五大领域，确立全学科阅读目标

我们依托绘本制定了全学科阅读的目标为：

（一）健康领域

1. 能在赛跑活动中，快跑20米左右。

2. 能在较冷的户外环境中连续活动半小时左右。

3. 喜欢参加赛跑的体育活动。

（二）语言领域

1. 愿意与他人交谈，喜欢谈论《龟兔赛跑》的图画书内容。

2. 喜欢把《龟兔赛跑》的故事讲给别人听。

（三）社会领域

1. 感受赛跑规则的意义，并能基本遵守规则。

2. 知道接受了任务，要努力完成。

（四）科学领域

1. 喜欢观察绘本中不同动物的特征，经常问一些与动物有关的问题。

2. 能通过简单的调查收集绘本中其他动物的信息。

3. 能用图画或其他符号进行记录。

（五）艺术领域

1. 能用绘画、捏泥、手工制作等多种方式表现绘本中的事物。

2. 能运用绘画、手工制作等表现自己观察到或想象的事物。

3. 愿意参加《龟兔赛跑》童话剧表

作者简介：张静，北京市通州区漷县镇觅子店幼儿园教师，一级教师。

演活动。

二、关注幼儿兴趣，储备全学科阅读内容

由于幼儿对绘本感兴趣，所以顺应幼儿的兴趣，开始和幼儿一起看绘本。通过语言活动——师幼一起阅读绘本，发现幼儿在活动中能大胆表达自己对画面内容的理解。幼儿在感受故事情节变化的同时，对乌龟和兔子在比赛中的表现也有了自己的思考。于是通过开展"我喜欢……"这个活动，让幼儿谈论自己对于乌龟、兔子的看法并用绘画的方式进行记录。比如：有的幼儿喜欢兔子，是因为兔子跑得快以及兔子虽然输了比赛，但它也能很高兴；有的幼儿喜欢乌龟，是因为乌龟的坚持让她觉得难能可贵；还有的幼儿喜欢乌龟的原因是：乌龟赢得了赛跑，却把胜利的旗子给了兔子。

三、充分挖掘资源，创新全学科阅读模式

（一）自主探究式（以科学领域调查绘本中小动物生活习性为例）

对于绘本内容，幼儿不仅仅关注到乌龟和兔子这两个主人公，画面中其他动物形象也给他们留下了深刻的印象，在生活中以及图书区经常谈论到感兴趣的动物，于是幼儿开始调查、收集、交流他们了解到的书中小动物的生活习性，并用绘画的方式进行记录。曹晗查到：蛇喜欢在枯木洞、乱石堆中生活；皓恩查到：老鹰住在悬崖上，喜欢吃鱼。嘉泽查到：豹子生活在沙漠中，跑得快，喜欢吃肉等。

（二）协商体验式（以健康领域赛跑活动为例）

受乌龟和兔子赛跑的影响，在户外活动中幼儿也开始几个人进行赛跑，一时间喜欢上赛跑活动。教师抓住了这个教育契机，中班正是幼儿规则意识形成的重要时期，于是根据幼儿兴趣组织幼儿商讨制定比赛规则，他们提出了小组赛和个人赛的想法。接下来幼儿根据小组赛跑和个人赛跑制定比赛规则。在赛跑活动中，幼儿有了初步的竞争意识，能够在比赛时拼尽全力，同时体验到赛跑游戏的激烈与乐趣。

（三）多元互动式（以艺术领域《龟兔赛跑》童话剧表演为例）

由于幼儿对绘本表现出浓厚的兴趣，他们在表演区开始尝试进行《龟兔赛跑》的故事表演，在区域活动分享时，有的幼儿提出建议"要是狐狸手里拿着旗子再发出赛跑口令那样多神气，我看过电视里的裁判手里有旗子。"表演的幼儿被小朋友的提议触动，开始思考表演需要什么？幼儿开始根据表演需要，制定简单的道具制作计划。接下来开始回家搜集制作道具所需的材料，然后我们利用家长开放日，亲子一起尝试运用纸、布、箱子等多种材料为《龟兔赛跑》制作道具。幼儿们在参与道具制作活动

中获得了愉悦体验。道具制作好了，可是又遇到了新的问题——怎么才能演得好呢？通过教育活动他们开始尝试与同伴进行协商，制定表演标准。然后利用区域、教育活动时间经常进行彩排活动，不断地根据问题进行调整。在这个过程中幼儿开始尝试合作表演并逐渐形成了童话剧《龟兔赛跑》。在新年活动的演出中，幼儿绘声绘色的表演，不仅自己体验到合作表演的快乐，更感染了教师和家长。

四、实践反思

（一）丰富了五大领域课程的教育内涵

依托绘本开展融合五大领域的主题活动，它带来了新的课程实施方式，带来新的学习和教学取向，促使教师都重视对绘本其他领域内容的利用和挖掘，体现了整合活动的资源观。活动开展过程中重视幼儿的参与和把幼儿作为教育资源的重要来源，反映了新时代的课程观。所有这一切都有效地丰富了教育内涵，促进了幼儿全学科阅读素养的提升。

（二）关注幼儿的阅读差异

阅读是不同的个体和阅读材料之间的对话过程，个性化的理解表现出幼儿在学习方式和学习程度上的独特性、层次性和差异性。这就对我们教师在支持幼儿多样化的学习内容方面提出了新的要求，需要通过教师的努力使每一个幼儿都有成长的空间，都能够得到最优化的发展。

我们依托绘本开展融合五大领域的主题活动，是建立在全学科阅读项目实施的背景下，充分挖掘绘本中五大领域的教育价值，结合幼儿兴趣开展适合幼儿的全学科阅读活动，以达到学科之间的融会贯通，家园之间的科学沟通，领域之间的有机整合，以促进幼儿的自主发展，从而提升幼儿的全面素养。

阅读成果体验分享策略实践探索

季红连　　张香月

摘要：对于群文阅读的教学，教师需要选择正确有效的阅读方法来进行指导，从而使学生获得自主阅读、有效阅读的能力。在教学中我们总结出了五种阅读成果体验分享策略，激活学生阅读的动力和兴趣。课堂上尝试采用阅读成果体验分享策略，使学生们能多方位、多角度、多层次地走进文本。在相互沟通、交流中达到听说读写的有机结合。让每个学生实现有方法的阅读和有效的阅读，最终形成爱读、会读、乐读的好习惯。

《义务教育语文课程标准（2021年版）》明确提出要"要重视培养学生广泛的阅读兴趣，扩大阅读面，增加阅读量，提高阅读品味。提倡少做题，多读书，好读书，读好书，读整本的书。"群文阅读的教学更有利于达成此目标，它从单篇阅读提升到同时阅读多篇文章，扩大了学生的信息量，增加了学生的阅读量、阅读面，让大量阅读在课内有了实施路径，优化学生阅读生态。

我在群文阅读教学的探索和实践中，采用了从阅读成果体验策略角度入手。群文阅读成果体验就是结合教师设计的开放性议题在学生自主阅读与合作交流的基础上，利用阅读成果体验分享策略，进行收集、交流、研讨文本信息，从而有趣而高效的让学生在交流推荐中相互辅助、配合，增强阅读动力，体会成功展示自己的快乐，这样读书有了内驱力，激发学生思维的敏捷性和灵活性，提升自主阅读、快速阅读、有效阅读的能力。

下面我来介绍几种阅读成果体验分享策略的方法。

小组分工展示法。根据阅读教学内容的需求，结合学生能力层次之间的优势互补原则教师可以对学生进行合理的分组与分工。每组最好5人，按照1：3：

作者简介：季红连，宋庄中学语文教师，一级教师，区骨干教师。
　　　　　张香月，宋庄中学语文教师，一级教师，区骨干教师。

1 的搭配。"1"为一名优秀学生作为组长，"3"为三名良好学生，"1"为一名及格边缘生。第一步，小组交流学习。学生的交流内容为教师选取的具有开放性的议题或任务单，组长负责分配任务，三名良好生相互讨论、补充、借鉴、修改并总结归纳，组长单独指导边缘生，带领参与全组讨论，全组达成最终的共识。第二步，小组交流成果展示。每个小组推选出 1——2 名代表，对自己小组的成果进行展示。可采取 PPT、动画、表格、实物投影等方式。展示过程中，学生们可以补充看法或提出质疑。每个小组展示结束之后，教师对各个小组合作交流展示进行相应的对比、总结和归纳，及时做出评价。小组分工展示法充分体现了学生在阅读教学中的主体地位。明确每个学生的职责后各司其职，提高了学生的责任意识和团队协作意识。

优生示范分享法。这种方法是一些针对有难度、有梯度，或者回答有具体要求、框架模式的问题。教师提前布置任务单或设计导学案，根据学生反馈上来的自主阅读任务完成题目的情况，教师选取完成比较优秀的学生作品作为示范让其分享给其他学生。他们利用微信、展示台、幻灯片、小视频等多种手段展示分享。达到示范引领的作用，帮助其他同学不偏离正确表达方向，有法可循。同伴的示范更具有可模仿性，也树立了优生的自信心。

后进问题暴露法。为了实现高效的课堂达成度和技能目标完成度，教师会提前将阅读群文材料分发下去，并编写导学案或研讨任务单将知识和技能目标落实其中。学生根据教师下发的群文阅读材料，标明粗读、略读或跳读等策略及相关提示语，通过自主学习，尝试完成教师下发的导学案。然后教师收缴学生完成的导学案，采取全批全改或面批面改等形式，收集了解学生在阅读中依然存在的普遍问题，针对学生暴露出的特殊问题和普遍问题再重新修正课堂活动，从而提高课堂的有效性和质量。

感想口头汇报法。《义务教育语文课程标准（2021 年版）》中对"口语交际能力"的要求是"讲述见闻，内容具体、语言生动。讨论问题，能积极发表自己的看法，有中心、有根据、有条理。"群文阅读中，我们还需培养学生"说"的能力，"说"是表达最直接的体现。学生结合教师提出的议题整理自己思路和见解，通过口头表达阐述自己的感想。这种方法要求学生短时间内搜索信息、组织语言、调整思路，训练表达输出的过程和提升学生的语言逻辑表达能力。感想口头汇报的方式让学生分享了阅读感悟，锻炼了口语表达能力。

书面汇报展示法。《义务教育语文课程标准（2021 年版）》中对"写作"的要求是"应贴近学生实际，让学生易于动笔，乐于表达，应引导学生关注现实，热爱生活，积极向上，表达真情实感。"在群文阅读中提高学生"写"的能力是全面提升学生的语文素养的主要表现形式。书面语言是表达学生阅读感悟的最好形式。"读"的目的是指导"写"，在读后寻找到"写"的发散口。可以在读后主动的选择角度进行写，也可以教师设计主题方向有任务的去写，这样真情实感的内容自然而然地流露出来，达到了读写结合的目的。学生既能抒发个人的独特感受，又能积累习作素材。

关于"阅读成果体验分享策略"的一些实践，我简单介绍一例：

我在讲授《小生命 大哲理——感受花之美，探究理之美》这节课时就采用了群文阅读成果体验的方式进行解读品析。通过选取《紫藤萝瀑布》《好一朵木槿花》《三角梅》三篇托物言志的文章进行群文阅读，主要从抓住作者的情感入手，感受课文中蕴含的人生哲理，激发对自然、社会、人生的关注和思考；训练学生能够抓住作者情感的载体去分析文本；由"情——景——志"的思路进行解读。

我先提前设计任务单由学生在课下完成，教师批改审阅搜集学生暴露出的问题，课堂上在议题的驱动下呈现阅读的成果体验。活动一通过"小组分工展示法"来梳理出三篇文章作者情感变化的脉络。活动二选择了"优生示范分享法"

和"书面汇报展示法"来完成用一段话表达作者情感的认识过程，理清情境变化过程的展示。活动三选择了"后进问题暴露法"来比较三篇文章写景状物的异同。最后选择了"感想口头汇报法"和"书面汇报展示法"进行探究三篇文章所蕴含的生命感悟，同时进行了情境拓展练习联合运用，帮助学生在学习后找到一个"输出口"，实现文本与生活实际的紧密相连。

五种阅读成果体验分享策略在分享交流的过程中，学生能大胆地展示自己的阅读体验和感悟，互相沟通、补充，提升对文章解读过程中的遗漏和认知深度，多方位、多角度、多层次地感受文本、感悟情感、感知社会人生。五种策略的综合使用也培养锻炼了学生的阅读能力，建构自己的语言体系，将听说读写能力有机地结合。

语文教学最大困惑在于文本的篇幅量大导致教师和学生都不能静下心来阅读，有时更难将阅读当作一种兴趣。尝试将阅读"精神饥饿感"与群文阅读进行实践结合，构建二者之间的"爬梯"，让师生回归到"阅读"的本原上来。借助相关的群文阅读成果体验分享策略，让学生感受阅读的快乐，获得阅读成功的体验。长久之后，学生形成了有效的阅读策略，自然就摆脱了"阅读困难症"。从而形成爱读、会读、乐读的好习惯。

基于任务驱动的全学科阅读教学实践

——以"唐诗专题"为例

邓芳芳

摘要： 高中语文课程标准（2017）提出了"学习任务群"的整体框架，义务教育阶段的课程标准也在修订当中。针对当下对于传统的单篇文章进行细微、琐碎分析的教学现状，应当基于问题、主题来开展学习活动，引导学生大量阅读、主动阅读，全学科阅读，以此提高认识，生长思维，形成审美。基于此，本篇论文引入"任务驱动"概念，探索全学科阅读在语文学科学习过程中的发生发展，并提供了"唐诗专题"的实践案例，以期起到抛砖引玉的作用。

阅读不仅是提高内在思维、审美等精神世界最方便的方式，也是最基本的学习方式。只要有学习活动，就势必要有阅读活动。然而，在过去的很长一段时间里，阅读的范畴很窄，只停留在中文领域。

阅读不应当只是被限制在语文学科，实际语文阅读的书目、文章，可以提炼和延展出很多有意义的、值得探讨的话题。着眼于学科的长远发展和人的能力培养，"全学科阅读"应时而生。

理论提出来了，应当怎么做？要在课堂上教给学生们什么？我校就全学科阅读的贯彻落实进行了一系列探索。

一、引入"任务驱动"概念

任务驱动的基础是建构主义理论，学者们普遍认为任务驱动是将"任务"作为主要线索，"教师"作为主导，"学生"回归到主体的教学过程。在活动中，任务、教师与学生三者间要进行有效的互动，以此促使学习者学习知识和技能，打破理论和实践的边界，边做边学、边学边教。

通过梳理文献发现，任务驱动与中学语文教学相关的研究主要集中在两个方面，一是任务驱动型作文，二是整本书阅读教学。对任务型阅读的探索，如徐松《浅谈"任务驱动"阅读教学》中提到三种驱动形式，管贤强提出了整本书阅读的学习任务单，何琛运用"任务驱动法"处理新闻单元，郑桂华等围绕"秋"这一主题进行单元设计。

研究任务驱动的阅读教学已经有了可供参考借鉴的范例，但是这些研究还缺乏一定的整合运用。因此，本文力图在具体实践的角度探索任务驱动与全学

作者简介：邓芳芳，次渠中学语文教师，二级教师。

科阅读的联系，研究假设为基于任务驱动开发初中语文全学科阅读课程，能够提升学生的阅读素养。

二、全学科阅读在语文学科学习过程中如何体现

（一）古诗词诵读与音乐美术整合

为了让学生更好地沉浸在诗词的情绪中，可以选用合适的音乐，为学生的学习创设情境。教学中也可以进行诗配画，制作手抄报等与美术学科整合的活动。在"唐诗专题"中主要采用了吟诵的方式，同时根据诗歌内容理解的需要，设计了诗配画的活动。

（二）古诗词与历史学科的整合

"知人论世"有助于学生更好的理解诗歌内容。可以由历史老师录制相应的微课，在课堂环节中使用；可以由学生讲相应的历史小故事，如在"唐诗专题"中对唐朝政治经济文化情况的讲解。

（三）古诗词教学与地理学科的整合

"地图在手，天下我有"，唐宋编年地图就是语文与地理结合的产物。如在"唐诗专题"中《渡荆门送别》一诗就涉及到了一定的地理知识，可以在学习中补充相应的地图，以加深学生的理解和认识。

（四）古诗词教学与生物学科的整合

意象是理解古代诗词的一个紧要路径。给学生讲解古诗词中常见的意象时，

可以引导学生去查阅生物学的相关资料，辅助理解。唐诗专题中出现的如大雁和小燕子的意象，杨花和子规的意象，这些意象的理解都要借助生物的相关知识。

三、唐诗专题的实践探索

"唐诗专题"学习活动任务单包括五课时内容。

第一课时的学习任务是感受唐代律诗的格律美，结合了音乐学科。吟诵是中国传统的语文学习方式，但因没有调，所以经过音乐改编和谱曲后会更加动听，便于记忆和传唱。这一课可以由音乐老师来做吟诵示范，跨学科上语文课，学生感觉非常新鲜，因此参与度高，学习热情高涨。

第二课时的学习任务是抓重点字品读诗歌，结合了历史学科。以《使至塞上》为学习材料。思考一："征蓬出汉塞，归雁入胡天"中，"征蓬"换成"枯蓬"，"归雁"换成"大雁"可以吗？为什么？这道题学生需自己结合链接的历史材料进行分析，在此过程中教师要引导学生答题思路的清晰明确，长此以往，可促进思维的提升。

第三课时的学习任务是品味诗歌中的画面美，以《钱塘湖春行》为学习材料，结合了美术学科。

活动内容：绘出你最喜欢的钱塘湖图景，并配以散文改写。

活动规则：

1.阅读材料一，整体感受如何描摹

诗歌画面。

2.想一想，这些诗句中描绘了哪些意象？这些意象有着怎样的特点？你能感受到作者描绘这一画面时的心情吗？试着把它写出来。

3.根据改写完成你的画作。

第四课时的学习任务是把握诗歌的情感，可结合历史背景、文本内容等分析。课堂活动二学生需总结方法，迁移运用，品悟《野望》中诗人的情感。

第五课时的学习任务是从总体上把握一首唐诗。这一课时以《渡荆门送别》作为学习的主要材料。设置的学习任务综合性比较强，既是学生之前几课时学习内容的总结，也从总体上考查学生是否掌握了学习诗歌的基本方法。

活动内容：

我校初二学生要编辑一部《唐诗自选集》，李白的诗歌选了《渡荆门送别》，请你在诗歌下面写一段赏析性文字，可以仿照材料一的示例。

活动规则：

参考背景，运用前几节课学到的方法，任选一个角度赏析（抓重点字，描述画面，体会情感等）。

提示：

角度1抓重点字："山随平野尽，江入大荒流"一句中哪一个字用得好？好在哪里？角度2描述画面：用自己的话描述诗中"月下飞天镜，云生结海楼"所写的景色。

角度3体会情感：诗歌中抒情句是哪一句？可结合背景进行分析。

以上是关于唐诗专题的实践探索片段展示，除此之外，我校在古诗词学习方面开展了一系列活动。首先，设计了午间诵读时间（15分钟）。其次，结合学科实践活动进行跨学科主题讲座。最后，多样化的展示活动，如藟颂朗诵社的经典诵读活动，校刊《藟韵》为学生改写散文提供了展示的平台。总的来说，集全校之力拓宽了学生学习和运用的领域，注重任务驱动下的跨学科的学习、全学科的学习。

四、反思与评价

引入"任务驱动"概念，对探索全学科阅读在语文学科学习过程中的发生发展有较大的借鉴意义，值得我们深入的学习研究。当然，任务驱动在实际操作中不可避免会产生各种各样的问题，如评价标准的界定，课时问题等。但只要是有利于学生学科思维发展和能力培养的尝试，我们都应该去思考、设计和实验。

参考文献：

[1] 追求理解的教学设计 [M].上海：华东师范大学出版社，2016.

[2] 蔡可.从问题思考到任务解决——聚焦有质量的语文学习 [J].语文学习，2018，11：13-17.

[3] 管贤强.创新学习任务单：整本书阅读教学的关键 [J].语文建设，2018（03）：9-11.

初中历史学科学生阅读能力培养策略初探

——以《西汉建立和"文景之治"》一课为例

张　影

摘要：2011年初中历史课程标准要求，"学生通过历史课程的学习，初步学会从历史的角度观察和思考社会与人生，从历史中汲取智慧，提高综合素质，使学生得到全面发展。了解多种历史呈现方式，包括文献材料、图片、图表、实物、遗址、遗迹、影像、口述以及历史文学作品等，提高历史的阅读能力和观察能力，形成符合当时历史条件的一定的历史情景想象。初步学会从多种渠道获取历史信息，了解以历史材料为依据来解释历史的重要性。"　而实现这些课程目标很重要的途径就是培养学生历史学科的阅读能力。以笔者通过精选史籍史料，创设情境，提供多种途径和方法，引导学生通过一定量的阅读积累，养成良好的阅读习惯，逐渐掌握史籍史料的阅读方法，提高学生的历史核心素养，为学生的终生学习和发展奠基，促进个人的可持续发展。

在初中历史教学中，教师通过一系列的培养策略，例如：立足单元教学、统筹规划阅读内容；立足学生学情、引导激发阅读兴趣；立足课堂教学、全面提升阅读能力；立足学校资源、开发利用阅读资源；立足学习成果、深入开展阅读评价等多种途径与方法，培养学生史籍史料的阅读能力，提升学生的历史学科核心素养。笔者以统编版历史七年级上第三单元第11课西汉建立和"文景之治"的教学过程为例，初步探索初中历史学科学生阅读能力的培养策略。

一、阅读能力培养策略之立足单元教学、统筹规划阅读内容

教师依据单元教学目标，整合单元教学内容，梳理单元线索，统筹规划阅读内容，从单元整体出发设计教学活动。本单元是统编版教材七年上册第三单元秦汉时期统一多民族国家的建立和巩固。《史记》《汉书》《资治通鉴》这三部史书语言优美、生动，文学水平高，学生阅读障碍较少，易于学生理解，适合

作者简介：张影，北京市第五中学通州校区历史教师，一级教师，区骨干教师。

作为教师教学与学生阅读的资源。在课堂教学过程中，精选其中的原文史料，并建议同学们利用课余时间选取其中一本史籍进行泛读。

二、阅读能力培养策略之立足学生学情、引导激发阅读兴趣

教师根据具体课堂教学内容，精选史料，创设情境，引导学生阅读史料，获取历史信息，激发学生的学习兴趣。在本课的导入部分，出示"汉并天下"瓦当文物图片。引导学生通过阅读图片，从中获取刘邦统一天下、建立西汉的历史信息。在讲述"文景之治"内容之前，教师出示图片：马王堆汉墓遗址、马王堆汉墓遗址分布模型、利苍玉印图片。并讲述马王堆汉墓是西汉初期长沙国丞相轪侯利苍的家族墓地。二号墓墓主，即第一代轪侯，时任长沙国丞相的利苍，下葬年代在吕后执政中期。考古学家发现，二号墓出土文物较少，反映了这一时期的社会经济状况。而利苍妻儿下葬年代正处于汉文帝统治的中后期。随葬了很多丝织品、漆木器、帛书等。紧接着教师提问：为什么会出现这样明显的差别呢？以上教学设计通过学生阅读文物遗址和文物图片，引发学生质疑。

另外，关于汉文帝废除肉刑，教师补充史籍中记载的"缇萦救父"的历史故事，并请同学来讲述。通过这样的设计，增强课堂的生动性。在讲述文景之治盛世局面时，出示图片：陶仓模型和素纱襌衣，并讲述湖北江陵凤凰山汉墓陶仓模型出土时，内盛鲜黄稻穗四束，一方面反映了当地以稻米作为主食，另一方面也是当时社会经济恢复和发展的一种象征。湖南长沙马王堆汉墓出土的素纱襌衣，只有49克，是湖南省博物馆的镇馆之宝，用纱料制成，薄如蝉翼，轻若烟雾，巧夺天工，是目前世界上最轻的衣服，反映了当时丝织业技术的高超，但它的制作工艺目前仍然无法复制。通过引导学生阅读史料，了解"文景之治"局面的表现，培养学生史料实证的历史核心素养。

三、阅读能力培养策略之立足课堂教学、全面提升阅读能力

教师立足课堂教学，选择恰当的史料，培养学生获取信息、归纳概括的能力，全面提升阅读能力。

教师在讲述汉文帝统治时出示材料：

帝即位二十三年，宫室、苑囿、车骑、服御，无所增益……治霸陵，皆瓦器不得以金、银、铜锡为饰；因其山，不起坟。

——《资治通鉴》

"夫农，天下之本也，其开籍田（皇帝象征性地耕种土地），朕亲率耕。"

——《汉书》

至今上（汉武帝）即位数岁，汉兴七十余年之间，国家无事，非遇水旱之灾，民则人给家足，都鄙廪庾皆满，而府库余货财。京师之钱累巨万，贯朽而不可

校；太仓之粟陈陈相因，充溢露积于外，至腐败不可食。

——《史记·平准书》

通过引导学生阅读史料，了解"文景之治"局面。培养学生辨析史料的史料实证能力和辩证、客观地理解历史事物的历史解释核心素养。

四、阅读能力培养策略之立足学校资源、开发利用阅读资源

教师要树立课程资源意识，因地制宜地开发和有效利用各种课程资源。学校图书馆是课程资源的重要组成部分，它为方便学生查阅，丰富学生的社会、人文知识，加深他们对课程内容的理解

表1　阅读报告展示评价量规

内容	权重（%）	表现描述及赋值		评价方式		
				自评	互评	师评
态度	20%	1. 积极参与此次阅读活动，能很好地与小组成员分工合作。 2. 积极查找相关资料，不敷衍了事。	0~10 0~10			
内容	30%	1. 史籍史料确保真实、准确。 2. 选材精当，贴合学习内容。 3. 展示内容丰富，形式多样。	0~10 0~10 0~10			
艺术性	30%	1. 制作精美，文字简洁，图片清晰。 2. 充分体现历史感。 3. 知识性与艺术性相结合。	0~10 0~10 0~10			
交流反思	20%	1. 表达清楚，仪态大方。 2. 通过交流与讨论，修正完善学习报告	0~10 0~10			

提供了很好的帮助。另外，每个年级的教室外，还设有图书空间，书架上陈列着历史书籍，也是学生可以充分利用的阅读资源。

五、阅读能力培养策略之立足学习成果、深入开展阅读评价

教师立足学习成果，通过评价促进学生的学习，充分发挥教学评价的诊断、激励、导向等功能。笔者制作了阅读报告展示评价量规。

总之，初中学生历史学科阅读能力培养需要教师在课堂实践过程中不断地探索，统筹规划，循序渐进。要立足课程目标和初中阶段学生的认知水平，充分开发和利用各种阅读资源，精选史籍史料，符合教学内容，充分体现初中历史课程的思想性、基础性、人文性和综合性，有利于促进学生的全面发展，提升其作为公民的素养和行动力。

基于核心素养以"语文+"推动全学科阅读的策略探究

韩 丽

摘要： 文章基于中国学生发展核心素养，尝试对"全学科阅读"进行概念界定，结合当下全学科阅读处于初期推广的事实，以及存在的多种问题，构建"语文+"课程体系，提升教师实施全学科阅读的能力，培养学生阅读的兴趣，掌握阅读的方法，具备自主阅读和终身阅读的习惯，为其全面发展奠基。

中国学生发展核心素养研究成果发布会于 2016 年 9 月 13 日于北京师范大学举行。学生发展核心素养，指的是学生应具备的，能够适应终身发展和社会发展需要的必备品格和关键能力。2018 年 5 月 18 日，由通州区教委、区研修中心主办的"基于核心素养的通州区 ASR（全学科阅读）"项目启动会召开。该项目旨在以学生全面发展为中心，探寻一条全面促进通州教育整体发展的道路。

那么，"全学科阅读"在日常的教学实践中要如何实施呢？

一、概念界定

"全学科阅读"之"全"的义项包含：①整个，即全部、全员等，意味着参与人员之广，阅读学科之众；②完全、都，即全盘、全情，意味着阅读融入生活、融于生命。基于中国学生发展核心素养、以培养"全面发展的人"为根本，笔者认为"全学科阅读"的概念为：

以学生全面发展为中心，以创设丰富多元的阅读环境、激发学生对不同学科知识的兴趣为基本点，指导学生掌握不同的阅读策略，最终形成自主阅读、终身阅读的阅读习惯。

二、全学科阅读目前存在的问题

苏霍姆林斯基曾说："让学生变聪明的方法，不是补课，不是增加作业量，而是阅读、阅读、再阅读。"信息社会，阅读能力是个体终身学习的关键能力，阅读习惯是个体终身学习的必备品格。但当下在全学科阅读的推广和实践中还存在以下三方面的问题：第一，概念模糊，多数学校和教师处于懵懂阶段；第二，在考试的倒逼之下，只有语文学科在强调阅读但读得浅而少，其他学科尚处于观望状态；第三，部分学校虽已开展全学科阅读，但尚未形成范式，又因校情学情的差异，无法大面积借鉴推广实施。

作者简介： 韩丽，甘棠中学语文教师，一级教师，区骨干教师。

三、以"语文+"推动全学科阅读

语文是一门学习语言文字运用的综合性、实践性课程。工具性与人文性的统一，是其基本特点。叶圣陶先生讲过："语文教本只是些例子……不是个终点，从语文教本入手，目的却在阅读种种的书。"又说："阅读课外读物可以养成两种好习惯：自己学习的习惯和随时读书的习惯。"那么，从语文出发，以"语文+"形式构建全学科阅读课程体系，未尝不是一个符合现实又有意义的尝试。

（一）"语文+"形式分类

在推进全学科阅读的过程中，可由语文学科生发出以下几种"语文+"形式。

1.扩充解读式。在日常的语文教学中，不少语文教师已采用了此种方式，增加课内外知识的关联性和趣味性。例如在学习李白写月的诗歌中，为让学生理解"月"这一意象的文化内涵，会扩充李白其他的写月诗以及其他诗人写月的诗词。这样的阅读安排，让学生加深对诗句的理解，也获得更多的阅读成就感。

2.拓展延伸式。拓展延伸式也广泛应用于语文阅读教学，主题阅读、群文阅读当属此类。例如在《美丽的颜色》一文的学习中，可推荐学生阅读居里夫人的传记，学生既能学习传记文学的阅读方法，又可激发学生对化学元素——镭的研究。通过拓展延申，带动学生对其他科目知识的阅读和学习。

3.自主勾连式。作为个体的学生，自然有各自的阅读喜好。教师在激发学生阅读兴趣之后，要鼓励学生进行自主勾连式阅读。例如在阅读了《湘行散记》后，继续阅读沈从文的其他作品。

4.合作分享式。阅读也需要氛围，可通过小组共同阅读的方式，促进学生彼此交流，协同解决问题。例如开展读书交流会的活动。

（二）"语文+"的实践案例

"语文+"的形式众多，下面以《红星照耀中国》为例，基于学科素养，介绍由语文阅读带动地理、历史、政治等学科共读一本书的实践案例。

《红星照耀中国》一书的阅读策略为：

任务一：跟着斯诺西行

阅读要求：四周时间，精读青少版《红星照耀中国》。

具体方案：以圈点批注阅读法，勾画斯诺西行的路线及所采访的人物，在地图上进行标注。

呈现形式：利用两堂课，小组合作，分享个人所做的圈点批注和采访。

作业布置：1.角色扮演，拟写采访稿，录制采访视频，要求突出采访的真实性，时间不超过10分钟；2.绘制西行地图。

学科联读：《红星照耀中国地图：深度解读地图里的长征史》。

读书的最大前提就是读，此任务意在调动学生的阅读热情。因为学生能够熟练的运用手机等电子摄像产品，以角色扮演的形式，促使学生对文中时代背景、国共人物、行走路线进行"复盘"，加深学生对本书内容的把握和对本书纪实性特点的体悟。在拟写采访稿的过程中，引导学生查阅相关的历史资料，提高学生的历史时空观念等。在绘制西行地图时，推荐学生阅读《红星照耀中国地图：深度解读地图里的长征史》，提升其地理学科的素养。

任务二：斯诺看中国

阅读要求：两周时间，跳读青少版《红星照耀中国》。

具体方案：将斯诺在国统区和苏区的所闻所见以对比的形式进行分类，如斯诺眼中国统区和苏区的人、斯诺眼中的经济状况等。先独立完成再小组合作，完成"斯诺看中国"的表格。

呈现形式：利用两堂课，一节进行小组合作，一节进行小组展示。

作业布置：1.以表格的形式对比分析国统区和苏区中的人和事，并进行合理分类；2.总结和归纳斯诺的看法。

学科联读：《苏区制度、社会和民众研究》。

此任务建立在精读文本之后的跳读，旨在让学生再读文本，从纪实性作品中看到作者的人文情怀。同时联读《苏区制度、社会和民众研究》一书，以此拓宽学生的阅读视野，树立其正确的历史价值观，强化其政治认同感。

任务三：好书推介会

阅读要求：一学期时间，自主勾连，自主阅读。

具体方案：1.教师提供王树增的《长征》简介，学生自行查阅与之相关的作品，自行阅读；2.学生由《红星照耀中国》为中心，自行阅读其他传记文学经典作品。

呈现形式：利用一堂课，以各自喜欢的方式（PPT、小视频、读书报告等）进行好书推介。

作业布置：自主阅读一本历史题材或纪实性文学作品，制作好书推介材料。

推荐阅读：《长征：1934–1936》《红军长征记：原始记录》。

此任务目的在于拓宽学生的阅读面，激发其阅读兴趣、培养其阅读习惯。

总之，三个任务由易到难且存在交叉，凸显了以语文学科带动全学科阅读的策略的可行性，且提高了学生的综合素养。

四、思考与反思

当下对研究全学科阅读的实施策略的论著不多，笔者希望本文能起到抛砖引玉的作用。对于概念的界定、存在问题的反思、策略的探究以及案例的举隅，虽仅仅围绕中国学生发展核心素养，但依然不可避免地存在局限和不足，希望在后续的研究中取得进一步的研究成果。

参考文献：

[1] 刘彦芳.以"阅读+"推动学校内涵发展 [J].语文教学通讯，2018（27）：62–63.

运用阅读策略 激活中年级学生阅读生活

王冬艳

摘要：随着时代的发展，阅读已经成为一种时尚。作为语文教师，更应该有意识地引导学生课外阅读，读整本书，发展思维，培养阅读能力。在教学实践中我运用初始激趣策略、深度阅读策略、问题研读策略、评价激励策略，带领学生走进了整本书阅读，开启了阅读生活。

叶圣陶先生认为"国文教学的目标，在养成阅读书籍的习惯，培植欣赏文学的能力，训练写作文字的技能。"因此，作为语文教师，在教学中更应注重引导学生开展丰富的课外阅读活动，注重引导读整本书，来促其养成阅读习惯，培植其语文能力。

如何引领学生有效地进行整本书阅读呢？在教学中运用以下阅读策略，能带领学生走进整本书，极大地丰富其阅读生活。

一、初始激趣策略

阅读兴趣是指人对阅读活动所表现出来的一种喜好情绪，是一种对阅读具有稳定性和趋向性的心理表现。

（一）基于已有阅读经验的激趣

三年级学生在学习中已有了一定的阅读经历，学生对于阅读并不陌生，但其阅读仍然较多的集中在图画、漫画类书籍，或是与个人爱好有关。因此教学中，基于已有阅读经验来激发

阅读兴趣，能帮助学生拓宽阅读范围，延展阅读深度。如在三年级上册的童话单元教学中，快乐读书吧指定阅读《安徒生童话》、《稻草人》等书籍。在导读课开始时，首先出示几幅学生耳熟能详的童话故事的插图：丑小鸭、小红帽、卖火柴的小女孩等，让学生猜一猜故事的名称，说一说发现了什么？学生一下子来了兴趣。接着展示整本书，让学生看一看书中还有哪些故事？这样的引入激起了学生的阅读欲望，使之更积极地投入到阅读实践之中。

（二）基于宽松的阅读环境的激趣

环境对于人的影响是至关重要的，经常处在充满书香的环境中，久而久之会对书籍越来越感兴趣，会自觉地沉浸其中。班级内设立阅读小书桌，摆放学生喜欢的书籍，由班级小书虫自主进行管理。班级展示栏是学生的天地，学生的阅读收获，读书笔记，以及阅读后创编的微型剧本等，都会"驻足"于此。

作者简介：王冬艳，玉桥小学教师，高级教师。

学生自主设计，自觉更新，乐在其中。在这样的氛围中学生一边读，一边思，一边记，一边创，收获满满。由此可见轻松的阅读环境的建设，会让学生更愉悦地爱上阅读，流连其中。

（三）基于阅读期待的激趣

随着时代的发展，人们越来越重视阅读，因此学生在阅读每一部作品之前，都不再是一块"白板"，他们在已有的生活经验和阅读活动中已形成了一定的鉴赏能力，审美能力，具备了一定的"阅读体验"。在开启新的阅读行为时，会对作品形成新的"阅读期待"。因此在整本书导读课中，恰当的选取引起兴趣的"入水口"，充分利用阅读"定向期待"，激活学生头脑中的创新因子，使之不断活跃起来，形成"头脑风暴"，会引领学生在阅读期待中更积极地投入。

如《安徒生童话》一书的导读课中，从目录开始，在学生面前一层层撩开这个"新娘"的面纱。"我们会从这本书中读到哪些童话故事"；"仔细看看每个故事的名称，你对哪个故事特别期待，为什么？"学生这时兴趣高涨，交流中思维的火花越来越活跃。"作者笔下的故事又是怎样的呢？"一石激起千层浪。这时，学生的期待满满，盼望着早一刻打开《安徒生童话》，早一刻认识大师笔下那鲜活的形象。

二、深度阅读策略

在语文教学活动中，教材无非就是个例子，教师是要让学生借助例子练就阅读和作文的熟练技能。然而教材中的文章只能举其一，怎样才能反其三？开展整本书阅读中，就能让学生化方法为能力。

中年级学生喜欢看一些关于动画、漫画的书籍，往往被直观的画面所吸引，忽略了对语言文字的欣赏。这是因为学生还没有掌握有效的阅读方法，没有"读"进去，阅读只是停留在表层。因此，抓住课堂，教给学生阅读方法至关重要，如学会"边读边思考；读中质疑；边读边做批注"等，让学生在喜欢阅读之后，学会阅读，陶醉于书海。

如在阅读《稻草人》一书时，首先，通过观察封面，让学生了解和这本书有关的信息，再让学生读读书的前言，从整体上把握这本书的大致线索，在头脑中留下初步印象。其次，通过问题创设引导学生对重要的情节或是自己感受深的内容反复品读，一边读一边思考，一边读一边预测，可以大声朗读，可以默读，甚至进行摘抄。通过这样的设计，使学生一步步读懂内容，领悟内涵，同时学习欣赏作品语言特色，感受其思想、理念等，提升阅读质量。

三、问题研读策略

在整本书阅读中，引导学生把阅读获得与伙伴进行交流、分享。通过伙伴间的思维碰撞，阅读会更深入，获得会更丰满。

作为学生阅读的引领者，不仅要帮

助学生把握书的主要内容，还要引导学生发现书中的细节，并通过细节洞察人物的心理变化，使阅读实践不断走向深层。因此阅读推进课中，运用问题研读的策略，巧妙地设计问题引领阅读，会让阅读更具诱惑力。如在《格林童话》阅读推进课中，首先设计这样的问题："这本书是谁写的，你了解他吗？"引导学生关注作者，懂得读书其实是和作者交流。然后继续追问："通过阅读你认识了哪些书中人物？请你为大家介绍一二。"这样帮助学生梳理出主要人物。通过介绍人物，引导品评人物性格。接着交流："书中哪些情节让你印象深刻？

为什么？"这样递进式问题设计，帮助学生把散落的信息碎片重新排列组合，使他们逐步实现了自己的高阶阅读理解。

四、评价激励策略

在整本书阅读过程中，评价不应只关注结果，而是要关注到阅读的全过程。有效的评价可以引领学生持续阅读，是促进阅读的手段。教学中，为了让学生保持高度的阅读兴趣，进行持续阅读，评价激励策略必不可少。班级"悦"读评价体系中，把学生的阅读过程分成几部分，每一部分有不同的任务，完成一个任务学生会得到不同的阅读积分，利用积分学生可以换取不同的礼物……这

表1　自我阅读评价

阅读书目：		阅读时间：		阅读页数：	
故事名称	我了解	我预测	我喜欢的词句	我的思考	自评得分

说明：学生针对自己每天的阅读进度进行记录，读一个故事，并认真完成量表计1分。以此类推，读完全本书，一次计10分。

表2　伙伴交流评价表

阅读兴趣	阅读习惯	交流分享参与情况		阅读成果展示
		积极参与	汇报有特色	

样，在任务驱动的因素下学生便自觉地开启了阅读模式，并进行持续阅读，促进了阅读能力的提高。

此表为过程性评价量表，评价人首先是教师，全程指导、全程跟踪。其次是爸爸妈妈，和孩子一起读。再次是伙伴，伙伴之间组建的"阅读共同体"，

共读，赛读，悦赏。过程性评价的内容包括：阅读兴趣、阅读习惯、"分享"课中悦赏参与和赏析特色等。

总之，在整本书阅读的道路上，合理的运用阅读策略，把握阅读的经纬，能带领学生不断领略阅读的魅力，开启阅读的人生。

离别情未了 城南梦依稀

——《城南旧事》整本书教学策略探究

梁玉婵

摘要： 开展整本书阅读活动旨在培养学生的阅读素养，让学生成为真正会阅读、爱阅读的人。教师在探究《城南旧事》整本书的教学策略中，从激发兴趣、铺垫基调、深化理解、分享展示这四大板块入手，从而激发学生的阅读意愿，提升阅读品质，丰富阅读收获，培养阅读素养，最终让学生爱上整本书阅读。本文基于真实的课堂实践，致力于整本书阅读教学的开展与落实。

整本书阅读不同于语文课中的篇章阅读，它是一种有深度的阅读体验过程，要求教师以创新方式向学生传递丰富的核心内容，引领学生深入思考、讨论与分享。目的是让学生获得更多主动学习的经历，这样的学习体验是发展学生语言、思维和精神成长的有效途径。以下是我立足课堂实践，探究出整本书教学策略的四大板块。

板块一 趣味导读 激发阅读兴趣

导读是整本书教学的伊始阶段，也是整本书教学必不可少的核心环节，教师应利用好导读课，激起学生对该书的阅读热情，使其产生强烈的阅读兴趣。

一、缘起——《城南旧事》书名、封面、插图和故事简介

（一）看书名、封面和插图

通过《城南旧事》的书名、封面和插图可以了解到以下信息：作者、故事发生的时间、地点、主人公、主要人物以及腰封上的信息。教师可以引导学生根据这三个重要信息对书中的内容进行猜想，丰富学生的阅读体验。

[教学示例] 1. 看书名，你能提出怎样的问题？ 2. 结合书名和插图，你能想象出怎样的故事情节呢？ 3. 仔细观察插图中的这些人物，你觉得他或者他们会是怎么样的人呢……

（二）读故事简介

[摘录]《城南旧事》是一本经典的

作者简介： 梁玉婵，张家湾镇中心小学语文教师，二级教师。

自传体小说。全书通过英子童稚的双眼，观看大人世界的喜怒哀乐，悲欢离合，一种说不出来的天真自然，道尽人世复杂的情感。林海音更将英子眼中的北京南城风光融入字里行间，在展现真实热闹的市民生活之余，更为读者架设出一个明晰的时空背景。字里行间透着淡淡的哀伤与深深的思念，感染了一代又一代的读者。

这样的故事简介就如同搭建起一层台阶，帮助学生了解整本书的风格特色、写作视角、社会情况、大致内容、情感基调，激发学生的阅读意愿。

二、吸引——《城南旧事》名家推荐

名家推荐是整本书导读课中必不可少的重要环节。它让整本书的阅读价值大大提升，增加学生的阅读动力。名家推荐环节可以让学生尊重自身的阅读感受，这样的阅读经历就像学生与作家在面对面交流，形成一种"英雄所见略同"的感觉。教师应该选择一些学生耳熟能详的作家推荐语，印在阅读积累本上或制成海报张贴在教室的显眼处，形成较强的视觉冲击力。

板块二　铺垫基调　促进情感生成

一、走进——《城南旧事》阅读推进

（一）看目录——开启有趣而难忘的阅读经历

目录能够让学生在阅读整本书之前对全文的内容梗概和篇章结构有一个宏观的了解，还能激发学生对章节内容的猜测和阅读兴趣。其次利用目录的检索功能，可以帮助学生迅速找到自己想看的内容。

（二）观绘本——图文呼应加深文本理解

以画家关维兴笔下的《城南旧事》绘本为例，画中的每个人物、光线和空气的细微律动等使北京南城的陈年旧事就像一个触手可及的奇幻梦境，让学生仿佛进入到英子生活的岁月年华。这些小小的水彩插画和看似轻描淡写的语言文字交合互动，能够瞬间抓住学生的好奇心，唤起他们对文本内容的深入追探，激发阅读欲望。插图中呈现出的水彩内容还可以辅助学生大致了解每一个故事的核心人物和情节片段。

[教学示例]欣赏《城南旧事》插图。他能猜出下面图片中的主要人物是谁吗？出自哪个故事呢？选择其中一幅图谈谈你的感受。

图1　《城南旧事》插图珍藏版绘本插图

（三）听歌曲——催化阅读的色调与情境

主题曲《送别》本身具有凄美哀伤的古典气息，当学生在课堂上带着仪式感去聆听这般悠远的音乐时，他们心中点燃出各种心绪便与文本内容交织融汇，加之课堂上教师语言的催化烘托，学生感同身受后便自然而然地融入到这个故事中。

[教学示例]听电影《城南旧事》的主题曲《送别》，你有怎样的感受，在组内交流。

板块三　深化理解　提升阅读品质

一、精读——《城南旧事》教学策略

（一）立足设计角度，聚焦情感共鸣

整本书教学环节设计的重点在于"角度"的选择。事实上，对于不同文本，每个教师都有独特的解读思路，尤其是对整个内容的认知和解读，因此教学角度的设计对于这节课来说至关重要。以王崧舟老师执教的《城南旧事》为例，王老师把文本解读的角度放在了"离别"

上，整堂课的教学环节都没有脱离重点，从感受离别 - 梳理离别 - 思考离别 - 体悟离别，再到结尾环节用离别见证英子的成长，这样的教学设计符合语文课堂的情感逻辑，不仅思路清晰而且更加深入人心，使得学生和文本之间有了真实的情感共鸣。

（二）领悟表达形式，培养阅读能力

学生在文本中领悟表达的方法不是教师直接告知其本书作者的写作手法是怎样的，更不是教给学生模式化的表达术语。教师应引导学生自主关注领悟表达的两大方面，一是整本书的架构，二是文章的语言特色。

1.梳理"长镜头"式的全文结构。结构是整本书文本内容的构成形式，就好比一个事物的骨架，学生在阅读过程中不能局限于品析某句、某段、某篇，而应跳出书的内容，具有结构意识。教师可以布置做表格、绘思维导图等可视化的任务，引导学生整理碎片化的认知，主动构建、梳理知识框架，最终实现从每一个镜头下故事的发展脉络到整本书结构的把握。

表1　《城南旧事》故事发展脉络

故事	离别时间	离别地点	离别主角	离别方式
惠安馆的小桂子	英子七岁	椿树胡同	秀贞和小桂子	死亡
我们看海去	英子八岁	新帘子胡同	小偷	入狱
兰姨娘	英子九岁中秋节	虎坊桥大街	兰姨娘和德先叔	远走
驴打滚儿	英子九岁 - 冬	家门口	宋妈	回乡
爸爸的花儿落了	英子12岁 - 毕业典礼	医院	爸爸	死亡

2. 探究"京腔京韵"式的语言特色。学生有意识地品析语言特色，是加深文本感知和语言理解的重要途径，也是发展语言能力的重要方式。一个好的作者，总能够运用恰当的语言传递想要表述的内容和深刻的含义，学生透过文字的意义揣摩语言的妙处，是其从整本书的语言库学习的最佳途径。

《城南旧事》整本书充满了浓浓的老北京味儿。作家林海音用通俗地道又充满生活气息的北京话娓娓道出人物的喜怒哀乐和一幕幕平凡人的生活景象，给人十分亲切之感，读时仿佛置身于京华古都的胡同里。

[示例] ◆"我也不知道是怎么个心气儿，忽然问爸爸："爸，什么叫作贼？"——《我们看海去》

◆对街新开了一家洋货店，门口坐满了晚饭后乘凉的大人小孩，正围着一个装了大喇叭的话匣子。——《蓝姨娘》

◆我和宋妈同时到了家门口，便牵了小妹妹的手走进家门去，这时院子里的灯亮了，电灯旁边的墙上爬着好几条蝎虎子，电灯上也飞绕着许多小虫儿。——《惠安馆》

◆我的头发又黄又短，很难梳，每天早上总是跳脚催着宋妈，她就要骂我："催惯了，赶明儿要上花轿也这么催，多寒碜！"——《驴打滚儿》

3. 剖析人物性格，提升思维能力。在整本书阅读的过程中高年级学生的阅读思维已经开始倾向于对人物的分析和评价，但是他们的能力往往不能建立在全书的角度上对人物进行正确的分析。教师可以设计不同形式的学习任务单，以问题引领的方式组织学生依托人物言行并结合生活经验，对主要人物形象进行剖析，促进学生思维能力的提升。

教师还可以利用小组合作的学习形式，多方位、多模式、多角度地探究人物性格特点。如：绘制人物名片、绘制人物关系思维导图、绘制人物性格对比图等。

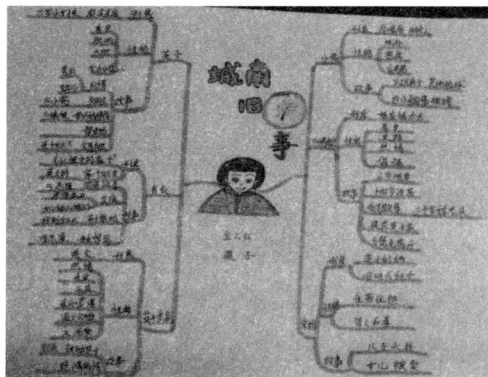

图2 《城南旧事》人物形象思维导图

板块四 分享展示 丰富阅读收获

共读一本书，有许多生生、师生可以互相交流的内容。教师如何在40分钟课堂上组织高效的阅读实践活动，找准文本内容的兴趣点和疑惑点至关重要。教师应充分地掌握学生的阅读情况，精心设计满足学生欲望、符合学生学情的交流话题，点燃学生的交流爆发点，让不同层次的学生在阅读整本书时都能有所收获。

一、分享读书心得

读书心得是学生整本书阅读内化过程的记录。课堂上学生可以相互分享自己摘录的优美片段并积累在册供日后使用，还可以仿写书中的经典段落，不断地提高自己的写作水平。学生不同，思维方式也不同，阅读经验也随之不同。教师还可以依据学情设计出不同层次的学习单，学生以汇报课的形式，分享读书心得，这样的学习过程能让每位学生都获得独特的阅读体验，使他们的阅读收获达到最大化。

[教学示例]1.品文字——探寻故事中的感动（中级层次学习单）

在《城南旧事》里，最令人感动的故事是什么？请用简要的文字概括故事的主要内容，并谈一谈让你感动的原因。

2.时光穿梭——说说心里话（高级层次学习单）

《城南旧事》是台湾女作家林海音的自传体小说，里面记叙着她童年的过往。每一篇章的最后，故事中的主人公都离开了英子，在一个又一个的"离开"中，英子长大了。回忆童年，再见那些人，那些事，你觉得长大后的英子想对他们说什么？你的生活中是否也有过这样的"离别"？成长与离别有关系吗？

学生在分享心得中回归人物本身，与故事中的人物进行思维和灵魂的交流。这样的阅读体验更加贴近人物的情感。

二、组织交流报告会

读书交流报告会为学生搭建了阅读与分享的平台，是学生发表心声和获取知识的直接途径。教师按期举办阅读交流报告会，可以为班级营造出一种活跃、浓郁的读书氛围。报告会上学生在交流中享受一场思想的盛宴，感受阅读带来的快乐，即"幸福阅读"。不仅如此，读书交流报告会还可以激励学生持续阅读，使学生成为一个幸福阅读的传递者，最终使班级整体的阅读气氛得以改善，阅读素质得以提升，使每一位学生都能成为阅读的主人。

[教学示例]每月我都会组织一次班级读书报告会，在本月《城南旧事》读书报告会上，班里的一位同学激动地说："我想到那个年代体验爷爷奶奶儿时的游戏，还要和同学们一起走访老北京胡同、品尝特色小吃、逛旧货市场、听京剧、看话剧《茶馆》……"。

一位同学含泪说道："英子眼里的喜怒哀乐愁和酸甜苦辣涩，深深地触动了我，好像给他一个温暖的拥抱"。

三、作品展示

阅读以后，学生把自己的阅读收获以作品的形式展示出来，这不仅是学生共读一本书的所得，也是探究整本书过程的智慧成果。学生完成作品的方式可以是多样的。既可以按照教师的要求完成作品，也可以根据自己的所得进行个性化的创作。学生在完成作品的过程中，进一步思考书中的内容，思考如何才能更好地展示出自己作品的闪光点。交流时，还能够从别人的作品中吸取经验，定位自己的作品，最终实现自我反思和改进。

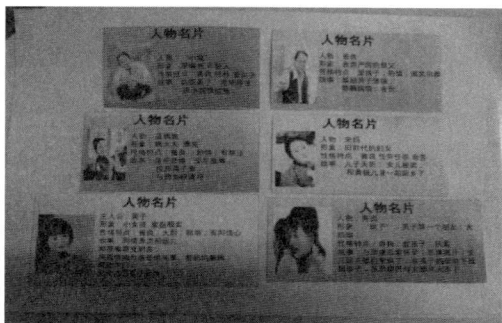

图3 《城南旧事》人物名片

整本书教学可以在潜移默化的情况下帮助学生学习知识，拓展视野，积累人文底蕴，还能帮助学生理解书中深刻的思想，历史的沿革，文化的氛围，民间传统的人物形象以及鲜明的语言特点等，促进学生的思维发展，培养学生对审美的鉴赏力和创造力。

参考文献：

[1] 李怀源 . 小学 "读整本书" 教学的方向、方式与方法 [J]. 语文建设，2020（12）：04-09.

[2] 沈丽君 . 以《十万个为什么》为例谈整本书阅读推进策略 [J]. 教学月刊小学版，2020（06）：43-45.

[3] 王小庆 .《城南旧事》整本书阅读指导课录评 [J]. 小学语文教学通讯，2020（1）：34-45.

[4] 孔珍 . 京味儿语言在《城南旧事中的语言运用》[J]. 安康学院学报，2016（02）：26-29.

[5] 林海音 . 城南旧事 [J]. 北京：北京出版社，1981.

以"快乐读书吧"为依托
探索整本书阅读教学策略

乔玉连

摘要： 2019 年 9 月统编版语文新教材在全国统一推进，新教材着眼于学生的终身发展，更加关注于学生语文素养的提升，其中最明显的一个变化就是增加了"快乐读书吧"板块，这一板块不仅是阅读形式的拓展，实质上是将整本书阅读纳入了学生的阅读体系，所以充分发挥统编新教材的优势，依托"快乐读书吧"板块，教师为学生构建五维一体的阅读学习支架，采取三段式推进阅读模式，不断探索整本书阅读教学策略，是培养学生阅读素养的有效路径。

在整本书阅读教学中，吴欣歆教授认为：整本书阅读教学要遵循"二八原则"，即 80% 时间是学生自主阅读，主要解决阅读中 20% 问题，20% 时间是教师组织学生讨论阅读中遇到的 80% 问题。按这个原则，整本书阅读 80% 时间是学生自主完成，20% 时间是教师帮助学生解决问题。实践中，从师生两个维度进行整本书阅读教学策略的探索。

一、构建五维一体的阅读学习支架

阅读资源库的储备是学生进行顺利阅读的必备利器，为学生提供一些有利的学习支架是十分必要的。经探索，主要从五个维度来构建阅读学习支架，以满足学生自主阅读需要，让阅读更有质量。

（一）构建电子书库，利用多媒体技术，把一到六年级"快乐读书吧"推荐的相关书籍，经过教师筛选比较，选择最适合学生阅读的版本，制成电子书，作为纸质版书籍的有益补充，供学生自主选择运用。这样，学生在拥有纸质版书籍的同时具备电子书资源，充分发挥媒体优势，让自主阅读随时随地可进行，实现让阅读随身相伴的美好愿景。

（二）构建电子音频资源，让学生不光有书看，还能听声音，调动学生多

作者简介：乔玉连，南关小学教师，一级教师。

感官参与阅读，尤其是低年级学生，听电子音频是比较喜欢的方式，易于接受。由于低年级学生识字量少，连续集中注意力大约 10 分钟左右，进行自主阅读有一定困难，特别是一年级新生，是个不小的挑战，这时就可借助音频学习支架，引导学生逐步进行阅读，激发阅读兴趣。

（三）设计导读手册，为学生阅读提供思维工具。教师根据书籍特点和学生知识结构特点，由整体入手，把握书的框架结构，设计不同的导读手册内容：从阅读计划制定到阅读方法指导，从人物关系梳理到个性鲜明人物形象感悟，从众多场景的描写到扣人心弦的经典情节，从优美段落积累到关键词句品悟……无一不体现着教师对书籍的理解与思考，既帮助学生进行自主阅读，又促进学生的深度理解。

（四）导读微视频，聚焦指导书籍核心内容。教师做阅读的先行者，不仅先读好书、设计导读手册、还能录制 15 分钟左右导读微视频，供学生在自主阅读中随时观看。教师深研书籍，把握主要内容，找准要解决的核心问题，精心设计导读微课。图片、动画的使用，引发学生想象和思考；戏剧、电影的经典情节选段，帮助学生在对比中，体会不同艺术形式的特点，通过跨界阅读，加深对原著的理解；历史、时代背景资料的引入，增加了学生阅读的厚度。

（五）设计测试题库，让学生的阅读收获可视化。教师根据学生的接受度和可达成度，为每本书设计不同梯度的进阶测试题，填空、判断、选择、连线、绘画等形式多样，内容丰富。学生在自主阅读中可通过线上自测，检验收获，为教师找到阅读指导的着力点，提供有利数据支撑。

二、采取三段式推进阅读模式

理想状态的阅读是不被打扰的自主阅读，但在学生没有达到理想阅读状态之前，教师指导尤为关键。不同的阅读阶段，教师要采取不同的推进模式，帮助学生解决阅读中的困惑，逐步达成阅读目标，养成习惯。

第一阶段是导读课，促使学生自我驱动，做好学生阅读的领路人。教师精心筛选阅读书籍的版本，为学生推荐最适合阅读的优质版本，以保证阅读内容品质。教师从书籍整体入手，通过"三阅三关注"把学生带入阅读的世界。三阅是：一阅封面，从封面中读取书名、作者、出版社等一些基本信息。二阅目录，从目录中发现书籍故事或情节呈现的脉络线索。三阅插图，想象画面中蕴含的文字语言、推测故事发展的情节变化等。三关注是：一关注重点事件，把握整本书的核心内容。二是关注主要人物，了解鲜明的形象特点。三是关注扣人心弦的细节，触动学生的内心世界。例如：在六年级上册《童年》，教师关注主要人物阿廖沙第一次挨外祖父毒打的情节，学生品读文字、结合图片想象画面、再到观看影片中的情节，内心情感一层层被激起，阅读欲望一步步强烈。教师根据学生的阅读速度和实际认知水平，指导制定阅读计划。高年级要求默读要有一定的速度，一般每分钟不少于300字，以每天阅读30分钟计算，需要读20天左右。学生根据自己的阅读速度设计出阅读计划，记录阅读时间、进程、以及感受等，促使自我驱动，开启整本书阅读之旅。

第二阶段是推进课，推动学生思维升级，做好学生阅读的解铃人。学生根据阅读计划进行自主阅读进程中，会有哪些收获？产生哪些疑惑？是否按照阅读计划如期阅读……这一系列问题都会真实存在，这时需要教师进行阶段性推进，推动学生阅读思维升级。首先要了解学生阅读进程，看看学生是否按照计划完成预期阅读，并分析其中的背后原因，帮助学生调整阅读计划，做好阅读再启航的准备。其次是学生交流阶段阅读收获，从不同角度交流，师生一起感受阅读的魅力。最后是解决阅读困惑，也是最关键的一点，对于有读书热情，但不能持久的学生，加以鼓励与支持；对于阅读中不理解的文本内容，加以互动和研讨，为其解惑答疑，立足于原有认知水平找到阅读生长点，推动学生思维发展。

第三阶段是成果课，达成学生分享赋能，做好学生阅读发展的欣赏人。学生在喜爱与坚毅中读完整本书，整个读书过程要依托丰富多彩的阅读活动，引领学生用不同的方式进行阅读，活动中隐含着阅读策略，学生运用不同的阅读策略，从中拥有新的发现，产生新的体验。教师为学生搭建成果展示的平台，鼓励学生用文字、绘画、声音、视频、表演、线下线上等多种形式进行成果展示，实现分享赋能，促进学生深度阅读的发展。

统编版新教材"快乐读书吧"板块让整本书阅读的内容高度聚焦，教师在实践中，探索出不同的教学策略，让引领学生在阅读中不断成长，在思考中逐步锻炼思维，从而提升语文素养。

浅谈整本书阅读在语文学科的探索与实践

李　曼

摘要： 新时代的语文教育更加注重语文素养的培养，语文应用能力的提高。这就要求语文教学不仅仅要注重课堂教学，还要注重语文课的外延，除课堂教学外，整本书阅读就是一个重要的获取课外知识的途径。另外，阅读能力的发展本就在人的一生发展中至关重要。本文是从小学生阅读现状以及整本书阅读的意义与实施方法等方面进行的研究。

一、小学语文课外阅读现状：

就小学生课外阅读现状而言，社会、家长、教师在认识上都对阅读有足够的认识，但在实施上却存在着各种各样的问题：

现在的小学生普遍存着对整本书阅读的兴趣不浓，热衷于电子设备，喜爱音像产品，这样会削弱儿童感受语言文学的能力，这就需要教师、家长对学生加以引导，帮助其养成"爱读书"的好习惯。

课外读物良莠不齐，判断书籍的好坏对于小学生来说有一定的难度，选择起来比较困难。家长虽然对学生的阅读很重视，但对于学生读什么书，怎样读书都没有明确的标准和认识。

这就需要教师、家长相互沟通，帮助学生"读好书"。

学生阅读多流于表面，不够深入。以本人所教的五年级学生为例，这个阶段的学生，已经具有一定的阅读能力，掌握了一些阅读方法，可以边读边批注，但绝大多数学生仍然只停留在"看"书上，不能做到边读边思，更不会加以批注，漫浪诵读，收获甚微。需要教师引导学生"会读书"。

二、小学语文实施"整本书阅读"的意义

学生进行课外阅读，是对课内教学的有效补充，有利于学生将所学的知识与日常阅读有效的融合起来，形成完整的知识体系。特别是整本书阅读不仅对

作者简介： 李曼，育才学校通州分校语文教师，二级教师。

学生学习有着重要作用，对学生的道德素养和思想意识也有重大应影响。

阅读有助于培养和提升学生的思维能力、实践能力和习作能力。小学生生活阅历不多，而课外书籍涵盖内容广泛，是对自己生活所见所闻的重要补充，开阔了学生的眼界，同时，学生还可以把自己在课堂上学到的阅读策略在整本书阅读过程中加以实践，在不断地阅读中提升自己的思维能力和理解能力。

俗话说"巧妇难为无米之炊"，如果学生的习作素材匮乏，词汇量不够丰富，那必定会影响学生的习作。阅读刚好可以弥补以上不足，学生可以通过对整本书的阅读获取大量的课外知识，恰巧补充了习作素材。另外，在阅读的过程中自然而然地丰富了学生的词汇量。

三、小学语文"整本书阅读"的实施办法

（一）激发阅读欲望

"兴趣是最好的老师"，学生有了阅读兴趣，就会挤时间来阅读。于是，在日常的教学实践中。我们应努力激发学生的阅读欲望，使他们逐渐养成爱读书的好习惯。

1. 利用教材，上好导读课：导读课不仅能够激发学生对整本书的阅读兴趣，也能传授学生阅读方法。一线教师对整本书阅读的重要性有足够的

认识，也能够帮助学生选择好书，但是因为教学压力教师往往只把整本书的阅读存在意识上，很难落实在行动上。部编版教材增加了编写的科学性，实现了课外阅读课程化，加强了对课外整本书阅读的指导，在每册书中安排了"快乐读书吧"栏目，教师可以利用"快乐读书吧"或相关课文上好导读课，从而推进整本书的阅读。例如：五年级下册第二单元中安排了四大名著的节选，让学生初步接触长篇小说，教师以课文为抓手上好导读课。以《猴王出世》为例，这篇课文选自吴承恩的《西游记》第一回。《西游记》具有想象新奇、人物性格鲜明等特点，很容易引起学生的阅读兴趣。在《猴王出世》这一课的教学中，可以先让学生根据自己的已有经验说说孙悟空是从哪来的。接下来请学生读课文，根据课文内容说说石猴出世的过程以及石猴是怎样成为猴王的。然后通过小组学习的方式精读课文感受猴王形象。再次，帮助学生总结学习本课的方法。最后出示《西游记》这本书，让学生说说整部书的组成部分：前言、简介、目录、正文、后记。引导学生通过前言和简介的阅读了解吴承恩创作这本书的背景以及书的主要内容、主要人物。出示石猴在不同时期的不同称呼：美猴王、孙悟空、弼马温、齐天大圣、孙行者、斗战胜佛，请同学们参考目录，

运用跳读的方式分别说说这些称呼分别是哪些时期的。请同学们讲一讲你最喜欢的那个时期的故事。给学生讲有趣的故事，对孩子来说具有极大的吸引，最能打动他们的心。读书中的故事潜移默化地影响着他们，唤醒孩子们对书籍的向往。

2. 利用同伴力量，以小组为单位推荐书目：进入小学以来学生的情感日益丰富，他们喜欢过群体生活，受同伴影响越来越大，同伴合作学习是一种非常适合小学生的学习方式。可以请学生以小组为单位，共同研讨整本书，并向同学推荐。如本班有小组研读《红楼梦》，学生们抓住了刘姥姥逛大观园这一章节，向同学介绍了大观园的生活，学生很感兴趣，书中提到的飞花令也成为了学生们课余不可缺少的游戏项目。可见，好的书籍，不用教师、家长去催促，学生自然会积极主动的去阅读。

（二）加强读书指导

有了更多可供阅读的书籍和广泛的阅读兴趣，教师一味放手不进行指导，效果肯定不尽如人意。只有加强对学生的阅读指导，掌握正确的读书方法，他们才有能力广泛阅读，上好读书方法指导课就显得尤为重要。阅读是一个由浅入深的过程，教师可以先教给学生读一篇文章的方法，读完后要明确文章写了什么。这是初读，重在了解内容。弄清作者怎样写的，这是细读，重在品味。为什么这样写？这样写好在哪里？这是精读，重在感悟。学生掌握方法后再增加阅读篇目，以一篇带多篇不断扩大阅读面，然后进行整本书阅读，逐渐提升阅读速度。阅读技巧提高后，鼓励学生读整本书。让学生先读内容提要，了解大致内容，再对自己喜欢的章节重点阅读，随时记录下书中的好词佳句。阅读结束后，写出对文中人物的评价。有了教师的指导，学生得法于课内，受益于课外，阅读水平就会不断提高。班级中形成良好的读书氛围，爱读书的孩子越来越多，整本书阅读的推进就会越来越顺利。

（三）开展有效的活动

1. 给予学生阅读时间：早读、课前三分钟、等车时间等碎片时间都可以用来阅读，当然教师也应该提供给学生一些集中阅读的时间。

2. 发挥榜样的作用：利用中队角

三等奖	二等奖	一等奖
1.源自书中内容，能够大致理解书中内容，表演基本完成整。2.演员之间配合较为默契，较符合书中人物特点。	1.源自书本内容，对书中内容理解充分，主题鲜明，表演完整，各环节衔接较流畅。2.能够展现出人物性格，语言符合人物特点，情感充沛，演员配合默契。	1.源自书中内容，对书中内容理解充分的基础上有所创新，主题鲜明，条理清晰，结构完整，情节流畅。2.能够展现出人物性格，语言流畅，符合人物特点，情感充沛，能注意到书中的细节表演，动作表情等表演到位，演员配合默契，观众产生共鸣。

或室内软扎版展示学生读书成果，表彰在整本书阅读方面表现优秀的同学。如：张贴优秀的读书随笔，粘贴阅读之星的照片……孩子们都有争强好胜的心理，树立同伴中的榜样会让学生在不知不觉中带动和影响其他学生爱上整本书阅读。

3. 开展汇报演出，学生可以通过情景剧的方式展示自己所读书目，经过学生自己的阅读、理解、改编，再以表演的方式展示出来，让学生体会阅读的快乐与成果。并在请学生依据以下标准进行点评。

"阅读整本书"是语文教学的重要组成部分，对学生的成长具有深远意义，教师与家长要加强沟通，形成合力共同引导学生进行整本书阅读，家长应为学生创造良好的阅读环境，教师应教会学生整本书阅读的方法，帮助学生们更好地进行阅读活动，从而培养学生的语文素养，提高学生的语文学习能力。

参考文献：

[1] 徐良英 . 享受语文之美 . 东北师范大学出版社 .2012.20-60.

[2] 马丽 . 自主阅读能力培养

[3] 何文宏 . 教师如何教学生阅读 . 东北师范大学出版社 .2010.40-90

[4] 学生学习方法指导小组（2013 版）. 学生提高阅读能力的方法 .2020

[5] 学校科普活动指导小组 . 学校怎样组织学生阅读科学故事 .2020

整本书阅读课程的设计与实践

——以《西游记》为例

徐　焱

摘要：《义务教育语文课程标准（2011 年版）》提出，学会运用多种阅读方法，有较丰富的积累，加强对课外阅读的指导，开展多种拓展阅读活动。教师应结合学科特点落实整本书阅读课程，加强统整指导，提高学生阅读兴趣，提升文化素养。开发与实践《西游记》整本书阅读课程，应聚焦名著特点，感悟写作方法；聚焦"成长与磨砺"主题，设置逐层递进的课程内容；丰富教学活动，设置课程评价，带领学生乐读、享读、精读。

《西游记》是中国古代第一部长篇章回体神魔小说，以丰富奇特的艺术想象、生动曲折的故事情节，讲述了唐僧在徒弟孙悟空、猪八戒和沙和尚的保护下，历经九九八十一难，西天取经，修成正果的故事。面对这样一部不朽之作，教师应思考如何有效地设计与实践整本书阅读课程。

一、聚焦名著特点，感悟写作手法

（一）感受角色形象，领悟合作秘诀

《西游记》里迥异的师徒四人，虽然取经目的不同，但是在降妖除魔的取经过程中，展现了合作的力量，更折射出了人性的勇敢、坚忍、奋斗……

（二）梳理故事情节，体会人魔情感

巧妙结合《西游记》的故事情节，在尖锐的矛盾冲突中，充分深刻显示各个人物复杂的内心世界，使其有血有肉，栩栩如生。作者用瑰丽的、幻想翅膀把我们带入一个又一个的神仙洞府、深山恶水中，展开一次又一次的殊死搏斗，在这种斗争中塑造人物形象，从而突出了人物的情感和品质，帮助学生更好地

作者简介：徐焱，后南仓小学语文教师，二级教师，区骨干教师。

理解内容。

（三）梳理取经过程，理解磨砺价值

《西游记》第二十回"黄风岭唐僧有难，半山中八戒争先"道：行者大叫如雷道："怎的好！师父已被他擒去了。"八戒即便牵着马，眼中滴泪道："天哪！天哪！却往那（哪）里找寻！"行者抬着头跳道："莫哭！莫哭！一哭就挫了锐气。横竖想只在此山，我们寻寻去来。"取经之路充满艰难险阻。历经磨难考验，人物形象产生了变化，学生在阅读时能够感受到磨砺的价值。

（四）揣摩写作方法，积累表达素材

《西游记》是中国古代第一部浪漫主义长篇神魔小说。小说想象力神奇、将人与神魔的形象巧妙地结合，创造了一系列令人难以相信的艺术造型。小说塑造了充满奇幻色彩的人物形象，同时也反映出当时的社会现实。作品格调幽默诙谐、语言通俗简练、引人入胜，这些对于学生来说是很好的语言积累素材。

二、巧创阅读活动，体会名著厚度

（一）情境话剧会

开展设置情境任务的阅读活动很重要。我设置了六个角色：记者、唐僧、孙悟空、猪八戒、沙僧和白龙马，以小组为单位，每个人选择一个角色，"记者"这一角色负责设计采访问题，其他的五个角色依据文本回答"记者"的问题。设计话剧表演，"三打白骨精"这个情节就很适合编成话剧。还可以围绕作品中有关"师徒四人"的相关情节，设置"你演我猜"的活动。不管是话剧表演还是"你演我猜"，都是在特定的情境中进行的，这属于以情境任务带动阅读的活动。

（二）猜谜巧激趣

激发学生阅读《西游记》的兴趣是关键，要"趣"读《西游记》。如：可设计猜谜语导入，激发兴趣。《西游记》名著的书名就可设谜语：旅欧随笔（或欧洲见闻录）——打一古典小说名字，谜底是《西游记》；《西游记》中的人名可设谜语：赤子（或"朱子"）——打一《西游记》人名，谜底是红孩儿；还有以《西游记》中的故事情节设谜语、猜成语的：孙悟空龙宫借宝，打一成语——海底捞针（或大海捞针）。这样的有趣活动，能激发学生的阅读兴趣。

（三）开展辩论会

学生在阅读时对于《西游记》中的人物的有一定的争论，如有同学认为"孙悟空是个大英雄，因为他在取经路上降妖除魔、积德行善。"也有同学认为"孙悟空不畏强权，追求自由，是个有对抗精神的角色。"这时请全班同学都来说一说孙悟空是个什么样的人物，因为什么。这个环节的设置，是对主人公性格的归纳和总结，更是对《西游记》思想内容的升华认识。

三、谋划阅读课程，设置主题内容

在阅读《西游记》时，可以以"成长与磨砺"为主题，下设"磨难与磨砺"、"自由与约束"、"矛盾与合作"、"挑战与价值"、"发现与困惑"等小议题，引导学生开展课程讨论。带着感兴趣的问题，自主设计课上任务探究单，进行小组合作阅读，最终用完整的阅读任务单的形式呈现，对主题进行深度思辨从而总结提升。

如在"矛盾与合作"的议题下，全班交流并归纳出五个问题：1. 师徒四人在取经途中的角色定位是什么？ 2. 师徒四人之间爆发冲突的原因是什么？最后的结果怎样？ 3. 取经能成功，谁的功劳最大？如果没有沙僧可以吗？请用原文说明理由。4. 取经途中还有哪些人物和事件让你体会到合作的重要性？ 5. 联系生活实际，谈谈对合作的理解。

设计了三项学习探究任务：1. 为《西游记》中自己最喜欢的人物写一份自我介绍。2. 找出"唐僧和孙悟空"之间的冲突，以文字或绘画的形式展示。3. 回想生活经历和阅读经验，以"合作的重要性"为题，写一篇小习作，抒发自己的感受。

四、丰富教学活动，开展课程评估

学生通过形式多样的学习实践活动，展示阅读成果。

（一）知识抢答赛

从学生出的题中甄选选择题、填空题、问答题十题，激发学生再读的兴趣，帮助学生进一步熟悉故事中的人物与情节。

（二）试写议论文

以《西游记》中感兴趣的人物、故事为题材，围绕一个话题，如"成长的必经之路"等开展写作，以此锻炼学生全面、客观看待问题的能力。

（三）开展辩论赛

如围绕"孙悟空的紧箍该不该取？"展开讨论，进一步走进取经团队，探究人物形象。

（四）表演情景剧

班级里戏剧社的同学，精心编排了《重走西游路之三借芭蕉扇》，他们用简练的语言概括这一幕的精彩内容；运用关键词语介绍主要人物；出场时在屏幕上出示他（她）的性格特点及代表性语录；尝试用几句话说出了自己饰演人物的经历。

（五）分组阅读交流会。全班分为两组，一组阅读原著"乱蟠桃大圣偷丹，反天宫诸神捉怪"中情节，另一组阅读少儿故事版"孙悟空大闹天宫"的内容。思考并说一说：二者相比，在内容、写法方面有什么不同？最后，谈自己读原著的收获。

五、总结阶段

（一）请围绕"成长与磨砺"这个

话题，写一写自己的阅读收获和体会。

（二）《西游记》全书刻画的人物形象鲜明、极具个性。以"破译取经降魔终极密码——我眼中的西游人物"为主题，结合故事情节，对感兴趣的人物进行客观评价。

（三）作为中国古代第一部浪漫主义章回体长篇神魔小说，《西游记》能对我们的现实生活有什么启迪呢？用简练的语言说一说"西游记的现实价值"。

我们要让学生通过整本书的阅读建立自己独有的价值体系，提高整本书阅读的品位。整本书阅读的全过程体验，对于学生来说是语言发展的过程，更是提升人生境界、格局的蜕变过程。总之，整本书阅读的教学要真正做到"以生为本"，促进学生完成自身的生命成长，提升自己的精神品格。

参考文献：

[1] 中华人民共和国教育部 . 义务教育语文课程标准（2011 版）[M]. 北京：北京师范大学出版社，2011.

[2] 叶圣陶 . 叶圣陶语文教育论集 [M]. 北京：教育科学出版社，1980：121.

[3] 乔治·布莱 . 批评意识 [M]. 南宁：广西师范大学出版社，2002.

阅读教学关联在小学语文阅读教学中的运用

陈囡茜

摘要： 阅读过程是一个提取信息并寻找信息关联的过程。要达到有效阅读，须依托文本，寻找关联信息，将之串联起来，进一步对新信息加以想象、推理，得出对阅读材料的正确理解。阅读教学中运用关联，无疑是一种充满活力而又有效的学习方式。本文试图从国内当前小学语文阅读教学实际出发，以具体课例为依托，从文本内容探析"关联理论"在小学语文阅读教学中的应用。

一、问题的提出及理论依据

《义务教育语文课程标准》指出"阅读是搜集处理信息、认识世界、发展思维、获得审美体验的重要途径。阅读教学是学生、教师、教科书编者、文本之间的多重对话，是思想碰撞和心灵交流的动态过程"①。Sperber 和 Wilson 提出的关联理论认为，首先必须通过语境寻找信息的关联，然后再根据话语和语境的关联进行推理自然语言中的每一个正确理解。因此，可以从关联理论的角度去探析小学语文阅读教学中的关联性。

阅读教学中对文本的理解包含两方面：一是理解作者写作意图；二是通过感知、思考，主动构建超出文本表层的含义。所以，阅读本身是是一个复杂的、推理的、动态的过程。关联理论阐述了阅读理解能力的意义，明确提出阅读理解能力既体现在对语言符号的表层意义的辨认和理解，还需要读者联系学习者自身的知识和认知水平，综合语言提供的信息线索，如字、词、句等，进行预测、判断、推理，无限可能地去接近阅读材料提供的语境。所以，教师在阅读教学中充当阅读策略导航者的角色，和学生共同在阅读材料中或与其有关的如：插图、颜色、表达顺序、文本内容、句式运用等属性来寻找有关联的线索进行判断和处理，寻找文字中的关联信息，准确推断作者的真实意图，进而实现最佳理解。

作者简介：陈囡茜，中山街小学语文教师，一级教师，区骨干教师。

注：① 中华人民共和国教育部.义务教育语文课程标准（2011年版）[S].北京：北京师范大学出版社，2012

二、阅读教学文本关联模式

（一）文本内的关联

1. 上下文内容关联。阅读教学中，联系上下文理解某一词意成为理解文本最基本的关联法，此文不再陈述。这里所说的文本内关联是从文章整体内容入手，了解作者写作意图。

课文《麻雀》有这样一道课后题："我"为什么要唤回猎狗？心里是怎么想的？此问题设计是对作者举动的诠释。作者的举动也暗含着其写作意图，即彰显爱的伟大。在教学中，很多学生结合生活经验认知及原文中语句"可是他不能安然地站在高高的没有危险的树枝上，一种强大的力量使它飞了下来"陈述"被老麻雀爱的力量感动了"的见解，但在陈述时表达空洞、肤浅。这是因为在认知层次上没有很好地结合文本。如果在教学中，能突出渲染"前文危险，后文勇敢"的情节，那么学生就能结合文本中的险境和老麻雀英勇形象进行阐述，能实实在在地感受到令人震惊的力量，由衷地产生对老麻雀的敬佩之情。所以，联系上下文理解不局限于对某一关键词语或语句的理解。此关联不局限读者停留在对语言符号形式做出的刺激反应的浅层理解上，更是对目标语言文化知识有了认识，并并联系上下文、文化、背景及其它因素的作用，关注双方交际的意图。充分发挥了读者在阅读过程中的积极能动作用，充分肯定和体现了阅读意义。

2. 创设情境关联。恰当的情境创设及关联对学生品读体味课文的深层内涵，把握作者的写作意图作用很大。关联时通过作者所希望读者的交际条件和环境，或读者据此努力去接近交流的条件和环境，寻找阅读理解的最佳关联性，这就是语篇句式风格所传导的关联语境效果。现以《匆匆》阅读教学片段为例。笔者在设计了解作者背景的教学环节中，要求学生限时速记。此环节要求学生在"滴答滴答"的倒计时背景中快速记忆。让学生沉浸于紧张的氛围中，与文本紧密结合。通过情景设定能够初步直观感受时间稍瞬即逝、片刻不停的"匆匆"特质。学生带着紧迫感，"匆匆"二字的深意也从文本关联了现实，走进了学生感知中。

（二）文本间的关联

文本间的关联，常见的是由于内容相似、结构相近或某些写法、表达的情感等之间的关联，此文不再一一赘述，但文本之间的关联，绝不仅限于按照相同或相似点的以例悟法、依法自学的关联。笔者现以写景文《瀑布》、《五彩池》、《海底世界》、《美丽的三潭映月》为例，通过找共性（情感与内容的）、显个性（明显的写作方式方法）、扬特性（题材与体裁）、抓线性（系统性）的方式呈阶梯形地培养学生的阅读能力。

1. 找共性。同是描绘了美丽的风景，抒发了热爱与赞美大自然的情感。

2. 显个性。《瀑布》从不同的观察

点描绘了所感受到的瀑布景象；《海底世界》具体描写了海底世界奇异的景色和丰富的物产；《五彩池》从五彩池的美景及其产生的原因两方面描绘了了五彩池的奇异、美丽。

3.扬特性。《瀑布》是诗歌；《五彩池》是散文；《海底世界》和《美丽的三潭映月》是写景的记叙文。

4.抓线性。写作顺序——抓住景物的一个特点写具体——不同方面描绘美景。

从中可以看出同是写景的文章呈现方式不同，文本训练的侧重点也不同，但文本之间的关联不一定是绝对共性的关联。这是基于阅读过程本身就是一个极其复杂的心理和智力过程。因为任何一篇文章都是赋予了作者自己的思想、思维、感情、态度以及需要交流的信息等，然后再用语言符号来组合和呈现出来。关联时，可以多角度、有梯度的、宏观性的关联，更能引导学生迁移自己原有的知识和阅读能力来进行推测、判断和重建新的信息，构建知识体系。因此需要从不同的角度去研究和探讨阅读的学习策略，从一个新的角度来重新认识和研究阅读教学的模式，为阅读教学策略研究打开更宽广的领域，提高阅读教学质量和学习者的阅读技能。

三、提高关联性的建议

（一）寻找关联点

"冰冻三尺非一日之寒"。要想在阅读教学中实现关联的最佳化，离不开平时的潜心钻研——从阅读教学目标的设计到所提出的问题能给学生带来多大程度的关联以及学生和文本、作者之间同谋的程度，即共享认知环境的范围等都要教师反复琢磨与思考。

（二）了解学生认知水平

根据关联理论，任何信息在传递和交际中，阅读材料的关联性越大，读者在阅读时越容易理解或接收。读者的阅读难度减小的前提条件之一就是阅读材料能够为其提供尽可能大的语境或语境线索。所以，关联的有效性还基于学生现有阶段认知水平，因此在阅读教学中要充分了解学生的认知程度。

（三）注重问题的实效性

要想使关联具有实效性，课堂上的教学环节设计、提出的问题就要有实效性，摒弃无效关联。在设计问题时就要思考，问这个问题的目的是什么，想要让学生从这个问题中提取什么信息，该信息对理解文本的作用有多大，所重组的信息是否尽可能地贴近文本内容，了解作者的写作意图。

参考文献：

[1] 曾衍桃，蔡蔚，韩晓方.关联性：阅读理解的核心——论关联与阅读理解和阅读教学 [J].外国语言文学研究，2006，03：19-24+70.

[2] 谭梅，杨叶.核心素养视阈下儿童文学与小学语文阅读教学研究 [J].教育与教学研究，2018，32(11)：21-27+124.

线上线下双管齐下　家校互动共促阅读

刘　巍

摘要： 亲子阅读在学生阅读习惯养成中具有独特价值。然而在实践过程中，学校往往忽视了家长在学生阅读习惯养成中的重要作用，家校间缺乏合力，不利于学生阅读习惯的持续养成。因此，本文以线上线下家庭阅读指导实践为依托，阐述家校互动共促学生阅读习惯养成的策略，以改变家长的阅读观念，共同参与学生阅读习惯养成的活动中。

亲子阅读在学生阅读习惯养成中具有独特价值。然而在实践过程中，学校往往忽视了家长在学生阅读习惯养成中的重要作用，家长也缺乏阅读意识，仅仅着力于课本知识的学习，对学校教师推行的亲子阅读活动存在抵触心理，家校间缺乏合力。根据调查追根溯源：家校间没有达成共识，家长的阅读观念尚未树立，阅读行为自然会受到制约和影响。因此，改变家长的阅读观念是家校共促学生阅读习惯养成的首要任务。

一、开放课堂，达成共识

家庭是学生课外阅读的主要阵地。为引起家长对阅读的重视，我展开了家长开放日活动，引家长走进阅读课堂，让家长看到学生具备潜在的阅读能力，能在阅读中获得成长，从而真真切切感受阅读价值的存在。课后，我做了"猜猜我有多爱你——给孩子播种一颗阅读的种子"的阅读报告，呼吁家校合作共促学生阅读习惯的养成，以唤醒家庭阅读的意识。活动中，家长积极融入，认真倾听，纷纷赞叹这节课给他们带来的享受与启发。家长积极热情的行为证明这节课起到了激趣的效果，家长的阅读观念开始萌芽。

二、搭建平台，创设环境

阅读环境在培养学生阅读习惯养成的过程中起着不容忽视的作用。家长开放日结束后，趁着家长的热情余温，我不失时机地创设线上线下阅读环境。首先，创建了"猜猜我有多爱你"的阅读群，力图营造有温度、充满爱的阅读氛围，为打破时空的限制，进行实时或非实时的双向互动交流提供了便利，也为家校共促学生阅读习惯的养成搭建了桥梁。

作者简介： 刘巍，漷县镇中心小学语文教师，一级教师。

其次，我在群里展开"家庭阅读环境建设"的微课堂，不仅让家长注重"阅读硬环境"的创设，例如温馨、舒适、富有童趣的读书角的设计，也注重"阅读软环境"的营造，例如在学生阅读时间内，家长最好给予最大的支持，避免电视、手机等娱乐消遣工具的进行，为学生的阅读提供一片净土，同时也呼吁家长舍得精力和时间来展开亲子阅读。在我的号召下，家长纷纷行动，积极创设家庭阅读环境。实践证明，在这样的阅读氛围中，学生的阅读体验更加愉悦，亲子阅读成为学生最期待的家庭活动。

三、开列书目，规划读书

阅读环境创设起来，阅读活动便如期展开。在阅读交流活动中，我为家长解决的首要问题是"书目"。读什么？怎么读？经常有家长咨询书目选择的问题，这也是高效阅读的首要问题。首先是主题阅读书目的推荐。我根据自己的阅读经验，结合低年级学生的现实需求、心理特点等方面选取阅读书目，充分利用丰富的网络资源广泛搜集，为学生提供图文并茂、视听兼具的绘本，供学生选择阅读。例如疫情期间，推荐学生阅读病菌系列的科普绘本，绘本以生动形象的方式介绍了病菌的相关知识，更易于帮助学生提高防控意识，发挥了阅读的导向作用和现实价值。在书目推荐过程中引导家长关注经典图书的共同特点，了解学生的现实需求，为今后阅读书目的选择积累经验，树立标准。

其次是家庭阅读形式的推荐。对于识字量尚少的低年级学生来说，枯燥的文字阅读是一个艰难的任务，最能激发他们兴趣的是与之形象思维相契合的阅读形式。因此，在每日阅读推荐中，我根据书目的文本特点，推荐不同的阅读形式，让阅读变成生动有趣、温馨感人的家庭同乐会。例如表演故事、看图猜故事、配乐朗读等，在形式多样的家庭阅读活动中，在丰富多彩的阅读情境中，为学生创造美丽的童话世界，让学生发现并享受阅读中的无限乐趣。同时，家长也积极参与、乐在其中，阅读成为家庭日常生活中的一部分，成为促进亲子关系的粘合剂。

四、双线合璧，协同指导

家庭和教师存在各自的教育优势。为了实现优势互补，我积极调动家长的力量参与阅读活动的规划，集思广益、群策群力。为此，阅读群设定了"问题反馈日"，让家长自由反馈学生在阅读过程中存在的问题，进而对问题梳理整合，追根溯源，最后针对问题提出改进建议，促使阅读活动有效展开。例如，为了尊重学生的个性差异，适应不同学生的阅读水平，满足学生的阅读需求，在家校共同商议下创设了"自助餐阅读模式"，大大提高了学生参与的积极性，实现了家校的真实合作。

阅读是输入，表达是输出。为鼓励

学生积极表达，我为学生创设了宽松、自由的交流展示平台，形成成果共享、方法共鉴的阅读氛围。在具体实践中，首先留有足够时间供家庭自由阅读，并输出阅读成果，留下阅读足迹，然后在群里反馈，教师进行细致点评和指导，帮助学生培养读思结合的阅读习惯。对于优秀的阅读成果，教师主动向家长"取经"，详细了解学生的思考过程以及家长的阅读指导经验，并定期组织家长开展"经验交流会"，对有效的方法进行表扬和推广，在展示交流中每一位家长和学生都读有所得、得有所长。在这书香浓郁的阅读氛围中，教师、学生、家长的思维碰撞在一起，擦出更多智慧的火花，为促进学生阅读发展提供了更多的思考。

五、关注发展，多元评价

对于刚刚进入阅读状态的一年级学生来说，爱上阅读，对阅读保持持久的积极性是阅读活动中的着力点。因此，我打破传统单一评价方式，关注学生发展，构建多元化、系统化的阅读评价体系。首先尊重学生不同的个性需求，根据学生的阅读经验基础确定多元化、分层次的评价标准，例如，对于阅读经验少的初读者，评价标准主要聚焦于学生的阅读态度上。而对于阅读经验较为丰富的学生，则从阅读的方法、习惯以及能力等角度提高评价标准，让每一个参与阅读的学生都有获得感、成就感。

在评价内容方面，我关注学生思维能力、语言表达能力以及道德认知等综合能力的发展。例如对于思维活跃的学生，给予"善思小榜样""创意设计师"等荣誉称号，对于自信表达的学生则授予"小小朗读者""最佳信使"的荣誉称号。同时，更是对学生道德认知的发展给予高度评价，让学生感受到道义带来的满足感。此外，我还举行"云端颁奖仪式"，为学生写颁奖词等，通过多元评价帮助学生在阅读中实现全面发展。

在评价方式上，凭借美篇、公众号等网络平台，对学生的阅读成果进行总结性评价，让学生、家长、教师、社会等共同欣赏阅读成果，积极参与评价，以实现评价主体的多元化。在我的影响下，家长也纷纷制作美篇评价学生的阅读行为，并在朋友圈、微信群等平台宣传展示。这样新鲜的评价形式大大满足了学生渴望被关注的内心需求，潜移默化中增强了学生自我提高的内驱力。此外，组织开展"书香家庭"评比活动，以进一步鼓励家庭阅读活动的有效进行。

总而言之，互联网的及时性、共享性、多样性等特点，实现了家校合作的信息化，为家校共促学生阅读习惯养成打好了坚实的基础。在线上线下的家校互动中，阅读活动有条不紊地进行，家长的阅读观念发生了极大的转变，逐渐成为阅读活动的支持者和参与者，成为学生阅读习惯养成的重要促进者。

"互联网+"背景下的
"整本书阅读"教学初探

岳慧芳

摘要： "互联网+"时代，随着信息技术的迅猛发展，给学生的阅读生活带巨大的变化，小学语文阅读教学也必将面临着新的机遇和挑战。从何时何处获取网络资料，怎样使用好网络资料，成为学生整本书阅读学习的重要内容。

"整本书阅读"是相对于小学语文教材中单篇课文的阅读而言，也是相对于信息化时代碎片化阅读而言的。其所提供阅读材料的长度、宽度与厚度，是单篇文章阅读或碎片化阅读所无法实现的。

早在 20 世纪初期，叶圣陶先生就曾倡导"整本书阅读"，可见其对学生的发展意义重大。在目前的小学语文阅读教学中，主要以单篇课内阅读为主，而整本书阅读以课外阅读为主，学生可以自主选择阅读内容，激发了学生的阅读兴趣。另外，整本书阅读，为学生提供了完整的语言学习环境，促使他们阅读内容更为庞大、节奏变化起伏更大的文章，从而加深了学生对课文的理解，提高了学生独立思考和阅读探索能力，同时也避免了语文学习的碎片化。正如曹

文轩先生所说，短篇作品培养的是一种精巧和单纯的思维方式，而长篇作品培养的是一种宏阔、复杂的思维方式。

《义务教育语文课程标准》在"教学建议"中，也首次提出读整本书的任务："重视培养学生广泛的阅读兴趣，扩大阅读面，增加阅读量，提高阅读品位。提倡少做题，多读书，好读书，读好书，读整本书。"

那么，在"互联网+"背景下，对"整本书阅读"有什么影响呢？

"互联网+"时代，随着网络的大肆扩张、移动终端的不断增多，给人们的生活带来巨大的变化。"互联网+"媒介的阅读优势也显而易见：题材新颖、内容丰富、信息量大、时代色彩鲜明，对小学生具有强烈的吸引力。阅读方式

作者简介： 岳慧芳，潞苑小学教师，一级教师。

自由、灵活，不受家庭经济状况、书籍存量等因素影响，容易为学生所接受

随着信息技术的迅猛发展，给"整本书阅读"教学改革带来新的机遇的同时，也带来了新的挑战。随着阅读平台的发展，学生接触电脑、手机以及其他电子媒体的时间越来越多。其阅读依靠的是抖音，快手，微信公众号等等，这种新的阅读方式使得知识的碎片化程度逐渐加重。小学生在阅读中，浮躁心理较为严重，无法静下心来思考和探究。这种阅读习惯既不利于学生阅读毅力的培养，又使学生一味地接受他人的认知观念，不利于知识的系统化。此外，对于学生来说，阅读习惯需要从小培养，如果错过了"黄金阅读期"，以后各个人生阶段的阅读兴趣和能力就很难弥补。

在新的技术背景下，引导学生如何面对这些资料，掌握这些资料，使用这些资料来促进整本书阅读课程的学习，是帮助学生达成深度理解的重要途径，也是引导学生习得阅读方法、阅读策略的重要教学内容。

一、获取网络资料的时机

学生在第一遍读一本书的时候，原始的阅读是最好的状态。即使有些时候需要教师提供一些帮助其完成阅读的工具，这些工具也应该是引导性、督促性的，而不应该是结论性工具。比如，我们每个学生都有一个阅读资源箱，其中有多种学习活动单，《身临其境》、《质疑之声》等等来帮助学生完成阅读。学生在第一遍通读的时候，是不应该过多地参考互联网上的资料的，否则会让学生在拥有自己的阅读体验之前就陷入某种"成见"中，而放弃了自主阅读思考的权利。

而在深入阅读阶段，学生有了自己的认识和体验之后，利用网络资料来充实自己对原文的理解，或与来自不同领域读者交换自己的阅读理解和阅读感受，以此来"看见"多元理解，并反思自己的理解，提升自己的理解，是一种很好的学习方式。

二、获取网络资料的途径

在互联网环境下的学习，资源丰富，信息量大，如何才能在大量的信息中快速、准确地找到自己所需的资源，如何将资源重新组合为自己所用，对学生和教师都提出了更高的要求。我们就需要在学生开始使用网站之前教会学生如何选择网络资料，如何阅读资料。低年级学生，识字量少，处于文本阅读的起步阶段，还没有习得规范的书面语言的应用能力。再加上低年级学生网络操作、应用能力也较弱，因此，在低年级段建议使用校内的网络资源或者电子书库。

在中高年级阶段，教师可以推荐学习网站。对于整本书阅读来说，特别是对于文学名著和文化经典的阅读来说，掌握更准确、更权威的学术资料，对于学生的研读会有更大的好处。对于大多

数小学生，特别是像我们农村小学的学生来说，"百度"是他们最常用的搜索引擎。虽然由此获得的资料的权威性、准确性可能和知网有一定差距，但是因为"百度"的方便快捷，深受大多数小学生和家长的喜爱。

三、网络资料的使用方法

利用网络首先进行筛选，选出真正对自己阅读一本书有用的，且其中观点可信服的资料。然后应当把网络资料作为参考，对自己的理解做出修正、补充或支持，而不是直接把网络资料当作现成的"结论"或"答案"。实际教学中，在学生尚不具备必要的网络信息素养的阶段，教师可以为学生提供一些必要的问题，帮助他们学习、筛选和使用资料。在《城南旧事》阅读教学中，在要求学生上网查找资料之前，我们为学生设计了资料记录单，要求学生了解题目、作者、作品、时代背景，听一听歌曲《送别》等，摘录重要信息。

我们也为学生提供了一个简单的资料查阅反馈单，要求学生回答以下问题：（1）你在查找资料时输入了哪些关键词？怎样从大量搜索结果中选择你要的资料？（2）在你找到的资料中，哪些是你最先排除的？为什么？（3）哪些是最有价值的？（4）在阅读这些资料时，有哪些新收获？阅读资料后，有了哪些新认识？学生在查找资料的过程中，能够发现他人理解的独特之处，懂得自身

的不足并探求原因，从中获得启发，进而取长补短。

当然，在设计查找资料时应针对不同文章，设计不同的查找任务，尽量激发学生的兴趣，学生学会主动查找资料，并且能进行对比审查，积极思考是最好的。在《草房子》阅读教学中，我们可以在课上播放陆鹤在会操比赛上的一段小视频，帮助学生更好地理解人物，同时也激发学生的阅读兴趣。课后，让学生看一看电影《草房子》。在看完电影后，学生又会有新的收获和认识。学生可以利用网络活动平台交流自己的感受，在交流中学生还可以针对别人的阅读理解，互相发表各自的评价，使得学习不再是一个自我封闭的过程。

互联网的发展极大地拓展了教育教学的时空界限，改变了小学语文课堂教学方式和学生阅读方式。教师在借助"互联网+"技术和设备拓展小学生阅读范围，增强小学生阅读兴趣，营造良好阅读氛围的同时，也要突出小学生在"互联网+"状态下整本书阅读的主体地位，增强小学生阅读的实效性。

参考文献：

[1] 王克涛．小学阶段开展整本书阅读的实践探索 [J]．甘肃教育．2017(18)

[2] 李琮．如何指导学生阅读整本书 [J]．青海教育．2017(12)

[3] 胡元华．"整本书阅读"课程建构的设想 [J]．语文教学通讯．2016(30)

[4] 王跃平．"整本书阅读"教学方式初探 [J]．江苏教育．中学教学．2017(12).22

巧用"三环"阅读
培养学生搜集整理信息能力

廖福荣

摘要： 全学科阅读对培养学生各种能力及核心素养的提升，起着重要的促进作用。在《道德与法治》教学过程中采用课前自主读，课中聚焦读，课外延伸读，利用"三环"阅读，培养学生搜集整理运用信息能力，以此为切入点对学生进行阅读能力的培养，学生的课前、课中和课后获得大量知识的同时，掌握了学习方法，学生们在学习中阅读，阅读中理解，理解中提高。使学生在创造力、想象力、独立获取知识能力等方面都得到不同程度的提高与发展。

阅读是能力培养的基础，阅读能力是学生本应具备的基本素质，高效阅读能帮助学生快速提取应用材料，促进学习效果，在《道德与法治》课堂教学中巧用"三环"阅读，培养学生搜集整理运用信息能力，借此为开端，开始对学生阅读能力的培养，可以极好的促进学生学科能力和延伸课外知识。学生在这一学习中不仅丰富了认识，并且提升了自己的生活体验，利用所学知识解决问题，真正提高教学的实效性，进而把课本学习与实际生活紧密结合起来。在《道德与法治》教学中"三环"阅读主要表现为：

一、课前自主读

课前阅读作为一种非常重要的学习手段指导学生进行所需资料的收集，因此，利用阅读搜集、整理、分析和运用资料变为学生学习的主要方式。目的是为了让学生更多的去关注生活，了解社会，开阔视野，激发学生浓厚的学习兴趣和渴求知识的欲望。低年级道法学科，课前让学生自己阅读，熟读课文中的内容、图例、图表和课外读物，学生可以了解文中说的主要内容及生活中的事例；中年级通过自己阅读之后，利用课前三分钟特色展示，来表达学生对所读内容的理解程度；高年级通过自己对

作者简介： 廖福荣，梨园镇中心小学道德与法治教师，高级教师。

课外资料和课外读物的广泛阅读以及对书中的理解，能够在课堂上进行三分钟展示和汇报，发表自己的见解，学生的课前阅读得以有的放矢。所以，课前阅读作为培养学生此能力的第一步，让学生亲身体会到搜集资料对自己学习上的帮助，产生兴趣，从小养成自觉搜集各种资料和信息的好习惯。

（一）提前布置搜集任务

学期伊始，我会把本学期要求学生应阅读搜集的资料、信息、大概的完成时间制成一张表格，分别发给每组的学生。如讲三年级下册《我的家在这里》这课时，尽早宣布学生在阅读中应搜集的相关内容，如：特产、景点、传说等，这样学生也可以多留意平时生活情景和事件，发现相关的信息及时记录，同时也方便学生自主安排、随时调整搜集的时间，以免错过。

（二）巧妙建立采集专本

《道德与法治》的教材设计围绕"我在成长、我与家庭、我与学校、我的家乡（社区）、我与社会、人与自然、法律法规"这些主题展开。每个同学上网搜集不具有随时随地性，而报刊杂志及时、广泛、真实地反映、记录社会生活和新闻事件，这时同学们就可以巧妙利用剪贴、绘画等方法建立专门的记录本。学生在搜集之前，进行阅读从而有目的的进行选取，归类后粘贴好，每周五课堂上进行搜集展示，学生能够通过评价展

览，从而养成持之以恒的搜集好习惯。

（三）搜集整理及时评价

对学生搜集后给予及时评价，能够起到导向、示范和督促作用，恰当的评价可以激发学生的搜集资料积极性，上进心。同学之间完成任务后，可以在小组内交流，然后在班级上进行评价，组内评价、生生评价、教师评价。这样不仅关注到每一个学生的参与态度情况，同时也对学生搜集资料的质量有所帮助。这样学生在课前大量阅读的基础上，进行有目的的搜集，不但培养了学生阅读能力，同时，学生的搜集能力、动脑能力以及创新能力都会有不同的提升。

二、课中聚焦读

聚焦就是对道法学科各课或的各个单元内重点内容的重点读，教师有目的、有重点、有方向的进行研讨，在学生已有知识的基础上进行强调重点和突破难点。低年级重要的是利用绘画小报、表格、文字资料、图片，亲身体验的形式来学习；中年级可以利用思维导图、小组讨论、个人分享、集体汇报等不同形式体现所学的重点内容；高年级就是要更深一层的，把自己所学的、所会的，通过阅读资料把所学的内容画出思维导图，如：树状发散结构，有助于激发学生的学习兴趣和小组求知欲望，提高问题分析能力、解决能力、理解能力，学生在大量数据中抓住重点，省时省力，除此以外更重要的就是对学生的发散性、创

新性思维能力的培养与训练，教学中教师更注重的是学生阅读学习的获得程度。还可以利用画图、文字资料及个人感受，逐个分支的讲解，分享给同学们听。这样学生们在学习中阅读，阅读中理解，理解中提高。

（一）分工明确目的性强

在教学《西双版纳》时，学生事先分工，他们可任选一个方面进行收集，任务可适时调整。在学生阅读资料图片、数据、图表等的基础上，若提升资料整理的能力。第一步是明确分工，以自愿为为主，这样有的放矢，既减轻了负担，又提升了效率。其关键是学生带着明确的目标去搜集的时候，先熟读资料，然后会有选择查找，其实也是为接下来的整理做好了铺垫，能力也在不断的提升。

（二）提炼内容总结整理

搜集时，大量资料学生是不能直接作为交流分享的，因此指导学生关键的第二步是资料整理，认真阅读，提炼主题，深入思考，再重组信息，使主题更加清晰，重点更突显。如讲：云南的文化，学生根据自己搜集的资料，经过整理一下，周边的国家是信什么教的？（是受其他国家的影响的，也是信奉佛教。）在整个课堂上，经过学生阅读整理过的资料，针对老师的提问，巧妙的解决了问题，收到了良好的教学效果，进而学生的整理能力也在一天天提高。

（三）归纳方法制定要点

学生整理资料的最后目的，是为了能够在自己汇报的时间里，提前制定并写出汇报的内容和基本要点，以便能够用科学、规范的书面语言，简单明了、清晰的表达出交流结果，学生通过阅读能巧妙利用文字、表格、图片、照片来表达，直观性强的重点语句更能吸引人；或者罗列出一系列的几点提纲，让其他学生一目了然，清晰明确资料的主要内容，同时在归纳中也掌握了方法。

（四）关注资料交流互动

学生课前经过大量的阅读，脑子里带有一定的信息来到课堂，有着自己的主见和求知欲望。学生在交流资料过程中，他们之间相互产生思维的碰撞以及情感的交流，达到相互启发、相互提醒、相互补充，这同时也能够带动其他同学，在积极的分享过程中得到新知。既能够把自己的观点清晰的展现在同学们面前，还能够吸引大家对此交流信息的观点进行关注，从而有效的实现了交流互动。在《四通八达的交通》教学中，教师和学生的资料都出现时，学生通过阅读能够合理选择，用不同的形式汇报，如：说讲、展示图片、看照片、看自己做的PPT等，学生兴趣很高，同时整理能力显而易见。

（五）读中聚焦鼓励质疑

学生在阅读中学习，在质疑中获得，在倾听中提升。他们通过读现象、读要求、读图表、读数据后，在汇报中不仅能学会认真安静地听，还培养了学生两种习惯：边听边记的习惯，即听别人汇报时，学生用笔记观点、记疑惑、记重点、记住有用信息，力争"听"出更多的收获；边听边质疑的习惯，即遇到不懂或有疑惑的问题马上向老师同学提问。这实际是在聚焦读后发现问题，及时解决，对交流的内容有困惑时，也可提出自己的见解和疑虑。

（六）读中互动巧用生成

大家都知道，著名的教育家叶澜说："课堂应是向未知方向挺进的旅程，随时都有可能发现意外的通道和美丽的图景，而不是一切都必须遵循固定线路而没有激情的行程"。课堂生成充满了惊喜，充满了活力，充满了亮点。如《青藏高原》一课，学生在阅读之后，可能生成的信息比较单调，老师或学生可追问补充，进行深入探讨。例如，"青藏铁路如何修建？"当地的生活方式怎样？"学生刨根问底儿，"那里生活经济状况与我们有什么不同？"这样层层深入，产生新的碰撞与共鸣，学生真正体会到，我国 2006 年 7 月 1 日开通的青藏铁路，那是一条天路，解决了出藏容易进藏难的问题，"如果有机会我们可以一起去西部旅游……"这样把整个课堂都推向了高潮，互动中有了新的生成，那真是一石激起千层浪，整节课浪花闪耀、高潮迭起！使整个课堂教学目标落到了实处

同时，学生的整理能力也在稳固的提高。

（七）运用资料重在呈现

搜集、整理、分析资料是为了更好地运用资料，学生有了一定的阅读量和阅读能力，选择恰当的时机呈现资料，会收到事半功倍的教学效果。

1. 学生在读的过程中，通过道德与法治学科进行思考与探究，根据历史的发展变化，运用各种载体与途径，如历史、地图、史书等，在突出重点时呈现。如：《青铜器时代》通过学生反复读资料引导学生了解过去，了解历史是如何被记载下来，不同时代的工具及其作用。学生可以用历史发展的眼光看待事物，知道历史事件的根源，及前后的变化特点。

2. 横向呈现。在资料阅读中拓展思维，学生通过对我国历史文化和社会的了解，丰富他们的知识，能认识我国历史文化的发展与世界文化之间的交流，促使学生了解我国先进文化技术能够被其他国家所采用。这也正如我国的新冠肺炎的防治方法和和有效防控措施，是值得其他国家借鉴的。引导学生感受中国人的智慧、探索和创造精神，在反复阅读环节中呈现，通过学生读资料，来提高学生的价值观及爱国情感。

3. 教材呈现。利用教材阅读角和书中提示，学生在读的过程中，引导他们历史地、辩证地、客观地了解和面对事物的发展与变化，就为我们呈现了这样一条独特的线索。如：读《我们的衣食

之源》中的中国农民丰收节。用这种方式呈现资料使学生思路更清晰，重点更突出，运用更有效。

3 课外延伸读

学生的海量课外阅读，是对学生在课堂上所学知识的巩固与深入，有利于学生知识的增长、促使价值观、人生观、世界观的形成，使学生学得有趣，学得灵活，学得扎实，是开拓思维、培养才能的一条重要途径。针对不同年级推荐的书目不同，低年级给同学介绍有关本课的内容的相关书籍，让学生回家去读，更广泛的进一步了解；中年级让学生自主的读一些关于学校生活和家庭安全方面的，一些课外读本或关于实验性的故事和操作过程；高年级要求，更深一层，不光让学生读相关与课本相联系内容的书籍，并且把自己读过的相关书籍写出自己的感受，或用书面的形式表现出来。学生用课余及闲暇时间，更广泛的大量阅读相关内容，不仅学到了知识，开阔了眼界，而且搜集整理运用能力和探究力也在逐步的提高。如：讲《变废为宝有妙招》这课时，我向学生留有课外延读的任务，让学生去课外搜集阅读相关的知识，了解垃圾分类的重要意义，以及动手去操作，做一个变废为宝的作品，这样真正起到了课外延读的深远作用。

总之，《道德与法治》学科利用"三环"阅读，培养学生的搜集整理运用信息能力，效果明显提高。通过学生课前的自主阅读，对所学内容的进一步了解，实际就是一种探究和发现，课中的重点阅读更进一步加深理解，课外延伸读，使学生更加关注生活，养成良好的阅读习惯，不仅培养了学生的学习力、探究能力，同时也拓展了学生的各种思维，进而使学生的搜集整理运用信息能力及阅读能力在稳步提高。

参考文献：

[1] 曹增坤 . 品德与社会教师专业发展与有效教学 [M]. 北京出版社，2014，(1-198).

[2] 赵雅娟 . 合理有效使用教材增强课堂教学实效 [J]. 研究与探索，2009，(06).

全学科视阈下的音乐阅读

周 林

摘要：我们处在高度信息化的社会，阅读在这个社会可以使我们更好的生存与发展。如今的阅读不仅仅是限于学科本身的阅读，更是学科之间综合与立体的阅读。因此，作为教育工作者，开展全学科阅读，培养学生的综合阅读能力是非常重要的。本文就全学科视阈下的音乐阅读的意义、音乐阅读策略以及在音乐教学中如何发挥阅读的价值等方面进行论述。

以前，我们的阅读大多是基于语文学科的素养与能力，如今，全学科阅读是追求多学科融合下的综合素养的全面、协调的发展。从不同学科的角度对作品进行阅读和分析，丰富了学生的阅读体验和阅读感受，激发出学生强烈的阅读兴趣，同时也促进了学生具有全学科阅读的视野和阅读的综合素养。本文将从全学科视阈下谈音乐学科的多角度融合阅读。

《小学音乐课程标准》中认为小学音乐课程是基础教育阶段人文学科的重要领域，是小学阶段实施美育的重要途径。可见，学生人格的健全发展与音乐有着密切的联系。所以，为了激发出学生学习音乐的巨大兴趣，为了实现音乐课程的价值最大化，在全学科阅读的大背景下，教师要有效的将音乐学科与阅读教学相结合，为学生音乐学科素养的提升和音乐表现能力、欣赏能力的提升做好基础保障性工作。

一、全学科视阈下音乐阅读的研究意义

在全学科阅读的视阈下，我们要跳出仅仅关注单门学科阅读的观念，建立起综合化、系列化、立体化的阅读模式。针对当代学生需要的具备的阅读兴趣、阅读动机、阅读综合能力等方面的培养，实施范围广泛、整统强大、动态活泛的阅读教育教学研究。根据各学科教学的基本知识点，根据不同学段的学生需求，选择适合学生的阅读材料。教师要灵活掌握多种多样的指导学生阅读的策略，激发出学生学习音乐的兴趣，提高学生的理解力，培养学生良好的阅读习惯与自主学习的能力。

第一，全学科视阈下的音乐阅读可以提高学生的音乐鉴赏能力。学生想要感受音乐中的情感先要读懂音乐，所以说读是学生理解音乐的基础。教师要教会学生如何通过阅读区理解音乐。

作者简介：周林，贡院小学音乐教师，二级教师。

第二，全学科视阈下的音乐阅读可以全面提升学生音乐素养。在五育并举的今天，培养与提升学生的音乐素养是学生健全人格发展中不可或缺的重要部分。在小学音乐教学中，教师要有意引导学生学会阅读音乐的背景、音乐歌词，词曲作者等。

第三，全学科视阈下的音乐阅读可以提高学生音乐学习质量。在音乐教学过程中，教师要通过音乐和阅读的结合来提高学生音乐学习效率。

二、全学科视阈下音乐阅读主要策略

（一）扩充解读式

我们以课内知识点为原点出发，对其进行补充，拓展阅读。用课外的阅读材料有力支撑课本的内容，学生通过阅读课外材料加深对课内知识的理解、掌握与运用。如教学中音乐教师可以帮助学生补充阅读此曲的作家曲及他生活的时代背景等，这样学生可以更深一步的理解歌曲歌词所表达的深意，同时文本知识的学习与音乐阅读相互融合的目的，也深化了学生美的情感体验。

（二）自助探究式

学习过程是一个不断发现问题并解决问题的过程。我们通过培养学生自主学习的能力，引导学生通过阅读来学会如何探究问题，解决问题。这不仅仅是让学生通过阅读自主学懂了或更为牢固地掌握了某一项知识，更重要的是学生在这个过程中，进一步激发了对知识的

兴趣，感受到了阅读的愉悦，并且培养了他们有效地汲取信息的能力。

（三）合作分享式

为了促进学生互相合作交流，共同探究、解决问题，可以采用小组集体阅读的形式，在小组内合作、分享学习成果，激发了学生们的学习热情，学习任务由大家共同商议、分工解决，学生的学习兴趣增强了，学习能力提高了，学习视野拓展了，最终学生的思维也得到了发展。

（四）品读鉴赏式

联合国教科文组织所撰写的《学会生存》一书指出：在创造艺术形式和美的感觉的过程中我们获得了美感经验。笔者认为学生对于美的鉴赏与理解是产生这种美感经验的基础，音乐教学中传授学生音乐的技能与技法并不难，难在引导学生如何去深入理解与鉴赏音乐作品。激发学生的情感，使学生与音乐作品产生共鸣，要做好铺垫。我们通过音乐阅读教学实验的实践，在这方面创设了新的途径。

三、在音乐教学中发挥阅读的价值

在音乐与阅读相结合的课堂中，如何找到它们之间的契合点，也影响到音乐课程的价值。

（一）阅读音乐故事

阅读音乐故事可以帮助学生去理解音乐的情感态度与价值观，丰富学生的情感体验，使学生在歌唱时自然地流露出真情实感。例如：在《海德

薇格主题》一课中，此歌曲作为《哈利波特与魔法石》的主题曲有着奇幻的音乐色彩，为了让学生在学习时真正感受到歌曲中的那份奇幻，我先组织学生阅读《哈利波特与魔法石》的故事，引导学生在自主学习中了解哈利波特是一个怎样的人？故事的情节是怎样的？引导学生在自主阅读中理解这首歌曲子的情感，能让学生在阅读故事、了解故事中提升音乐素养。

（二）阅读音乐歌词

学生在歌唱时经常唱不出歌曲所要表达的情境，这时我们可以引导学生去阅读歌词，让学生谈一谈自己读过歌词后的感受，然后聆听歌曲后再次说一说听后的感受。如：在教学《打花巴掌》时，我先组织学生阅读歌词，引导学生边阅读、边思考，歌词中表达了怎样的意思，如果这首儿歌的歌词换成现在流行歌曲的歌词还能唱吗？还能展现河北民歌的音调的特点吗？然后，组织学生尝试选择一首现代歌曲进行改编，自主去感受"打花巴掌"这种边拍着手，边按季节数着花名，念说着押韵的顺口溜，再引导学生进行演唱。这样，学生先是熟悉了歌词，然后能够快速进入到歌曲的演唱状态中。这样对提高音乐课堂的教学效率起着重要的作用。

（三）阅读音乐资料

音乐欣赏者长期积累的音乐知识在一定程度上决定着他在欣赏音乐的瞬间所得到的审美感受。阅读恰好可以帮助他去了解音乐作品的背景知识。比如，音乐作品诞生时所处的历史年代、作曲家的生活经历、音乐所属的风格或流派、和作曲家的创作意图等知识，通过广泛的阅读，提高我们对音乐艺术的认识。

很多时候我们常常忽视音乐资料的阅读，导致学生在演唱时缺少感情，唱不出歌曲背后的故事与情感。其实，阅读音乐资料可以帮助学生去了解歌曲的创作背景，了解原唱者等等。因此，在音乐教学中，我们有必要引导学生去主动阅读和了解与乐曲或歌曲相关的资料。如：在教学《划时代的音乐大师——贝多芬》一课时，我选择了《命运》和《月光》这两首乐曲进行学习，学生对《月光》这一故事在课前进行了拓展阅读后有所了解，所以，在授课前，我先请一两名同学讲述这个故事，然后组织学生随着旋律来感受月夜的美好，随着音乐的进行，一步步地走进这个场景中去，领略这优美的旋律和清丽的音调，进而，在提高学生音乐欣赏能力的过程中去提高学生的音乐素养。

综上所述，培养学生的阅读兴趣，提高学生的阅读能力有利于提高学生对音乐的理解与诠释，有利于开拓学生的艺术视野，让学生了解和掌握更多的音乐知识，有利于提高学生审美体验，让学生的音乐之旅变得更加快乐。在全科阅读的视阈下进行多学科、多角度的阅读有极大的空间值得我们去发现和挖掘，值得我们不懈努力，深入实践。

在小学英语绘本教学中提升学生阅读能力

李　晴

摘要：小学生从接触文段的阅读开始，在阅读中就存在诸多的问题。英语绘本作为一种图文并茂的教学资源，既拓宽了学生的知识面，又让学生在阅读中提升了阅读能力。而如何提升学生的阅读能力？本文会进行详细地阐述。从通过观察封面、关注细节、对比和默读这几方面来说明如何提升学生阅读的预测能力、阅读推理能力、阅读理解及分析能力和自主阅读能力。

一、小学英语阅读中存在的问题

杨文文和邵梅认为在学生语言获得方面，目前仍然欠缺关于小学英语教学中学生语言运用方面的培养，在小学英语教学中引入英语绘本能够有效地提升学生对英语语言的运用兴趣和能力，通过输入整体性的语言和较为完整的学习经验，可以调动学生英语阅读的积极性。

严芳花提出英语阅读常见的问题，即支离破碎地纠结词语的含义，也就是逐词阅读，如何改变这一现状呢？他还提出小学生的英语词汇量影响着阅读的效率，这是小学阶段英语学习的短板，如果为了适应阅读而增加词汇教学，在时间上是不允许的，而且还会加重小学生的学业负担，消磨学生学习兴趣。

基于前人的研究我发现在小学英语阅读中，学生都会存在诸多的问题，例如学生的词汇量匮乏，对基于文段的推理题、预测等类型的问题就会出现回答有误，或是回答的语言没能很好的进行概括等问题。因此在小学英语阅读教学中如何提升学生的阅读能力，是教师在进行教学中要考虑的重要的问题。

二、在绘本阅读教学中如何提升学生阅读能力

（一）通过观察封面，提升学生的预测能力

封面承载着绘本所要表达的关键性信息，比如有绘本的题目、作者和人物等。在上课伊始，我让学生对封面进行观察，学生试着提问，结合封面让学生提出自己的问题。这一环节给学生进行引导，有意培养学生的自主阅读能力。这样的尝试激发了学生的阅读兴趣，进行有思

作者简介：李晴，北京教育科学研究院通州区第一实验小学英语教师，一级教师，区青年骨干教师。

考的阅读。同时让学生通过观察封面可以让学生在阅读前进行猜测，利用自由讨论和头脑风暴的形式激发学生的想象，对故事的内容进行预测。

在 Just me and my mum 绘本阅读中，我提出 What do you know from the cover? 和 What do youwant to know about the story? 这两个维度的问题，学生提出 Where did they go? Why did they gothere? What did they do in the city? 等等的问题，学生在提问中碰撞出思维的火花，同时也提升了学生在阅读前的预测能力，对绘本内容进行整体把握。

（二）通过关注细节，提升学生的推测能力

文本是一连串信息符号、语言符号构成的结合体（戴军熔 2012）。文本不仅承载着语言知识，还传达了思想，承载着文化内涵。阅读材料是阅读教学中最重要的中介工具，材料的选择是否合适会直接影响教学效果。教师应选择难度适中、符合学生语言和认知水平的阅读材料。教师确定读物难度时应把握一个原则：对于学生来说，太难的则读不懂，容易有挫败感；太易的则没挑战，容易失去阅读兴趣。（王蕾 2017，4）那么针对学生的知识和认知的情况，教师要合理选择恰当的绘本。并且教师在拿到绘本的时候要深入挖掘其内容，关注绘本的细节，关注可以充分发挥学生想象、激发学生思维及运用语言的部分。

学生进行阅读的时候，学生会遇到很多生词，甚至有时候所遇到的生词是生活中不常用到的，这是学生存在零碎阅读的习惯之一，总想着解决单个生词的含义。但在绘本阅读中图片与图片间的联系是非常紧密的，还有充满内涵的图片作为支撑，学生通过关注细节就可以对生词进行合理的推测与理解，进而理解绘本故事的内容。

在 Just me and my mum 绘本教学中，我在这一页的图片上（图1）圈出火车票丢了的这一关键性信息。让学生对接下来的内容进行推测。提问学生接下来会发生什么？妈妈会有怎样的表现？丢了车票怎么办？通过这个细节，部分学生推测出妈妈可能会大发雷霆，会对小主人公大喊大叫。

图1　　　　　图2

可接下来我呈现的图片（图2），让学生大吃一惊，因为妈妈什么也没说，只是用面目表情表达了愤怒。这样的推测让学生不仅兴趣大增，而且学生在推测的过程中用英语在思考，让学生用英语来表达自己的思想，真思考真表达，提升了学生的语用能力。

（三）通过对比，提升学生的理解及分析能力在阅读中，通过运用对比法，来分析人物的情感色彩及文本传递的主旨大意，提升学生的理解及分析能力。在故事的最后通过两幅图的对比呈现，提问学生为什么前面小主人公犯了很多错误妈妈都没有责怪他，为什么在他想买玩具的时候妈妈却张口说话拒绝了他？学生经过思考分析出很多原因，最后我们达成一致的是妈妈对孩子是浓浓地爱，但绝对不是溺爱。妈妈是一个有原则的人，对于小主人公的管教还是有松有驰的，最终这个故事达到了情感的升华。在这样的过程中，学生不仅是理解文字的含义，而是通过对比来分析人物的情感色彩，达到情感的升华。

At last they went to the big store
and passed by the toys.

What did Mom say?
What do you think of Mom?

It's time to go

图3

（四）通过默读，提升学生的自主阅读能力

培养学生默读、限时阅读的习惯。很多学生因为在低中年级段也就是语言学习的初始阶段养成的习惯性朗读的习惯，到了高年级段一见到阅读材料就无意识地出声读或是用手指着读。出声阅读受到来自发音的影响，不仅造成阅读慢，并且在阅读时导致精力不能持久、

容易感到疲劳，同时还干扰别人。同时，用手指着逐词阅读，也是无法提高阅读速度的。在绘本教学中教师对学生进行阅读训练时，通过事先限定阅读材料的时间来培养学生限时阅读的时间观念，训练阅读速度。在规定时间内让学生完成对阅读材料的理解，使得他们在愉快又带些刺激的气氛里全神贯注、集中注意力阅读，从而培养阅读能力，提高阅读效率。

英语绘本阅读既生动又有趣，同时在教学中教师做好充足的工作不仅可以提升学生的阅读能力，也提升了学生英语学习的学科素养。教师针对不同的语篇类型，根据学生的实际情况，选取恰当的教学策略，引领学生在阅读中提升综合能力，为将来的英语学习打好基础。

绘本教学中我们可能还存在着问题，但是相信在不断地实践中教师会有更多的思考，并把这些基于学生的实际和教学情况的思考再次运用于实践，不断提升教师的教学能力，并在情境中激发学生的思考。通过有效地热身激发学生的学习兴趣，激活学生的已有知识；通过利用多种教学法，指导学生阅读绘本的策略；通过充分发挥绘本的图片和文字信息，深刻挖掘绘本读物的独特内涵，培养学生的英语综合能力，激发学生的创造性思维。总之，通过绘本阅读这一教学材料的补充，优化课堂教学，提高英语课堂的时效性，关注学生的实际获得。

以书展活动带动幼儿阅读策略研究

肖　然

摘要： 培养幼儿的阅读能力是学前教育的重要内容，尤其在3-6岁这一阶段如何对于幼儿阅读能力进行培养，是教育者需要不断改进研究的内容。我园针对幼儿阅读存在的特点，开展多样化的阅读活动，以书展、主题活动、亲子阅读活动等多种方式，激发幼儿想要阅读的积极性、从而提高幼儿的阅读能力。在幼儿园阅读活动的开展中，我园引导幼儿多读书，乐读书，培养幼儿形成良好的阅读习惯，在多样化的日常活动中，以阅读活动为载体，带动幼儿阅读能力的发展。

一、研究背景及意义

3—6岁是幼儿阅读能力发展的关键时期，培养幼儿早期阅读能力，是教师能为幼儿提供发展最好的精神食粮。我园举行"书香润童心"主题活动已经三年之久，在主题下，我园开展了有关阅读多种形式的活动，例如：21天亲子阅读打卡活动；班级图书主题活动；幼儿到书店、图书馆购买、参观及阅读图书；图书兑换节；故事大王比赛及巡演活动等。为了进一步让幼儿在快乐体验中阅读，培养幼儿养成多读书、乐读书、创读书的习惯，今年我园以师幼共同开书展的形式，引导幼儿阅读。

二、书展促阅读"研""展"先行

（一）课程"研"起来

让教师储备丰富的绘本知识是带领幼儿走进多彩的图画书世界的一种手段。我园为教师购买了丰富的优秀绘本，由保教干部向教师介绍绘本的相应内容时，教师们也忍不住动手翻阅。但是怎样才能让那么多绘本"动起来"呢？利用假期的闲暇时光，教师从阅览室借阅5本优秀绘本，并在开学后分享自己最喜欢的一本书。通过"说来听听"阅读分享活动，活动中教师们这样说道：

这本书自己在假期了读了许多遍，每一次都会有不同的收获，不同的感悟——读"破"故事——"读书破万卷"，引用这个"破"字，借指多读、反复读。通过仔细观察、寻找绘本中的画面细节，经过对细节的观察、思考来体会故事——读"出"细节。有的故事需要还梳理情感、展开猜想、迁移生活经验，只有将图画书中的情感理通，故事才能读得有滋有味——读"通"情感。

通过与教师们的分享，进一步激发了教师的阅读兴趣、丰富对图画书的了解，并在指导幼儿阅读方面有了一定的

作者简介： 肖然，梨园镇新城嘉园中心幼儿园保教副主任，一级教师，区青年骨干教师。

方法与策略。

（二）图书"展"出来

保教干部开展多次教研活动研讨，给教师书展提供充足准备，首先鼓励教师以书展的形式，把优秀绘本展出，在展示的过程中，教师在众多绘本中快速找到了最感兴趣的绘本，其次在实践操作中对书展的意义有了进一步的认识；最后在图书归纳中分享了自己的分类和归纳方法；最后通过这种形式感受阅读的快乐！

教师书展活动举办后，邀请幼儿参观活动，幼儿评选出最喜欢的展台并说明了理由，通过幼儿的语言，看到了孩子在阅读中的不同需求。有的幼儿喜欢主题鲜明的展台；有的喜欢的原因是建立在自己已有阅读经验的基础上；还有的是喜欢展台中的其他材料，并不仅限于是书；还有的喜欢情境性更为突出的。有些内容在孩子们的口中出现的频率较高，看来这个阶段的幼儿对于图书的喜好是有一定的共性。通过教师设计、幼儿参展活动中，教师得到了幼儿的反馈，发现了他们阅读的兴趣，了解他们喜欢的事物。因此，每次的活动绝不仅仅是一次活动，更主要的是让教师理解阅读是一件简单，同时也需要认真对待的事情。

三、精心举办幼儿书展活动

幼儿参观教师书展后，也萌发想要开书展的想法，整个教师书展活动在前期的筹备、中间的组织、到最后的分享，处处都体现幼儿的发展和教师的成长。

（一）展台设计，提高幼儿创造性思维

通过教师举办书展、邀请幼儿参展的过程中，教师和幼儿分别开拓了思路，通过各种深具创意的方式来展示图书。幼儿在园里、班级里寻找各种可以展示图书的工具，有彩色椅子、有木工区的木桩、还有游戏的自行车、教室里的窗台等，过程中认真观察幼儿的言行、举止，发现幼儿总有一些新奇的想象、创新的语言和行为，幼儿通过这些具有创意的陈列桌，抓住小朋友们的目光。

（二）图书分类，提升幼儿认知水平

从园级、班级、家园共同收集图书，在诸多图书中，幼儿的识字能力有限，怎样才能迅速找到自己想找的书呢？这个问题可难不倒他们，幼儿按照自己的标准、重新对图书进行分类整理！有按照特征来分类的：可以大的书放在一起，小的书放在一起；有的是软皮书，有的是硬皮书，可以按照这个分类；还可以按照书的厚度分，厚的书放一类，薄的书放一类，我们可以按照书的颜色进行分类，单颜色的书放在一起，彩色的书放在一起。还有的按照内容来分类：我们可以将恐龙的放在一起，不是恐龙的放在一起；字比较多的放在一起，图片比较多的放在一起；还有的孩子说可以将男孩喜欢的书放在一起，女孩喜欢看的书放在一起；一样的书放在一起，就像一家人一样…幼儿在过程中收获了新的体验"图书分类的方法"，尝试了

所能想到的各种方式去分类图书，但不管怎么分类，总有一些书不能归到某一类，没关系，后面还有许多时间去思考、探索。重要的是孩子在思考过程中、体验中，对于书的大小、材质、厚度、颜色、内容有了一定的认识，还对其他方面的认知能力有了提升。

（三）书展宣传，促进幼儿语言表达

幼儿有参加过两次图书兑换活动的经验，他们能很快说出举办书展要有新颖的海报，可以吸引更多的小朋友；可以张贴宣传语、发宣传单；或者拿着动物手偶来吸引小朋友；还可以给小朋友们介绍书展上的内容；还可以请教师帮忙录制书展宣传小片，播放给其他班的幼儿看，让大家都知道我们班都是关于动物的书。在制作书展海报的过程中，萌发了幼儿初步的书写意愿，并能用自己喜欢的方式表达自己对图画书的理解；在录制书展宣传视频的过程中，幼儿能根据故事内容进行简单的表达，提高幼儿的口语表达能力，在其他班级宣传本班视频的过程中，还提升了幼儿的表现力。

四、书展活动效果

最后通过这个活动的开展，这种主题式书展的拓展活动将"阅读"融入幼儿的一日生活中，阅读活动和其他活动有机结合起来，有的作为导入阅读、有的作为读后分享、或是中间提问回答，给幼儿很多遐想的空间。同时也让教师们积累了综合、整体思考幼儿教育的经验，促进了教

师对于幼儿阅读更多的思索，深刻印证了在幼儿生活中开展阅读活动是能够促进幼儿多元智能发展的。同时在活动后老师和幼儿也有许多话要说：

（一）活动激发幼儿阅读兴趣

"老师，我特别喜欢书展活动，我能看到我没看过的书，那本立体书《过年了》在书中我能认识各种恐龙，还能触摸到立体的感觉，我最喜欢霸王龙，因为它超级厉害，它能吃掉一整头恐龙；我找到用布做的书、还有一本能动的书；我和刘泽然发现一本用手电筒照亮的海洋书，把手电筒放在图片后面就能亮起来。

（二）活动培养幼儿专注能力

大家都不能想象，在集体书展活动开展的过程中，孩子们意外的安静，每个人捧着自己喜欢的书认真看起来，都被书中的故事吸引进去了，仿佛真的置身到书的海洋中。看到此景，我们感叹道：书里藏着"神仙"，小朋友们会得到能量，以后会更爱读书。

（三）活动提升亲子阅读动力

活动后，我们也邀请家长朋友们来参与书展活动，过程中大朋友们看的非常认真，并且说道："老师，幼儿园中的教育真的和我们想的不同，没想到每一个细节点都蕴含这么多的教育价值"，孩子们在玩中就能学到这么多的知识。在富有趣味性的阅读环境中，不仅能丰富孩子长久的记忆，激发鲜活的想象力，同时也为家长与孩子情感传递的过程，拉近双方距离，亲子阅读成为沟通的桥梁。

全学科阅读背景下园本活动的实践研究

齐瑀璐

摘要： 幼儿园全学科阅读是基于不同年龄班幼儿年龄特点的基础上，以幼儿的兴趣和需要为前提，创设富有趣味性的学习环境，开展多种形式的阅读活动。阅读是可以跨领域，是语言、社会、健康、科学、艺术五大领域相融合的过程，从而激发幼儿参与活动的兴趣，拓宽幼儿的视野，提升理解力和表达能力。

全学科阅读说明我们要注重阅读面的全面性，包括语言、社会、健康、科学、艺术等各个学科的阅读，各个领域之间可以相互渗透、融合，开展多元化的阅读模式。从而促进书香校园、书香班级、书香家庭的打造，为幼儿营造良好的阅读氛围和环境，提高全员阅读的参与性。除此此外，还需要注重增强幼儿的自主阅读意识，提高阅读水平，逐步形成自主阅读的习惯。同时，教师应该根据不同年龄班幼儿的发展需要和实际水平，在班级及公共区域中提供适宜的阅读材料，激发幼儿参与阅读活动的兴趣，将全学科阅读融入到整个学习过程中。其实，幼儿园的各个领域中都渗透着阅读素材，都可以用阅读的视角来看待它们，逐步建立起幼儿园全学科阅读的概念，开创多元化、综合化的阅读模式。

针对全学科的阅读目标、阅读兴趣、阅读能力的培养所实施的广泛、统整、的教育教学研究。营造适宜阅读的环境，促进幼儿园、家庭阅读氛围的形成，园所和班级通过开展相关的主题教育活动，有助于教师和幼儿养成良好的阅读习惯，在开展活动的过程中呈现系统化和一定的连续性，进而提升园所教师和幼儿的阅读能力。

一、创设多元化的阅读环境

场地设施、活动材料有利于引发、支持幼儿的学习、游戏和各种探索活动，有利于引发、支持幼儿与周围环境之间积极的相互作用。

（一）建立良好的阅读氛围

1. 家长参与。开展讲家乡故事、怎么讲故事孩子爱听等专题培训、亲子自制图书比赛、百日阅读打卡、育儿图书分享等活动，调动家长积极性，参与到阅读活动中。

2. 社区宣传。借助幼儿园宣传橱窗、展示屏、早教宣传、社区家长学校送教等活动，引领周边社区居民与幼儿共同参与阅读，宣传0-6岁阅读能力发展特点及目标，帮助成人为幼儿合理阅读给予亲子阅读策略支持。营造了一个人人

作者简介：齐瑀璐，张家湾镇张家湾中心幼儿园保教副主任，一级教师，区骨干教师。

读书、处处读书的阅读环境。

（二）创设温馨的阅读环境

1.设立公共阅读区。在公共区设立图书角或书架，收藏不同种类图书，使图书随手可得。在幼儿中开展故事会、小喇叭广播、童话剧展演、图书漂流、故事分享等活动。

2.创设班级阅读区环境。在园所的阅读区域的选择上，选择光线充足的，相对安静的位置，为幼儿的安静阅读创造有力条件，从环境创设方面，也更为细致的考虑，整体氛围上营造一个温馨、有趣的阅读情境。其次在阅读区角中提供数量充足的适宜本年龄段幼儿的书籍，书籍的种类要丰富，例如：中华传统文化类书籍、科普读物类书籍、安全自护类书籍、情绪情感类书籍等。并设置出前书写区域，提供不同规格的纸张、笔、剪刀、胶棒等辅助材料，便于幼儿以涂鸦、绘画、手工制作等方式进行阅读的输出。还可以提供布制的手偶、指偶、自制卡片以及影子游戏等材料，辅助幼儿进行操作、表演，幼儿用语言的方式还能用肢体语言进行表达、表现，同时尊重了幼儿的年龄特点和个体差异。班级提供的图书定期更换，按照幼儿的需要和兴趣及时调整书目的内容，将幼儿近期喜爱的，与主题相结合的图书进行小书推荐，以保持新鲜感，通过家园共育，让幼儿将自己家中的小书带到幼儿园与小朋友交换看，以便接触到更多种类的不同题材、不同类型的图书。

3.融合其他区域阅读环境。阅读的过程最主要的是从视觉上获取信息的过程，视觉材料主要是文字和图片，其中包括数字符号、标记、图示等。作为成人，我们阅读的材料主要是以文字为主的内容，然而对于幼儿来说，他们因为不认识文字，所以对文字内容不会过多的关注，更多的是被书中的图画所吸引，还有就是成人的语言，成人为他们阅读的文字信息，便于他们通过听觉获取内容，这些都是他们文字阅读的基础。成人的阅读主要依靠视觉，而对于幼儿来说，他们通过触摸书籍、听成人讲故事、自己尝试复述、讲述故事，发表自己对故事的理解，这些都属于阅读的范畴。

在幼儿园的其他区域都"隐藏着"非文字性的阅读环境，例如：益智区对应的数字、图形等标记暗示着幼儿根据标记去取放玩具；在拼插区中为幼儿提供不同玩具的图示以及分解步骤图，幼儿可以根据自己的需要，参考示例图进行拼插；在中班角色区教师可以与幼儿共同商量区域规则和不同角色的玩法，幼儿通过绘画和手工制作的形式进行区域墙饰的布置，作为幼儿游戏的提示图；在表演区，教师根据幼儿喜欢的歌曲设立"节目单"，幼儿按照自己的想法选择不同图示的曲目进行表演活动，像这样的图示阅读内容还有很多，幼儿都是依靠这些"非文字"类的图示阅读了解玩法的。

二、通过主题课程模式，深入挖掘阅读价值

基于主题课程，班级开展了不同的主题活动，如《好娃娃故事会》的主题，通过开展故事会的主题活动，我们在教育活动的形式上为幼儿营造一个敢说、会说，勇于表达的语言环境，为他们提供一个展现自我的机会，提高幼儿的表现力和语言表达能力。初期，通过幼儿自主阅读，发现幼儿兴趣点，小班幼儿喜欢与恐龙相关的绘本故事，由此生成幼儿感兴趣的主题活动《我和小书的故事》，从绘本阅读到故事创编，进一步延伸到社会领域，同伴间互相帮助以及交往，并以艺术创作形式展现出来。主题活动《绘本变变变》中，为幼儿创造可操作的互动墙饰，增加幼儿与主题的互动性，鼓励幼儿大胆进行表述，尝试创编，愿意用较完整的语言进行表达，从而发展幼儿语言表达能力，

三、充分利用资源，创新阅读模式

当数字阅读、移动阅读成为当代阅读的新常态，深入阅读、快速阅读、碎片阅读等阅读方式和行为也发生着巨大的变化。因此，我们在实践中不断探索阅读新模式及阅读渠道的多元化。

（一）题材的多样化

从幼儿的生活内容过渡到到对不同领域的认知，从保护动、植物教育过渡到生命教育，这里面涵盖了非常多的内容，例如：促进社会性发展，从认识自我到过渡到为他人着想和服务；有助于意志品质的发展，能尝试克服困难、经历奇险、解决问题，这些多样化的题材帮助幼儿获得多元化的知识与多元化的情感体验。

（二）文体的多样化

幼儿在图画书中阅读到的不仅是普通的故事，还囊括了散文、诗歌、儿歌、童谣、谜语等，这样可以便于幼儿接触到不同题材的文学作品，丰富幼儿的认知，有着不同的新鲜体验。

当数字阅读、移动阅读成为当代阅读的新常态，深入阅读、快速阅读、碎片阅读等阅读方式和行为也发生着巨大的变化。因此，我们在实践中要充分利用资源，创新阅读模式，不断探索阅读新模式及阅读渠道的多元化。

参考文献：

[1] 庄顺福. 小学生自主阅读能力培养研究 [J]. 当代教研论丛 2014(3)：86-87.

[2] 姚艳华. 小学生自主阅读能力培养探究 [J]. 教育：文摘版，2016 (4)：00205-00205.

[3] 许佩君. 小学全学科自主阅读探究 [J]. 上海教育科研，2010(04)：91-92.

[4] 王剑. 让学生自主阅读 [J]. 新作文：教育教学研究，2008(6)：58-58.

[5] 庞小芳. 新时期小学语文自主阅读教学模式分析 [J]. 软件（电子版）. 2015，（9）：74.

[6] 解润芝. 小学全学科自主阅读探究 [J]. 文学教育（下）. 2017，（12）：114-115.

互动式环境助推大班幼儿快乐诵读《三字经》

韩 雪

摘要：《幼儿园教育指导纲要》指出"引导幼儿实际感受祖国文化的丰富与优秀，激发幼儿爱祖国的情感。"也指出"环境是重要的教育资源，应通过环境的创设和利用，有效地促进幼儿的发展。"随着年龄的逐渐增长，大班幼儿在活动中的自主性、主动性明显提高；活动更加有目的性、计划性；乐学、乐问，喜欢有挑战性的学习内容，愿意学习新内容。由此，不仅要给幼儿提供尝试的机会，也要为幼儿创设所需的互动环境。

《幼儿园教育指导纲要》指出"环境是重要的教育资源，应通过环境的创设和利用，有效地促进幼儿的发展。"党的十八大以来，以习近平同志为核心的党中央高度重视中华优秀传统文化的传承与发展。不少幼儿园已经将《三字经》融入到日常的教学活动中。

大班幼儿注重感知、探究、发现,《三字经》的内容包含了教育、历史、天文、地理、伦理、道德，以及一些传说，广泛生动而又言简意赅，它是幼儿直接接触传统文化的媒介。

大班幼儿同伴之间的互动、合作多了，开始注意向同伴学习。由此，不仅要给幼儿提供尝试的机会，也要为幼儿创设所需地互动环境。

一、灵"活"选材，激发诵读意愿

幼儿按照自己的兴趣、需要和意愿决定玩什么、怎么玩、用什么玩，从而积极地与材料互动。

（一）自主选取设备，满足幼儿个体需求

随着年龄地增长，大班幼儿活动的主动性提高，有初步对符号、标记的辨别和设计能力。

如：幼儿会拿着嘟嘟熊诵读"三字经"，录音、播放就此循环乐此不疲。

又如：幼儿时常会拿着照相机拍照或录像，常常是照相机不离手，每每都会邀请老师帮助他们在交互一体机上播放。当他们看到照片、视频中的自己目不转睛，且期待着下一个镜头中的自己。

幼儿诵读的兴趣更加高涨，问题也随之而来，使用的方法不是每一个幼儿都熟悉。就此，为幼儿创设了使用方法小版块。幼儿很快便掌握了设备地使用方法，使用起来更加得心应手。

作者简介：韩雪，新城东里幼儿园教师，二级教师。

（二）自主选取材料，满足幼儿个性发展

《幼儿园教育指导纲要》指出"关注个别差异，促进每个幼儿富有个性的发展。"大班幼儿的感知经验已经比较丰富，他们做事的目的性、计划性都有所提高。

如：幼儿有序选取笔、纸，设计表格与同伴进行诵读活动。

又如：幼儿自主创编幼儿园《三字经》：幼儿园，老师多。朋友多，多交流。但子学，父师之；安全《三字经》：要出行，得小心。马路上，车子多。要步行，也注意。自行车，多小心。雨雪天，地上滑。机动车，不易停。电线板，可漏电。如中电，苦果吃。车尾气，勿吸入。这一点，可记住。

尊重幼儿意愿，给予幼儿尝试的机会。以保持兴趣为目的，调动幼儿诵读《三字经》的积极性。

二、互"动"游戏，知识内化于心

著名教育家陶行知先生说过："要解放儿童的创造力，提高幼儿的自主性。"在游戏活动中应最大限度地支持和满足幼儿通过直接感知、实际操作和亲身体验获得知识经验，让知识在游戏中内化于心。

（一）创设有效地互动式游戏环境

大班阶段的幼儿合作能力增强，鼓励幼儿与同伴共同解决问题，创建有效地互动式游戏环境。

如：将幼儿自制的《三字经》内容卡片插到卫生纸筒中，鼓励幼儿与同伴共同操作进行诵读活动。

又如：引领幼儿多人进行摸箱子游戏，在看不到图片抽图中，为游戏披上了神秘的面纱。诵读《三字经》游戏更具神秘色彩。

在游戏的开展中，新问题随之而来。幼儿能够自主创设游戏规则，但是，往往在玩的过程中游戏规则总在不断更换。由此，引领幼儿共同商讨创设、绘画布置游戏规则墙。1.决定先后。2.游戏过程。3.公布结果。4.游戏规则（当天自主商量）。根据幼儿的游戏需求投放了记分牌，结合幼儿设计的表格投放了游戏手册—《三字经》大比拼。《三字经》大比拼游戏后，幼儿在面对败局的情绪分为三种情况：1.哭闹不止，情绪波动大。2.虽在情绪上无较明显变化，但在行为上近期不在参与游戏。3.积极的面对，要求再来一战。从而，为幼儿投放《三字经》再来一战手册。在游戏的过程中，鼓励幼儿用正确的心态面对胜负。

（二）自创有趣地互动式游戏环境

大班幼儿喜欢有适度挑战性的游戏，喜欢将自己的想法进行实践。

游戏一：你来我往

游戏规则：活动前，两人协商决定先后顺序。两人面对《三字经》知识库坐好 [已学过的《三字经》内容图＋文

形式出现]，先方说序号，后方说相应序号《三字经》内容。其中一方说不出，另一方在记分牌上积 1 分，游戏结束，分多为胜。

游戏二：游戏大比拼

游戏规则：活动前，幼儿自主分组。游戏开始，两组幼儿面对面做。已自愿形式决定先后，其中一组先说，另一组接着说。哪一组接不下来，另一组取得胜利。

在互动游戏地不断开展，环境地不断丰富，幼儿不断创新诵读游戏，使幼儿在诵读《三字经》环境中"读"享快乐。

三、拓"展"知识，加厚人文底蕴

学则懂，懂则通。丰富的知识储备，是调动幼儿诵读《三字经》积极性的关键。

（一）从实际内容入手，提供相关的书籍

大班幼儿爱动脑筋，爱问问题。"悦读"是打开幼儿阅读大门的金钥匙。不仅兴趣盎然，还能有针对性地进行阅读。

如：结合《三字经》内容投放幼儿易于理解中国智慧故事书，书中有给人启迪的故事，激发幼儿积极向上的精神。有真情实意的感动，触动幼儿心灵深处的情感。有增长智慧的学问，让幼儿的大脑变得更加聪明。还有成长过程中的辛酸苦辣，让幼儿细细体味，懂得珍惜。

又如：根据《三字经》学习进度投放《孟子》有声朗读版，多层次的阅读方式，便于不同能力水平的幼儿自主进行阅读活动。在图文并茂中感受空间的美感，在聆听中了解有关品性修养、道德仁义等相关内容。

（二）从幼儿天性出发，自荐喜欢的书籍

文学一开始就是为满足人们的需要而出现的，推荐自己喜欢的书籍。

如：幼儿自主从家带来了《你好啊，故宫》人物篇，包括皇帝、皇后、公主、御医等共八册。绘本通过一问一答的互动形式将幼儿代入设定情境之中，别出心裁的插图及浅显易懂的文字，让幼儿系统的了解了皇宫中不同人物的不同生活和工作内容。从而，在幼小的心灵深处种下一颗热爱历史的种子。

又如：幼儿分享的绘本《安的种子》，绘本讲述安一心一意的做好当下的每一件事情，顺从大自然规律在春天播种种子、在盛夏欣赏莲花盛开，充分体现了用心、专心、坚持、等待的意义。

让幼儿带着疑问来阅读，大大提高幼儿诵读《三字经》兴趣。在活动的不断开展，知识不断积淀。

在互动式环境中幼儿是快乐的、是主动的、是积极的，使幼儿"口而诵、心而惟"。传承《三字经》文化，让经典常挂幼儿嘴边。相信每个幼儿都会亲近经典，经典文化定会住进幼儿的心间。

绘"声"绘"色 阅读"悦"趣

——以《老鼠嫁女》为例

杜雪龙　刘　杰

摘要： 在开展幼儿园集体教学工作中，采用绘本教学的形式，能够有效地促进教育资源的应用，不断提高幼儿的学习兴趣。本班幼儿对《老鼠嫁女》绘本甚是喜爱，选择这本绘本，是因为中华文化源远流长、博大精深。优秀的传统文化是我们的宝贵财富。也是非常适宜幼儿阅读的文章，运用图画书的特点，利用画面来展现故事的精髓，阅读优秀的绘本，不仅可以帮助幼儿认识外部的感性经验，还能够促进幼儿的观察力、想象力和语言表达能力，开拓幼儿的阅读底蕴。教师以一个观察者、引导者、支持者的身份，利用绘本阅读的形式，与全学科阅读理念相结合，从而让幼儿在阅读中感受中华文化的巨大力量，体验绘本和文化的碰撞。

绘本阅读是当下幼儿教学中很重要的课程体系，能够让幼儿知识面进行发展，并且对于阅读水平的提高也有着不可或缺的作用。对于现在的绘本阅读教学还处于单一的老师讲幼儿听，又或者是重于绘本的多，教师轻于辅导的倾向，所以并不能让绘本阅读的意义充分发挥，在当下的教学工作中，教师受单一的阅读的影响，单一的认为绘本阅读就是一个很简单的教学活动，缺乏经验导致幼儿对于绘本的喜爱程度大幅度降低，那么这对于幼儿的发展有着非常不利的影响。所以将绘本阅读与全学科阅读相整合，能够较大程度上使得幼儿将绘本阅读吸收到的知识通过参与多种活动的形式进行融合并应用。

一、用心阅读，以兴趣为起点

都说兴趣幼儿的第一任老师，所以从小就培养幼儿的阅读兴趣是至关重要的，幼儿也是天生的幻想家，他们喜欢想象，在幼儿的成长过程中，图像和颜色融为一体的绘本，能够为幼儿留下广阔的想象空间，那么直观的画面也更能够符合幼儿的思维特点。绘本不仅可以

作者简介： 杜雪龙，临河里幼儿园教师，三级教师。
　　　　　　刘杰，临河里幼儿园保教主任，高级教师。

让幼儿通过画面进行联想，还能够培养幼儿的语言表达能力。既伴随幼儿园全学科阅读活动的开展，又因为班中的幼儿都对《老鼠嫁女》这本绘本有着极高的兴趣，其内容又能抓住幼儿的眼球，同时这本绘本还具有更高水平的教育价值。绘本通过中国传统的文学素材为由《老鼠嫁女》为题材，文章的内容具有民俗性的背景为抓人眼球的特性，虽然在现实生活中幼儿不了解，但是绘本的画面的有趣性是幼儿最喜爱的也是能够最容易让幼儿进行联想和再升想象刺激的，从而变成自主的探究。

在小班下学期的时候，有的幼儿在家里也时常模仿里边的故事情节讲解给父母听，并在班里的图书区投放了《老鼠嫁女》进行阅读。因为这个故事在幼儿的心里埋下了一颗种子。如果把绘本和五大领域的核心经验进行激发、融合，这种现象在教师面前所形成的就会是一种新的教育理念和新的教学思路的呈现。让人引发探索，这也正是全学科阅读理念的中心思想的体现。

二、悦读乐行，以绘本为载体

绘本教学目的是培养幼儿想说、会说、敢说及敢于大胆表达，教师在给幼儿讲绘本故事的时候要把握好语言风格，找到适合绘本故事中人物情节的音色音调，做到贴合孩子的特点，并且可以童真童趣，与幼儿生活实际相连接，展开把幼儿变为最主要的教育活动。在这样共同的阅读环境中，能够让幼儿对于绘本的情节，内容和生活相结合，从而对于共同的阅读变成一个共同的载体。

于是，教师设计了《老鼠嫁女》的全学科阅读活动，通过让幼儿的观看画面和进行阅读的这一系列的活动中学会联想、学会反思、学会表达，在探究的过程中进行再生的思考，并且进一步的创作体验，在画面的艺术欣赏上提升幼儿的审美品位。在整个活动中，幼儿的生活经验不仅不断的上了一个台阶，还能够得到真正意义上的成长。

（一）以"图"激趣，促进幼儿不断发展

根据《老鼠嫁女》书中的故事情节，从而来绘制美术作品。绘本阅读里边的画面本就是通过每一页单个的故事来进行连贯的，就现阶段的幼儿而言听故事也是幼儿非常喜爱的，所以从听故事就能够看出来幼儿的兴趣点，又可以通过故事当中的各种的提问环节。通过提问和对话的故事形式，能够对于不同的故事情境进行不同角度的展现。所以我认为教师可以以这个为激发幼儿兴趣的基础，参照不同单个的绘本的故事进行展现，让幼儿都参与到其中，通过强大的直观的冲击性，让幼儿对于绘本的理解能够更加的全面，这样幼儿的理解能力能够在画面的基层上进行进一步的提高，激发幼儿阅读兴趣，培养幼儿的阅读能力、创造能力，挖掘无限潜能。

（二）以读助思，支持幼儿发现与探究

联想出来数学的图形创意，带我们走进《老鼠嫁女》，观察绘本中人物及物品的形状，通过已知的前期经验对于图形的了解，在大脑中飞速旋转进行了相遇。教师进行引导，让幼儿观察故事当中的图案形状等，从而发生了学习的极大兴趣，让幼儿对于数学图形的再一步联想有了自主的探究，让幼儿对于下一个画面的创想有了很大的好奇心，将观察、发现和想象变成最完美的作品，使幼儿成为最富有想象力、创造力、观察力的未来型人才。

（三）以画助创，促进幼儿大胆表达表现

融入有关于美术的艺术创想，绘本里边的内容本来就是主要以图画为主的，文字是为辅的，又因为幼儿第一个感受到的就是图画，所以美术和绘本之间的关系显得格外密切，也是不可分割的。将绘本和美工区来进行结合也是相得益彰的。并且能够通过画面让幼儿发现美、欣赏美、鉴赏美。在当下的教学活动中教师可以让幼儿在阅读过程中发现的图案或者是人物来进行绘画，或者是画面上的线条能够结合现有的图案来进行结合。这都是能够对于幼儿绘画水平的提升，教师还可以在表演区的时候给幼儿准备一些常用的表演道具，并且可以让幼儿参与到制作的过程当中来，表演的

背景也可以让幼儿进行观看图画书上的内容进行创作。在表演节目的时候还可以让幼儿进行不同的角色的分配，让幼儿根据绘本的内容进行适当的选择，在排练的过程中还可以担任不同的角色，和幼儿一起进行游戏，并且还能够促进幼儿对于绘本故事的完整再现。在描绘《老鼠嫁女》的故事情节时候，可以锻炼幼儿的观察能力、在过程中锻炼幼儿的想象力，在涂色的过程中，锻炼幼儿的色彩搭配能力，又拓展了各个领域的渗透，从续编创作中选出一些大家都喜欢的故事情节来由幼儿自己进行创编。

三、阅享童年，以"全"助推成长

幼儿的生活经验和成长体验需要不断的丰富，也实现了知识与生活、生命的深刻共鸣。幼儿将自己创编故事讲给别的幼儿听，他们拿起画笔，为自己的续编故事进行创编，在区域的时候把绘本进行表演，还可以将续编的故事改编成剧本，创编歌舞剧《老鼠嫁女的番外篇》。为追求更好的舞台效果，幼儿在教师的带领下为老鼠设计服装，还设计了绘本当中的场景。在一次次地表演过程中，他们不尽锻炼了手的灵巧动作能力，还启发了幼儿在创编故事中语言表达能力的体现。

幼儿卡卡在音乐剧中扮演主人公老鼠，虽然卡卡是一名不善于表达的幼儿，但是他能表演自己最喜欢的故事，渐渐

地，幼儿在平时的生活当中也发生了变化，在这个充满爱的大家庭里不断地成长，在多元的教育活动中和氛围中启发幼儿的每个潜能，那么全学科阅读也同时在给每个幼儿找一条适合自己的成长的道路。每一名幼儿都在阅读中感受着生命的伟大，体验着成长。所以只要有思想上的行动，就有收获。坚持下去，就有奇迹。

由《老鼠嫁女》延伸的这一系列的活动，反应了幼儿当时游戏的时候的真实情景，也真实地给予了教师更多信心和教育创新的动力。在陪伴孩子们阅读的过程中，也点燃了教师对教育地理想，

教师也在和幼儿们一起的阅读成长中不断回顾、成长，在幼儿的游戏当中所有的幼儿都应该是充满快乐的，所以教师把主题游戏开展的过程比喻为走过一条快乐游戏之路，所以才能最终实现真正的超越。

综上所述，绘本阅读阅读教学是一个综合性较强的理念，他不仅能够跟其他的领域进行有效并且高效的结合，还能够让幼儿的学习兴趣和能力进行提高，并且从而促进幼儿的综合素养的提高，从文章中的几个方面来进行分析，从而得知，全学科阅读是能够有效地促进绘本和学科的融合。

大大班幼儿探索全学科阅读的教师支持策略

——以阅读"神奇的小草"为例

汤林楠　刘　杰

摘要： 在疫情常态化开学期间，幼儿对于疫情期间所发生的一切都印象十分深刻。本班幼儿对于《神奇的小草》这本根据我国首位获得"诺贝尔生物学或医学奖"证书的女科学家——屠呦呦的励志成长故事所撰写的书十分感兴趣。通过这本书的情节内容、人物、画面等，教师选择适宜的支持策略结合园内深度学习主题进行应用，支持幼儿进行各个领域的再延伸，充分参与活动，帮助幼儿深度理解故事以及多方面发展。

全学科阅读不是传统意义上的阅读，"全学科"要把所有的科学门类、自然、人类社会都作为阅读的对象，对五大领域进行统合，基于幼儿感兴趣的内容，进行延伸。帮助幼儿基于书籍获取信息，认识世界，发展思维，并获得审美体验，帮助幼儿多方面发展，并且基于故事的画面，帮助幼儿获得审美体验。

《神奇的小草》这本绘本中的画面丰富，不仅有生动可爱的主人翁和相关人物、情景，还包含了很多形状各异、有特点的中草药，和不同地方的环境。对于幼儿来说，《神奇的小草》这本书，不仅是一个有趣的故事，更是一本"视觉盛宴"，能够刺激幼儿的艺术审美。

一、基于幼儿发展水平，结合区域深度学习进行提高

区域游戏是最受大班幼儿欢迎的活动之一，而绘本中的优美画面可以很好地激发幼儿的审美与创造能力。如：在幼儿已有剪纸经验的前提下，基于区域深度学习小主题——剪纸"团花花园"，幼儿自发性的提出想要尝试剪《神奇的小草》里面的相关内容。在活动中，通过改变房子绘画方式、利用已有的镂空剪经验等，进行不断的尝试，最终很好地剪出房子的各处轮廓，以及不同房子的不同特点。如：瓦片房、高塔、非洲草房等。同时，幼儿还在剪的过程中，以绘本中各异的房子为基础，发挥想象力设计了特点鲜明的房子。在剪纸活动中，幼儿通过遇见问题、解决问题的过程，提高了自身的剪纸能力。

幼儿通过欣赏绘本里面一切美好的人、事、物，不仅可以提高幼儿的审美能力，还丰富了他们的感性经验，从而

作者简介： 汤林楠，临河里幼儿园教师，三级教师。
　　　　　　刘杰，临河里幼儿园保教主任，高级教师。

激发幼儿创造美、表现美的情趣。

二、基于幼儿兴趣，结合实际生活进行延伸

幼儿的兴趣是他们最大的内在驱动力，兴趣使幼儿特别愿意不断地深入了解事物。教师要根据幼儿的兴趣，以及相关提问，进行整合，提取其中的"真"问题，帮助幼儿通过探索解决问题。

一段时间内，幼儿总是围绕着《神奇的小草》中所提到的中草药进行提问。教师根据幼儿的兴趣，创设自然角的相关环境——"小小中药铺"。帮助幼儿认识中草药，了解一些常见中草药植物的特征、名称、功效等。教师组织幼儿合作，动手制作山楂干、枸杞干等，在实际操作的过程中，观察植物的变化和特点，感受制作中草药的过程与结果，验证故事中晾晒中草药的方法，加深对相关中草药的了解。

接着通过家园合作，可以和家人一起寻找中草药。如：幼儿发现家长喜欢喝金银花茶，在做汤的时候会放枸杞等，回到班内再与其他幼儿进行分享。

通过在自然角的探究，幼儿不仅对书的兴趣更加浓厚，也丰富了幼儿对于中草药的认知，感知自然中的各种植物。

三、基于故事内容，支持幼儿创编和表演

（一）鼓励幼儿根据故事内容大胆创编

根据大班幼儿的年龄特点，幼儿可以根据绘本中的部分故事情节预测故事的情节发展，从而续编、创编故事。

幼儿在理解书的内容后，很愿意进行创编，教师可以引导幼儿进行相关情节的探讨。通过合作创编故事，帮助幼儿自动汇聚很多好的想法和创意，并进行记录和选择。在这个过程中，不仅是对幼儿交流能力的提升，也是对幼儿想象力的激发，以及多种形式表达能力的培养。

（二）支持幼儿根据故事内容自由表演

幼儿特别喜欢在区域游戏活动中，进行表演游戏，但同时也存在着很多的问题。如：在面对幼儿被"台词"所禁锢的问题时，教师可以支持幼儿利用过渡环节翻阅故事，熟悉故事内容；支持幼儿用自己喜欢的方式进行记忆，如：创编、仿编成儿歌进行记忆，通过绘画进行记忆，制作相关小表格进行记忆等方式，逐渐解决"忘词"的问题等。

在活动过程中，幼儿不仅要自己想办法解决这些客观问题，还要通过交流去解决一下突发问题。这就需幼儿之间相互协调，相互交流，解决问题。

由此可见，支持幼儿自由表演绘本，不仅可以提高幼儿相关表演能力，还可以很好地刺激幼儿语言发展和社会交往能力。

四、基于故事意义，帮助幼儿感受情感价值

3—6岁是儿童早期阅读能力培养的关键期，幼儿的情感、经验、思维、社会交往能力等方面的发展都与幼儿语言的提升有着密切的关系。大班幼儿能够初步理解文学作品的主题含义或意境，能较深刻理解作者的基本态度。

（一）利用教育活动，帮助幼儿初步理解故事中的含义

在教育活动中，首先通过引导幼儿阅读故事，了解故事内容后，再通过几节教育活动，逐渐帮助幼儿感受故事中的含义。

《神奇的小草》这本书以屠呦呦为原型，帮助幼儿知道我国科学家的重要成就，并引以为傲。教师可以通过教育活动，进一步引导幼儿萌生不怕困难，坚持挑战自我的意愿，感受故事中的深度情感价值。通过教育活动中，教师的引导，幼儿的情感、思维等方面，得到了发展，能够初步理解故事中的含义，并且形成自己对于故事中人物和事件的态度。

（二）利用生活环节，支持幼儿感受故事中的情感价值

幼儿在理解故事的深度情感价值后，教师可以趁热打铁，通过环境创设、组织相关活动等方式，支持幼儿通过实际生活，感受故事中所要传达的情感。

教师基于绘本进行环境创设，根据故事的情感价值创设相关环境。如：《神奇的小草》的故事主人翁呦呦具有坚持不懈、挑战自我的精神，教师就可以创设"心愿打卡墙"、"挑战展示墙"等环境。幼儿通过与墙饰的互动，可以直观地看到自己坚持的过程与结果，体验和记录其中的感受与过程当中的情绪。

幼儿的思维是发散性的，需要进行直观感受。这时候，教师要发挥引导作用，适当给予一些小任务，帮助幼儿带着有效问题进行并分析，领会其中意义。逐渐培养幼儿边阅读边思考的习惯，帮助幼儿将故事感受到的含义和情感，与自己的生活经验相结合，进行经验的转移与应用。

幼儿核心素养的培养是综合了幼儿的知识的整合性、跨学科性以及可迁移性。一本优秀幼儿文学作品进行全学科阅读，不仅可以帮助幼儿阅读和理解故事内容，还可以帮助幼儿走入社会领域、科学领域、艺术领域等。以此来拓宽幼儿的视野、培养幼儿阅读素养、形成高阶思维。

参考文献：

[1]基教（2001）20号,幼儿园教育指导纲要[S].各省、自治区、直辖市教育厅（教委）、新疆生产建设兵团教委,部属师范大学:教育部,2001.

[2]何立新，王雁玲.阅读素养的教学逻辑与变革策略[J].中国教育学刊,2017（04）:71-76.

探究提升幼儿全学科阅读能力的有效策略

刘　梦

摘要： 在幼儿园的教育工作中，阅读能力的培养，对幼儿的全面发展具有重要意义。阅读有利于激发幼儿对自然知识、生活现象的兴趣，培养幼儿的科学探究能力。在幼儿园阅读教学中，推进全学科阅读，更有利于发挥阅读教学的积极作用。本文立足幼儿园全学科阅读教学，采取新方法，推动全学科阅读教学的深入发展。

全学科阅读是随着阅读教学的深入发展，结合新时代幼儿园阅读教学现状，而提出的有利于推动阅读教学科学发展，培养幼儿良好阅读能力的新理念。在全学科阅读教学中，幼儿的阅读内容不再局限于一个学科，而是拓展至多个学科，有助于幼儿了解更多的知识，对世界产生更大的兴趣，在保护幼儿好奇心和想象力的前提下，促进幼儿全面发展。

一、开展全学科阅读能力的重要性

（一）打破学科壁垒促进学科融合

在全学科阅读能力的教学工作中，其重大意义在于突破学科之间的壁垒，将幼儿园各学科联结为一个整体，推动各学科的深度融合，在融合过程中，各学科吸收其他学科的精髓，实现新的突破与发展。绘本作为一种重要的幼儿读物，内容往往涉及到多个学科的知识，尤其与美术学科结合较为紧密。许多绘本内容，主要以图片的方式讲述故事，幼儿阅读绘本内容，其实是在通过观看图片了解故事。在将绘本阅读与美术学科联系后，幼儿可通过欣赏绘本图片的构图、线条勾勒的方式等，进一步了解绘本作者所要表达的意思，促进幼儿的认知与理解。使绘本阅读从单一学科走向跨学科。又如，与历史学科的巧妙融合。绘本以历史人物或神话人物为主，如孔融、鲁班、女娲等，在阅读绘本过程中，让中国传统文化在幼儿心中生根发芽。

（二）启迪幼儿智慧开发幼儿智力

《3-6岁儿童学习与发展指南》中

作者简介：刘梦，台湖镇台湖中心幼儿园教师，二级教师。

指出，幼儿园应培养幼儿的阅读能力，激发幼儿对阅读产生浓厚的兴趣，丰富幼儿的语言知识。通过全学科阅读教学，幼儿在阅读过程中，所能接触到的语言更多，了解到的知识更加丰富，有助于幼儿智力的开发，让幼儿循序渐进的了解世界。在全学科阅读教学推动下，绘本阅读融入其他学科内容，所整合的内容增多，启发幼儿产生更多的想法，教师要鼓励幼儿将想法转变为现实，激发幼儿的创造力。

二、全学科阅读下幼儿阅读能力提升教学策略

（一）重视各学科融合开发特色阅读课程体系

在幼儿园的阅读教学工作中，应重视全学科融合体系的建设，构建适合幼儿园的全学科阅读教学体系。首先，幼儿园要重视学科融合工作，并为学科融合提供必要的人力、物力支持，尤其是对全学科阅读融合所需要的阅读资源、教师队伍建设，应在各学科的基础之上，鼓励教师积极创新，寻找各领域之间的融合点，建立学科融合的基础，丰富学科融合的阅读资源，提供给幼儿进行阅读。其次，幼儿园所建设的全学科阅读教学体系，应包含教学设计、教学活动、教学评价三个方面，教学设计是教师所完成的重要工作，是全学科阅读教学开展的行动指南，起统筹规划的作用。教学活动是幼儿参与全学科阅读活动的过程，承担着全学科阅读主体教学的重任，在教学活动中，要关注幼儿的阅读体验，及时记录下幼儿的良好表现与消极行为，以鼓励的方式，激发幼儿参与阅读教学的兴趣。在教学评价方面，主要分为对教师和幼儿的双向评价。对教师的评价应当由幼儿园担任主体，综合幼儿、家长的意见，对教师的教学行为进行评价，指出教师在全学科阅读中存在的不足，便于教师适应幼儿的阅读需要，及时改进各项教学工作。最后所构建的全学科阅读体系，要在不断的发展过程中逐渐完善，充分推动幼儿阅读与其他学科的深度融合，让其他学科的知识，能够有效指导幼儿阅读教学工作的开展，从而构建起可持续发展的全学科阅读体系。

（二）注重多样化联系丰富全学科阅读内容

全学科阅读的主要特点在于与其他学科的联系性较强，多学科交互融合，如绘本集语文、数学、体育、美术、历史等学科为一体，其内容与各学科之间的联系较强。在推进全学科阅读的过程中，应注意与其他学科的多样化联系，深入挖掘阅读材料与其他学科之间的联系，进一步丰富全学科阅读内容。如在《我是彩虹鱼》的阅读活动中，可将绘本内容与美术、语言学科做联系，让幼儿根据图片来完成绘本内容的阅读；在阅读过程中，鼓

励幼儿通过观察图片的色彩、鱼儿的表情，来理解绘本所想要表达的意思。在教师的引导下，幼儿了解《我是彩虹鱼》的主要内容后，教师则将《我是彩虹鱼》与美术学科做联系，让幼儿欣赏《我是彩虹鱼》美丽的场景、惟妙惟肖的鱼儿、流动的海水等，通过欣赏这些内容，培养幼儿对美的认识，感受美术学科所带来的艺术性，从而进一步启迪幼儿的思维。在多样化联系各学科的过程中，教师应注意联系的目的在于激发幼儿的创造性思维，让幼儿在感受多学科知识的过程中，感知其他学科知识的魅力，增强幼儿的知识性体验。

（三）多样化阅读方法的应用

在全学科阅读的落实过程中，为切实发挥阅读在启迪幼儿智慧，培养幼儿阅读兴趣与阅读能力，拓展幼儿思维空间方面的积极作用，应结合绘本内容采用多样化的阅读方法。传统的阅读是让幼儿拿着阅读材料静静的阅读，对于一些活泼好动的幼儿来说，并不利于其思维的激发与培养。因而在全学科阅读的背景下，要采用多样化的教学方法，让幼儿阅读由静态转为动态，改变传统的阅读教学方式。教师可采用的阅读方法有情景阅读法、游戏阅读法、合作阅读法等，如游戏阅读法便是将阅读内容游戏化，让幼儿在参与游戏的过程中，亲身体验阅读材料所描述的故事，感受阅读内容，增强幼儿的阅读体验。如在《好朋友》中，教师可组织幼儿玩"好朋友、你好吗？"的游戏，让幼儿在游戏中，分角色扮演可爱的兔子、公鸡、小鸭等动物，然后模仿兔子、公鸡、小鸭等进行对话，在对话的过程中，让幼儿想一想与好朋友见面，需要说那些话呢？在游戏情景的推动下，引起幼儿积极的移情和共鸣，使幼儿积极、主动地参与到阅读活动中。

在全学科阅读的大背景下，幼儿阅读教学工作发生巨大变化，为适应这一变化，幼儿阅读教学工作的开展，应结合全学科阅读的实际需要进行，发挥幼儿阅读教学在培养幼儿思维，激发幼儿阅读兴趣，保护幼儿想象力，丰富幼儿思维活动方面的积极作用。幼儿园全学科阅读教学工作的开展，有待于挖掘阅读材料的内容，对教师的工作提出更高的要求。

参考文献：

[1]. 李万峰. 区域视角下全学科阅读及其推进策略 [J]. 北京教育（普教版），2019(9).

[2]. 周兰花. 游戏教学法在幼儿语言教育中的应用研究 [J]. 数码设计（上），2019，(012)：348-349.

[3]. 朱海娅. 新课改理念下幼儿绘本阅读多元化教学初探 [J]. 好家长，2018，(036)：36-37.

幼儿园早期阅读课程实践中的教学策略探究

朱　平

摘要：早期阅读能够为儿童成为成功的阅读者打下良好的基础，为儿童成为终身学习者做好开端。对于3-6岁的幼儿来讲，要具备良好的阅读能力，需要教师寻找到培养幼儿阅读能力的准确切入点。在幼儿园早期阅读课程的实践中，适切的教学指导策略，对培养幼儿的阅读能力至关重要，因此我们要根据不同年龄班幼儿的学习特点探究相应的教学策略。

阅读活动是幼儿语言领域的教学内容当中不可或缺的一个分支。虽然在幼儿的游戏活动开展过程中，每天都会有阅读活动的组织，但幼儿是否真正会阅读，教师是否对早期阅读概念的理解正确，对幼儿阅读行为进行有效的指导，都需要我们在早期阅读课程的教学实践过程中去思考与探究。

有教育专家对早期阅读研究并提出：3-8岁是幼儿学习和掌握基本阅读能力培养的"关键期"。作为幼儿教师，我们应明确早期阅读的教育价值。对于3岁-6岁的幼儿来讲，要具备良好的阅读能力，是需要教师经过精心培养的。为此我们借助幼儿最喜爱的图画书，在幼儿园早期阅读课程实践中通过探究教师适切的教学策略，从而培养幼儿良好的阅读能力。

一、明确探究教师教学策略的研究方向，寻找培养幼儿良好阅读能力的切入点

（一）通过查阅资料，确定研究方向，有目标、有计划地培养幼儿阅读能力

1. 明确早期阅读、自主阅读的基本概念。

周兢老师编著的《早期阅读发展与教育研究》一书中对早期阅读这样定义：早期阅读是儿童接触书面语言的形式和运用的机会，是儿童发展语言和元语言的能力的机会，是儿童掌握词汇构成和文字表征的机会，同时也是儿童发展学

作者简介：朱平，马驹桥镇马驹桥中心幼儿园保教主任，一级教师。

习读写的倾向态度的机会；最终他们将成长为对阅读充满热爱、渴望并能有效阅读的人。要成为一个成功的阅读者，在幼儿阶段主要的阅读学习是：应当掌握基本阅读能力。而唯有成为自主阅读者，幼儿才真正具备了基本的阅读能力。

2. 理解自主阅读的核心价值。

通过翻阅资料，教师们梳理概念、明晰了"自主阅读"的核心价值：儿童早期自主阅读的核心能力主要包括三个方面：（1）将口头语言与书面语言相对应的能力。（2）对书面语言的视觉感知与辨别的能力。（3）成为流畅阅读者的策略预备能力。

（二）观察了解幼儿阅读水平，选择幼儿喜爱的图画书作为幼儿的读本

在研究初始阶段，教师们在教学活动中观察幼儿的阅读表现，同时设计并发放了家长问卷，调查幼儿在家的阅读行为。通过观察与调研发现大部分幼儿都是很喜欢阅读图画书的，但是因为阅读往往缺少目的性，于是常常翻看几页就放弃了。有的时候，有些幼儿因为看到教师参与到阅读活动中，会表现出开心、积极的状态，围坐到教师身边边看画面边听教师讲述故事，有的还非常乐衷与同教师一起重复书中有趣的语句，整个阅读过程非常开心！发现了幼儿的阅读特质，教师对培养幼儿阅读能力也就找到了切入点——利用图画书作为读本。

二、幼儿园早期阅读课程实践中的教师指导策略探究

（一）根据不同年龄段幼儿的学习特点，进行分层培养，提高幼儿的阅读能力

1. 小班幼儿培养方法：集体教学过程中，通过视听结合的方式帮助幼儿建立边听边翻看图画书的指认阅读能力，喜欢阅读自己感兴趣的图画书。

小班的幼儿在阅读过程中表现出对鲜明的色彩和生活中熟悉的动画片非常感兴趣，小班组教师发现幼儿这一特点并进行利用。在组织集体阅读活动中，教师通常做大量的前期准备，色彩鲜亮、人物鲜明的图片配合多媒体课件，激发幼儿参与阅读的兴趣。教学过程中引导幼儿迁移生活经验，表述自己的想法。

如在欣赏散文类图画书《晚上》活动中，教师提供了大量与文中内容吻合的图片，导入活动环节先请幼儿说说自己和家长晚上都做什么事情？知道的晚上是什么样子的？在幼儿结合自己的生活经验一一进行表述后，教师再通过多媒体PPT的运用，来呈现幼儿所表达的内容。当幼儿看到幻灯片的内容与自己说的一致时，非常开心，并且表现得更加自信了，纷纷说到"你看图上也有月亮！""星星都是晚上才出来，白天睡觉。""晚上我妈妈也看书。"接下来教师请幼儿阅读图画书，幼儿读到与自己生活一样的画面，兴奋的说："我晚

上睡觉前，妈妈也会让我洗脸刷牙。""我睡觉前，也会和爸爸妈妈说晚安！"整个活动过程，幼儿都很认真主动的跟随着教师逐页阅读图画书。

教学活动中，教师播放 ppt 与故事音频，通过视听结合的方式帮助幼儿逐步建立口头语言与书面语言对应的联系，通过观察画面细节，理解图画与汉字语言之间的关系，增强了幼儿理解图画的能力。教师根据小班幼儿爱模仿这一特点，通过角色扮演激发幼儿在阅读过程中注意观察画面、指认画面的兴趣。这样一来，幼儿在阅读图画书的时候表现出了津津有味的状态。此后每一个幼儿都乐于反复阅读自己感兴趣的图画书，还喜欢讲给老师和同伴听，在边指认画面边讲述故事的形式中感受着阅读的快乐。

2. 中班幼儿培养方法：设计有效提问，引导幼儿观察图画书中故事发展情节的画面内容，从中寻找答案，帮助幼儿在阅读过程中发现阅读的乐趣，产生持续阅读的动机和愿望。

中班幼儿对阅读图画书已经有一定的能力，但往往也会出现这样的情况：有些幼儿拿起图书就一下子从头翻到尾，走马观花似的阅读使其根本没有细细品味书中的奥秘，即使刚开始的时候对这些有色彩的图书有一些兴趣，经过翻阅几次以后，也就不再理睬它了。作为教师要能够观察到幼儿阅读中的表现，分析幼儿行为背后的原因。为此中班教师

运用提问的方式，引导幼儿带着问题观察画面，有目的地推测画面中表达的内容。例如：教师拿出《国王生病了》这本书，引导幼儿观察封面说一说看到了什么？幼儿回答："国王生病了""国王睡着了"。教师继续追问："你为什么说'国王睡着了'，为什么说'国王生病了'呢？"通过教师的再次追问，幼儿需要在画面上搜寻线索，来证明自己刚才得出的结论，"我看到国王闭着眼睛呢，所以我觉得他是在睡觉。"另一位幼儿说："不对，国王的表情很难受，是生病了。"教师没有直接给出答案，而是带着问题，请幼儿通过看书，来找到正确答案。在翻阅图书的过程中，有的幼儿发现了医生，有的幼儿发现王后和大臣很难过的表情，最终得到了答案，原来是"国王生病了"。这说明，幼儿的阅读兴趣来源于成人的引导。在阅读的同时，成人需要提出一些具有启发性、引导性的问题，引导幼儿通过进一步观察辨别画面中的有效信息来获取答案，从而达到培养阅读兴趣的目的。

通过一段时间的阅读活动以后，幼儿已经逐渐形成了一页一页翻看图书的习惯，能够捕捉到每页画面上的重点信息，逐步能够运用书面语言表达对画面的理解并掌握了阅读的一些简单的基本技巧。

3. 大班幼儿培养方法：小组交流阅读体会，找到阅读图画书中自己感兴趣

的画面或故事中的重点情节，培养幼儿自主阅读能力。

大班幼儿的阅读状态是一种有目的的阅读。特别是阅读图画书的内容比中小班丰富多了。尤其是孩子们经常三五成群的聚在一起，翻看迷宫类具有一定推理、逻辑思维能力的图画书。幼儿之间的交流多了，教师就尝试让幼儿自选伙伴、自由结合成阅读小组，阅读同一本图画书。在阅读之前给幼儿提出问题："阅读过程中有看不懂的画面，怎么办？""如果小组中的朋友们都不能回答问题，还可以用什么方法解决？"小组交流开始了，有的幼儿为了一个看不懂的画面，请教小组的同伴来回答。小组内部不能够解决问题的时候，就找到班级中比较有权威的幼儿向他们请教。大家经过自己独立的思考，最后由教师带领共同欣赏和阅读，对与图画书中答案一致的问题，幼儿充满了自信与自豪！因为他们能够经过自己的思考找到图画书中的故事情节，能够根据情节发展的要素理清阅读线索，并最终能够找到正确的答案，这就为幼儿成为流畅阅读者的阅读能力培养奠定了基础。

（二）创设多样阅读形式，使幼儿体验阅读带来的快乐

教师在按照幼儿年龄特点，分层培养的基础上，探究创设多样阅读形式助幼儿体验阅读带来的快乐。如：引导幼儿与同伴间合作阅读，分享自己喜爱的

图画书，分享阅读感受，培养交往能力。合作形式也多样化，可以两人合作阅读，也可以 3-5 人小组讨论式阅读，帮助幼儿学会彼此间相互接纳，建立自信。在阅读的基础上还增加创意表演内容，引导幼儿通过肢体动作、复述人物语言表达、语气语调的揣摩来表演图画书中的故事情节，从而打开幼儿想象和创造的翅膀，使其享受阅读过程带来的快乐。

三、帮助家长转变阅读观念，树立正确的阅读与识字的关系，有助于幼儿建立愉快的读书心情

在开展阅读教学过程中，教师们发现大班幼儿阅读图画书的时候，已经认识很多汉字，根本就不观察画面，阅读过程像一个背书的小学生，一本书在 2 分钟内就能够阅读一本书。当教师问到图画书中的画面是什么意思时，大家都摇摇头说："不知道！"因此教师们开始与家长交流幼儿在家庭中的阅读方式。发现很多家长对幼儿早期阅读的理念存在扭曲的甚至是错误的认知，多数家长会认为：早期阅读 = 识字。

针对家长这种早期阅读的理念，教师组织开展"家长参与式阅读活动"，邀请家长到园，由教师带领阅读同一本幼儿阅读过的图画书。教师将家长对图画书的理解与幼儿对画面的理解进行了比对介绍：幼儿通过观察画面，能够将自己的生活经历和已有知识经验联系起来，进行大胆想象和创编；幼儿对画面

中表现出来的丰富的感受，能够运用自己的理解一一表达出来；幼儿观察和想象能力要比画面中文字表达的意思内容丰富 N 多倍。

通过参与式阅读活动，家长们认识到：阅读让孩子通过画面细细品味作者要表达的思想，就好比成人每人读同样的一本书都会有不同的感受一样。此后很多家长在家庭中开始注重与幼儿一起阅读、联想图画书，交流各自对图画书的理解，然后针对幼儿感兴趣的词汇和话语与汉字之间建立联系。有的家长欣喜的告诉我们："孩子通过看图画书，认识的字越来越多了，而且都不是我们刻意要求孩子认识的""没有了强迫性的识字，孩子们更喜欢自己阅读了，而且心情非常好。"当家园的教育理念达成共识之后，孩子们阅读的心情更好了，很多阅读的良好习惯养成都是教师与家长共同努力的结果。

四、适宜的教育指导策略对幼儿阅读能力培养和教师专业能力提升的重要性

教师通过细致、持续性的观察才能真正了解幼儿的阅读特点，加上不断深入学习相关的教育理论，才能够更加准确地找到适切的教学策略，有效培养幼儿的阅读能力，这也是教师提升专业能力的重要手段。

儿童的想象力不是与生俱来的，而是通过直接或间接的体验获得的，体验越丰富，想象力越丰富。图画书中的人物对话富有童趣，这种书面语言的表达形式的认知是帮助幼儿掌握语言学习的主要方式，更是培养幼儿良好阅读能力的有效途径，在教学实践中是不可忽视的重要的教育形式。图画书中丰富的画面内容可以启发幼儿的想象力，激发幼儿的创造力。因此在当下的幼儿教育中，教师要改变传统的教育观念，引导幼儿对图像思考，养成用图像思考的习惯。

图画故事书的阅读要与幼儿的生活经验相联系，这是帮助幼儿掌握阅读技能的有效方法。维果斯基的建构主义理论提出：幼儿的学习过程是一个循环的过程，每一次学习新的知识和技能的同时，都是在原有经验的基础上的学习，将已有经验与新知识之间建立有效的链接，从而获得新知识的能力。

幼儿阅读能力的提高是一个日积月累的过程，在早期阅读课程教学活动中，教学策略的正确性、有效性，是影响幼儿阅读质量和阅读能力养成的关键。作为教师不单要在教育教学活动中实施有效的教学策略，同时还应将正确的阅读理念及时传递给家长，帮助家长正确认识到阅读与识字之间的关系——就是幼儿在阅读过程中逐渐认识汉字，通过对画面符号含义的理解与汉字相对应的关系，这样才能够达到真正认识汉字、理解字义的目的。从而科学开展家园共育，促进幼儿阅读习惯养成和阅读能力提升。

阅读 改变物理课堂

——基于核心素养的物理阅读教学的实践研究

吴秀梅

在高中物理课程改革的背景下，培养学生的物理阅读素养有着奠基性的意义，也是促进学生核心素养提升的重要条件。然而，由于物理学科与物理教学的特点，物理阅读教学体现出了独特的要求，甚至特殊的困难。笔者尝试将物理学科阅读融入课堂教学实践，改进教学。

一、物理阅读教学的思考

物理阅读教学更多关注的是学生在广泛的连续性或非连续性的阅读材料基础上的建构、扩展、反思并表述的能力。笔者认为：在新课程改革的背景下，教师应以学生"阅读素养"培养高于以往"阅读能力"的培养。

（一）物理阅读素养的含义

阅读习惯是由实践巩固下来的阅读方式、方法、程序等的通称。阅读能力主要包括认读能力、理解能力、鉴赏能力、阅读技巧等方面。物理阅读素养既包含阅读习惯又包含阅读能力，它需要长期培养和实践才能形成。文中的"阅读素养"指的是物理学科核心素养在阅读教学中的落实，学生阅读素养需要在教师的引导下逐步提升。

（二）物理阅读素养与阅读能力的关系

阅读素养比阅读能力有着更为广泛的内涵，它秉承"以学生的发展为本"的教育理念，强调学生的自我发展和学生内在价值的独特存在，具体表现为除了对文字的理解与把握，还需要进一步运用物理语言、辨析具体问题信息等，即通过与文字的互动，达成学习目标。因此，物理阅读素养应包含阅读能力，阅读能力是阅读素养的组成部分和形成基础。

二、学生阅读素养的层次

"认读、理解、内化、表述"是凭借物理学科特有的阅读来发展学生阅读

作者简介：吴秀梅，北京市通州区教师研修中心高中物理研修员，高级教师，北京市骨干教师。

素养的基本途径，通过物理阅读培养学生的科学思维品质。笔者经过思考与实践，初步定义了学生物理学科阅读素养的四个层次。

（一）认读层次

教师运用文字、图片、物理图表、事实（经验）、物理实验现象等文本载体，引导学生认清其所表达的内容，能够初步理解其含义。

（二）理解层次

在认读的基础上，教师引导学生从多种文本中获取有用信息，并根据已有的知识经验，经过在头脑中的梳理、推理等思维活动，推断其物理意义，构建物理模型。

（三）内化层次

教师引导学生用自己的思考将新信息转化成自己能理解的信息，将已有的知识、方法等进行迁移，对其内容、表现形式等形成自己的理解，达成学习新知识的能力。

（四）表述层次

学生能在内化基础上，用文字、物理符号、物理图像、物理示意图等语言进一步阐述、解释、论证、质疑等。

三、物理阅读教学的策略

阅读素养要求学生在阅读文本的过程中不仅能提取和理解信息，更能运用批判性思维去评估和反思信息。物理阅读素养的培养，可以借助语文多文本的阅读策略，建构物理阅读教学的实施策略。高中物理学习中，经常遇到的阅读材料文本形式主要有记叙文、说明文、议论文和非连续性文本。比如物理教材中"伽利略对落体运动的研究"是记叙文文本，教师可侧重在"内容、过程、方法、情感"等方面引导学生阅读；教材中"向心力演示器的使用"是说明文文本，教师可侧重在"特征、方法、顺序、功能"等方面引导学生阅读；教材中"地—月检验"是议论文文本，教师可侧重在"论点、论据、论证、思路"等方面引导学生阅读；对于物理图片、表格、图像、实验现象等非连续性文本，教师可侧重在"提取、概括、分析、结论"等方面引导学生阅读。

四、物理阅读教学的重构

课堂教学是落实物理学科核心素养重要的途径，将学科阅读与学科教学相融合，开展物理阅读教学模式的研究，建立阅读材料与物理学科核心知识、核心思想方法的关联，让阅读方式改进课堂教学，通过培养阅读素养来发展物理学科核心素养。

下面以《曲线运动》的教学为例，浅谈基于核心素养物理阅读教学的重构策略及培养学生阅读素养的教学实践。

（一）通过认读，解决基本问题

环节1：认识曲线运动。学生先观看投篮球、汽车转弯、掷铁饼的运动视频，观察物体的运动轨迹，形成自己所认知的曲线运动，然后与教材中的"曲线运动概念"进行对比。学生通过阅读视频和教材，抓住物体运动的轨迹特征，运用归纳思想，从"运动轨迹"上建构曲线运动，增强了物理观念、科学思维和科学探究等物理核心素养。

（二）通过理解，建构物理模型

环节2：探究曲线运动的速度特点。理论探究阅读材料：如图1所示。学生将"直线运动运动特点"知识及"极限思想"进行迁移，从"速度特点"上认识"曲线运动"模型，增强了物理观念、科学思维和科学探究等物理核心素养。

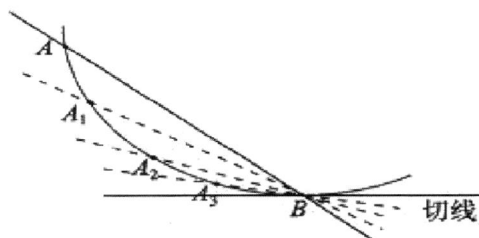

图1

（三）通过内化，培养深度思维

环节3：探究曲线运动产生条件。分组实验方式进行探究，实验装置如图2所示。学生经过实验探究、交流、论证，从"受力情况"上理解曲线运动，增强了科学思维和科学探究等物理核心素养。

图2

（四）通过表述，提升学科素养

环节4：利用曲线运动知识分析解释实际问题。阅读"香蕉球成因探秘"并解释。学生通过语言表述，从"解决实际问题"上深入理解曲线运动，增强了物理观念、科学思维和科学态度与责任等物理核心素养。

总之，随着基础教育课程的不断深入，学生阅读的内容和形式也在发生着变化，以培养核心素养为着力点，推进学科阅读，是一条教学改进和发展之路。

构建化学阅读方法 消除"懂而不会"

吴爱龙

摘要：在化学课堂教学中通过搭建阅读平台，运用阅读方法，增强学习主动性、自觉性和独立性，提高阅读分析能力，提升学科素养。

关键词：阅读能力；存在的阅读问题；搭建阅读平台；提升阅读分析能力

在化学课堂教学中，老师让学生阅读某些文段时，一些学生只是一扫而过，没有逐字逐句地读进去。对于图文并茂的课本也只是肤浅的看看图片，对于图片和文字的信息整合并没有深入思考。孩子们认为阅读是文科必须完成的学习任务，化学属于理科，只要多做题就可以了。由于化学课时少，教学内容多，在课堂教学中一些化学教师也不重视阅读。教学中缺少对学生阅读的要求和阅读方法的指导。一些通过学生自行阅读思考学会的知识出现了学生课上听得懂，课后不会做题的"懂而不会"现象。

一、学生阅读现状

(一)阅读能力较低，自主性不高

当今社会，高速发展的互联网成为人们获取信息的主要渠道。学生从小到大接触的是网络、动漫、手机等各种声讯媒体。这种快餐式文化让学生被动式阅读，主动阅读能力思考差，化学学科素养不高。初中化学考试基本是"背背就能考"，造就了在某种程度上学生养成了"死记硬背"的习惯，认为化学虽然是理科但是需要背记的内容也不少，学习主动性丧失，自主思维能力和创造力慢慢被扼杀。

(二)课堂阅读重视不够，缺乏必要的阅读指导

虽然课改进行了多年，多数老师也深知新课程理念，但难改教学方式，仍然力求把教科书分析得淋漓尽致，内容讲得面面俱到，环节设计得丝丝相扣，把讲得好、讲得到位、讲得全面作为追

作者简介：吴爱龙，北京市通州区第四中学化学教师，高级教师，区级骨干教师。

求的目标，认为只有这样学生才会学得好、考得好，因而在课堂教学中不知不觉地占用了学生自主阅读的时间，剥夺了学生阅读的机会，忽视了培养与提升学生的阅读素养。以讲代替了学生阅读思考的需要，造成学生在化学课上总是不断地识记知识，课后不断地整理知识，考试时不断地背诵知识。总之，一切的教学都是围着"知识"展开的，完全忽略了学生的"能力和素养"。

二、构建阅读方法

（一）培养学生积极的阅读心理

创设良好阅读环境的重要途径之一是兴趣。教育心理学告诉我们：积极优良的阅读兴趣能使学生聚精会神、积极思考，甚至会达到废寝忘食的境地。激发阅读兴趣，有助于减轻学生庞杂繁复的课业压力。积极参与阅读有助于阅读质量和阅读能力的提升。例如在教"物理性质"概念时学生阅读北京版教材143页金刚石和石墨的物理性质内容（见图1）。分别找出金刚石和石墨的物理性质和用途，并比较有哪些不同。

金刚石也被称作钻石。纯净的金刚石是无色透明、呈正八面体形状的固体，加工琢磨后璀璨夺目，用做装饰品。在自然界中，金刚石硬度最大，可以用来切割玻璃，也用做钻探机的钻头。

钻石饰品　　　金刚石钻头　　　玻璃刀
图 8-2　金刚石及其应用

石墨是一种深灰色的有金属光泽而不透明的细鳞片状固体，很软，有滑腻感，可做铅笔芯、润滑剂等。石墨具有优良的导电性能，可做电极材料。

图1　金刚石和石墨

这段内容贴近学生的生活实际，而且图文结合，能够大大激发学生的阅读兴趣。课堂上学生带着好奇心，津津有味的一边阅读一边圈画做标注，真正了解了金刚石和石墨的物理性质和用途。也比较出了不同。

在教学中常常利用课前的两分钟阅读教材中的"小知识""拓展阅读"等栏目，利用教材图片看图说话、看图设计小问题等方式，不断培养学生积极的阅读心理。

（二）创设问题阅读情境，培养自觉阅读思考的习惯

在阅读中学生一旦遇到读不明白的地方就会懒于思考，使阅读效果大打折扣。因此需要教师在课堂教学中设计问题或问题串激发阅读兴趣、培养自觉阅读思考习惯。

枯燥、抽象的化学用语、化学原理等知识本身就不太容易理解和接受，如何化"抽象"为"形象"，变"枯燥"为"有趣"？设计适当的问题，适时地抛出问题，对于培养积极主动的阅读思考习惯大有好处。例如，在学习"正确书写化学方程式"时，由于学生在之前已经熟背了7个化学方程式，具备一些基础，因此老师对于这一节课就布置了阅读自学本课并填好学案。在课堂巡视中，由于生成物的状态中考中不是很重要，学案中就以直接叙述的形式给出了，并没有设置问题。学生一看这部分没有

空可填，草草阅读并自认为学会了。对此我设计了以下问题：对于"反应物和生成物都有气体时，不用标出生成物状态"这一点，课本中例举了哪个化学方程式加以说明的？学生听到问题后，顿时一愣，赶忙再次阅读课本。仔细阅读寻找答案，最终孩子们找到了答案。在学生自以为学会的时候以问题的形式杀个回马枪，对于培养主动思考的积极阅读习惯大有好处。再如，学习"化学方程式的含义"时，也是先让学生阅读图片内容，然后以问题串的形式抛出："2:1:2"是怎么来的？"2:1:2"中的"1"是如何解释？"4:32:36"是怎么来的？"质"的含义有哪些信息？"量"的含义从哪几个角度进行的描述？带有"比号"如何理解？六个问题以问题串的形式给出，学生需要再次阅读思考，深入分析数据，最终通过交流完成了六个问题。课堂教学中教师预先设计好问题，适时的抛出问题，经常性的创设问题阅读，不知不觉中学生就会养成自觉阅读思考的习惯。

一、化学方程式的含义

与其他表示方式相比，化学方程式能够表达更全面、准确的信息，可以反映化学反应中"质"和"量"两方面的含义，如：

$$2H_2 + O_2 \xrightarrow{\text{点燃}} 2H_2O$$

分子个数比　　2 　：　1 　：　2
相对质量比 $2 \times (1 \times 2)$ ： $1 \times (16 \times 2)$ ： $2 \times (1 \times 2 + 16)$
物质质量比　　4 　：　32 　：　36

"质"的含义：氢气和氧气在点燃条件下发生化学反应生成水。
"量"的含义：每4份质量的氢气与32份质量的氧气反应，生成36份质量的水；每2个氢分子与1个氧分子反应，生成2个水分子。

（三）精讲精练习题，培养学生准确获取信息的阅读习惯

近几年的中考题目以信息、实验、图像、图表为热点，考查学生是否能够在短时间内准确捕获题目中的有用信息，完成题目。由此要求学生要有高效的阅读能力。

1. 教给学生阅读分析的方法。化学是初三新开设的学科，学生的储备知识并不多，因此在平时习题教学中需要教师教给学生阅读分析的方法。例如对于陌生的或者改进的实验装置，教师事先做好课件分析每套装置的作用、发生哪些化学反应等等，长期坚持，学生在不知不觉中就学会了准确捕捉有用信息的习惯。在解决科普阅读理解、生产实际分析、科学探究等题型中教师教给学生先读问题，带着问题找信息，再将问题逐一解决。

2. 习题训练中圈画关键点，有助于培养学生准确阅读，提升分析能力。例如对于某些单选题，要求学生对四个选项进行逐一分析，圈画出选项中的错点并加以改正。经过持久训练，学生准确获取信息的阅读习惯大大增强。进一步加强了对题目的理解，减少了"懂而不会"。

在化学课堂教学中搭建阅读平台，以问题串等方式激发阅读兴趣，以传授方法、圈画关键点等训练培养学生的阅读习惯，真正提升了学生的阅读能力，改变了学生"懂而不会"的学习假象。

地理图像组合阅读的教学实践探究

张亚军

摘要： 2018年北京中考改革后，地理成为中考科目，地理图像阅读能力成为学生的中考必备能力。但在日常教学过程中，学生反映出阅读困难等问题。因此，在教学过程中，如何有效使用地图，从而提高学生地理图像阅读能力显得十分重要。地理图像种类多样，多以非连续文本的形式呈现。在教学设计过程中，需将多样的地理图像有效地组合，从而呈现地理事物的时空分布特点及地理要素的相互关系、人地关系等。

关键词： 地理图像；图像组合；非连续文本；阅读能力

一、问题的提出

（一）中考考查导向

2018年北京中考改革，地理成为中考科目，考试要求把学生的基础和九年的积累考出来，把学生的能力考出来，把学生的课堂表现考出来。地理图像作为地理的第二语言，在地理日常教学过程中占据重要地位。随着中考改革的推行，对于第二语言的应用也成为了中考考查的重点。

以2018年中考地理试卷为例。全卷共绘制了25幅地理图像，有普通地图、电子地图、统计图表、示意图、景观图、漫画、手绘简图等类型，形式丰富多样；除常规图表的组合创新外，还有道路指示牌、植物挂牌、学生学习任务单以及区域地理框架图等创新形式。试题均有文字材料或图像作为载体，突出考查学生空间思维能力、逻辑思维能力，从不同角度考查学生利用图像获取地理图文信息的能力。大量的地图资料，不同种类间的组合设置，不断地考察学生地理图像阅读和分析能力，这就要求我们在日程教学过程中，要不断改进教学策略，注重地图组合阅读方法的指导和读图能力的培养。

（二）学生读图困难

面对纷繁多样的地图类型，学生地

作者简介：张亚军，北京市通州区运河中学地理教师，一级教师。

理图像阅读能力体现出明显的差异。"会者"不亦说乎，多种多样的地图类型有如埋藏在地下的宝石，从图中提出地理信息，忙着将这一块块"瑰宝"放入题干适当的"宝匣"中。"不会者"踟蹰不前，焦躁难安。究其原因，总结为如下几个方面：（1）基础知识未掌握，缺乏足够的知识支撑，从而面对地图无从下手。（2）知识与地理图像未统一，迁移困难。例如，某学生会背诵温带季风气候的特征，却无法在众多的气温曲线和降水量柱状图中识别出温带季风气候。（3）学生空间思维和认知能力存在差异。中图版地理教材七年级上册第一章第一节地球和地球仪部分，需要学生具备一定的空间思维能力，最终能够在头脑中构建虚拟地球仪。但由于学生认知能力的差异，导致部分学生只能根据"判别方法"照猫画虎。

二、概念界定

（一）地理图像

龚国辉在所写的《地理图像在中学地理教学中应用研究》中这样描述："地理图像是有关地理的各种图画和影像的总称，除常见的地理图像外还包括地理知识网络图、概念地图、纲要信号图以及地理影片、动画等。"[1]；林培英在《学校地理教材现代化研究》中也对地理图像系统的概念做了界定："地理教材除去文字和数字符号外，还有图像符号来表示、解释和揭示地理知识，称作

地理教材的图像系统。"[2]。综上所述，地理图表系统是有关地理的图画、影像和表格的总称。

（二）地图分类与作用

对于地图的分类界定方法较多。夏志芳在《地理课程与教学论》中，将图像系统分为地图、景观图像、地理示意图、地理统计图、实物图、遥感图像六类[3]；袁书琪在《地理教育学》中，将图像系统分为地图、照片与绘画、示意图、统计图四大类。

地图是表示某一种或几种地理要素的时空分布及变化的图，是地理教学中重要的信息源和工具。地理示意图是将地理信息及原理用图像的形式呈现，使原理表达得更加简洁、明了、直观、通俗易懂。统计图这类图是由某种地理要素的数据绘制而成的各种图表，其目的是要说明某种地理概念、现象、理论、规律等，可进一步分为线状图包括折线图、曲线图、圆面扇形、百分比图、柱状图及饼状图。

三、非连续文本组合阅读的教学实践

（一）景观图与地图组合

1. 创设情境，激发兴趣。景观图的选择需突出该区域环境特征，为创设情境提供直观依据。在进行教学设计时，往往在导入部分放置具有区域突出特征或景观震撼的景观图，目的是创设本堂课的教学情境，激发学生兴趣。例如在

讲解中图版地理教材七年级上册第三章第四节自然灾害时，首先出示大量自然灾害景观图，学生直观感受自然灾害影响的严重性。学生在快速融入情境的同时，也通过多种景观图的呈现感受到自然灾害的多样性。再例如，冻雨、暴雨和积雪虽然都是降水过程，但也反映了三种自然灾害发生季节的时间差异，由此激发探究兴趣，再结合地图，从空间尺度描述每一种自然灾害分布的位置。最终时空结合，分析灾害产生的原因及影响的范围。结合生活中的地理现象创设自然灾害情境，使学生融入其中，激发学生探究热情。

2. 对比差异，导出问题。景观图通常是某一区域地理特征的反映，往往可以通过对比景观图，分析图中景观差异，引出本节课当堂探究的主要问题。例如，中图版教材七年级上册第三章第二节中国冬季气温分布特点，先出示二月的哈尔滨和二月的海口景观图，观察两地同时间不同地点的景观差异，学生能够观察景观图片说出两地树木疏密不同、树的品种不同、背景建筑不同等。同时学生质疑"都是二月，两地景观差异为何如此之大"。随之呈现中国1月等温线分布图，明确城市位置，读出月平均气温，计算两地温差，归纳得出"中国冬季气温南高北低，南北温差大"的特点。在景观图直观对比下，产生的疑惑即本堂课需解决的主要问题，问题导出后，

再通过地图，分析原因。

（二）示意图与地图组合

1. 三维视角，立体呈现。地形图作为专题地图中的一种，着重表示地形起伏变化。地形图按表现形式分为平面地形图和剖面图两大类。剖面图是以垂直于地面的平面切割地面后得到的图形，能反映地形图中某一特定方向地面的垂直变化情况。在初中地理教材中，多使用地形剖面图与地形图组合，以描述某区域地形特征。例如，在中图版教材七年级上册第三章第一节中国地形特征和主要地形区中，使用中国地形图直观反映中国地形类型多种多样，同时通过阅读陆高海深表读出中国不同区域海拔高度的差异，大致感受到青藏高原海拔较高，东部沿海地区海拔较低。但为了更直观更清晰地感受中国地势高低起伏变化，教师往往配以地形剖面图，如沿36°N线中国地形剖面图，能够更直观地感受到中国地势西高东低大致呈阶梯状分布的特点，最终将中国地形以三维视角呈现在学生面前。

2. 抓住联系，逻辑清晰。关联图（流程图）指运用文字框图和箭头等表示地理事物相互关系或演变规律的组合图形。地理关联图能体现地理学科的综合思维能力和区域认知水平，通常使用于自然环境整体性表现地理要素相互关系，或使用于某一区域人地关系中自然要素与社会经济要素的相互影响。在2018年中

考北京地理试卷中，地理关联图占据了重要位置，在四道综合题中有两道运用了地理关联图。由此可见地理关联图的重要性，因此在日常教学过程中应适时讲授与训练。例如，在新授中图版教材七年级上册第三章第三节主要河流和湖泊时，针对黄河下游"地上河"形成及治理问题，教学设计过程中通常会配以大量专题地图，利用黄河水系图归纳黄河水系特点，划分上中下游；利用中国地形图，指出黄河流向和流经的主要地形区；利用中国气候图，说出黄河流域的气候特点等。以上专题地图旨在说明黄河特征受到多种地理要素的共同影响，却忽略了黄河本身的时空变化。若配合地理关联图，可说明黄河上中下游在空间上的相互联系和影响，也可配合黄河下游历史上的黄泛区分布，说明黄河在时间尺度上的变化。

（三）地图与地图组合

1. 要素相同，空间尺度不同。地图主要目的是描述某地理要素的分布，若同一地理要素在不同空间尺度范围内进行对比，可突出其分布的特殊性。例如中国的气候特征为"气候复杂多样，季风气候显著"。如何判断得出"中国气候复杂多样"？需选取其他参照物对比，才能够说明其"复杂多样"。可选取世界气候与中国气候进行比较。从气候类型数量上看，世界上共有11种气候类型，而中国有其中的5种，数量之多可谓"多

样"。也可选取俄罗斯气候与中国气候对比，从分布上看，俄罗斯共3种气候且分布比较规整，呈团块状分布，与其相比中国气候分布"复杂"且数量"多样"。在教学设计过程中，切忌为得出教材结论配以单一地图，建议站在学生角度，循序渐进思考，掌握结论背后的因果关系。在教学设计时，同一地理要素可多选取不同尺度的地图对比，运用对比法才可突出其特征。

2. 空间尺度相同，要素不同。空间尺度相同，即同一区域。而区域地理研究是在分析区域自身自然特征的基础上，同时也在时间、空间上探讨分析人与环境之间是如何相互影响的。初中地理主要引导学生初步认识自然环境的整体性，能够概括某区域地形、气候、水系特点，并简述其相互作用关系。按照初中地理课程标准要求，在教学设计过程中应对该区域不同地理要素分别归纳特征并叠加反映联系。例如，中图版地理教材八年级下册第五章认识亚洲，为概括亚洲地形、气候、水系特点，需要以上三个要素的专题地图。为简述其相互作用关系，需将三个专题地图叠加使用。地形图与水系图叠加，可分析得出地形影响河流的流向与河网的疏密；气候图与水系图叠加，可分析得出气候影响河流的径流量与结冰期；气候图与地形图叠加，可分析得出地形影响气候的分布位置与范围。同一空间尺度，多要素专题地图

叠加使用，可直观描述分布位置，更利于分析空间内各要素之间的相互作用关系，逐步认识自然环境的整体性。

（四）统计图与地图组合

统计图具有直观、简洁的特点，主要有饼状图、直方图、线图、散点图等。统计图能够把抽象的内容具象化、形象化，阅读统计图能够培养学生的定量分析能力。但统计图简洁的特点，也是初中生阅读统计图的难点。应首先掌握不同类型统计图的读图方法，其次明确统计图呈现的时间特征或者空间特征。例如，中国人口折现图，往往从时间上呈现不断时间中国人口数量或增长速度的变化，为全面了解中国人口特征，应再配以中国人口分布图，因此才能从时间和空间视角全面了解中国的人口特征。

四、结语

以改革促发展，以考试改革促教学改革，初中教师应在中考改革理念的指导下不断改进教学方法，注重课堂教学时效性。在教学设计过程中应突出学科特色，以地理景观图为依据线索创设情境展开地理教学，以地图组合搭配的形式突出重点突破难点，以关联图为依据总结知识提高综合思维能力。

参考文献：

[1] 龚国辉 . 地理图像在中学地理教学中应用的研究 [D]. 江西师范大学，2006.

[2] 林培英 . 学校地理教材现代化观察 [D]. 北京师范学院，1985：34.

[3] 夏志芳 . 地理课程与教学论 [M]. 杭州：浙江教育出版社 .2003：179-180.

初中生物学科科普阅读的实践探索

刘　颖　王宇新

摘要： 随着时代的发展，社会对于人们阅读能力的要求越来越高。生物学科的科普阅读则可以使学生走近科学，热爱生命，逐步形成生物学科素养。在生物教学中，教师教给学生阅读方法，训练学生阅读能力，提高学生阅读水平尤为重要。

关键词： 科普阅读；　阅读能力；　获取信息；信息的整合与转化

随着现代社会的发展，变化、创新、跨界创新无处不在。在我们的学校教育中，需要学生们对已有知识和信息进行加工与拓展，因此应培养学生对信息的提取与加工能力。在教学中，科普阅读是培养这种能力很好的一个途径。

一、生物学科科普阅读的重要价值

（一）阅读能力发展是达成学生核心素养的重要途径

中国学生发展核心素养指出：教育要培养全面发展的人。这就要求学生在具备一定文化素养基础上学会学习，健康生活，能够自主发展，最后要具备实践创新能力，做一个有责任担当的社会参与者。依据此标准，将生物学科的核心素养定为：科学探究，理性思维，生命观念，社会责任。生物做为一门理科学科，学生在生物学科的学习中，获取的更多的是间接经验，以科学史的方式或实验的完成获取前人的研究成果，因此在教学中要教会学生的不是知识本身，而是要教会学生如何根据前人的成果来获取自己所需要的知识，将所学知识应用到生活中指导生活，改变生活。而对文本资源的理解和应用是学校落实生物学科核心素养的重要途径，学生需要在学习过程中不断发展文本阅读能力，达成生物学科核心素养。

作者简介：刘颖，北京通州区教师研修中心教研员，高级教师；
　　　　　王宇新，北京市运河中学教师，二级教师。

（二）学业水平测试要求学生具备一定阅读能力

近几年的初中生物学科的学业水平测试重点关注真实情境下学生对知识的应用能力。这就需要学生能够将材料中的直接信息提取出来，能够将信息中语言转化为专业语言，能够整合信息后对信息进行加工推理，演绎出结果和结论，还要能够在对信息思辨的基础上，提出所给信息以外的观点（如假设、新文案等）。以2018年科普阅读为例。题目的设定分别考查了：（1）提取材料中直接信息的能力。（2）将信息中语言转化为专业语言能力。（3）将材料中的新信息进行推理、判断和再创新能力。而这些能力的培养都是需要在日常教学中有目的地带领学生阅读，训练学生阅读能力。

二、生物学科科普阅读的主要问题

现阶段，在生物学科教学中科普阅读部分存在的问题主要表现在阅读材料与学科课堂教学内容相联系、整合转化信息的能力较差。生物学科教学中出现了很多图示和很多描述事实性语言，这些能够将难于理解的理性知识转化为感性认识，帮助学生形成核心概念。同时，习题中也出现大量图表和描述性语言，这就要求学生能够对材料中的图表和信息进行整合概括转化，变为专业语言和简练的语言。而通过相关测试，学生此部分能力是欠缺的。所以，在生物教学中应思考如何将阅读材料与学科课堂教学内容相联系，提高学生整合转化信息的能力。

三、通州区初中生物学科科普阅读的实践

（一）根据课程标准和课堂前测，制定本节课的教学任务及重难点

初中生物课程标准指出：期望每一个学生能够主动参与学习过程，获取信息，发现规律，养成理性思维习惯，形成积极科学态度。鼓励学生进行生物科普阅读，就是要改变学生的学习方式，使学生自主学习生命的有关知识，这种学习体验和学习方式将有助于学生提高生物科学素养。近些年考试中出现的科普阅读习题，主要考查学生获取信息的能力，这包括以下几个方面：一是考查学生获取文本中直接信息的能力；二是考查将材料中信息转化为专业语言的能力；三是考查信息的整合能力。通过使用相关软件进行前测，发现学生在完成科普阅读类习题时将生活、事实、概括性语言转换为专业语言的能力较差，所以教师把本节课重难点定为：在阅读中完成信息的转换。

（二）寻找合适的阅读材料，通过设定问题的完成培养学生获取信息、整合信息的能力

在当今的信息时代，材料的获取途径很多，但要选择适合做专业科普阅读训练的材料却要经过认真筛选。首先，材料要符合初生学生的认知和阅读水平。

另外，材料的选择要与所学生物学知识相关联，使学生能读，读得懂，读时有思考的必要。经过筛选，教师将本节课的阅读材料定为：1. 仓鼠的介绍及科研人员用仓鼠所做的实验。2."人耳鼠"的培育原理及培育过程。3. 实验鼠的定向培育过程。4. 科研人员用实验鼠进行糖尿病药物研制的实验过程。学生阅读材料1后完成相关问题，问题考查的方面包括信息的直接提取，对材料中信息进行推理整合，教师要求所有问题的完成要将答案落实到纸上，画出关键词，并梳理解题过程。这样不仅能够使学生有目的地阅读，更重要的是教给了学生阅读方法。材料2的原文中涉及到学过的细胞分裂和免疫相关的描述性语言，所以在材料2的问题的完成要求学生将材料中的描述性语言转化为专业语言，完成信息的转化。由于前测中学生出现的问题更多是在信息的转化方面，所以在材料3的问题设置上教师偏重于语言转化能力的训练，要求学生分别将信息进行概括总结，将材料中的事实性语言转化为专业语言，将材料中的专业化语言转化为所学知识的专业化语言。根据以往试题中学生实验探究题中写实验结果与结论中出现的问题，教师利用材料4中出现的柱状图设置问题，训练学生将图中信息转化为文字的能力。问题如下：根据图2，用文字描述注射葛花总黄酮的量与血糖浓度的关系。教师根据学生答案进行总结：（1）描述时要用专业语言做答。（2）描述的信息要准备，全面。通过以上训练，学生不仅对所学的知识有了回顾，而且也学会了相关习题的解题方法。

（三）设定问题时注意知识在生活中的应用，形成生物学科素养

学习知识的最终目的是要将知识应用于生活并指导生活，使学生形成健康的生活方式和健全的人格，这也是培养生物学科素养的最终目的。所以，在材料1后，教师设置问题，让学生们思考今后将如何合理膳食，用知识指导生活；材料2后，设置问题，引导学生理性对待生活中出现的信息，用科学的态度来思考，去伪存真，形成理性思维；课堂的最后讲述"世界实验动物日"，使学生形成爱惜动物、珍爱生命的生命观念。

阅读使人明理，阅读使人增智，生物学科的科普阅读更是可以促进学生积极健康的全方面发展。践于阅读的重要性，教师在今后的教学中应更加深入地思考符合学生的科普阅读能力提升的方法，更加着重培养学生的科普阅读信念，更大程度地提高学生的科普阅读能力。

参考文献：

[1] 顾明远. 教育大辞典 [M]. 上海：上海教育出版社，1998.

[2] 沈萍. 初中科学名著整本书阅读教学研究 [D]. 苏州大学，2017.

初中学生数学阅读能力的培养

王雪松

摘要： 在日常教学过程中，数学阅读能力的培养很容易被教师和学生忽略，导致学生在数学学习过程中会出现许许多多的问题。本文主要对初中生数学阅读能力的培养现状进行深入分析，在分析的过程中阐述初中生数学阅读能力的培养策略。

关键词： 初中生；数学；阅读能力；培养策略

对于初中生来说，教师想要更好地教育学生，就需要针对学生的特点采用新型的教学模式，让初中生可以对数学课堂感兴趣。教师需要明确传统的教学模式已经无法满足现阶段初中生的学习需要，所以教师在教学中就需要逐渐转变传统的教学模式，注重学生对知识点的解读。但在传统的解题过程中，很多教师并没有注重学生阅读能力的提升，让学生只是一味地做题，导致很多学生经常出现审题不准确的情况，还会降低学生的学习积极性，让学生远离数学课堂。因此针对这种情况教师就需要找到一种适合学生的教学模式，提高学生的阅读能力，从而提高学生的解题能力，让初中生可以在教师的指导下更综合地发展。

一、初中生数学阅读能力的培养现状

在传统的数学课堂中，很多教师采用的教学模式都是"灌输式"教学法，教师在课堂中针对书本上的知识点进行讲解，而初中生就在课堂中听课，不会对教师教书的知识点进行深入分析，久而久之很多学生就会降低自身的学习兴趣。而且很多教师认为学生只要多接触题目，多练习各种不同样式的题型，自然而然就会做题了，但是很多教师却忽视了对数学理性的认识。现阶段很多初中生都抱怨家庭作业太多，让学生应接不暇，导致很多学生只是以完成数学任务为目的，无暇顾及数学阅读的具体要求，这样不仅会让学生在日后无法更好地发展，还会降低学生学习数学知识点

作者简介：王雪松，北京市通州区玉桥中学数学教师，一级教师。

的积极性。教师与学生需要知道数学这门学科本身是一门理性思维能力比较强的学科，而且对于数学的认知是一个比较特殊的过程，并不是简单的"授"与"受"的关系，所以教师只有在教授学生知识点的基础上不断提高学生的阅读能力，才能让学生感受到数学知识点的重要性，才能让学生通过自身的再创造活动而接受知识点，所以教师需要在课堂中转变教学模式，进而提高学生的解题能力以及阅读能力。

二、初中生数学阅读能力的培养策略

在对初中生数学阅读能力的培养策略进行深入分析的过程中需要从几个方面来阐述：第一个方面是教师需要在课堂中创设问题情境，激发学生的阅读兴趣；第二个方面是教师需要在课堂中加强指导，优化数学课堂模式。

（一）教师需要在课堂中创设问题情境，激发学生的阅读兴趣

教师为了更好地开展教学，不仅仅需要有效落实学生的学习积极性，还需要找到一种适合学生的方式，这样不仅仅可以让学生在日后更好地发展，还可以提高学生的学习兴趣。在这种情况下，教师就需要找到学生的特点，进而更好地进行教学，给学生做好相应的指导，让学生可以感受到阅读数学知识点的必要性。数学学习兴趣是数学学习的前提与重要组成部分，而且学生在经历了探知、思考、成就这些一系列的环节后，就可以大幅度提高自身的学习能力。但是很多学生对数学知识点不感兴趣，所以教师需要在教学中设置一定的阅读场景，在教学中创设问题情境，进而有效激发学生的学习兴趣度。通过创设问题情境还可以让学生感受到数学知识点的魅力，进而提高学生的阅读能力，让学生感受到阅读是非常有必要的。比如在对勾股定理进行学习的过程中，教师就可以设置教学情境：

小红家住在三楼。有一天小红的妈妈将钥匙反锁在家中，于是让消防员前来帮忙。小红家的楼每层高三米，因为楼前有一个宽 4 米的花坛，所以消防车只能停在花坛外面，而消防车所携带的梯子长度为 7 米，那么消防员是否能够通过梯子顺利进入到小红家？

该问题是我们生活中比较常见的情况，学生很容易就将自己代入其中，积极地探讨消防员是否能够成功进入到小红家。为了加深学生的印象和进一步提高学生的积极性，教师还可以组织学生自己动手进行实验，用白纸折成小楼，木棍代表梯子，小红家住三楼，高度为 6 米，花坛宽度为 4 米，按照相应的比例缩减，经过实验之后学生就会发现消防员进不去小红的家中。这时教师就可以进一步引出勾股定理：$4^2+6^2=16+36=52$，$7^2=49$，$49<52$，根据勾股定理，三者构不成直角三角形，所以消防员就

无法进入小红家中。这种创设情境的教学方式，不仅能够提高学生的积极性，还能够在学生与学生以及师生之间的互动过程中不断提高学生的阅读能力，有助于学生学习成绩的提高。

（二）教师需要在课堂中加强指导，优化数学课堂模式

数学教师想要更好地教育学生，就需要掌握好阅读策略，并提高学生在课堂中的地位。而且为了让学生学习好知识点，教师可以向学生讲述自己阅读时的做法以作示范性指导，对于教材及其辅导资料中不同的阅读内容给予不同的阅读策略与方法指导，同时将知识点与实际生活相结合。比如在对可能性这一知识点进行学习的过程中，为了能够有效锻炼学生的阅读能力，教师便可以在课前直接进行发问，询问学生什么是"必然事件"，什么是"不可能事件"，什么是"随机事件"，并引导学生主动去理解和解释，而后教师也不先做解答，而让学生自己去翻阅书本和学习知识点，自己找寻答案。当学生自己阅读完之后，教师再让学生对这三者的概念和定义进行讲解，最后，教师针对知识点进行最终讲解。这种教师主动引导的教学方式，就是提升学生阅读能力的一种有效培养策略，并且还能够活跃课堂的气氛，提高学生的学习积极性，是目前较为提倡的一种教学方式。

三、结束语

综合能力培养和自主学习能力培养，是当前初中教学中重点教育内容，因此，在当前的初中数学教学中，教师就应该从学生的自身特点出发，找到一种适合学生的教学模式，让学生可以在教师的引导下更好地进行学习。对于学生来说，要想学好数学，就需要注重数学阅读能力的提高。提高数学阅读能力，学生才能更认真地进行审题，并在审题的过程中了解到题目中给出的已知条件以及未知条件，并制定一个完整的解题思路。通过培养初中生的数学阅读能力，还可以让学生更自主地学习数学知识，进而给日后的学习打下坚实的基础，并在中考甚至高考中取得优异的成绩。

初中化学学科的阅读实践探索

张 迪

摘要：近年来全学科阅读作为一项重大教育改革项目，已深入校园。作为一名初中化学教师，在教学中通过开展多样的阅读活动，从而提升学生阅读的素养，丰富学生阅读的视角，培养阅读的自觉性，强化阅读的必要性，学习阅读的规范性，让学生更会阅读，更爱阅读。

关键词：全学科阅读；初中化学学科；阅读实践探索

全学科阅读作为一种学科能力，重在提升学生的阅读素养及阅读技能，其面向所有受教育者，并着眼于个体终身学习、终身发展的角度。从单纯的语文素养范畴转向学习能力范畴，从文学性文本阅读，转向实用类、信息类、科普类文本等内容的阅读[1]。对阅读的认识也不应止步于校园内，应该引导学生在生活各处皆有阅读的意识，培养阅读的自觉性，强化阅读的必要性，提升阅读的社会价值。

全学科阅读的方式也是多种多样。例如跨学科式阅读，旨在让学生体会各学科间的联系与不同，教师在设计教学内容时应充分讨论，并结合不同学科的特点，融会贯通多元的学科视角；单一学科式阅读，如化学学科阅读、物理学科阅读等，不同学科，不同知识内容，需要不同的思维模式，因此教师应该在自己专业的学科领域，多研究自身学科的特点，培养学生在该学科阅读的科学

性及规范性。

下面将介绍的是全学科阅读在初中化学教学中的具体实践。

一、以多学科融合课，解锁教学新模式

基于全学科阅读理念，设计了以"垃圾去向追踪"为题目的化学、生物、物理三科融合课，在一堂课中充分调动学生多学科的学习能力，使学生体会全学科阅读的魅力。以下是本节课所设计的科普文——厨余垃圾大变身。

厨余垃圾即易腐垃圾，指食材废料、剩菜、剩饭等易腐的生活废弃物。在垃圾处理厂，利用垃圾中存在的细菌、真菌等微生物，使垃圾中的有机物发生生物化学反应而降解、消化，成为稳定腐殖质的过程，称为堆肥。例如本校的厨余垃圾经过垃圾车清运后，会到达通州有机质生态处理站，进行堆肥处理。厨余垃圾被打碎成浆液状后，进入高大的厌氧发酵罐，在无

作者简介：张迪，通州区第六中学化学教师，二级教师。

氧条件下，有一种叫甲烷菌的厌氧微生物开始大量繁殖，并分解厨余垃圾中的有机物，在发酵过程中会产生沼渣和沼气。沼渣可用于制造肥料，沼气的主要成分是甲烷，是一种较清洁的燃料，燃烧时可产生大量的热，利用其产生的热量，可进行综合利用，如发电、照明、做饭等。不难发现，厨余垃圾经过堆肥处理，可实现变废为宝的过程。

通过科普文阅读及小组绘制流程图，培养学生获取、整合信息、模型构建等能力，全面提升学生多学科阅读素质。本节课融合理化生三科知识，使学生形成较全面的科学观念，通过问题引领，指向真实情境中的问题解决，能够夯实学生的知识与技能，发展学生关键能力和必备品格。本环节的教学流程如图1所示。

二、以实用性阅读资料，揭示化学与生活的联系

全学科阅读的习惯培养不是一蹴而就的，需要在常态化课堂中不断提升。

例如在讲解二氧化碳制法时，以二氧化碳科普文作为引入，通过阅读文章，回答"哪些途径能产生二氧化碳，其是否适合于实验室制取二氧化碳，在原文中直接进行标注并指明依据"。文章如下：

动植物生命体中很多物质含有碳元素，其中碳元素以二氧化碳形式的存在较为广泛。由于现代化工业社会过多燃烧煤、石油和天然气等燃料，导致空气中二氧化碳含量与日俱增，造成了温室效应。因此如何减少二氧化碳，把二氧化碳变废为宝，尤为重要。其实，二氧化碳的用途很多，例如由于二氧化碳密度比空气大，且不可燃，不助燃，生活中可以用于灭火，有些灭火器就是利用碳酸氢钠与酸性物质反应，瞬间快速地产生大量二氧化碳，使得可燃物与氧气隔离而达到灭火目的；由于二氧化碳能促进植物光合作用，可以在农业上作为气体肥料使用，其可利用碳酸铵与酸性物质在一定条件下反应，缓慢且

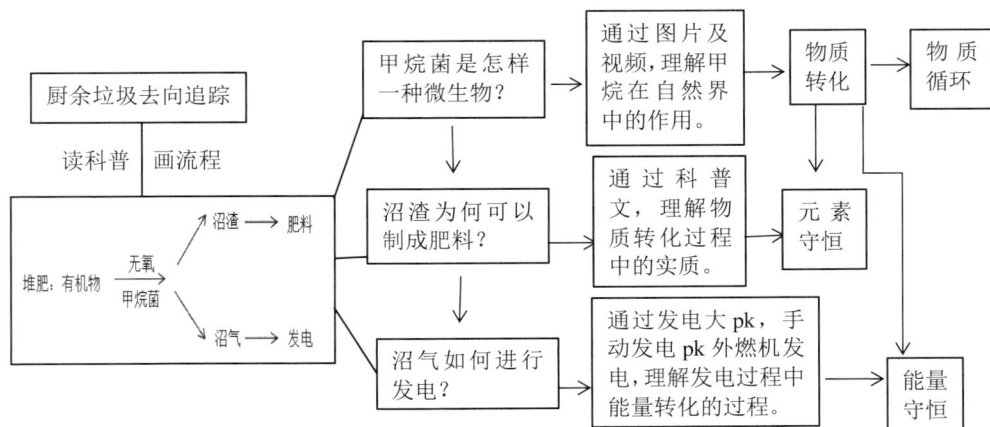

图1 基于科普文"厨余垃圾大变身"的教学流程图

少量地释放二氧化碳，来促进温室大棚中植物的生长；由于二氧化碳能溶于水且能与水反应生成碳酸，所以二氧化碳能用于制造碳酸饮料，但是由于碳酸易分解，不易保存，所以很快汽水就变成"没气"的汽水了。

为了更好地研究二氧化碳的性质及用途，就需要寻找实验室制取二氧化碳的最佳原理及装置，进而引入新课内容"二氧化碳的实验室制法"，并基于氧气实验室制法的相关经验，设计实验，得出实验室制取二氧化碳的一般思路。

再例如讲解金属化学性质时，以真假黄金的鉴别科普文作为引入，通过阅读文章，回答"文中介绍了哪几种方法来鉴别真假黄金，分别利用了金属的什么性质"，从而引入新课内容"金属的化学性质"，并通过所学内容进行实验验证，鉴别真假黄金。文章如下：

黄金饰品一直深受大家的喜爱，目前有很多不法商人，利用黄铜（即铜锌合金）来冒充真金，下面就来介绍几种鉴别真假黄金的方法：试软硬，纯金柔软，硬度低，用指甲能划出浅痕，牙咬能留出牙印，而黄铜，含铜越多越硬，难以留下划痕；掂重量，黄金密度大，所以重量也较大，掂在手里有坠感，黄铜密度小，掂在手里感觉轻飘飘的；用火烧，真金不怕火炼，即便很高温度，也不能使其发生变化，仍然是黄金色泽，而黄铜由于含有铜，用火烤后，会被氧化成黑色的氧化铜，所以假

黄金经过加热会变暗或者变黑；折弯法，如果是戒指之类的可以折弯试试，真的黄金柔韧性和延展性很好，弯曲后不易折断，而假黄金，含铜越多越硬，易折断；听声音，纯金往硬地上抛掷，会听到"叭哒"声，有声无韵，也无弹力，而假黄金掉在地上，一般会发出"当当"的响声，声音较脆，有余音；加酸验，将真金放入稀酸中，不会有明显现象，而把黄铜加入酸中，会看到有气泡产生，从而得以验证真假黄金。

在课堂中经常以实用性阅读资料作为引入，切合生活实际，从身边实例挖掘所学内容，不仅能激发学生学习化学知识的热情，还能普及生活经验，引导学生多多关注生活中的实用性资料，认识阅读在生活中的必要性，同时体会化学与生活的紧密联系。

三、以科学探究式课堂，引领学生查阅资料

化学是一门以实验为基础的学科，在平日教学中需要培养学生的科学探究意识。例如以下是学生探究家用清洁剂的过程：

（一）阅读新闻信息

某日，杨先生在家中，突然听到卫生间里传出一声闷响，跑过去发现女儿瘫坐在地上，卫生间内有一股刺鼻的气味迎面扑来。他急忙开窗通风，并将女儿扶到沙发上。女儿说她在清洁马桶时先用了洁厕灵，后又加了一些84消毒液，顿时马桶中冒出一阵"烟"，使她头晕眼花，呼吸困难。

（二）科学探究过程

1. 提出问题：洁厕灵和84消毒液发生了怎样的反应，又产生了什么气体。

2. 查阅资料：阅读产品标签说明，上网查阅相关信息。

3. 提出猜想：猜想出洁厕灵和84消毒液中的有效成分。

4. 进行实验：设计实验，并进行实验验证。

5. 实验结论：收集证据，得出结论。通过查阅资料及阅读产品标签说明，引导学生在生活中善于发现问题，并试图用化学思维解决问题，培养学生阅读的自觉性，使阅读成为一种习惯。

四、以科普阅读为专题，提升化学阅读的规范性

自2015年化学中考为了考察学生的阅读能力，在试卷中增加了"科普阅读"这一题目。化学中的科普阅读不同于其他学科，重在考察学生用化学思维回答问题，所以在平日教学中，应反思总结阅读方法，进行"科普阅读"的专项训练。

近年来化学科普阅读中考察了包括食品与健康、材料、环境、能源、陌生物质等内容的题目，例如2015年北京中考以"泡菜"为主题，2016年以"方便面"为主题，2017年以"二氧化硫"为主题，2018年以"化石能源"为主题，2019年是以"土豆"为主题，2020年是以"氢能"为主题的科普短文。

其知识考查涉及了物质的组成、性质、结构、变化规律及应用等内容。对学生能力的要求也较为全面，如运用阅读、观察获取化学信息的能力；通过对文字、图像、表格等内容的分析，用化学语言进行表达的能力；运用比较、分类、归纳、推理和概括等科学方法，对获取的化学信息进行加工、处理和整合的能力等。

为了让学生在解答科普阅读时得心应手，应从化学的学科特点入手，规范化学学科科普阅读的做题方法，其可总结为"四个一"：

（一）一问，先读问题，逐问看，看清所问。

（二）一找，从文字、图像、表格中寻找该问答案。

（三）一画，画下该问在原文中的答案出处，有助于检查核对。

（四）一答，答的方式主要有四种，分别是直答、抄答、思答、图表答。

1. 直答，看到问题直接作答，如某物质的元素组成等。

2. 抄答，直接抄写原文答案作答，如对原因、理由等的回答。

3. 思答，结合原文信息，思考、加工后作答，如以对不定项选择的全面分析等。

4. 图表答，需要结合图像或表格进行分析作答，如曲线图的变化规律等。

五、以史实在线栏目，拓展学生对化学史的阅读

史实在线是北京版化学教材中的一

项特色板块，其旨是在让学生认识化学史的同时，也能从中体会科学知识的来之不易。在教学中充分利用这一板块内容，可引导并完善学生对于化学知识的形成过程。例如在讲解空气中氧气含量测定实验时，以史实在线中拉瓦锡测定的实验为依托，引导学生思考并找到实验室测定的原理及装置。教学环节如下：

（一）阅读史实在线（装置图略）

拉瓦锡将银白色的液态汞放在一个密闭的容器内连续加热 12 天。发现有一部分银白色的液态汞变成红色粉末（后来证明是氧化汞），同时发现汞槽内的汞面上升，容器里空气的体积减少了约 1/5。他研究了剩余 4/5 体积的气体，发现这部分气体既不供给呼吸，也不支持燃烧，这正是卢瑟福发现的后来被称为"氮气"的气体。拉瓦锡把汞表面上生成的红色粉末收集起来，放在另一个容器里加强热，得到汞和氧气，且氧气的体积恰好等于密闭容器里所减少的气体体积。他把得到的氧气加到前一个容器里剩下的 4/5 体积的气体中，结果所得气体跟空气的性质完全一样。

（二）通过化学史及问题，思考实验原理

1. 拉瓦锡为什么选择汞进行实验？药品的选用条件是什么？

2. 通过什么现象就可以判断出空气中氧气的体积约占五分之一？

3. 为什么玻璃钟罩内的汞面会上升？

4. 装置选择上有什么要求？

（三）查阅资料，寻找课堂测定氧气含量的最佳药品

1. 镁在空气中燃烧，能与氮气和氧气反应。

2. 木炭在空气中燃烧，产生二氧化碳气体。

3. 红磷在空气中燃烧，只与氧气发生反应，且生成物为固体。

（四）阅读实验操作，进行实验验证，并完善表格内容

表1　总结空气中氧气含量测定的一般思路

	回顾历史：拉瓦锡测定	参照历史：课堂上测定
药品		
现象		
原理		
结论		

总之，作为一名教育工作者，应该充分认识全学科阅读的重要性。在平日化学教学中，运用多元的阅读素材和活动，为学生营造良好的阅读环境，培养学生养成阅读的习惯，使化学课堂助力学生阅读。全学科阅读在化学学科中的实践，重在引领学生形成阅读的素养，丰富学生阅读的视角，培养阅读的自觉性，强化阅读的必要性，学习阅读的规范性，让学生更会阅读，更爱阅读。

参考文献：

[1] 杜霞. 全学科阅读让我把你看清晰 [J]. 中国教育报，2020.

[2] 任翔. 中国阅读文化建设探讨 [A]. 北京社会科学，2020：4~14.

数学阅读"课前课"的尝试与探索

——基于一次小学数学阅读课的思考

王军来　　聂凤霞

《义务教育数学课程标准（2011年版）》提出：训练小学生能从报纸杂志、电视等媒体中，有意识地获得一些数据信息，并能读懂简单数据、图表，从而促进其数学学习能力进一步提升。《普通高中数学课程标准(2017年版)》强调:注重学生诸多能力的培养，而数学阅读能力是数学思维的基础和前提。一些测试显示：很多的题目丢分并非学生不会做，而是在于审题不清楚,没有读懂题意。因此，培养学生的数学阅读能力显得尤为重要。

一、实践案例：一次小学数学阅读课

在推进中小学数学阅读实践方面，参与北京市一所学校两节数学阅读课的观课，引起思考。教师借助中外数学课外读物或绘本，根据各单元内容，进行选择或重组，改编为与之相关联的"美文"，形成单元"课前课"，为开启新的单元教学内容做准备。

《失落的一角》一课是依据北京版小学数学四年级上册"角的度量"的教学知识需求，通过改编谢尔·希尔弗斯坦《失落的一角》而成。教学设计将这本书与数学知识"角"进行结合，借助改编的美文故事为后面知识的学习做铺垫。学生在经历"找角"，对角的特征、分类、大小比较、影响角的大小相关因素等内容有比较深刻的认知，为突破单元教学难点起到化解作用。

《智慧猫和它的尺子》一课，依据北京版小学数学三年级上册《长正方形的周长》的内容，通过对辛西园的《鸭子叔叔的时钟》、李善英的《围呀围，围栅栏》改编，成为《长正方形的周长》

作者简介：王军来，北京市通州区玉桥中学，二级教师，区青年骨干教师；
　　　　　聂凤霞，北京市通州区教师研修中心，高级教师。

注：本文是北京市教育科学"十三五"规划2020年度一般课题"初中学生数学阅读能力的培养和探究"的阶段研究成果。课题编号：CDDB2020309

单元的"课前课"。学生通过故事内容理解相关知识点的含义，这就是阅读教学的最大优势。通过"课前课"系列活动，经历读故事→想办法→去测量→来分享等活动，积累学习"图形与几何"领域的一些数学基本活动经验，感悟"转化""有序思考"等数学基本思想。

二、案例分析

本文案例学校将数学阅读纳入到了学校数学课程教育教学中，以"课前课"形式解决了数学阅读"读什么""怎么读"的问题，在阅读课本与课外读物之间找到很好的融合点。在这里，数学"课前课"专指新授课之前的阅读课。

（一）建立一种"课前课"的数学阅读方式，融教育与知识于一体

绘本《失落的一角》，有30多种文字流传于世界各地，是一篇有关"成熟"与"依赖"的寓言。教师引导学生从数学视角阅读这则故事，设计"找到合适的一角"系列活动。行进中的"圆圆"，好不容易追寻到那失落已久的一角，却无法与自己一同前行，隐含着角"大小""合适"这些数学知识。每一次寻找后，"圆圆"该失望？该快乐？该守候？还是该继续前行？绘本以最简洁有味的线条和文字，阐释了有关"完美"与"缺憾"的寓言。学生在阅读绘本、寻找角的活动中感悟角特征，感受坚持、忍耐、完美、自信、遗憾等情感品质，把教育和知识紧密融于一体。

（二）经历探索过程，解决"为什么读"的问题

与以往学生只是作为学习者被动地接受教师发布活动的数学课不同，学生阅读"美文"，在具体形象的情境中训练思维的灵活性、敏捷性与深刻性，体会到不同解决问题策略和思维方式的碰撞，使学生看待问题的方式和对问题解决策略的理解都有所变化，巧妙回答了数学阅读"为什么阅读"的问题。

（三）依托"美文"，解决"读什么"的问题

数学阅读"课前课"是由绘本故事、数学知识、数学能力、情感态度价值观等方面组成的有机整体，结合教学目标、学生年龄特点等聚焦阅读故事，让数学阅读变成一件"看得见""摸得着"的事情，让学生"有得读""可以做"，每名学生都能很容易地从故事事件出发，做出较为科学、有效的探索，以"美文"为载体，回答了数学阅读"读什么"的问题。

（四）分享展示，解决"读得怎么样"的问题

以事实为根据得出结论，可避免学生把阅读课当做一件必须完成的任务而草率地得出结论，忽略阅读课的拓展、教育功能，使阅读流于形式；也可避免学生因从众心理、晕轮效应得出不符合实际的结论。用实际操作过程验证所得出的结论，使尊重事实、用图表达、科

学严谨等素养在潜移默化中生成。展示成果、分享作品的过程，回答了数学阅读"读得怎么样"的问题。

三、反思和展望

（一）教师要加强阅读材料的筛选，让学生在欣赏美文的同时拥有数学获得

在数学课程教学中加入数学阅读内容，是一种教学方式的变革。本文案例中的学校在探索将课内学习与课外阅读相结合的过程中，开创了"课前课"的先河，找寻到了课外阅读与课内学习的融合点，使数学阅读成为学生数学学习、知识拓展、生活实践与数学知识之间的桥梁与媒介，验证了"教育即生活"的教育规律。根据课程教学内容，选取与之相关度高的阅读内容，或对原著适当改编，使其在阅读进行中真正实现"课前课"的效果。但在改编时要尽可能保留原著的主干与作品风格，形成师生都能接受的"美文"，即所谓的"共同建构"，使其进入数学阅读校本课程体系中，为更为广大的师生使用。

（二）把握数学阅读"课前课"的时机，阅读主题体现"及时性""计划性"

数学阅读"课前课"不是额外附加在学生和教师身上的负担，而是数学课程学习的重要组成部分，应该与学校、班级的日常教学活动和学期教学计划有机地结合，体现阅读教学的整体性，避免游离于学校教学工作之外，产生不必要的心理压力和工作负担。因此，"课前课"可以纳入学校学期教学计划，纳入的时机要配合课程教学内容，应该体现及时性。

（三）引导学生利用数学阅读成果来设计自己的阅读内容

一次"课前课"的结果不能束之高阁，要合理、有效地发挥其激励和改进功能：鼓励学生不断补充和完善自己的数学阅读计划，使得阅读路径变得更为可行；在学生自愿的情况下允许学生以某些方式公开自己的阅读内容，接受大家的监督，起到相互促进与启发作用，使数学阅读"课前课"的效果、效能最大化。

当然，数学阅读作为一种全新的教学方式进入数学课程，进入数学课堂，还是一个崭新的尝试，为什么进行阅读，以什么样的方式进入，会产生什么样的效果，将会产生哪些影响，还需要经历一个不断探索与验证的过程。

小学数学阅读课程资源开发与利用的实践探索

左春云

摘要：阅读是实现个人成长、发展潜能、有效参与社会生活的基础，是真正实现终身学习的基础素养。同时，提高学生的阅读能力，优化学习行为，变革学习方式，更是切实提高学习效果、减轻课业负担的有效途径。本文通过对贡院小学在数学阅读课程开发缘起、课程资源的开发与利用、效果与反思三个方面的分析与梳理，为进一步夯实书香贡院的品牌特色打下坚实基础。

关键词：数学阅读；课程资源；开发与利用

一、学校数学阅读课程资源开发的文化缘起

（一）传承读书报国文化基因，夯实书香贡院品牌特色

贡院小学是一所百年老校，为了继承贡院、书院的文化基因，2014年迁入新址后，学校结合自身的办学历史，提出了源于内生文化的明远教育的办学理念及实践体系，将"读书报国"作为学校在新时代的办学口号之一；将培养崇尚读书，饱含儒雅之气的明远少年作为育人目标的重要方面；将"书香贡院"作为学校办学特色定位。自2015年起，学校率先在整本书阅读课程化建设方面进行探索，创建了较为完备的整本书阅读的课程体系，2018年底召开全学科整本书阅读教学策略的年度论坛，为数学阅读课程的开发奠定了基础。从学校办学的顶层设计到整体规划落实，传承百年文脉，期待以课程化的方式夯实书香贡院的品牌特色。

（二）促进阅读素养均衡发展，满足学生实际成长需要

一路走来，学校在阅读方面取得了一点成效，但也存在不少问题。工作中，经常会听见数学老师抱怨："孩子学不好数学，是阅读不好，读不懂。"这引发了我深入的思考。尤其是经过调研发现，我们平时的数学课堂教学，很少关注学生的阅读，学生的阅读理解能力不强，不会从情境问题中提取相关的数学信息，将文字语言转化为符号语言、图形语言存在困难。当我们重新审视学校的阅读课程时，发现多是语文老师在实施，内容偏重文学类文本，缺少对数学文本阅读的关注，学生阅读素养的发展存在不均衡的问题。

（三）丰富数学阅读课程资源，提高教师课程领导能力

数学阅读的重要性越来越受到大家

作者简介：左春云，北京市通州区贡院小学校长，高级教师。

重视，但在实践中与学生内部学习条件一致、符合身心发展特点的阅读资源不足，教材虽然专门开辟了"知识窗"板块进行显性体现，内容涵盖数学史料、数学家的故事、数学在生活中的应用等方面，但由于篇幅限制，大多是点到为止，不利于系统提升数学阅读能力。市面上虽然有很多数学读物，有些读物也非常有意思，但在系统性、难易程度、与学生关联性上明显不足。如：我校 2018 年开始数学整本书阅读的研究探索，在高年级选用了《数学花园漫游记》一书作为阅读材料，该书是一本特别神奇、有意义的数学读本，研究中也取得了一定的成绩。但该书中故事篇幅普遍比较长，专业词汇涉猎比较多，针对的学生群体更偏向于基础比较好的学生，不适合全年级甚至全校推广，所以研究没有深入下去。

同时，研究中我们也发现，教师缺乏课程创生的意识与能力。在教材资源的使用上，往往"忠于执行"，很少主动去理解课程，对教材中开辟的"知识窗"等内容挖掘不足，利用率不高；同时对数学阅读课程资源的多元化开发重视不够，创生有助于学生数学阅读的资源，甄别、遴选和二次开发数学科普读物的课程能力有待提升。

基于以上思考，我校数学团队决定组织教师研发数学阅读课程资源，一方面为学生提供适切的数学阅读文本，一方面借助此研发提升教师的课程领导力。

二、学校数学阅读课程资源开发与利用的实践探索

为了提高学生的数学阅读素养，提高教师的课程创生意识与能力，学校专门成立数学阅读项目团队，聘请导师专业引领，组织项目成员开展研发、实施工作。

（一）数学阅读课程资源的开发目标

建立由"数学课内阅读—数学课内外结合阅读—课外整本书阅读"组成的数学阅读课程资源框架，将基于单一教材的数学阅读转变为基于多元资源的、探究取向的数学阅读课程教学体系。

（二）数学阅读课程资源的开发原则

科学性原则，趣味性原则和开放性原则

（三）数学阅读课程资源的开发与利用

1. 数学课内阅读资源的利用。数学教材是学生进行阅读的重要材料。因此教师要充分利用教材，在教学中注重对学生的阅读指导，使学生掌握一定的阅读方法，形成良好的阅读习惯。如如何阅读目录、每个目录之间的联系、教材中的概念、定理公式、例题等。

2. 数学课内外结合的阅读资源开发与利用。（1）创编美文。数学中的阅读不同于小说，需要"架桥铺路"，在大脑中建立灵活的语言转化机制，因此，除了教材阅读外，为了让孩子们更加体会到数学阅读的乐趣与自主学习的益处，学校数学团队以教材内容及学生学习过

程中产生的问题作为课程资源进行适度改造、延伸，改编或创编了有故事情节、有趣味的数学阅读文本，围绕文本中的核心问题，让学生用数学的观点和方法，自主学习，解决问题，体验成功，帮助学生养成数学阅读的良好方法和习惯。为此，数学团队以教材中的"知识窗"板块作为课程资源进行创编，以二年级为例，创编《漂亮的尺子》《宝石王冠的秘密》等文本。同时本着分散教材重难点，研发了《"牛皮圈地"的传说》《神奇的莫比乌斯环》《七桥问题》《阿弥陀签》《有趣的蜂房》《毕达哥拉斯巧拼凉席》等多篇美文。

除此之外，还研发了主题式美文阅读，如我校本学期开展的以"二进制"为主题的数学美文阅读，根据学生年龄特点和知识、能力基础，低年级创编了《神奇的二进制数》，通过数麦粒的故事认识一组有规律的数列，培养学生数感，体会数的无限大；中年级创编了《数的秘密》，在拼接活动中发现凑数的规律，形成单位意识和转化思想；高年级创编了《了不起的汤姆》，感悟二进制与十进制之间的关系，在解决问题中总结研究方法。（2）研发课型。数学阅读资源运用的主阵地是课堂。经历多次磨课、大胆实践，我校研发出数学美文阅读的三种课型：第一种课型，初读—阅读方法课。采用"批注美文—提取转译信息—发现提出问题"的学习环节，帮助学生掌握圈画法、旁注法、勾连法、

互译法等数学阅读策略。第二种课型，精读—问题解决课。采用"实践探究—勾联转化—解决问题"的学习过程，借助已有知识经验理解新知识内容，学生自主建构内化新旧知识的联系，在解决问题的过程中培养学生的逻辑推理能力和建模能力，掌握科学的学习方法。第三种课型，悟读—反思分享课。学生经历"回顾学习—对比反思—交流分享"的学习过程，通过数学日记、绘制数学阅读连环画、举行数学阅读交流会等形式，深入反思自己的学习态度、过程与方法，提高学生的思维自我评价水平，及时调节自己的认知过程和策略，提高学习品质。（3）表现评定。基于学生的真实表现进行评价。研制评价量表，通过学生自评、同伴互评、教师评价观察、记录学生的实际操作信息，考察学生在数学阅读中解决问题、完成任务过程中所展现出来的使用阅读策略及能够进行质疑发现、合作探究、对比反思的情况，促进学生学会学习，学会反思，在分享交流中不断提升思维品质。

3. 数学课外整本书阅读的资源开发与利用。有了数学美文阅读的桥梁铺设，为孩子们扩大阅读视野，阅读数学科普的整本书奠定了良好基础。我们根据不同学段的年龄特点，从国内外遴选出适合学生数学阅读的书目。（见表1）学校建立"伙伴共读小组—班级读书社区—校级公众号"三级展示平台，让学生在展示交流中，从不同侧面欣赏数学文化，

体悟数学文化，传承数学文化。

表1 数学整本书阅读推荐书目

年级	书名	作者（译者）	出版社
低年级	数学都帮忙	范晓星	新蕾出版社
	数学童话集（注音版低年级）	李毓佩	海豚出版社
中年级	奇妙的数学文化（2册）	钱守旺	江西高校出版社
	数学在哪里（2册）	唐彩斌、彭翁成	电子工业出版社
高年级	奇妙的数学文化（2册）	钱守旺	江西高校出版社
	数学历险记（小学高年级）	李毓佩	海豚出版社
	奇妙的数学文化（2册）	钱守旺	江西高校出版社
	数学花园漫游记（趣味数学专辑）	马希文	中国少年儿童出版社

三、效果与反思

（一）实践效果

1. 提高了学生的数学阅读、学习素养。在阅读问卷与测评中学生对数学的阅读兴趣、阅读能力有了较大提高，尤其是数学阅读兴趣，孩子们对数学读物的阅读时间、种类、频次、喜爱程度均有了明显改善。一些数学不太好的孩子，上完阅读课后都追着老师提问题，开始喜欢数学。此外，由于为学生自主探究留有比较充分的空间，学生逐渐学会学习，在经历阅读、猜测、推理、问题解决、交流、反思等过程后呈现出较好的思维品质，优化了学习行为，提高了学习质量。

2. 促进了教师课程领导力的提升。在数学阅读课程资源开发与利用的过程中，牵引教师角色发生深度转型，促进了教师课程资源创生意识的觉醒、课程资源观的转变，教师逐渐认识到自己要提高课程资源的创生能力，要创造性地使用教材，开发和调试课程学习资源，让学生可理解、可处理，为学生探究性学习提供针对性支持。教师逐渐转变为课程资源的提供者、学习任务的设计师、学习过程的指导者和评价者，课程领导力不断提升。

3. 进一步夯实了书香贡院的品牌特色。数学阅读的开展为学校阅读课程的建设注入了新的生机与活力，丰富了学校阅读的课程资源，进一步巩固了学校在优势领域的地位，夯实了书香贡院的品牌特色。

（二）实践反思

通过数学团队的努力，学校初步建立了从课内—课内外结合—课外整本书的数学阅读课程资源体系，形成了序列化、有梯度、有层次的数学阅读课程资源的丰富供给，为进一步建构数学阅读课程体系打下了坚实的基础。接下来，我们将进一步深化资源研发，以生活中真实问题为载体创编课程资源，把真实的问题带入真实的情境中去解决，能让学生喜欢投入到有趣的、探索性的数学阅读活动中去，切实体会到阅读、学习与真实世界、内心世界的联系，体验学习价值感，发展核心素养，为未来的终身学习奠基。但是进一步的发展也对教师的课程能力提出了更高要求，前行的道路也会更加艰难，今后我们将会以更加百折不挠的精神，不断提升课程的专业品质，为学生的长远发展赋能！

全学科阅读在初中化学学科的
阅读实践探索

卢青青　　刘雪竹

有关初三学段及化学学科的阅读能力研究目前很少，而阅读能力在初三化学教学中必不可缺。笔者对所教三个班级 84 名学生开展初中化学学科阅读应用能力提升实践探索的实验研究，实验结果表明各层级后测成绩较前测成绩有了显著提高。

一、研究方法与路径

研究方法：笔者针对所教班级采用实验研究的方法进行单组前后测（X_1 O X_2）。

控制变量：学生不变，教师不变，教学风格、教学形式等都不变，科普阅读文章训练题目难度相当、分值比例分布相当。

由此基本形成如下四个阶段的研究：

第一阶段：前测—通过三篇典型的科普阅读文章在全体学生中进行前测，师生了解现阶段学生的阅读能力和水平。

第二阶段：教学实施—每两周完成一篇文章的阅读，教师依据文章内容设计题目，并依据能力进阶要求将学生的作答情况分别进行不同层级标准的评判，并及时将结果反馈给学生。

第三阶段：中期—总结学生成果，反思问题，提出改进建议，制定下一阶段的措施。

第四阶段：后测—通过一道试题检测学生的阅读水平，总结研究成果，撰写研究报告。

具体如下图 1 所示：

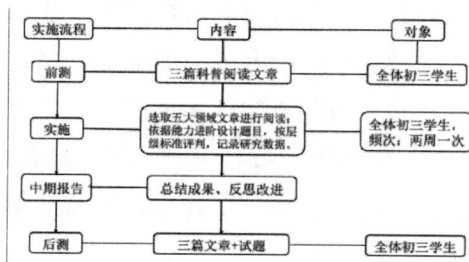

图 1　研究方法与路径

不同层级评判标准：对阅读应用能

作者简介：卢青青，北京市通州区梨园学校化学教师，二级教师；
　　　　　刘雪竹，北京市通州区梨园学校化学教师，一级教师。

力的提取信息—整合信息—解决问题—精准表达四个能力阶层，依据不同层级进行量化。具体内容如下表1所示：

二、阅读文本选取

具体化学阅读文本如下：1. 化学史；2. 科普小论文；3. 科技前沿小短文；4. 化学与生活；5. 科研化学等。文本的来源主要是书籍、文献和网络。其中化学与生活方面包含的内容丰富，涉及的领域广泛，可以是食品化学、医药化学、应用化学、能源与环境等；科研化学涉及了工业流程、实验步骤、报告分析、数据处理、反思与评价等。

三、研究结果及分析

笔者从选择的阅读文本中选取难度相近、阅读量相近的文章进行前后测，测试题目控制题目分布相同：即提取信息层级3道题目，整合信息及精准表达层级1道题目，解决问题层级1道题目，共计5道题。按照表1赋分标准，每道题最高得分3分，满分15分。

前后测相隔2个月进行，从不同的能力阶层进行成绩得分情况统计，得到各能力层级及总分平均分如下表2所示：

分析上表数据，可看出，学生在阅读科普文章基础上进行整合信息、精准表达及解决问题的能力上有显著提高；提取信息能力上前后差别不大，但得分较高。此数据结果可在一定程度上说明笔者针对初三学生进行化学阅读应用能力训练策略的有效性。

表1　各层级得分标准

能力阶层	层级标准	赋分
提取信息	能完整且正确提取	3
	部分正确提取	2
	只有个别正确提取	1
整合信息	能熟练应用比较、分类、归纳、推理等方法进行正确加工整合	3
	基本能应用比较、分类、归纳、推理等方法进行基本加工整合	2
	只能应用比较、分类、归纳、推理中部分方法进行片面加工整合	1
解决问题	能正确且思路清晰地进行问题解决	3
	解决问题部分正确、思路有障碍点	2
	解决问题个别正确、思路混乱	1
精准表达	能准确使用化学语言表述	3
	化学语言表述时基本规范	2
	化学语言表述混乱	1

四、教学实践方法分析

（一）分层级提升

为有效提升学生的化学阅读应用能力，笔者首先将阅读应用能力在结合所教学生的基础上进行层级划分，从基础的提取信息能力到最后的解决问题上层层推进，分段分层级进行提升训练。将信息的提取与整合能力提升之后，再对学生的解决问题及精准表达进行针对性训练，循序渐进，促进学生阅读应用能力进阶。

（二）串联线上与线下阅读

有效利用线上平台，选取与化学相关的科普文章，将线上阅读纳入阅读能

表2 阅读能力各层级及总分得分情况

维度	提取信息		整合信息＋精准表达		解决问题		总分	
	前测	后测	前测	后测	前测	后测	前测	后测
平均分	8.17	8.27	0.54	1.56	1.85	2.86	10.56	12.69

力提升的常见模式中，与线下所学知识进行结合补充，延伸阅读内容的广度与张力。内容选择上注重趣味性与通俗性，以趣味性做驱动，以阅读的易获得与易理解强化学生阅读动机。由此既可增强学生阅读的趣味性，又可在其中渗透一些科学常识以及课堂教学知识的延伸，具体题目设置可针对学生提取信息与整合信息能力进行训练。

（三）跨学科方法迁移

科普文章的阅读在与语文阅读方法上有其异曲同工之处。在科普阅读中笔者将语文中的阅读习惯与方法迁移至化学之中，在阅读教学中培养学生勾画重点及关键词的习惯，注重批注，并且学生可逐渐形成自己的符号标记系统。另外，多多运用归纳加工的方法强化学生对于段落大意的概括能力，同时可以训练学生学会将散落的信息进行综合归纳的能力，而这正是阅读能力进阶中整合信息与精准表达能力的有效提升途径。

数学阅读：为学生的成长增值赋能

刘东旭

伴随着全民阅读时代的到来及基础教育课程改革的不断深化，要求教师树立大阅读观，开展全方位、立体化的阅读育人行动。本文进一步厘清数学阅读的价值与内涵，寻求开展数学阅读的策略与路径。结合具体教学实践，探索并形成两条路径、三种方式与四"hua"策略紧密结合的数学阅读样式。

一、数学阅读的内涵

对于数学阅读，不同的研究者有不同的理解，但其本质体现在：一是数学阅读需要阅读主体调动自身已有的数学知识、经验和背景；二是阅读主体需要从数学文本中提取信息，实现数学语言的转化和互译；三是阅读主体在阅读过程中要实现有益的知识和方法的建构。基于以上分析，我们认为数学阅读是学生在自身已有的知识经验基础上，对数学阅读材料进行感知、理解和记忆，从而实现数学意义的个人建构的活动过程。学生通过对数学材料的阅读，理解其中的数学知识，体验到数学文化，欣赏数学美，提升数学素养，提高解决问题的能力及自主学习的能力。

数学语言具有简洁、无歧义的特点。在阅读过程中，读者必须认读感知阅读材料中有关的数学符号、图形符号等，理解每个数学术语。而这些符号往往内涵丰富，与自然语言差别很大，要求在阅读中语言转换频繁，是一个内部语言的转化过程，最终要用自己的语言来理解数学定义或定理等，是对新知识的同化和顺应的过程。在数学阅读过程中，数学材料主要是以归纳和演绎的方式呈现，具有一定的严谨性，因此数学阅读需较严密的逻辑思维能力，要求记忆、理解、抽象、分析、归纳、类比、联想等思维活动都充分调动才能达到好的阅读效果。

二、数学阅读的实践

（一）两条路径两条路径，即是课内阅读和课外阅读相结合。课内阅读主要是阅读数学课本和教师为完善教学而补充的材料，包括例题、公式、

作者简介：刘东旭，北京市通州区教师研修中心研修员，高级教师，北京市学科带头人。

概念、习题、图表及拓展阅读材料等。补充的材料是指教师为授课需要而给学生增添的教材上没有的内容，如根据不同学段和兴趣而选择图画、童话、故事及史料、背景材料等。这些补充材料有利于教师创设教学情境，进而吸引学生的学习兴趣。课外阅读是指在课堂之外阅读的其他数学材料，以数学小故事、数学儿歌、数学游戏、数学漫画等形式为主的文字、图画或其他渗透数学知识和思想方法的资料等，如书籍、报刊等。

（二）三种方式

在课内阅读与课外阅读两条路径相结合的基础上，教师在实践过程中主要采用浸润式、主题式、拓展式三种方式（见图1）。浸润式主要是课内阅读的方式，阅读和数学教学是"随风潜入夜，润物细无声"的关系，教学中教师在课堂教学的每个环节均要留下阅读的痕迹。主题式的阅读内容来源于课内学习的知识，是自然单元或主题单元的一种整体的阅读。比如三年级《长方形和正方形的周长》单元，教师安排"机械猫和尺子"的绘本阅读。在小学的第一学段，教材中均有"学看钟表"以及"时间"的内容，教学时以"时间在哪里"为主题，引导不同年段的学生开展相关阅读，教师根据内容设计导读单，引导学生整体阅读。拓展式阅读主要是指对课本以外

内容的阅读，教师开发多品种、多形式的数学普及类读物，使学生有足够的机会阅读数学，了解数学，欣赏数学。

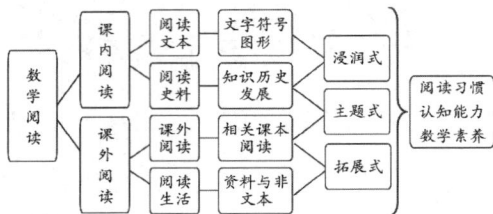

图1　数学阅读的两条路径与三种方式

（三）四"hua"策略

四"hua"策略具体包括：一划即重点圈画，二化即转化互译，三画即思维可视，四话即交流表达。在具体教学实践过程中，教师将学生阅读与思维发展紧密结合（见图2），粗读要求学生进入思维准备阶段，初步获取材料的基本信息，了解材料的基本内容，并提出困惑与问题。通读是思维的酝酿阶段，教师引导学生关注解决问题的相关信息，使学生的阅读有更明确的指向性。精读是思维的领悟与突破阶段，在通读的基础上结合思维分析问题、解决问题，领会材料的精髓。解读是思维的检验与完善阶段，对所学内容进行运用，通过问题变式，学生对一个问题从宽度与广度进行扩展，让思维具有发散性，并对阅读内容进行扩展。在此基础上，我们提出数学阅读课教学活动过程（见图3），在整个过程中，数学阅读更注重数学的分析、评价与综合，培养学生的高级思

维能力。

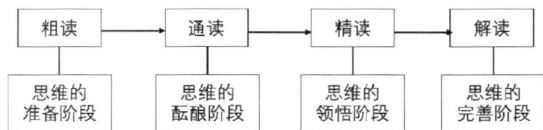

图2　数学阅读课思维进阶过程

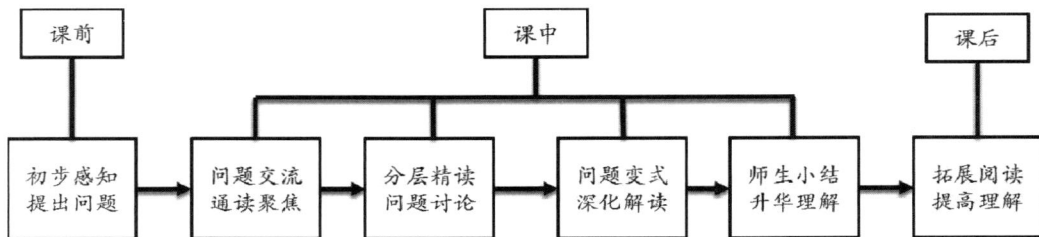

图3　数学阅读课教学活动过程

如何去评价数学阅读的效果？"授人以鱼不如授人以渔"，"授人以渔不如授人以筌"，数学阅读是教师引导学生在阅读中学会用数学的思维进行问题解决，是一种学习资源的补充，学习方法的掌握，是引领学生从学会走向会学的重要支架。

三、数学阅读的愿景

随着研究的不断深入，我们不断追问数学阅读的价值究竟在哪里？数学阅读和文科阅读的主要不同在哪里？如何体现阅读与"深度学习"的无缝衔接？

参考文献：

[1] 王旭勤，张红平．基于数学学科核心素养的数学阅读教学研究 [J]. 教育理论与实践，2020，40（29）：59-61.

[2] 赵晨洁，叶志锋，段梅．从"阅读"到"阅读素养" —— 基于 PIRLS、PISA、PIAAC 的比较研究 [J]. 图书馆建设，2019（06）：102-109.

三环阅读在科学学习中的运用

轩　艳

摘要： 在全学科阅读项目的引领下，为了让学生与科学课中的文本进行有效对话，深化学生对科学的认识，提升学生的科学素养，于是课程设计结合学科特点、现实生活以及学生实际，设计了切实、有效的阅读活动主题——"三环式阅读教学"。此教学策略包括：课前自由阅读，课中聚焦阅读，课后延伸阅读。在这个教学策略的引领下，进行了以学科阅读为主线，学科活动为载体的科学探究性学习。

关键词： 三环式阅读；课前自由阅读；课中聚焦阅读；课后延伸阅读

小学科学教学内容与人们的生活有着密切的联系，同时也是学生认知科学的初期阶段。作为教师应引导学生对教学内容进行科学的阅读，实现学生与文本的有效对话，深化学生对科学的认识，提升学生的科学素养，从而推进科学的阅读方式，改革传统的教学模式，延伸阅读的范畴。在全学科阅读项目的引领下，以学科阅读为主线，学科活动为载体，进行科学探究式学习。

我们教研组根据学科特点、现实生活和学生实际，设计了切实、有效的活动主题——"三环式阅读教学"。每一次科学阅读课我们都采用课前自由阅读、课中聚焦阅读、课后延伸阅读的教学策略。基于这个阅读主题，下面我以"有趣的动物反应"这一课为例，谈谈在平时的教学中我是怎样提升学生阅读能力的。

一、课前自由阅读，激发了学生的好奇心和求知欲

美国学者希克森特米哈伊明确提出：通往创造性的第一步就是好奇心和兴趣的培养。小学生对周围环境中的许多事物都感到新奇，他们想要观察、探索、询问、操作或摆弄这些事物。

为了保护学生对科学的好奇心和求知欲，在课前注意让学生进行自由式阅

作者简介：轩艳，北京市通州区梨园镇中心小学科学教师，一级教师。

读，这种阅读方式可以尽情地想自己所想。但这种自由阅读又不等于只是为了完成任务式的阅读，而是要求能"钻"进去，读出阅读内容的精要，或者是既能"钻"进去又能"走"出来，既入乎其里，又出乎其外。课前自由阅读是对阅读内容的一种自由的、多元化的解读，是一种自由的鉴赏、自由的品读。

学生在课下阅读了大量和动物有关的知识，有小刺猬的特点、鸽子喜欢的食物、螃蟹为什么横着爬等内容。本节课从学生课前阅读的小故事入手：夜晚的森林里，四处静悄悄，动物们都睡着了。突然一只小狼大声嚎叫，声音听起来特别凄惨，小兔子同情地说："小狼是不是找不到妈妈了？"兔妈妈回答说："孩子，当然不是的。狼白天很少活动，它们在夜晚嚎叫，是为了召集同类，然后成群结队出去寻找食物。雌狼发出声音有的时候是为了召唤他的幼崽，而雄狼在求偶的时候也会发出嚎叫声。"小白兔恍然大悟："以后听见狼的嚎叫，我一定要快点躲起来啊！"学生讲完故事后，又给其他同学提出了一个问题"为什么狼会在夜里嚎叫？"这个过程激发了学生的好奇心和求知欲。在教学过程中，把学生在阅读中遇到的问题作为切入点，有效地组织了整堂课的教学活动。

二、课中聚焦阅读，培养学生乐于探究的科学态度

在《小学科学课程标准》中有这样一段叙述："科学学习要以探究为核心。探究既是科学学习的目标，又是科学学习的方式。亲身经历以探究为主的学习活动是学生学习科学的主要途径。"科学探究要让学生保持和发展他们想要了解世界、敢于尝试的愿望，乐于探究和发现周围事物奥秘的欲望，珍爱并善待周围环境中的自然事物，逐步形成人与自然和谐相处的意识。

如何向学生提供充分的科学探究机会，使他们体验学习科学的乐趣，提高科学探究能力，获取科学知识，形成尊重事实的科学态度，这是养成良好科学探究品质的关键。利用不同形式的聚焦阅读，不断培养学生乐于探究的科学态度。

（一）单一图片聚焦阅读

单一图片聚焦阅读是让学生认识动物的局部感官：眼睛、耳朵、鼻子和嘴的特征，在认识局部感官特征的基础上，了解每一种动物需要利用哪些感官去感受外面的世界。

（二）复杂图片聚焦阅读

复杂图片聚焦阅读是在认识局部感官的基础上进行的整体认识，利用聚焦阅读，学生发现蛇是利用不断地吐出舌头，搜集周围空气中猎物发出的气味儿，从而捕捉到猎物的。鹰在高空也能捕捉到地面上的猎物，是因为它有一双敏锐的眼睛。马的耳朵会灵活转动，能搜集周围发出的细微声音，并做出相应的反

应。在整体认识的基础上，学生进一步了解动物主要利用哪种感官感受外面的世界。

（三）情景聚焦阅读

情景聚焦阅读是让学生感受动物会在什么情况下，做出哪些相应的反应。在小兔子寻找食物的这个情景中，当把一个胡萝卜和一个文件夹分别放入两个白色纸袋中的时候，小兔子能利用鼻子这种感官迅速找到自己喜欢的食物——胡萝卜。利用情景聚焦阅读，学生发现小兔子的嗅觉是非常灵敏的。在这个环节中，学生还发现小鹦鹉喜欢的食物是麻籽，当把小米和麻籽分别放入鸟笼时，小鹦鹉迅速地过来吃麻籽，对小米一点反应都没有，说明小鹦鹉对麻籽这种食物比较喜欢。

在聚焦阅读这个环节中要进行学习分享，这一过程有讲解，有提问，同时加以重点阅读，小组探究阅读、汇报，能够把通过阅读把学到的知识展示给大家。不断地提高学生的各种阅读能力，让学生在学习中学会方法，掌握方法，学有所获。这个教学环节通过聚焦阅读来培养学生的探究热情，以及对大自然的喜爱。

三、课后延伸阅读，培养学生尊重事实的科学品质

对科学探究活动而言，一节课的时间是远远不够的，因此教师引领学生进行课后延伸性阅读活动，结合所学内容在课后找到相关信息继续阅读，并把所见所想所感形成文字性材料或是视频性材料与大家进行分享。

有些孩子家里饲养了一些小动物，通过让孩子观察这些小动物，比如小鹦鹉、小蜗牛和小乌龟等动物的反应，并把它们的行为表现利用视频或者文字资料记录下来了，培养了学生尊重事实的科学品质。

这节课是在有意识、有目的、有方法的基础上，让学生观察更多动物如何利用眼、耳、鼻等器官对周围环境做出反应，旨在让学生积累多种动物利用不同感官感知环境的事例，逐步拓展对"动物的反应"的认识。这个活动发展了学生用不同方式获取动物反应信息的能力和分析归纳信息的能力。

经过一段时间的"三环"阅读，使学生对《科学》课产生了浓厚的兴趣，这有利于学生接受语言知识，促进思维发展，促进智力开发，同时也提高了阅读能力。总之，阅读，使人思维活跃、智慧聪颖；阅读，使人视野开阔、志存高远。阅读能使学生茁壮成长，良好的科学阅读品质也会逐渐形成，这样的品质会对孩子的整个学习，甚至整个人生产生深远影响。

抓住教学时机 提升阅读能力

——例谈小学生数学阅读能力培养

张 静

摘要： 苏联教育家斯托里亚尔说："数学教学也是数学语言的教学"。语言的教学是离不开阅读的，而阅读是学生汲取知识的重要手段之一，阅读能力是学生终身学习的基础，是可持续发展的一个重要标志。数学阅读能力是数学核心素养的重要组成部分，拥有良好的数学阅读能力是具备良好数学思维的前提和基础。因此，在日常课堂教学中，要善于抓住阅读时机，引"读"有"方"，帮助学生逐步形成阅读素养，提升自主学习能力，发展数学核心素养。

关键词： 教学时机；小学数学；阅读能力

数学阅读是学生根据已有的知识经验，主动获取信息，汲取数学知识和方法的学习活动。数学阅读是学生发展数学思维，学习数学语言的重要途径。而数学课堂则是培养学生数学阅读能力的主要阵地。在数学课中，教师要根据不同的学习内容、不同的学习环节以及学生不同的心理和认知特点，把握好教学时机，适时提出阅读要求，提高数学阅读的实效性。

一、"铺垫新知"时阅读

学生新知的学习，需要一定的知识准备来支撑。在新授之前，先让学生独立阅读教材中相应的章节，有利于提高学生自主获取新知的能力。学生带着阅读后不懂的问题听课，也会增强听讲的实效。

例如在《认识小数》一课的预习中，让学生自学0.1元，并设计一道这样题：用画图的方式，表示出0.3元，并说说你为什么这样画？通过这样的预习，为学生提供较大的阅读思考空间。课上交流、反馈时，学生展示的方法精彩纷呈：线段图、方格图、平分圆形……

再如教学《比例尺》一课前，给学生安排了先阅读教材的环节，并提出阅读要求：（1）认真阅读教材32页上的内容。初步认识比例尺，理解比例尺的

作者简介： 北京市通州区永顺小学数学教师，二级教师，区青年骨干教师。

含义。(2)在理解比例尺公式的同时思考：为什么写比例尺时通常比的前项用"1"表示？后项用"1"表示行不行？带着这两个问题阅读教材，学生能够基本掌握"比例尺"的概念，也找到了不懂的地方，从而使听课更有目的性，对新知不再是被动的接受，而是主动的探究。

二、"引发冲突"时阅读

学生学习新识，除了需要充分的知识准备之外，还需要一种积极接受新知的心理状态。课堂上选取合适的材料，恰当地安排一个阅读环节，使学生产生内部认知冲突，激起学习新知的心理需求。

例如教学《平均数》时，出示图片：三个笔筒，每个笔筒里分别装着一些铅笔。让学生自主读例题时去思考：怎样移动才能使每个笔筒里铅笔的数量同样多？学生或动手操作学具、或画图示意，很快就找到了"移多补少"的方法。利用阅读加操作，巧妙地促使学生带着要解决的问题，悄悄地阅读了例题的解题过程。接着追问：当笔筒个数超过了3个时，"移多补少"还方便吗？"移多补少"与例题中求平均数的方法有什么联系？于是，认知矛盾产生了。这时利用数学阅读，让学生手、脑、口等多感官参与，激活了思维，也激发出了学习新知内驱力。

三、"探究方法"时阅读

小学生的认知水平有限，思维经常会与新知学习的方向有所偏差，所以在获取数学新知、探索解题思路的过程中常常会有思维障碍。此时引导他们对数学文本进行阅读，便能突破原来的定势、重新激活思维，从而找到解决问题的途径，提炼出解决问题的方法。

例如在教学《梯形的面积》一课中，认识了梯形的一些基本特征后，提出求梯形面积的要求。学生根据以往学习三角形面积的经验，很快想到应设法把梯形转化为熟悉的已经学过的图形，从而得到求面积的方法，甚至也能意识到这个"熟悉的图形"应该是平行四边形。但怎样才能把梯形转化为平行四边形呢？就在学生一筹莫展时引导学生阅读课本上介绍的方法。通过阅读教材学生找到了解决问题的方法，便高兴地拿起准备好的材料进行操作。

再如教学《角的度量》时，引导学生在"粗读"教材内容中初步感知新知，在"细读"中思考：为什么要有统一的度量工具和计量单位？量角器上的有哪些内容？怎样用量角器进行角的度量？用量角器量角时要注意什么？这样层层递进，将教材分层理解。最后在"精读"中，有取有舍，概括出每一层的内容。这样，通过三次阅读并伴随一系列的分析、概括等思维活动，促使学生全面、准确地掌握了角的度量方法。

四、"解释疑惑"时阅读

学生在听课、讨论、解题中出现疑

惑时，也可以引导其对教材的某些章节或教师特地设置的阅读材料进行阅读，从而达到自我释疑的目的。

比如当有些学生认为"周角是一条射线，平角是一条直线"时，引导他们去阅读教材中关于"角"的内容。通过阅读明确这两种角比较特殊：平角的两条边是从顶点引出的两条方向相反的射线，两边在同一直线上，但不能说"平角就是一条直线"。周角的一条边绕着顶点旋转了整整一周，和另一条边重合了，看上去是一条射线，但不能说"周角是一条射线"。从而认识到：平角和周角都是角的一种，它们也有一个顶点和两条直直的边。

再如：把 3 米长的木条平均分成 7 段，每段长多少米？每段占全长的几分之几？受分数意义的影响，很多学生不理解为什么每段长是米，而不是米。于是就让学生比一比"每段占全长的几分之几？每段长多少米？"这两个题有什么不同，分别求的是什么？它们在意义和叙述上有什么区别？通过对比阅读，学生对"分数和除法"的意义、联系、区别就进一步理解了，如果再遇到类似问题，学生就能正确区分，灵活解答。

五、"拓展视野"时阅读

每次新的数学突破背后都有一个伟大的数学家，每次数学研究的背后都有一段动人的数学故事，每个数学知识的背后都蕴含着丰富的数学文化。因此，在数学教学中，教师要努力引导学生进行数学阅读，领悟数学知识背后的人文因素，拓宽学生的阅读视野、提升学生的阅读能力。

如教学《圆的周长》时，将教材 66 页的"知识窗"——祖冲之和圆周率，用到新授之前，让学生自主阅读，认识"圆径一而周三有余"，了解"割圆术"这一计算圆周率的科学方法，激发学习圆周率的积极性。教学《圆的面积》时，介绍古代是如何测量田地的；教学《认识方向》时，介绍古人的伟大发明——指南针；教学《小数的意义和读写法》时，介绍数学家刘徽提出的"微数"，……像这样精心准备阅读资料，把数学知识的习得与祖国的传统文化相结合，既激发了学生的阅读热情、发展了学生的数学思维，又陶冶了学生的情操、完善了学生的人格，让学生在感受数学文化价值的同时，数学本身的人文内涵也得到了进一步拓展。

总而言之，数学教师也要重视数学阅读，善于抓住教学时机，培养学生的数学阅读能力。做到：勇于退出去，适时站进来。教师要敢于放手，让学生每个阅读环节去尝试探索。教师要成为学生进行数学阅读的合作者，适时地予以点拨和引导。以阅读活动促使学生获得终身学习的本领，真正实现了数学阅读的价值。

"任务型阅读"在初中数学教学中的应用策略

刘 雅

摘要：初中数学课程标准认为，数学教师应当注重对学生各种能力的训练，主要包括数学探究能力、数学朗读能力、及数学运用能力。其中，数学阅读能力是指学习者利用读书获得知识，逐渐形成了自主学习的意识与习惯，以便于合理改变学生的读书方法，从而发挥自主认知、自我调节的元认知能力。笔者以为，在初中数学教师课程上开展的"任务型阅读"课程，不但建立了新型的数学课堂教学模型，还形成了任务式教学方法。所以，在日常课堂中强化对"任务型阅读"课程的阅读引导，以促进并建立了学生自主学习、合作研究的良性学习气氛，教师将学习的自主权交给了学生，与教师平等合作，使课堂变成了学生有效学习的舞台。

那么，什么才是初中的数学教材或"任务型阅读"？笔者以为，任务型阅读是指由老师针对初中生数学课程的目标与教学内容，创造性的设计出贴近学生学习、生活的具体任务，在教学上抛出任务，调动学生参与的热情，以数学思想、方式与观点来指导学生认识与吸收在数学经验中蕴含数学文化的读书活动。也就是说，在数学学习的过程中，数学阅读这一工具能给学生提供很好的阅读载体，让学生在阅读过程中形成一股强烈的学习内驱力。

一、阅读过程的指导策略

初中"数学任务型阅读"的课程"，主要包括：设计任务、下达任务、教师沟通与互动、学生评分等四大环节。通过抛出"任务"，去落实"阅读"，进而实现教育目标。那么，怎样采取适当措施来引导初中数学"任务型阅读"的教学？

（一）抛出任务，自由阅读

数学学习中，常常有一些"教师的"解题思路不能有效地成为"我们的"（学生的）解题思路，遇到这种问题，怎么

作者简介：刘雅，运河中学数学教师，一级教师，区骨干教师。

办？教师的建议是对这一问题进行重复思考，并进一步思考是不是暴露了我们在学习方式中的某些方法的不足。所以，必须以学生为主要读书对象，按照任务，通过独立读书的方法，不限制时间，根据学生自己的学习能力，自主进行读书活动，以便完成老师所下达的基本任务。在学校的读书过程中，老师可以做出必要的指导与关注，以防止学生盲目无效的读书，从而导致阅读活动流于形式。所以，在课堂上进行自主读书活动，就必须要和任务相结合了，自主不等同于随意，有"任务"可以指导读书，阅读也能推动任务的进行，真正取得想要的读书成效。

（二）营造氛围，生生阅读

自由阅读给予学生空间较大，但受到学生的自觉性和阅读能力的影响，具有一定的局限性。在课堂上进行任务型阅读时，可以把孩子分为若干个小队，从读书中培养出小队的协作能力，这种读书方法主要分为组中读书和小组间读书。组中读书是指小队成员开展分工协作，围绕读书中存在的难点和探究型问题展开研究，组员间产生共鸣，最后实现读书的小目标。组间阅读则是范围更大，更便于学习者们彼此深入地去合作与沟通，从而形成一种合力。但组间阅读，涉及人员较多，容易影响到课堂纪律，这就需要教师进行适时的把控，以免造成课堂的混乱失控。

不论是选择哪一种阅读方式，教师都要在课堂上对学生的阅读不断地进行反馈和评价，极大地激发他们在数学课堂上的兴趣与参与度。

（三）促进交流，师生共读

自由阅读和生生阅读，都需要学生在阅读过程中独立面对随时出现的问题，阅读难度比较大，虽然在小组合作交流的基础上可以一定程度上解决部分简单问题，但还是远远不够，还需要师生共读去完成一些较复杂的任务。

师生共读不是教师代替学生去阅读，而是教师引导学生深入研读，寻求解决问题的办法。教师在阅读过程中不断启发，让学生逐渐深入的阅读，从而一步步达成任务目标。通过这样的数学阅读过程，他们在课堂上能够很大程度地对自己的学习进行控制，尤其是遇到讲授的重点时，不再需要教师提醒了，而是有了一种自我意识。

二、阅读任务的设计策略

初中生心理学知识告诉我们，与学生阅读材料有关的基本背景知识的掌握程度，是判断学生对读写的浓厚兴趣和达到理解能力水平的关键原因。在数学课程中，老师能够运用各种方式设计阅读前的任务，有助于学习者把原有知识点和阅读中产生的新知识点有机融合，促使学习者整体掌握阅读材料。

（一）展示相关资料，激发阅读兴趣
在阅读前，可以通过文字、图片、

影像等方式呈现相关的阅读背景资料，这些资料可以是数学史实、生活事实、数学实践应用等。通过这些背景资料使得学生对将要阅读的内容形成初步认识，明确知识的来龙去脉和因果关系。例如，在教授二元一次方程组的解法时，可以给学生介绍古代有趣的鸡兔同笼问题，让学生阅读相关材料，激发学生学习方程组的兴趣，也推动学生对阅读材料的理解。用数学阅读改变初中数学学习的习惯，实际上是通过阅读材料的提前提供，让学生对后续的学习产生学习兴趣与动力，并在坚持的过程中让学生形成良好的学习习惯。

（二）开展学生活动，形成阅读目标

阅读任务并不但是简单的指令，是贯穿于学生整个学习过程和课堂教学中的重要活动。完成任务的过程是指学生阅读活动的过程，任务是学习活动的载体，在学习活动中进行读书任务，并在读书任务的指令下进行教学活动，是初中数学课堂上进行任务型阅读的目的。因此，在设计"二元一次方程概念教学"的阅读任务时，教师要实现弄清楚核心概念包含了哪些基本要素，概念中的关键词"元"与"次"怎样认识，而通过理解二元一次方程的基本概念，以及如何类比延伸有助于学习者认识和掌握概念的内涵与实。

（三）设计任务，引导阅读学习

教师在阅读教学前，一定要做好充分的准备，精确备课，深挖教材资源，提前预设阅读任务，明确教学目标和阅读目标的达成可控度。例如，在讲授"反比例函数"的性质时，可要求学生根据已学的一次函数画图步骤，类比得出反比例函数图象的画法，再引导学生数形结合观察函数图象研究反比例函数的性质。设计阅读任务时，各个年级的要求和方法都不相同。比如，初一年级主要采取预设性设计，教师抛出任务，学生带着任务进行学习；初二年级则主要采用师生共同设计任务，既提前预设任务，又在教学过程中生成任务；初三年级学生年龄较大，自觉意识较强，可以完全采取学生自主设计，不局限于一节课、一个教学单元或一个知识板块，可跳跃式设计任务包，充分体现"任务包"对学生的学习指导作用。

（四）分析学生学情，下达任务

学生的阅读能力和自控能力影响着任务阅读的效果。因此，教师在给学生下达任务时，要认真分析学生的心理和学习特点、结合教学情况来选取既适度又有一定拔高的教学任务，从而满足各个层次学生的学习需求。在实施任务型阅读教学时，各个层级的任务需要兼顾下达，关注并引导学生明确要达成的具体任务。首先，可以提前发给学生任务单，让学生整体感知并且明确自己即将要完成的任务，主要学生就可以做到心中有数的开展自己的阅读，同时进行生生和师生的交流互动。其次，也可逐渐深入式的下达任务，先设定一些较为简单的任务，让学生慢慢进入阅读状态，铺垫好进一步学习的基础，紧接着再下达创新探究型的任务，让学生去思考、探索，体验知识的发生过程，激发出学生学习数学的热情，从而逐渐深入的达成阅读和教学的目标。

总之，初中数学任务型阅读是以学生的自我经验和能力为基础，通过下达任务来引导阅读过程，让学生在阅读学习中不断的解决数学问题，激发出内心源源不断的学习动力，从而更好的完成教学目标。因此，初中数学教学中要重视数学阅读，要针对学生出现的问题，进行针对性的阅读，只有这样，才能让其发挥最关键的力量。

参考文献：

[1] 史紫冰. 核心素养下初中数学阅读课堂的构建研究 [J]. 文理导航·教育研究与实践，2019(8) .

[2] 蔡玲玲. 培养初中生数学课本阅读能力的教学策略研究 [J]. 考试周刊，2019(2) .

物理学科阅读在初中物理教学中
的探索与实践

齐媛媛

摘要： 在全学科阅读理念日趋深入人心、阅读的意义得到广泛认同的当下，物理学科的阅读也越来越凸显其在教学中的重要作用。通过不同目的、不同方式、不同题材的物理学科阅读，学生能够开拓眼界，积累知识，体会物理学科的价值，感受物理学科的魅力，激发学习物理的兴趣，培养学习物理的能力，提升学生的学科素养。

在全学科阅读的大背景下，阅读成为了物理学科学习的一种独特方法。在阅读过程中，通过挖掘文章内涵激发学生阅读兴趣；通过阅读方法指导培养学生阅读习惯；通过阅读情境提问，深化学生对已有知识的理解和运用，提高学科能力；通过阅读材料分析，引导学生形成物理观念和物理思维，提升学科素养。为此，在教学中应该重视阅读教学，使学生在阅读中不断提升学科能力，并逐渐形成适应个人终身发展和社会发展所需要的必备品格。

一、通过阅读进行自学

义务教育物理课程标准中指出，要把收集信息、处理信息等过程都列入教学设计的范畴。教学中，通过问题引领等方法，让学生在阅读中经历获取信息和分析问题、知识构建和知识内化等过程。

（一）课上阅读课本的内容进行自学

充分利用课本上的课文、"知识窗""相关连接"等进行阅读，收集信息，学习知识。比如，借助《超声波及其应用》一文的阅读，让学生了解超声波在生产生活中的应用，借助《连通器》中的"知识窗"的阅读，让学生了解长江上船闸工作的原理，借助《家庭电路》中的"相关链接"的阅读，让学生学习家里为什么使用三孔插座，怎么使用三孔插座，什么样的用电器要使用三孔插座等等。通过阅读，学生学习了知识，培养了阅读习惯和学习能力。

（二）课下阅读查阅的资料进行自学

把阅读资料等课后活动作为课后作业的一部分。比如，在学习《探究动能

作者简介：齐媛媛，甘棠中学物理教师，一级教师，区骨干教师。

的影响因素》前，让学生课后查找资料，找到让小球在水平面上有相同运动速度的方法，有的同学查阅到"伽利略比萨斜塔实验"，在这一启发下，再经过组内讨论和老师点拨等过程，学生将比较容易地找到解决问题的方法。通过阅读，激发了学生学习的热情，增强了解决问题的信心，提高了学生的实验技能，还帮助教师有效地突破了重难点。

二、通过阅读进行复习

在一个章节学完后，学生能整理出知识网络，才真正把所学知识内化。若在章节复习时，用一篇合适的阅读材料使所有知识再现，可以帮助学生提高梳理章节知识、构建知识框架的效率。章节复习的阅读材料，通常需要教师进行自我编辑，在文章中把章节知识合理自然的串联起来，再补充必要的课外延伸。

（一）复习《磁现象》一章时，把磁所经历的发现、发展、推广等，按时间顺序进行编排，从春秋战国的司南、宋代沈括的磁偏角、明代李时珍的磁力水、16世纪的航海罗盘、18世纪的磁体之间的相互作用、19世纪的奥斯特实验和法拉第电磁感应定律，到现在被广泛应用的电磁起重器、电磁继电器、电动机、发动机等等，既介绍了磁的来龙去脉，又概况了全章的知识，便于学生进行复习。

（二）复习《电功和电功率》一章时，以"手摇发电机演示实验"为出发点编排文章，并把实验贯穿于文章始终。

围绕实验中"小灯泡是否发光"的问题，展开电流做功的相关知识，包括电功的定义、公式、单位、能量转化、纯电阻电路、电流热效应等；围绕实验中"小灯泡发光的亮暗"的问题，展开电功率的相关知识，包括电功率的定义、物理意义、公式、单位、额定功率、实际功率、额定电压、实际电压、串联电路和并联电路灯的亮暗情况等；再结合小组实验，让课堂更加丰满。

三、通过阅读联系实际

"从生活走向物理，从物理走向社会"是物理课程的基本理念之一，即物理课程应贴近学生生活，让学生通过学习和探索掌握物理知识和技能，并能将其应用于实践，为以后的学习、生活和工作打下基础。

比如学习光现象之后，阅读"散光"的材料，使学生了解眼睛散光的原理和种类，并树立保护眼睛的意识，养成保护眼睛的习惯；学习家庭电路之后，阅读"家庭电路的常见故障及检修方法"，既做到学以致用，又培养学生的家庭责任感；学习磁现象之后，阅读"各种各样的动物'罗盘'"，了解动物体内有某种类似导航仪的"仪器"帮助它们准确定位，感受大自然魅力，激发热爱大自然的情感；学习功和能之后，阅读"鸟儿为什么有如此大的能量"，讨论为什么飞机场周围要驱赶鸟类，既增加学生的生活常识，又培养学生与他人交流和发表自己见解的素养；学习声现象之后，阅读"噪声的危害"，了解噪声给国民经济造成的损失，培养学生的社会责任感等等。

四、通过阅读提升素养

教学中，通过阅读展示科学家的事迹和物理学的发展史，有助于培养学生坚持真理、勇于创新、实事求是的科学精神，树立有可持续发展的责任感和振兴中华的使命感。

（一）人物故事中的物理。阅读钱学森、杨振宁、邓稼先、牛顿、爱因斯坦、安培、伽俐略等科学家的小故事，使学生在潜移默化中熏陶情感，逐渐形成严谨治学、坚持真理的优秀品质，树立刻苦学习、勇攀科学高峰的信念。

（二）古代科技中的物理。以科技馆的展品为依托进行阅读选材，比如编钟、走马灯、两心壶、司南、舂、桔槔、浮桥、龙骨水车等，欣赏古代发明的同时，学习其中的物理知识，了解古代科技对人类做出的贡献，激发爱国情怀。

（三）前沿科技中的物理。阅读嫦娥五号地表最强带货、"北斗"卫星导航系统的发展历程、天问一号探测器介绍、蛟龙号载人潜水器的基本介绍、高压输电中的特高压技术、华为手机的无线充电技术、核电技术、高铁技术、石墨烯新材料应用技术等等，通过阅读了解前沿科技中的物理知识，激发学生的民族自豪感，树立科技创新的意识。

（四）国防军事中的物理。阅读《物理学与军事科技》，了解声波武器、激光武器、电磁武器等军事科技中物理知识的应用。比如我国高新6号反潜巡逻机可通过雷达、声呐、磁异探测器等系统对海面船舶和水下潜艇进行搜索；马伟明院士的航母电磁弹射器，在射程、杀伤力等方面都处于世界领先水平；核武器的物理学原理及带来的危害等等，引导学生珍惜生命，具有保护环境、促进可持续发展的责任感。

总之，通过物理学科阅读，学生的阅读能力内化于行，不断提升，学生从"学会"到"会学""爱学""研学"。

在全学科阅读的背景下，物理学科教师要进行深入地思考，在实践中不断地推进和深化物理学科阅读，以实现阅读观念、阅读资源、阅读方法的改进和突破。

参考文献：

[1] 中华人民共和国教育部制定.义务教育物理课程标准(2011年版).北京：北京师范大学出版社，2012.

[2] 教育部审定.义务教育教科书八年级物理教材（2014年版）.北京师范大学出版社，2019.

[3] 教育部审定.义务教育教科书九年级物理教材（2014年版）.北京师范大学出版社，2020.

[4] 杜霞.《"全学科阅读"，让我把你看清晰》.《中国教育报》2020年04月15日第9版 版名：读书周刊

[5] 叶茂文.《物理学在军事领域的应用》.豆丁网

浅谈初中化学非连续文本阅读策略的渗透

张 磊

摘要： 非连续文本阅读在中考化学中一直备受关注。如何提高学生的非连续文本阅读能力，提高学生答题准确性，一直是笔者探讨的问题。根据学生的认知特点，考试中习题的特点，结合自己的教学实践，充分挖掘教材，对学生进行非连续文本阅读策略的渗透，可以帮助学生由表及里的理解化学学科内容，从而进一步培养学生的学习能力和理性思维，使学生具备较高的学科素养。

PASA 测试（国际学生评估项目的缩写），认为非连续文本是"由列表构成的文本，是与连续文本形式不同的，不是以句子为最小单位的，能够简洁系统的呈现文本关键信息，包括图形、图表等。"化学作为具有代表性的理科类学科，存在很多学科内的非连续文本阅读材料，近年来备受中考青睐，2018-2021 年北京化学中考考查了 20 多副图表。图表的阅读需要学生将化学语言表达形式转化为相应知识与信息进行应用，还要对相关数据进行分析，准确的关联信息，找寻证据，内化知识，要求学生具备较高的学习能力。这就需要教师在日常教学中有意识的、有计划的教授图形、图表的相关阅读策略，循序渐进，日积月累，从而提高学生的学习效率，进一步培养学生的学习能力和科学素养。

一、图形阅读

初中化学是学生学习化学的启蒙阶段，是概念、原理、实验认识的起始阶段。化学又是一门以实验为基础的科学，教材中随处都有实验装置图、示意图、模型图等，教给学生恰当的阅读策略对理解化学反应至关重要。

（一）装置图

学生对于一系列精美又对称的实验装置兴趣颇高，在指导实验装置阅读时要巧妙的抓住学生的心理特点，教给学生恰当的阅读策略——带着问题去阅读和思考。如教材第二章第一节中的测定空气中氧气含量实验（图1）的阅读时可以布置给学生以下问题：①如何检查该装置气密性？实验原理是什么？②该实验开始为什么要对集气瓶进行 5 等分？③止水夹有何要求，为什么？④预测实验现象⑤实验后往往倒吸水不足五分之一，思考原因？⑥由该实验可以得到的实验结论……一系列问题思考式阅读，有效便捷的渗透实验教学内容，同时渗透化学学科中实验探究和证据推理与模型认知学科素养。课上教师演示实

作者简介： 张磊，运河中学化学教师，一级教师，区骨干教师。

验，解决思考中的问题，反思评价自我实验，这一过程提高学生自身实验动手能力以及科学探究能力。

（二）示意图

对于物质、反应的微观本质学生理解困难，教材中多用微观示意图的方式来呈现，帮助学生直观形象的换个角度看世界，加强学生对知识的感性认识，从而降低知识理解的难度。初次接触时需要教师教给学生恰当的阅读策略——多角度观察图形，挖掘示意图中的巨大信息。如阅读电解水实验的微观示意图（图2）时，除了阅读示意图旁的图例信息，教师还需要帮助学生多角度观察示意图，即原子信息（圆圈）和分子信息（结合方式），包括圆圈的颜色、大小、画图方式、结合方式，思考为什么这么画？比较反应前后圆圈的位置变化和同种圆圈的数量、大小变化情况等，可以让学生轻松的理解化学反应的实质即是旧分子破裂为相应原子，原子重新组合成新分子的过程，在化学反应前后原子的种类、数量和质量都没有发生变化。

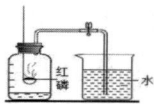

图1

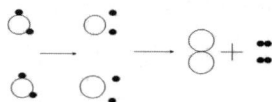

图2

阅读策略的巧妙渗透辅助教学突破重难点，帮助学生主动参与实验探究，提高科学探究能力，认识抽象概念，学生步入从宏观进入微观的物质认识学习，有利于学生宏观辨识与微观探析核心素养的提升；也使学生进一步认识化学阅读的重要性，树立培养自身化学阅读能力的意识。

二、图表阅读

化学中的图表都是经过大量实验积累得出的，是经过实践检验的真理，能够简洁系统的呈现文本的关键信息。教授正确的阅读策略，可以提高学生从图表数据中分析问题获取信息的能力，从而培养学生信息意识素养。

（一）熟悉情境

教材中的一些规律性内容对学生解决问题至关重要，但很多时候学生只知其然不知其所以然，不能理解性的认识知识，解决问题。这就需要教师教给学生恰当的阅读策略——对比阅读，一起推导找出规律。如《溶解度》章节中的溶解度曲线教学，教材中给出了许多的物质的溶解度曲线，也从中获取了很多的信息，授课时我选取初中代表性的物质硝酸钾（KNO_3）、氯化钠（$NaCl$）、氢氧化钙（$Ca(OH)_2$）给出在不同温度下的溶解度，让学生通过描点画图方法画出溶解度曲线。这一过程中，学生体验了曲线由来的过程，深刻的理解了曲线上各点（线上、线下、线中）的含义，再引导通过控制变量对比法，横比——不同温度下同一物质的溶解度，纵比——相同温度下不同物质的溶解度，帮助学生动态的认识溶液和溶解度曲线。

（二）陌生情境

新中考要求学生能够通过分析知识解

决问题和获取信息、表述信息的能力，熟悉的情境素材学生也许还不惧怕，但是新中考题型中会出现很多陌生的图表。学习能力薄弱的学生往往会因为陌生的情境而无从下手，缺乏正确的解题方法，不会"读"图表"，这时需要教师教给学生读图、表的正确有效的策略方法——变量分析 - 获取信息 - 准确表达（图3），帮助学生面对陌生的图表也能泰然处之，助力做题。

如 2019 石景山一模科学探究中的探究二：测得不同 pH 下的溶解氧情况（表1），你得出的结论是什么？

表 1

烧杯	1	2	3	4	5
pH	8.00	8.59	9.29	10.43	11.47
溶解氧（mg/L）	6.88	9.30	13.82	17.57	13.15

面对这样一个陌生的素材让学生进行分析，错样百出，如①溶解氧对溶液 pH 有影响；②在其他条件一定时，本实验范围内溶液 pH 在 10.43 时溶解氧最高；③其他条件一定时，溶液 pH 越大，溶解氧越多；从同学们的答案中可以看出有的学生找不到自变量和因变量（如①），有的学生对表格中信息进行了比较，只答了其中的一点（如②），还有的学生关注了表格中部分信息，答的不完整（如③），针对这些问题教师需要帮助学生梳理表格信息，找到正确的自变量和因变量，重新读题，找到实验目的：测量不同 pH 下的溶氧量情况，自变量是题中改变的量，即溶液 pH，因变量是随着溶液 pH 改变而改变的量，是具体的研究对

象，即溶氧量，溶氧量随溶液 pH 变化，具体的变化规律可以利用理科特有的知识"描点画图"，要求学生将表格数据转化为坐标图的曲线信息，一目了然。

再如 2018 西城一模科普阅读：碱性溶液浸泡。食用碱（Na_2CO_3 和 $NaHCO_3$）溶液有利于农药分解（图4），你能过获得哪些信息。面对一个具有多个自变量，图像变化不单一图像分析，学生的认知往往是片段的，范围广的。这时需要教给学生关注图像的点(起点、拐点、终点)，也要关注整体的规律性，描述要与实验目的相符，更要关注实验条件和范围（自变量），为了实验的严谨性，不可随意扩大范围，区分结论（规律）和结果的差异。

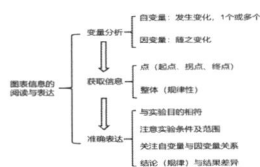 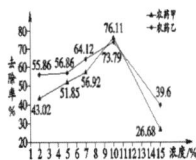

图 3　　　　图 4

总之，在化学教学中的非连续文本阅读，教师要采用科学的方法，通过示范、指导、练习等方式，帮助学生采取多角度观察、对比、类比、归纳、联想、推理等策略进行阅读，举一反三，不断提高学生化学阅读能力，提高解题的严谨性和准确性，可以帮助学生由表及里的理解化学学科内容，从而进一步培养学生的学习能力和理性思维，使学生具备较高的学科素养。

一道数学题撬动了教学反思的支点

——对数学阅读障碍的思考

曹　锁　　陈寒寒

摘要：教育家斯托利亚尔言指出："数学教学也就是数学语言的教学。"数学是由文字语言、图形语言、符号语言组合而成的一种复合型的语言，这些符号语言和图形语言增加了学生阅读的难度。越来越多的教师意识到阅读对数学学习的重要性，但是由于对数学阅读障碍的认识不够深刻，在教学过程中更注重解题过程，而忽视对数学语言的理解。本文是作者通过改进学生活动设计，促进学生主动有意义建构数学知识体系，培养数学阅读能力的一些感悟。

前苏联著名教育家苏霍姆林斯基说过"学会学习，首先要学会阅读"。数学阅读就是读者对数学材料的感知、认读，并通过大脑实现对阅读材料与原认知结构的相互作用，从而形成新的认知结构的过程。通过访谈发现，学生更多的数学阅读障碍是对图形、符号与文字语言的转化和互译。

一、教学反思的导火索

2018 年北京市中考数学第 7 题，跳台滑雪是冬季奥运会比赛项目之一，运动员起跳后的飞行路线可以看作是抛物线的一部分，运动员起跳后的竖直高度 y（单位：m）与水平距离 x（单位：m）近似满足函数关系 $y = ax^2+bx+c$（$a \neq 0$）。如图 1 记录了某运动员起跳后的 x 与 y 的三组数据，根据上述函数模型和数据，可推断出该运动员起跳后飞行到最高点时，水平距离为（　　　　）

A.10m　　B.15m　　C.20m　　D.22.5m

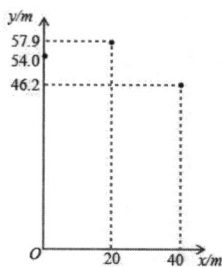

图 1

通过抽样统计，我校学生此题的正确率约 55%。部分学生的解题思路如下：将图 1 中点的坐标代入二次函数表达式，确定函数表达式后求对称轴。实际操作中，学生发现难以正确计算出函数的表达式，导致"会而不对"。

二、教学初反思

大部分学生将解答时间长、正确率低归因于计算障碍，殊不知深层原因是数学阅读障碍。学生由点的坐标确定表

作者简介：曹锁，马驹桥学校数学教师，一级教师，区骨干教师。
　　　　　陈寒寒，马驹桥学校数学教师，二级教师。

达式的想法，是在图形语言的应用上出现了偏差。回想教学过程中，学生能熟练地用文字描述二次函数的对称性和单调性，但教师疏于对学生进行三种数学语言转化的训练，导致学生在认知环节出现知识缺失，影响其对知识的加工与输出。

再回想，之前设计的《二次函数的图象和性质》的探究活动，我限定了学生探索性质的思考维度，降低了学生主动建构的空间。在二次函数性质的归纳过程中，教师仅仅考虑了图形语言与文字语言之间的转换，缺失了符号语言的表达，导致学生在应用时很难与已有知识进行有意义、高效建构。

基于以上反思，我改进了《二次函数的图象和性质》这一单元的学习活动设计，现在以《二次函数 $y = ax^2$（$a \neq 0$）的图象和性质》为例与大家交流。

三、课例分享

（一）设计理念

"教无定法，贵在有法。"建构主义提倡教师指导下以学生为中心的学习。在学习过程中，每个人以自己的经验为背景，建构对事物的理解，因此只能理解到事物的某些方面，而协商和讨论，可以使他们相互了解彼此的见解，形成丰富的理解，以便于广泛的迁移。

基于以上理念，我们在设计《二次函数 $y = ax^2$（$a \neq 0$）的图象和性质》的学生活动时，让学生动手画图，感受

a 取不同的值时，$y = ax^2$（$a \neq 0$）的图象是一簇经过原点关于 y 轴对称的抛物线。接下来以小组为单位探索参数 a 对 $y = ax^2$（$a \neq 0$）图象的影响。

（二）实施目标

基于建构主义理论，通过学生动手画函数图象，提升学生的基本作图技能，观察图象发现二次函数的性质，实现知识的主动建构；经历观察、比较、概括的合作探索活动，进一步体验数形结合的思想方法，积累数学学习的基本活动经验；在活动中学会合作与交流，感受探索与创造，体验成功的喜悦。

在知识建构过程中，教师积极促成学生对文字、符号、图形三种语言之间相互转换，并与已有知识建立有效联系，突破学生的数学阅读障碍。

（三）实施过程

本节课是在学生能熟练地画二次函数图象的基础上，通过观察函数图象，直观描述图象的特点，探索二次函数表达式中参数 a 对图象的影响，实现由图形语言到文字、符号语言的转化。

图 2

活动一：观察图象描述特点

学生通过观察图2，总结当 a 取不同的值时 $y = ax^2$（$a \neq 0$）图象的共同点和不同点。

活动二：利用图象探索参数 a 对图象的影响

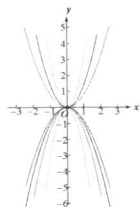

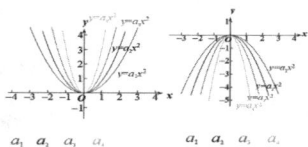

图 3

学生在图 3 中，借助直线 $x=1$ 深入研究参数 a 对抛物线开口方向和大小的影响，渗透研究函数的一般方法。

活动三：借助图象描述性质

本环节首先通过"如何用符号语言描述 $y = ax^2$（$a \neq 0$）图象的对称性？"引发学生思考，学生小组讨论发现可以借助图象上的对称点来描述。接着用"怎样确定抛物线上的一对对称点？"引导学生与已有知识——线段的垂直平分线建立联系。最后，回答图 4 中"点 A 与点 B 坐标之间的关系；线段 AM 与 BM 之间的关系"。

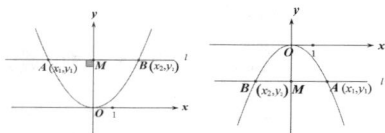

图 4

在活动一中，学生能顺利的将二次函数对称性由图形语言转化为文字语言；活动二中，学生直观感知了 a 对图象的影响；通过活动三，学生完成图形语言到文字语言、符号语言的转化。

活动四：利用图象、符号、文字总结性质

通过前面三个探究活动，学生完成了二次函数对称性在图形、文字、符号三种语言之间的转化，积累了活动经验。

在活动四，学生利用自己建构的研究方法，实现二次函数的单调性在图形（图 5）、文字、符号三种语言之间的转化。

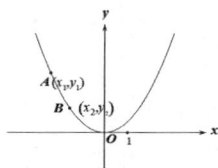

图 5

（四）实施效果

学习反比例函数时，学生从图形、文字、符号三个维度着手建构知识框架，为后续知识的内化与输出奠定了良好的基础。

通过数据对比，我今年所带班级的学生在解决 2018 年北京中考第 7 题时，借助画图象解决问题的人数在 95% 左右，能够顺利地将图象中的部分点与二次函数的对称性和单调性建立联系的学生在 70% 左右。

四、教学再反思

2018 年的这道中考题引发了我对数学阅读障碍的深度反思，通过对学生活动的改进和实施，我们发现学生的阅读障碍是可以矫治的。在数学教学中，教师对阅读障碍的理解不能仅停留在行为层面，我们要加强对数学阅读障碍的理论学习，对学生的数学阅读障碍做进一步的解释。当我们认识到，学生的数学阅读障碍是由于缺少用于学习的认知加工过程造成的，我们可以通过精心设计推动认知策略运用的任务和情景，促进学生认知的再加工，从而跨越数学阅读障碍，提升阅读技能。

小学低年级数学与绘本融合的实践研究

倪婧倩

摘要：数学绘本基于学生的生活经验，通过绘画和少量文字呈现一个个小故事，以生动有趣、浅显易懂的故事形式给学生展示抽象的数学知识。教学中，我巧借绘本激趣导入，让数学学习更有趣；借助绘本探究新知，让数学学习更有味；运用绘本巩固新知，让数学学习更有用；依托绘本激励评价，让数学学习更有效。

《数学课程标准（2011 版）》中指出："数学教学活动，特别是数学课堂教学应激发学生兴趣，调动学生积极性，引发学生的数学思考，鼓励学生的创造性思维。"数学绘本用其鲜活艳丽的色彩、鲜明形象的画面激发学生学习的兴趣，调动学生学习的积极性，绘本中富含生动有趣的故事情节，引发了学生的数学思考，给学生提供了天马行空的想象空间。在阅读数学绘本的同时，有机将数学知识的产生和理解过程巧妙地融入到绘本故事的发展中，密切联系数学与学生的生活实际，立足于学生的生活经验、知识经验和思维经验，便于学生自主理解数学知识的本质。因此，小学低年级数学与绘本的融合，打开了学生数学思维的大门。

一、巧借绘本激趣导入，让数学学习更有趣

低年级学生的思维方式，主要以具体形象思维为主，数学绘本将数学知识和数学思想寓于生动有趣的故事中，符合学生的思维特点，更贴近学生的生活实际。因此，借助绘本故事，创设故事化、游戏化的教学情境，将使课堂导入的形式更加生动、有趣，能够充分激发学生的学习兴趣，促进学生绽放思维的火花。

例如，北京版教材二年级下册学习《时、分的认识》时，我巧用数学绘本《我的一天》激趣导入，学生听完故事后，给大家分享绘本故事讲了一名跟时间赛跑的救助队员的一天。阅读这个故事，帮助学生熟悉测量时的工具——钟表。

作者简介：倪婧倩，运河中学附属小学数学教师，一级教师，区骨干教师。

我在黑板上张贴出钟表模型，接下来引导学生观察钟表模型，围绕"小针是什么？大针又是什么"展开教学。课前我充分了解学生的认知基础和兴趣需求，以生活原型为基础，巧借绘本激趣导入，引领学生向好玩的数学探究。学生依据绘本故事发生的主线，根据已有的信息，合理地推测事件发生的可能时间，有理有据的说明1小时等于60分。绘本帮助学生熟悉了钟表，学会看钟表，进而理解时间概念的独特性，加深学生对测量概念和测量工具的理解，引发学生更深层次的数学思考。

二、借助绘本探索新知，让数学学习更有味

在计算教学中明白计算的道理很重要，尤其加法是计算教学的基础，更要注意让学生明白计算的道理，其核心是突出计数单位的个数相加。因此，教学中我将绘本中的核心问题情境应用于课堂探究环节中，依据学生的年龄特点，设计多元的、进阶的操作活动，吸引学生的注意力，使之聚焦到有意识的动手操作中，帮助学生理解数学知识。

例如，北京版教材一年级上册学习《9加几》时，我借助绘本《阳阳数鸡蛋》，帮助学生直观操作建立"凑十"的数学模型。教学中，我提出"阳阳的盒子为什么做成十个格子？"引发学生思考。学生从问题入手，通过对"9+4"的探究来感知方法的多样化，充分让学生看到

一个"一"和一个"十"的不同，体验"凑十法"的优越性。接着追问"如何快速求出两个盒子的鸡蛋总数"，通过动手操作摆一摆、画一画、算一算"9+7和9+8"，强化对"凑十法"算法的认识。接着，追问"得数个位上的数比第二个加数少1去哪儿了？"引导学生观察图和算式，无论是9加几，都可以先算9加1得到一个十，再加上其余的部分，帮助学生发现9加几的计算规律。通过将生活中好玩、实用的数学知识蕴藏在有趣的故事中，促进学生的深度理解，让数学学习更有味。

三、运用绘本巩固应用，让数学学习更有用

教师选择适合学生阅读的数学绘本故事，让学生有机会了解数学知识如何应用到自己熟悉的生活情境或故事中。教师结合教材和学生学习的需要，根据绘本故事及素材设计课堂练习、创新作业形式，以绘本为载体达到对知识进行复习巩固的目的，加深学生对数学知识的理解，帮助学生灵活运用数学知识解决问题。

例如，北京版教材一年级下册学习《探索规律》时，当学生探究出重复的奥妙后，我适时地引入绘本《晚霞项链》。学生听了绘本故事，知道了爱丽丝参加派对时，悄悄地戴上了姐姐的项链，可是在她要回家的时候，项链却突然断了。她为了使项链恢复原样，去找串珠店老

板帮忙。老板贝西拿出一串手链想给她一些提示。爱丽丝发现手链上的珠子是蓝色蓝色红色金色蓝色蓝色红色金色这样重复出现的，她想到或许姐姐的项链也有这样的规律。经过反复尝试后，她发现姐姐的项链是按紫色紫色蓝色蓝色蓝色这样不断重复下去的，最终利用规律帮助项链恢复了原样。同学们能不能利用重复的规律设计一条项链送给自己或妈妈？请你拿出画笔在纸上画一画，尽可能使珠子的排列具有规律。这个环节的设计，在寓教于乐中，让学生动用多种感官参与教学的全过程，从而发现数学规律，并能够灵活运用规律，解决生活中的简单问题。

四、依托绘本激励评价，让数学学习更有效

《数学课程标准》（2011 版）中指出："评价不仅要关注学生的学习结果，更要关注学生在学习过程中的发展和变化。应采取多样化的评价方式，恰当呈现并合理利用评价结果，发挥评价的激励作用，保护学生的自尊心和自信心。"依托绘本进行低年级课堂教学时，可以尝试结合数学绘本内容设置不同的奖励，给学生不一样的特色评价。

学生对绘本阅读的过程不只是听和读，还包括对阅读的思考和运用。例如：一年级学生阅读绘本《吃了魔法药的哈哈阿姨》，知道了哈哈阿姨借助数学中的三角形、圆、正方形等不同的图形朋友，一起打败了讨厌的魔法师。我鼓励学生多动手、多实践操作，充分发挥学生的想象力，用这些平面图形拼摆出自己喜欢的图案。这一过程是学生阅读绘本后的再创造，进一步加深对平面图形的认识，从侧面体现了学生对绘本的深度理解与评价。再比如《星星工厂有点忙》中的星星既可以作为评价学生的一种手段，也是教学的学具；《小气的托德》中的各种面额的"人民币"吸引了学生的眼球；《外婆的纽扣宝盒》中的一颗颗精美的纽扣让学生爱不释手……这些绘本中的奖励会让学生耳目一新，激发了学生的学习兴趣，激励评价是学生爱上数学的兴奋剂和助推器，让数学学习更有效。

综上所述，利用数学绘本融入低年级数学教学，能有效帮助教师为学生在数学与生活间搭建一座桥梁。教师将充满童趣的、有价值的数学绘本灵活地运用于低年级数学课堂中，让学生的数学学习从有趣走向有用，从有用走向有效，促进学生深度理解知识，让学习真正发生。

【参考文献】

[1] 叶竞 . 小学低年段数学绘本阅读有效指导策略研究 .[J]. 吉林教育 . 基础教育，2016.11.

[2] 陈道敏 . 小学数学低段绘本阅读研究 .[J]. 数理化解题研究 .2019.8.

[3] 耿香玲 ."绘本 +X"课程，让数学学习不一样 .[J]. 小学教学研究 .2021.2.

让学生走进数学阅读

王　静　赵雨英　杨雪峰

摘要：《义务教育数学课程标准》强调：注重学生能力的培养，其中也包括数学阅读能力和数学探究能力。数学教学中要提高学生自主学习能力及自主探究能力，必须培养学生的数学阅读能力，数学阅读不仅促能进促进学生的思考，更能提高学生的理解能力。因此，在小学数学教学中，要指导学生学会数学阅读，提高数学阅读的有效性，为学好数学打下坚实基础，达到提高学生数学素养的目的。

阅读是人类汲取知识的主要手段和有效途径。大多数人都认为：阅读只是文科需要处理的事情，跟理科关系不大，特别是数学这个科目，认为理科知识只是写写算算，是不需要阅读的，只要记住基本概念、公式定理等就可以了。这种想法是错误的。数学各个知识点看着好像没有关系，实际上他们都是紧密联系着的。任何新知识的出现，都是在"旧知识"的基础上建立的，这就说明知识是有连贯性的。在我们学习数学的过程中，只关注演算的步骤，而忽视对数学语言的理解，就无法形成一定的数学思维能力。数学成绩的好坏，跟阅读理解能力的高低是分不开的。

大家都知道，我们解数学题的时候，都需要先理解题意，然后才能进行解题。一旦理解出现偏差，解出来的答案也一定是错误的。数学比较难：分析难，思考难，而数学阅读能力，对于促进分析、思考，具有不可替代的作用。数学语言具有概括性强、简洁精要、逻辑严密等特点，在小学数学课堂教学中，学生的阅读理解是一个十分重要的环节，如果学生对于数学语言没有较好的阅读习惯和阅读能力，就会直接影响他们对各种数学问题的解决，如数字的运算、题意的理解、数学的空间关系，等等。因此，在小学数学课堂教学中，指导学生学会数学阅读，提高数学阅读的有

作者简介： 王静，北苑小学数学教师，二级教师。

赵雨英，北苑小学数学教师，二级教师，区骨干教师。

杨雪峰：北苑小学数学教师，一级教师。

效性，具有重要的意义。

一、培养学生"数学阅读"的兴趣

（一）联系学生生活，培养阅读兴趣

在丰富多彩的生活中，处处都可以找到数学的存在。小学生已经积累了一定的实际生活知识，我们在数学教学中，应将实际生活的情境生动地呈现在学生面前，让学生去阅读，去从中获取信息，并使学生结合自己已有的生活知识，运用所掌握的数学知识去分析和认识熟悉的事物，运用精确的数学语言对此进行表达和学习交流，并由此来解决数学问题，学生在这样一个过程中，发现数学与所熟悉的生活有如此密切的联系，数学阅读的兴趣就会激发起来。

（二）设立问题情境，激发阅读兴趣

在小学数学课堂教学中，如果我们教师善于设立问题情境，就能够引导学生去思考、去质疑，去寻找问题的答案。而在这个过程中，学生必须进行的就是对数学问题的认真阅读与细细琢磨，从而实现解决数学问题的目的。比如，为学生提供一些超市食品的信息，让学生来说说自己发现了什么问题。学生阅读完这些信息后会说，我发现酸奶要比牛奶贵几毛钱，国产的巧克力比进口的巧克力便宜……接着，我们再提出一些问题让学生去考虑，如买10包牛奶比买10包酸奶少花多少钱？算一算把老师提到的这些食品全买下来要花多少钱？这

些问题情境的设立，激发了学生的阅读兴趣，学生对这些数学问题的正确理解，离不开认真的阅读，由此学生的阅读能力得到了潜移默化的锻炼，并在对问题的探究中获得了数学知识。

二、选好学生"数学阅读"的时机

好的阅读时机是指学生已形成的良好的学习状态，他们能够在教师的有效引导下，对数学知识进行积极的阅读。在教学实践中我们发现，由于很多教师对阅读时机不能进行有效的正确的选择，对学生的数学阅读能力的形成无法起到促进作用，如果仅把数学阅读的时机确定在一节新课的学习之后，学生对课堂作业进行阅读，以此将教师授课的知识与作业的内容相联系，其实是比较偏颇的做法。较好的阅读时机应该是与所要教学的内容联系起来，对于那些以学生的理解力很容易掌握的内容，阅读的时机应该确定在讲授之前，促进学生独立阅读能力的培养；而对于那些学生理解起来难度较大的教学内容，应该将阅读的时机确定在授课的过程之中，以便于让学生通过阅读对问题进行独立的思考，对于教学的内容具有系统性、连贯性特点的，阅读的时机可以确定在课后，使学生通过阅读提升对知识的概括能力。如四年级的一位男生认为数学计算比较繁琐，他在计算时特别不耐烦，做题时不认真读题、没耐心审题，经常会产生

厌烦的情绪。单纯的计算是单调、乏味的，很多小学生意志力比较薄弱、自控力差，他们在计算时难以保持持久的专注度，在专注度下降的情况下，就难免出现思维的混乱和莫名其妙的错误。直到我推荐他《数学魔法》一书后，他发现计算背后竟然有很多速算的"魔法"，从而开始了数学阅读之旅，数学的计算能力也得到很大突破。

三、教会学生"数学阅读"的方法

首先，在小学数学课堂教学中，学生进行数学阅读时，教师有效的引导，对学生的阅读效果起着重要的作用。如果我们教师不加引导，完全让学生独立完成，阅读就难以达到理想的效果，学生的阅读兴趣也难以保持，因此，教师要引导学生进行数学阅读，在学生阅读完指定的内容后，对其所收获的阅读效果，教师要进行检测和评价，做到心中有数。

其次，在数学教学中要重视指导学生阅读的方法，培养、提高学生的数学阅读理解的能力。数学语言的简洁化、逻辑化及严谨性、抽象性等特点，决定了数学阅读有它独特的阅读方法。

第一，学会字斟句酌，通过抓住"重点词"进行阅读。数学语言简练又准确，严密而且抽象，阅读时要教给学生逐字、逐词、逐句反复咀嚼、推敲，认真分析，仔细辨别，领会每段话的内容和含义。教师在平时的教学中，要注意指导学生审题

的方法，先从整体入手，给重点字、词作上标记，让孩子深入地理解。如："平均分"是指我们在分一些物品的时候，要尽可能的把它们分完，而且还要保证每一份分得的数量同样多。在这里要让学生要弄清楚："尽可能地分完"、"每份同样多"，这样才能真正的理解"平均分"的含义。再比如"比的基本性质"：比的前项和后项同时乘或除以相同的数（0除外），比值不变。这个性质看似很简单，实际上它的成立是受很多条件制约的，如性质中的第一个重点词是"同时"，即比的前项和后项在同一时间内要一起发生变化；第二个重点词是"乘或除以"，而不能是"加上或减去"；第三个重点词是"相同"，也就是说比的前项和后项必须同时乘或除以一个数；第四个重点词是"0除外"，因为后项乘或除以0都是没有意义的。学生只有这样推敲，才能正确真正理解和掌握知识的内涵。

第二，通过自我语言的转化，提高阅读技巧。数学课本中有生活语言，但更多的是数学语言。数学语言包含日常文字语言、数学符号语言和图形语言。数学阅读过程中，通过对语意的来回转化，把阅读内容转化为大家都能听懂的语言形式，来实现对问题的理解和领会。换句话说就是读懂"弦外之音"。数学语言精练、严密，隐含有丰富的"题外之意"，我们应该教会学生换一种说法，用自己的语言重新表述这些数学语句，

教会学生学会复述问题。让学生学会说题是训练学生表达语意，不断地增强阅读能力，如对于概念、性质、法则、定律、公式等的深入阅读，可让学生在理解的基础上去正确表述。

最后，学生在对数学问题阅读理解后，要建构的是问题模型，而这些问题中的信息是不全面的，问题与所实现的目标之间存在的差异是很大的，因此，要引导学生学会运用自身所掌握的数学知识，来解决这些问题，将问题与已有的知识密切联系起来思考，最后实现对问题的正确解答。

四、提高学生"数学阅读"的效率

很多高年级孩子的选书和阅读还只停留在找一些轻松读物进行消遣性阅读，只关心故事情节，这样读书的效果可能要大打折扣。对数学阅读也会很难读得下去！一般来说，数学阅读需要提升学生"数学阅读"的效率

要提升学生的阅读效率，首先应该培养学生良好的阅读习惯，教师应该在教学过程中留给学生阅读的时间，让学生能够在足够的时间里，潜心阅读，并对阅读的内容进行深入的思考和分析。学生阅读的时间应该不少于5分钟，因为在短促的时间内是无法满足分析、思考的要求的，数学阅读的目的除了使学生对数学的概念达到理解、会做练习题外，最重要的是能够使学生通过阅读，

进行更加深入的思考和理解。

在学校的自习课堂是深度阅读的时间，就是在阅读中拥有听取信息、推断解释、整体感知、评价鉴赏、连接运用和迁移的能力，以及理解、归纳、组织、表达、应用、创造、分享和更新自身知识结构这样一些高级的阅读能力，这才是数学阅读应有的状态。对于大多数孩子来说，独立完成这样的深度阅读还是困难重重，需要数学教育者在课堂上渗透读法或在活动中用合适的方式来协助和指导！也可以借助一些小工具来逐步学会数学阅读，提高阅读力！如用画符号来思考内容！通过做读书笔记来提取信息、摘要、提问题、推测、连结、比较、诠释、统整、图像化等，用文学小圈圈等学习方法来思考。用思维导图、韦恩图、情节梯、故事图表、故事山丘、鱼骨图等等来理清结构关系。

五、增强学生"数学阅读"的能力

为了能及时获取学生数学文化阅读效果的反馈信息，并让学生保持阅读的热情和提升学生阅读的能力，我们教研组努力开展以阅读为载体的数学课外活动，为学生创设展示和交流的平台。下面就一起来看看我们丰富多彩、形式多样的主题活动：

活动一：课前三分钟，演讲数学小故事。这吸引了很多学生热情参与，每个人都积极准备，订报读报纸、上网查

资料、和家长一起翻阅杂志，寻找适合自己的演讲资料。课堂上，一个个"故事之星""故事大王"来讲解了：他们有的奶声奶气，有的底气十足，有的会犯一些知识性的小错误，但难以理解的数学知识经过他们的演说，变得不再乏味，漫长的数学历史经过他们的讲述，变得不再神秘……这个讲故事的活动，让学生知道原来数学知识就在我们的身边，大家的生活都离不开数学知识；有的学生还发出感慨：我也发现了一些数学现象，但我没能像数学家那样坚持去

探索去总结。一个个故事绘声绘色，引人入胜，将"听众们"带入了迷人的数学殿堂。学生演说的能力提高了；视野开阔了；搜集、整理资料的能力也得到了培养，进一步激起了他们爱数学、学数学、用数学的热情。

活动二：编排数学手写报。这个活动一般需要多名学生分工合作共同完成。与上面的活动不同，此项活动操作性强，对学生搜集整理资料、美术功底、书写排版等综合能力的要求也比较高。可以是剪贴报，也可以是手抄报，高年级的同学还可以制作电子小报。小报的内容可以是自己摘录的，也可以是自己创作的。一份份小报图文并茂，可读性强。每份小报最好能围绕一个主题来编，最好能结合学完的数学单元知识来编。如："智慧乐园、数字的乐趣、头脑风暴、生活中的数学"等一个个富有童趣、诗意的名字就透露出了学生对数学的热爱之情，同时也起到一定的复习巩固的效果。

活动三：演绎数学文化。数学文化是数学的灵魂，数学内涵丰富、博大精深。从文化层面说，它包括了数学家、数学著作、数学学科史、数学符号、数学名题、数学猜想、数学游戏、数学丛书、数学网站、数学电视节目、数学名言等内容。谁说学数学、用数学的时候就得枯燥严肃！如果我们将一些数学内容稍加"改造"一下，并以相声、小品、魔术等喜闻乐见的文艺形式演绎出来，那该是一

件多么充满乐趣的事啊！演数学课本剧，说数学相声，唱数学儿歌，诵数学诗歌，变数学魔术，一个个数学节目美妙绝伦，定会吸引大家的眼球！能背出圆周率、准确的珠心算等文化活动，怎能不让人大开眼界，觉得不可思议嘛？这项活动侧重点在于孩子的表演能力；"演"的内容可以不是咱们学生自己的创作，可以从网络、书籍、报纸上直接"拿来"用；鼓励学生采用小道具、放音乐等辅助手段，来提高"演"的现场效果；当然这个文艺表演可以独立完成，也可一是小组合作完成。

活动四：写数学作文。为了满足学生"成为一个发现探索者"的强烈需求，促使学生进行自我反省，加深他们对数学知识的理解，提高其独立思考的能力、以及多种能力的发展，我们教研组还开展了"数学作文我来写"活动。具体写的类别包括：数学绘本故事、数学日记和数学小论文三种。在"数学绘本故事"这个类别里，主要是针对低年级学生而言，学生可就某堂数学课所学到的知识点，并且结合自己已有的生活经验，从数学的角度出发，借助图片和文字来说明数学问题是如何解决的。孩子们充满好奇，也有兴趣去探索。

活动五：巧解数学趣题。数学中的名题趣题让学生感受到了数学文化的深度与价值，多接触它们，对学生来说有着重要的教育意义。如韩信点兵、李白买酒、遗产分配、百鸡问题、以碗知僧、两鼠穿墙、牛吃草问题、奔跑的狗、九死一生等，其中有的是一些数学家编拟的名题，还有些是与知名人士有关的趣题。我们学校分中、高年级采取笔试的形式，开展了这样的数学文化活动。活动后老师们还会让表现好的学生适时的精讲一下，以加深学生对题目的理解。不仅会让学生了解到一些趣题巧解的方法，更重要的是会让他们了解到中外灿烂辉煌的数学文化，领略到祖先的高超智慧。在传播数学文化，激发学生学习兴趣的同时，他们的智力也得到开发，思维也得到训练。

总之，在小学数学课堂教学中，学生的"数学阅读"能力的培养，是我们教育工作者应该重视的问题。学生只有具备了良好的阅读习惯和一定的阅读能力，才能使我们数学教学与教材紧密联系起来，有效地提升学生的数学自学能力和学习效率。

参考文献

[1] 课程教材研究所数学课程教材研究开发中心.数学文化 [M] 北京：人民教育出版社，2003.

[2] 张乃达.数学文化教育特征初探 [J].中学数学，2002，7：1～4.

[3] 王新民 吴开腾.高师院校"数学文化"课程开设情况的调查与分析 [J].内江师范学院学报，2006，21：92～95.

[4] 郑毓信.数学的文化价值何在、何为 [J].人民教育，2007，6：38～41.

高中思想政治课阅读素养提升的策略

张凌飞

摘要：在复杂的背景材料中获取有用的信息是培养核心素养的要求，阅读能力是获取信息，提升理解与表达能力的基本途径。为此，需要做好阅读方法的指导，提高阅读效率，激发学生阅读兴趣，抓阅读关键信息等方面来提高学生阅读素养。

关键词：阅读方法；阅读效率；阅读兴趣

一、实施背景

新课标下培养学生核心素养成为主要目标，当前高中政治课堂教学实践中，核心素养要求能在创设的情境中去发现和解决问题，而如何有效获取和提炼复杂情境中的信息，阅读发挥了重要作用。但实践中学生的阅读能力却在不断的下降，考试过程中，因读不懂材料或读不懂题设要求而导致失分的学生有很多。一些高中政治老师把责任归咎于语文老师培养不力，其实，政治老师自身也应该肩负起培养学生阅读能力的责任。

二、活动目标

通过阅读课堂实践，挖掘阅读资源，做好阅读方法的指导，提高阅读效率，激发学生阅读兴趣，抓阅读关键信息等方面来提高学生阅读能力。

三、活动过程

（一）参与人员动员

1. 教师给高二（1），高二（4）班全体同学做好活动的宣传，让学生明白活动的重要意义，告知学生活动需要遵守的纪律及活动需要准备的阅读材料。

2. 教师做好活动设计，通过带领学生阅读，引导学生自主阅读，使孩子们经历一次全新的体验，培养学生的获取和提炼信息的能力。

（二）阅读活动实施过程

1. 阅读的基本方法指导

（1）阅读每单元导言，了解单元主要内容。

教材中每单元导言是该单元的主

作者简介：张凌飞，通州区永乐店中学政治教师，高级教师。

题，通过阅读导言能引导学生以提纲挈领的方式熟悉各单元的主干知识，做到心中有数。

学生阅读完《经济生活》四个单元导言，用图示方法把各单元主干知识及其联系总结出来。

教师总结：从串联主干知识中可以分析出，《经济生活》的知识脉络：市场经济背景下，消费——生产——分配——交换的知识以及它们之间的联系，实际上就是再生产四个环节。

（2）阅读分析关键词，准确理解概念

对于一些抽象和难以理解的概念，我们在阅读时运用划分句子成分的办法来抓住对关键词的分析，从而帮助我们准确理解概念。

学生：阅读《生活与哲学》课本中规律的含义并对其进行分析

教师总结：中心语：联系，可以帮助学生快速地认识"规律"这个名词的要义，知道它属于一种联系。定语："固有的本质的必然的稳定的"。这样，我们知道它是一种特殊的联系，是存在于事物内部不容易改变的联系，这样就能准确地理解"规律"这一概念的特征。

（3）分层阅读，概括段落大意。

阅读时根据标点符号对材料进行分层阅读，一定要关注其中的关键句，根据关键句概括段落大意

学生阅读政治教材某段内容，找出关键词句，用一个句子把该段的大意概括出来。

教师总结：如果感觉找不到一个关键句概括段意，留心整段材料的第一句和最后一句，它们往往就是关键句。

2.提高阅读效率的指导

（1）教师主导，因材施读。

以《政治生活》中探究与分享为例，往往以社会热点创设鲜活的情境导入，再抛出议题引导学生对情境进行探究分析，最后引导学生用所学的知识去解决情境中存在的问题，如讲民主决策时创设的阶梯水价的情境就非常贴近生活。

教师指导：阅读一般分为略读和精读两种方法，对于情境材料可以采用略读的方式快速阅读，而对于探究的议题和引导学生用所学的知识去解决问题的思考这两部分，则要采用精读的方法，这样才能抓住重点，提高阅读效率。

学生按照教师的指导采用正确的阅读方式进行阅读。

（2）教师示范、培养习惯。

培养正确的阅读习惯，需要教师指导学生阅读方法和技巧，必要时教师要亲自示范。

教师首先要选取典型材料做示范，在示范过程中，教会学生抓住材料中的关键词句，提高阅读质量，还要引

导学生区分各种易混淆词语，加深学习印象，阅读时要求学生养成既动嘴还要动笔的习惯，对重点知识要边读边做不同标记。

学生通过眼、口、手、心的协调，提高了阅读的效果，自己归纳总结了知识。

3. 发挥学生主体作用，激发学生阅读兴趣

学生阅读兴趣可以激发学习热情，加深对知识的理解，因此阅读素养的培养首先要激发学生阅读兴趣。

（1）激发学生阅读的兴趣，调动阅读积极性

教师：阅读时先搜集贴近学生生活的时政热点问题，让学生乐于阅读，增强学生阅读主动性。其次，为增强阅读的目的性，提高阅读的效率，可以引入合作、竞争机制，把全班学生分成几个阅读小组，分配不同或相同的阅读任务，各小组完成阅读任务之后，老师针对材料提出不同的问题，各小组同学讨论后选出代表回答老师的问题，老师根据学生的回答进行点评并积分评比，对表现好的小组进行奖励，增强小组合作的荣誉感和阅读的成就感，激发学生阅读的兴趣。

学生在阅读的基础上，各小组同学讨论老师布置的问题，之后派出代表回答问题，代表答完后，组内其他成员可以补充，其它小组同学可以提出质疑并要求答复。同学们讨论，回答甚至争论的过程实际就是相互学习、交流阅读经验和阅读成果的过程，在此过程中无论是讨论还是发言，大家都表现的非常踊跃。

（2）进行必要的课外阅读，促进课内阅读

教师布置任务：帮助学生选好课外读物，遵循可读性和实用性的原则，如半月谈、中学生时事杂志、读者等通俗易懂的读物，要求学生做读书笔记和感悟。

学生在阅读课上分享课外阅读感悟，表现出极高的兴趣。学生分享感悟的过程也是核心素养的培养过程，为了准备课堂上的演讲，同学们在课余时间坚持阅读，养成了天天阅读的良好习惯，课上演讲时他们的自信心和获得感也得到了极大的提高，教师在与学生交流过程中，师生关系更加融洽，教师应变能力也得到进一步提升，为今后教学创造更加有利条件。

4. 抓住阅读关键，提高解题能力

（1）了解材料逻辑

政治学科试题的背景材料段落安排逻辑，一般是按照"是什么—为什么—怎么办"的思路安排的

教师：要求学生在读题时要了解每段段意，准确地把握材料之间的关系，在理解段意时还要留意材料中的标点符号。

（2）抓住设问关键信息

设问是考生解题时明确试题要求的关键，阅读好设问中关键信息才能保证答题不出现偏差。

教师：设问中一般都包含了答题的知识范围、问题类型、行为主体、问题的指向等四个方面的信息

学生完成任务：按老师上面的两个要求去读材料和审设问，运用知识去做答。

四、对活动的反思

本次阅读实践活动，活动设计完整，准备充分，整个活动在教师引领下学生都能积极参与进来，达到了预期效果，本次活动的的设计做到了细致的考虑，符合了学生们的学情，调动了学生阅读积极性。

当然，学生阅读能力的提高不是一朝一夕就能完成的，需要长期的训练，既要有方法的指导，又要在实践中不断练习。学生阅读能力的提高，对于有效获取和提炼复杂情境中的信息以及在创设的情境中去发现和解决问题发挥了重要作用，这是把核心素养落到实处的重要手段。

参考文献：

[1] 中华人民共和国教育部 . 普通高中思想政治课程标准（2017 年版）[s] 北京：人民教育出版社，2018

提高初中生物学科阅读能力的实施策略

王宇新

摘要： 随着课改的深入进行，教学中对于生物教师培养学生生物学科阅读能力的要求也越来越高。中考必考的科普阅读题更是显现出了阅读的重要地位。生物教师教会学生如何科学地阅读有着深远的意义。

关键词： 阅读能力；获取信息；阅读兴趣；阅读深度

自古以来，关于劝读的语句不仅读起来朗朗上口，而且意味深长。例如：书犹药也，善读之可以医愚；读万卷书，行万里路；读书破万卷，下笔如有神等等。这些语句能够流传至今而且被人们普遍认可，足见阅读的重要性。在当下的教学中，不仅要求学生们在语文学科要有很强的阅读能力，生物学科对于学生阅读能力的要求也是越来越高。初中课程标准的"课程基本理念"明确提出：本课程倡导探究性学习，逐步培养学生收集和处理科学信息的能力、获取新知识的能力、分析和解决问题的能力。这些能力如何培养？很重要的一个途径就是阅读。所以，培养学生生物学科阅读能力是生物教师教学中的一个重点。下面，我把在教学中提高学生阅读能力的方法总结如下。

一、培养学生在生物学科书籍方面的阅读兴趣

兴趣是最好的老师。所以，想要让学生能读下去并喜欢上阅读，培养兴趣是关键。记得读过一本《教师如何和学生说话》的书，书中提到了一个观点：教师要有"最佳师表"，"最佳师表"是学生信服教师、尊重教师的前提。我想，"最佳师表"不一定只是教师的外在形象，是不是也包括教师要成为阅读的带头人呢？想清楚这一点，在课堂上，我给学生列举了对培养生物学科素养有用的一些书籍，并向学生们分享了我的读书笔记，又讲述了我是如何阅读，如何做好读书笔记，如何把生物教学与书上的内容联系起来的方法。课堂上展示时，

作者简介：王宇新，北京市运河中学西校区初二生物教师，二级教师。

气氛很热烈，有的学生说："哇，老师您记了这么多笔记啊。"有的同学说："老师，这是不是就是进化的内容？"还有的同学忍不住和大家分享起他读的书中和我展示的内容相似的一些观点。课后，有几个同学还问我可不可以借给他我分享的几本书。我想，今天的展示虽然不能使全体同学爱上阅读，但至少一部分同学已经在内心和行动上起了变化，加上今后的慢慢渗透，我相信，一定会有越来越多的学生爱上阅读的。

二、通过阅读时画关键词，整理解题线索，提高学生获取信息的能力

阅读的最终目的是要获取材料中的信息并加以利用。中考题型中最后一题科普阅读题的字数大概在 600 到 700 字左右，这就要求学生在有限的时间内能获取到对答题有用的信息。初中生在阅读速度和技巧方面已经有了分化，有的同学阅读迅速很快，能很准确把握住题目中的关键信息，但有的同学仍停留在漫无目的地阅读的阶段。在用相关软件对近三年中考科普阅读题进行前测后我发现学生存在的问题是：1. 不能在有限的时间里找到与题目有关的信息。2. 缺乏将题目中的语言转化为专业语言的能力。针对此问题，我搜集了一些科普阅读资料，并自编了问题，在课堂给学生布置阅读任务。阅读时我提出要求：1. 所有题目的完成都要写相关文字（在阅读材料中能找到的也要写出来）。2. 阅读时将文中涉及到的关键词进行圈画，相关信息出现的具体位置进行标记（第几行）。3. 阅读时梳理解题线索（依据文中哪句话得出的答案，关键词是什么）。进行了近一个月这种训练，我发现大部分学生已经形成了良好的阅读习惯，能够有意识地在材料中找出关键词，虽然对材料中语言的转化这部分能力上还有偏差，但从题目中获取直接信息的能力明显增强了。

三、将难于阅读理解的知识转化为图示，化难为易

阅读中难免会出现学生难以理解的理论性知识，这时可以将文字信息转换为图示信息来帮助学生阅读。例如，"生物进化"此部分知识课本上很长的一段文字是在阐述"自然选择学说"的理论，但由于初中学生认知水平的限制，大部分学生只明白字面意思，对深层次的理论仍不理解，运用此部分知识解题时错误率极高。对此，我的解决方法是：布置学生读课本上"自然选择学说"部分内容，分析长腿长脖鹿产生并出现大量长腿长脖鹿的原因（用画图的方式表示）。大概 20 分钟后，我把学生们画的较好的图进行注解后，展示给了大家。通过这种文图的转化，我发现那些纯理论的知识信息转变成了感性的图片信息，符合初中生的认知水平，学生们的反馈也告诉我这种方式对于"自然选择学说"部

分的知识中难点的解决很有效。同样的方法也用在了讲解"神经调节"此部分知识。我找到相关的阅读资料,布置作业,让同学们用图示的方法分析"为什么人压力大时会出现呕吐等不良反应"。根据要求,学生们将文字转化为图示或更概括的语言,这样学生理解此部分知识容易了很多。生物学中的图示是感性知识获取的一个重要途径,将理性的文字用感性的图示表示出来,在培养学生阅读能力的同时不仅易突破难点,而且还会给学生们留下终生难以忘怀的印记。

四、通过写心得体会培养阅读的深度

阅读的目的有很多,如陶冶身心,增长知识,丰富人生阅历等。但在生物教学课堂上,阅读的目的更多地是获取生物学知识,培养解题方法。这就需要学生们进行有任务的阅读,即培养阅读的深度。初中生物课程标准中对学生能力要求明确提出:初步学会运用所学的生物学知识分析和解决某些生活、生产或社会实际问题。所以,在进行阅读训练时,教师要紧扣课标中的要求,最后要落实到用文字中的知识指导学生生活的层面上。为了更好地培养学生阅读的深度,我推荐学生课后读两本书《肠子的小心思》和《消失的微生物》,这两本书都是与初中学过的"人体营养"和

"生物进化"有关的书籍。能够完成阅读的同学要写出读后感,读后感中要体现以下三方面的内容:1.文章写的内容与学过的生物学哪部分知识有关联。2.对于涉及到的知识点你还记得哪些。3.结合生活或自己的经历谈一谈作者为什么要写这篇文章。如果学生的读后感中能够体现这三个问题,则代表他们能够回顾起所学的知识,在复习旧知识的同时能够把知识运用在生活中,解决生活中出现的问题。通过对收上来的读后感的分析我看出,这些同学对书的内容有了深度的了解,并且在阅读中通过思考能够举一反三,将知识与生活相联系。这种思路与中考中的科普阅读题的解题思路也是一致的。如果能够长期训练,不仅能够提高学生生物学科科普阅读题的解题能力,更有助于提高学生全学科的阅读理解能力。

以上方法虽然对于生物课堂上学生阅读能力的提高有了一些效果,但仍存在一定问题。例如:如何纠正部分同学已经养成的不良的阅读习惯,如何提高学生将信息中的语言转变为专业语言的能力等。脚下的路还很长,身上的任务还很重。在今后的教学中,我将不断学习,在实践中找到更多更适合自己学生的方法,更有效地提高学生们的阅读能力!

阅读与文本欣赏

——以阅读汪曾祺先生散文为例

周海晶

摘要： 阅读是一场"心灵之旅"。在阅读经典时，不仅要敢于张口，还要做到能够感受作者的情趣和神韵，从这个过程中培养学生的文本欣赏能力。通过多堂课的阅读，让学生零距离的走进文本，挖掘文本，欣赏文本。

关键词： 阅读；走进文本；挖掘文本；欣赏文本

随着我国教育领域改革的不断深入，中学语文在教学上也迎来了阅读的新篇章。"万般皆下品，惟有读书高"是阅读意义的高度概括，也正是因为"书中自有黄金屋"让阅读成为了学生阅读的高尚的追求。下面请随我共同阅读汪曾祺先生的散文，深入阅读并欣赏文本。

一、情感表达是阅读的切入点

声音刺激让作者情感迅速走进学生的内心世界，要想提升学生文本的欣赏能力，情感表达是阅读的切入点。

"那间研究室锁着锁，外面藤萝密密遮满木窗，小花圃已经零落，犹有几枝残花在寂静中开放，草长得非常非常高。"这是汪先生早期散文《常德惠》的结尾。微风清浅，静坐垂帷，沉下心来阅读不难发现，语调中的平淡气息看，让"那间锁着锁的研究室"在平淡中获得了新生。这便是平淡中的强大力量。这"平淡"便是"慢煮生活"，既指其作品的语言，也是作品中的情感思想。汪先生的散文大多洋洋洒洒，不是多彩的理性思辨也不是激情奔涌喷薄，而是褪去了华丽外衣的真实的自己。在阅读中才能感受这种'乱中求安'、'闹中取静'的文章。因为在汪曾祺的散文里，文字是带有节奏感的，在双重刺激下的声音和品读更能传递感受文中的神韵和情趣。汪曾祺先生曾经这样说："我写作，强调真实，大都有过亲身感受，我不能靠材料写作。我只能用平平常常的思想感情去了解他们，用平平常常的方法表

作者简介： 周海晶，运河中学语文教师，一级教师，区青年骨干教师。

现他们。这结果就是淡。"这大概就是神韵的传递了。

因此，情感表达是切入点，在平淡的情感中挖掘出不平凡。

二、以语言氛围为载体进一步在阅读中挖掘文本

"三分文章七分读"，阅读的载体便是语言氛围，培养学生在阅读中提升文本的欣赏能力还需要以语言氛围为载体进一步去挖掘文本。汪老创设了一种闲适、宁静的语言氛围，用平和的心态、平静的语气向我们娓娓道来，使读者在读文章时像在和一位亲近的、温和的长者面对面地交谈。关于这一点，早就被大家所津津乐道。郭之瑗就曾说"汪曾祺选择了'闲话'的话语方式，然而是和谐，是温爱，是平等，是淡泊，是宁静……"[①]在新时期散文中，汪老的"闲适散文"是不容忽视的，他"闲适"的语言氛围把阅读者带进一种情境，难以自拔。

又如《跑警报》一文，讲述了抗战时到昆明求学期间，人们"跑警报"的奇文轶事。在空袭警报下做买卖、谈恋爱、拾金子、打牌，展现了人间百态。更是有不"跑警报"的人，有一个姓罗的女同学，在警报响起时洗头，只因此时锅炉房的热水没人用。又是洋洋洒洒，全文显得文思散漫，但汩汩而流，充分展现中国人在空袭警报下的百态，将"闲话"的话语方式运用得自如得当。

阅读和闲适的语言氛围相融合，学生的欣赏文本能力进一步得到了提升。

作家本身的气质决定了汪先生能坦诚地向读者吐露心扉，并因其还保有一颗热爱生活的赤子之心，而能在他的作品中散落点点温暖的火光。再如《胡同文化》一文，汪老敏锐地观察到了胡同和四合院的密切关系，又如数家珍般将胡同的得名方式进行了叙述，。意在强调要保持一种积极的心态——"随遇而安"，也有另一方面的批判——"随遇而安不是一种好的心态，这对民族的亲和力和凝聚力是会产生消极作用的。"北京胡同文化的精义是'忍'，安分守己，逆来顺受。"闲适安静的语言氛围中，学生通过阅读，既感受到作者理性的批判也感受到平民生活的脉脉温情。如此阅读，便是深入地挖掘了文本。

三、体会语言的点点趣味在阅读中帮助欣赏文本

反复阅读之后，学生已经自然而然的树立了阅读意识，并且极为认真和专注。这是学生拿到文本之后欣赏意识的开始。汪先生散文的叙述里中散落着平淡又星星点点的趣味性，使学生阅读时在愉悦轻松的氛围中感受着生活的小确幸。

---

① 郭之瑗 . 汪曾祺散文创作探微 [J]. 云南师范大学学报 (哲学社会科学版)，2002(03):70–73.

比如，在汪曾祺先生的文字中，大量的作品描写着各种"吃"的津津有味，这种吃的态度几近于"痴"。汪先生说："做菜，必须自己买菜。到一个新地方，我不爱逛百货市场，却爱逛菜市，菜市更有生活气息一些。买菜的过程，也是构思的过程。"他笔下的各地风味吃食，是色香味俱全，让人大开眼界。另外，在早期的作品之中也能寻到这样淡淡的幽默和趣味痕迹。《花园》是作者对童年时期自家花园种见过花虫鸟兽和有趣、难忘之事的讲述。大自然生机勃勃的美用儿童的天真烂漫的眼光进行描写。其中让人不禁发笑一段事对对土蜂生动细致的描写，我们一起细细读来：

"好些年看不到土蜂了。这种蠢头蠢脑的家伙，我觉得它也在花朵上把屁股撅来撅去的，有点不配，因此常常愚弄它。看它从洞里把个有绒毛的小脑袋钻出来，嗡，飞出去了，我便用一点点湿泥把那个洞封好，在原来的旁边给它重掘一个，等着，一会儿，它拖着肚子回来了，找呀找，找到我掘的那个洞，钻进去。"

学生细致入微地观察生活和自然景物，从阅读中感受到这段文字的点点趣味，继而联想到自己对生活和大自然的热爱也是如此生机盎然、趣味十足。看着看着我们便发现，学生能带着自己独到的见解并且饱含着对生活赤诚的爱欣赏文本。

要做与时俱进的中学语文教师，就要重视学生核心素养的提升，多留意学生对于语言知识的灵活使用，设置有利于学生核心素养发展的情境，发挥阅读的榜样力量去养成学生的文本阅读，促进文本欣赏。

文本欣赏便是阅读有声。作为教师，在反复阅读汪先生散文时给学生搭建了多方位的阅读平台时通过细致的阅读训练培养学生的文本欣赏能力。通过多堂课的阅读，让学生零距离的走进文本，挖掘文本，欣赏文本。充分体会到语言文字本身所蕴含的浓厚情感和强大力量。最基层的阅读活动实践者是学生，注意引导学生将阅读篇目和文本的欣赏有机地结合是课堂中教师的作用，这将对学生文本欣赏能力的培养起到良性作用。实现语文教学与阅读的良性互动，让阅读与文本欣赏相伴而行。

让数学故事开启学生的阅读之旅

董学影

摘要： 在数学教学中，发现很多学生不读题，读不懂题，甚至没有耐心读完题，从而导致解答错误。数学阅读的兴趣、阅读习惯、阅读能力至关重要，为此引入了数学故事。把数学知识、数学历史、数学思考方法融入到生动有趣的故事之中，让学生在听故事、读故事、讲故事中加深对知识的理解，开阔视野，拓展思路，从而激发学生的阅读兴趣，提高学生的阅读理解能力，树立学好数学的信心。

关键词： 数学故事；阅读兴趣；理解能力

提起阅读，它已不再是语文学科的专属。苏霍姆林斯基说过：学会学习，首先要学会阅读。阅读是人类摄取知识的主要手段和认识世界的重要途径，阅读是一个人自学能力的核心。阅读对于数学更为重要。读懂题目要求，理解题目的意思，分析数量之间的关系等等，都与学生的阅读理解能力息息相关。特别是三年级的小学生，一二年级实际问题主要以图文的形式出现，较为直观形象，学生理解起来比较容易。而升入三年级后，实际问题中文字逐渐增多，面对众多的文字，学生没有耐心读，读不懂，不理解题目的意思，则解答错误。那么数学中如何激发学生的阅读兴趣，提高学生的阅读理解能力呢？下面就谈谈自己的一些做法。

一、听故事——激发学生的阅读兴趣

数学是一门高度抽象、逻辑严密的学科，很多知识对于学生来说枯燥无味，渐渐出现"谈数色变"。如果能够把数学知识以生动有趣的小故事出现，让学生在故事情境中不知不觉地理解数学知识，对于学生来说未尝不是一件幸事。于是我们在"停课不停学"期间，开展了"听万物有数学"的活动。一石激起千层浪，学生们跟着主播在数学王国里遨游，感受数学的美妙。

当把故事链接推荐给学生，他们

作者简介： 董学影，北京市通州区梨园镇中心小学数学教师，一级教师。

便纷纷投入到一个个妙趣横生的故事中：小数点引起的悲剧，意外的相遇，没有尽头的莫比乌斯带……有的学生还边听边记笔记。家长告诉我：孩子非常喜欢其中的故事，听了好几遍，然后把故事内容记录下来。这不也训练了孩子边听边记、边听边思考的能力吗？也就是我们说的学会倾听。有了良好的专注力和倾听习惯，更有助于学生的课堂学习。

小豪和佳佳同学特别喜欢里面的故事，很快就把所有故事听了一遍。有的故事内容孩子不是很理解，就央求家长给他们买书看。终于把书盼来了，他俩立刻沉浸在书的海洋里。佳佳还写了数学日记，把自己喜欢的故事画成了漫画，真是个全能小达人！小豪也把自己喜欢的故事读出来，读得绘声绘色，读出了自己的理解。这不正是听故事唤起了孩子看书的欲望，激发了他们的阅读兴趣吗？

二、读故事——调动学生阅读的积极性

回到久违的学校之后，为了延续前面的学习成果，学校为每个学生购买了《数学读本》。有的学生拿到读本爱不释手，课间和午休都沉浸在一个个数学故事之中，还争先恐后地读给同学听。和家长交流时得知，为了把故事读好，孩子练了好久，让爸爸妈妈做听众。在学生们的精心准备下，每个人都读得很精彩，读出了自己的理解和感悟。还有的几个学生分角色朗读，演绎着故事的内容。台下的学生也没有闲着，仿佛被台上的读者带入了神奇的数学王国，沉浸着，享受着，思索着……"我觉得你读得很流利，很有感情，但有一个字读错了。"看学生们听得多认真！小故事的威力可真不小！

琦琦是一个很努力的孩子，可学习效果不好，特别是解决问题总是出错，多次和家长沟通，了解到只要大人把题给他读出来，解释解释，他就能做对，自己就是读不懂，这是不是就是所谓的阅读障碍呢？可是《读本》中的故事却深深把他吸引，他不仅能把故事读得流利，还能把大意背出来。这得下多大的功夫呀！需要多强的记忆力和理解能力呀！我好奇地询问了家长。家长告诉我，孩子每天写完作业就抱着《读本》自己看，看完自己对着手机讲，然后自己再看。看来数学故事激发了他阅读的欲望，让他爱上了阅读。

三、讲故事——扬起学生自信的风帆

学生有了阅读的积极性，接下来老师提出了更高的要求：把故事中涉及的数学知识给同学讲讲，听的同学也可以谈谈自己听后的感受。这样的交流，既训练了学生提取信息的能力，也有利于提高学生的语言表达能力。特别是给每个学生搭建了展示的舞台，帮助学生树

立了自信，从此爱上了数学。

小超在表达方面缺少些自信，经常会被其他同学问得哑口无言。我建议他可以把看的故事讲讲。他精心准备了一番。在展示时，他不仅对故事里的数学知识进行了讲解，怕同学们听不懂，还制作了圆柱圆锥的学具，边讲边演。台上的他是那样从容，那样熟练。同学们评价他像个小老师！从那以后，每堂课都可以看到他高举的小手，听到他精彩的发言。

最让我记忆犹新的是小宇。"今天我给大家读的故事是'猪八戒吃水蜜桃'。正宗的水蜜桃五个铜板一个，皮薄汁多，个个保甜！"这叫卖声真好听，太有感染力了。小宇读得眉飞色舞，读出了猪八戒的贪吃、长尾猴的机灵、孙悟空的机智。在座的听众也仿佛被带进了故事的情境中。看到现在的小宇，再想想平时课堂上的他，简直是判若两人。"我的故事读完了，你们知道猪八戒到底吃了几个水蜜桃吗？""34个！""37个！"同学们七嘴八舌地说着。"还是我给大家讲一讲吧。"小宇顺手拿出一支粉笔，边列式边讲解，讲完后台下顿时响起

热烈的掌声。"你不仅故事读得好，讲得也明白，我要向你学习。"听到同学们的赞许，他不好意思得挠了挠头。第二天的课上，他好像换了个人似的，注意力特别集中，第三天，第四天，第五天……都是这样。

这小小的舞台，让学生心中的自信高涨起来，学习的斗志燃烧起来，将精彩的明天托举起来！

我还把故事的内容与课堂教学紧密结合起来，比如"除数是两位数除法"用四舍五入试商后验证时要用商乘原除数，这一点学生总是忽视，而《读本》中"过河拆桥"的故事就讲了这个易错点。当提到此时要过河拆桥时，学生自然明白了要乘原除数。还有故事中涉及的一些思考方法，一些数学历史……不仅巩固了课内所学的知识和方法，还开阔了学生的视野，拓展了思路。面对众多的文字，学生不再发憷，学会了静心研读，认真思考。我在以后的教学中还想尝试让学生自己去编数学故事，相信有了前面的积淀，学生们会绽放得更加精彩。读故事，只是阅读的起点，让我们扬帆起航，乘风破浪，勇往直前！

把握阅读策略　发展个性阅读

——整本书阅读策略研究

唐嘉奇

《语文课程标准》在"阅读教学"的总目标中要求学生"具有独立阅读的能力，注重情感体验，有较丰富的积累，形成良好的语感"。为此，为拓展学生的阅读思维，培养学生的精思阅读习惯，我在教学中主要对学生的整本书阅读策略进行了涉猎。考虑到部编版六年级下册语文教材"快乐读书吧"中对学生课外阅读的要求，我鼓励师生共读《鲁滨逊漂流记》。

选择《鲁滨逊漂流记》作为本次整本书阅读的共读书目，不仅仅是因为阅读这本书可以提高学生的阅读素养，更重要的是通过师生共读这一桥梁可以夯实学生的文学积累，进一步促进学生的个性化思考，从而丰富学生的精神世界。

为保障整本书阅读活动的有效开展，我制定了精准、高效、可实践性较强的整本书阅读策略。基于对我班学生的学情分析，我制定了如下阅读策略：

一、导读——"情景化"激发阅读兴趣

在阅读伊始，我先为学生们准备了一堂生动的导读课。通过书籍简评、介绍作者以及封面插图导入等方式，以情景再现的模式巧妙地设置了悬念，激发了学生的阅读兴趣。考虑到六年级学生已经具有了独立的阅读意识，并且可以对文章内容进行有效的感知，因此，在导读课中，我充分挖掘线上丰富的学习资源，摄取了众多关于《鲁滨逊漂流记》的书籍简评，通过短小精悍的书评引导学生提前了解这部名著的主要内容与意义价值，从而激发学生阅读名著的欲望。除此之外，在导读课上，我还利用多媒体课件展示的形式提前为孩子们播放、剪辑关于《鲁滨逊漂流记》中的故事插图，这些颜色艳丽、绘声绘色的插图可以通过对学生视觉神经的刺激，不断唤醒学生的认知注意力，从而激发学生阅

作者简介：唐嘉奇，北京市通州区运河小学语文教师，二级教师。

读整本书的兴趣。

二、泛读——"问题化"了解故事梗概

通过导读课示范这一教学环节，学生对《鲁滨逊漂流记》的整本书阅读产生了强烈的好奇心，学生们纷纷开始了对《鲁滨逊漂流记》的整本书阅读。在泛读这一教学环节中，我为学生设定的泛读时间为一周，这期间学生与教师可以在微信班级群里相互交流。在学生泛读之前，我提前在线上制定了具有引导性、启发性的学习单，这样一来可以引导学生带着问题进行有效的思考和泛读。学生纷纷利用课余时间对《鲁滨逊漂流记》进行了泛读，并主动和我交流在泛读中的乐趣与问题。甚至有的学生在制定精确的阅读计划的同时，还会主动把阅读照片发到班级群里，希望能得到教师和同学们的相互监督。一周后，通过有效的泛读，学生不仅能够完成学习单的内容，还能初步了解、概括故事的梗概。

三、细读——"个性化"理解故事情节

让学生从真正意义上喜欢上整本书阅读，就不能对学生的阅读进行过多的干预。为开拓学生的阅读思维，我在细读这一教学环节中，积极引导学生对整本书阅读进行个性化的解读。因此，我在开展《鲁滨逊漂流记》整本书阅读时提倡学生可以通过自由阅读，根据自己的所读所想及时记录读书笔记，摘录文章中的好词好句，从而加强学生对《鲁滨逊漂流记》的个性化理解。学生每天可以将自己的读书笔记分享到班级群中，供大家交流欣赏。除此之外，为培养学生养成"不动笔墨不读书"的习惯，我还积极引导学生对故事中印象深刻的情节进行批注，通过批注引导学生全面深入、多角度思考问题，引导学生将思维带到文字的背后、文章的精髓中，从而实现由"泛读"到"细读"的个性化转换，不断培养学生的阅读理解、分析能力。

四、绘读——"图像化"展示故事内容

单一的文字阅读难免过于枯燥乏味，为了提高学生的阅读乐趣，丰富学生的情感世界，我提倡学生可将小说中生动的故事情节用五彩的画笔描绘下来，倡导学生在《鲁滨逊漂流记》的整本书阅读中开展绘制"三图一报"活动。其中"绘三图"即绘制关于整本书阅读的思维导图、鲁滨逊生活轨迹图以及鲁滨逊荒岛生活图，"绘一报"即鼓励学生在阅读之余绘制读书小报。学生们纷纷表示喜欢这种喜闻乐见的绘读方式，更有学生主动提议为小说的故事情节绘制插图。这种多样的阅读方式有利于调动学生阅读的积极性，图画式的阅读方式也使阅读更加"印象化""个性化"，有助于帮助学生加深对小说内容的理解，从而培养学生的审美能力。

五、精读——"智慧化"品悟名著哲理

读书是为了明理，因此读书最重要的作用是品悟书中所蕴含的深刻哲理。因此，我提倡学生在读完书后，敢于拿出纸笔写出自己的所感所想，读书只有有所思考，才是真正意义上的"慧读"。学生在阅读后纷纷写起了读后感，从文字背后融入了自己独特的体会。即使是相同的内容，不同的读者对待同一本书也有着不同的观点，学生写读后感的过程就是其精琢钻研的过程，只有通过对文字的反复咀嚼，才能体会名著的真谛，才能感悟出名著的精髓，才能在真正意义上体味名著的"灵魂"，从而实现由点到面、由部分到整体的情感升华。

六、荐读——"多样化"分享阅读成果

整本书阅读的真正目的在于让学生热爱读书，能够主动阅读更多的书籍。因此，在整本书阅读活动的最后一个环节，我鼓励学生绽放个性化的阅读展示。我引导学生根据自身的实际情况分享阅读成果，可以是制作好书推荐卡、书签，也可以是美文诵读或者录制名著中的故事视频。学生选择的书籍可以是《鲁滨逊漂流记》，也可以是其他的经典名著。通过"多样化"的阅读成果分享，从而活跃学生"好读书""读好书"的阅读氛围。这样的思路其实是对整本书阅读的深层加工，是一种艺术的内化，使整本书阅读不仅仅局限于一本书，而是分享"悦读"更多的书籍。

在整本书阅读策略的研究实践中，我注意对"六读"策略的有效整合。在师生共同阅读的层面，真正意义上做到了精读、精思、精解的三精品质；在阅读的内容价值层面，对学生文化素养的提高和阅读兴趣的维持有着积极的作用。通过这次整本书阅读策略的研究，我相信学生一定能在阅读这颗智慧树上结出更饱满的果实。

参考文献：

[1] 中华人民共和国教育部制定 . 义务教育语文课程标准 [M]. 北京：北京师范大学出版社，2012.

全学科阅读促进学生阅读素养提升

赵红梅

全学科阅读全在阅读对象的扩大、阅读内容的扩充、阅读领域的扩展。强调的是全员参与、全学科覆盖、全方位推进。通州区永顺小学全学科阅读立足于现代社会对于个体阅读能力的要求、国际阅读素养评估体系的发展和研究、快速发展的时代对素养的需求。从而赋予全学科阅读新的生命力和适切的诠释空间，使之成为中小学生阅读教学新的生长点。

一、学校阅读基本状况分析

三年前抽取 100 多名中年级学生进行阅读现状调查。调查结果显示出学生的课外阅读现状不容乐观，突出表现为：阅读观念落后，阅读障碍多；兴趣不浓，阅读数量少；缺乏指导，阅读速度慢。

二、基于学生现状开展阅读提升

基于以上存在的问题，通州区永顺小学全力做好校园阅读促进的推进工作，以常规推进、社团活动、文化引领、整本书阅读、家校联盟五大强化为载体，以特色突出、家校提升、师生满意三大提升为目标，扎实有效抓好常规管理，创新实干抓好阅读教学改革，充分挖掘内部资源，激发校园内部活力，全面提高学校教育教学质量，全面推进阅读教学质量的有效提升。努力把学校办成"有深厚的文化底蕴，有先进的教育理念，有良好的育人氛围，有持续的发展潜力"的阅读校园。

（一）开放图书资源助力提升

为进一步落实立德树人的根本任务，全面提高学生的综合素养，本着培养阅读兴趣，养成良好的阅读习惯，以及提高学生阅读能力为目标。学校利用图书馆现有藏书，建立"校园书吧"，开放"校园橱窗"，同时在各班建立"班级书吧"。力求通过阅读，让学生可以跨越时空了解古今中外，可以通过阅读和各种名人对话，帮助学生在小学阶段养成爱读书的习惯。

（二）巧用网络平台推进提升

充分利用阅读平台和媒介资源完善

作者简介：赵红梅，通州区永顺小学语文教师，高级教师，区骨干教师。

校园基础设施建设。搭建语文拓展阅读互动工具，拓展阅读素材，研发阅读的跟踪评价工具及内容，对学生的阅读能力及阅读情况进行评价和跟踪。在学校内营造浓厚的平台阅读氛围，有效提升学生的阅读兴趣，同时也通过平台开发学生的学习能力、探索能力、创新能力等。教师将阅读课程通过平台进行读前任务布置、读中重点引导、读后深度延学交流，达到用平台促阅读的效果。

（三）校园特色活动实施提升

1. 班班主题阅读浸润。首先班级开展每月经典主题阅读活动，固定每周三开展早读经典活动，结合诵读教材开展经典阅读《三字经》《弟子规》《笠翁对韵》《论语》《诗词欣赏》等。其次，每逢传统节日，结合春节、元宵节、端午节、重阳节、中秋节等节日，开展传统文化诵读，让经典浸润孩子的心灵。

2. 年级自主阅读跟踪。在校园书吧、班级书吧、校园橱窗补充科学、艺术、历史、体育、科技等方面的书籍，倡导学生利用课余时间自主阅读，各年级把同学们的阅读推荐与自主阅读结合，年级进行阅读跟踪，做到读一本书，跟踪一本书的读后交流。

3. 学校多彩阅读展示。学校"yi"起读系列活动，定期结合学生阅读情况进行阅读分享展示。例如：思维导图展示整本书阅读、"小小演说家"演讲我与书籍的故事比赛、小手拉大手亲子阅读分享、独特的阅读跟踪展示等。在分享阅读的过程中享受阅读的乐趣。同时为了让学生对阅读兴趣更浓，开展作家进校园活动，实现了学生和作家面对面的交流，在交流中全面促进学生听说读写能力的提高。

三、全力协同推进全学科阅读

（一）校内联合行动

以"高起点、高标准、高要求"为规划标准，在学校层面进一步完善阅读楼道文化，如阅读箱、图书角、文化墙等。同时利用班级空间结合班级文化，营造书香班级氛围，打造阅读特色班级文化、特色年级文化。在实施教师读书计划的基础上，根据区阅读推荐的必读书单，制定校本化阅读书单，编写校级阅读跟踪手册等，以读书沙龙、阅读分享会、导图征集等活动为平台，开展快乐读书活动，进一步荡涤师生心灵，转变理念、提升业务能力，培育有思想的教师队伍。

（二）校外阅读打卡

每到学生的假期，结合学校研发的"整本书阅读"课程、低年级绘本课程等，全校开展假期课外阅读打卡活动。由专家、教师、学生家长等构成的阅读导师团，为学生假期打卡做好后援。学生则利用假期进行整本书的阅读与梳理，从而开阔视野提升阅读质量。

（三）校园主阵地落实

学校结合办学理念和育人目标对阅读课程进行整体规划，将阅读纳入学校的课程体系中，顶层规划管理五落实。即：一保证时间落实。学校每周至少安排一次专门的阅读课，保证专时专用；对学生自由阅读的时间也要落实，每天能固定安排一个时间段给学生自由阅读，增加学生的阅读时间。二指导落实。围绕校的办学理念、校园文化，指导各项阅读任务的开展，如制定校本书单、研发校本阅读课程，以"阅读"为抓手来促进校园文化建设，实现学校的育人目标。三活动落实。学校定期举办阅读活动，活动的形式丰富多样，如阅读综合实践活动、辩论赛、朗诵会、读书笔记展评等。四检查落实。学校对阅读项目的进展要经常检查、督促、交流、评价，对教师和学生阅读的情况要经常评估和反馈，对做得好的老师和学生要及时表扬，扩大影响。五阅读课程建设落实。教师扩大阅读材料的选择范围，重点加强阅读方法和策略的指导，尤其是质疑提问和自我监控这些高层次的阅读策略，让学生能够在阅读的过程中举一反三，同时获得深层次的阅读乐趣。

（四）家庭主渠道助力

家庭阅读也是全学科阅读促进学生素养提升的主渠道。

1. 家庭书橱创建。倡导学生家长在家庭中给孩子开辟阅读的空间，营造家庭阅读的氛围，学生利用课余时间，选择自己喜欢的书籍进行阅读。

2. 亲子阅读展示。结合学校定期总结展示活动，开展亲子阅读展示，例如亲子故事赛、亲子合演课本剧等等，搭建亲子展示的舞台，让阅读促进亲子的交流。学校充分发挥对家庭阅读的引领作用，尝试引入现代新媒体手段，建立家校合作阅读的沟通、协作信息平台，通过网络平台的搭建，构建促进学生阅读的家校合作共同体，使家长更深层次地参与到学生的阅读活动中来，积极主动配合和推动学生的阅读，实现家校阅读气氛的统一，达到阅读效果的一致。

全学科阅读真正从个体终身学习、终身发展的角度，全面认识和把握阅读的重要价值和意义，充分认识到阅读是为学生未来生存发展奠基。

小班幼儿前阅读能力培养的有效策略

赵东霞

《幼儿园教育指导纲要》明确地把幼儿的前阅读方面的要求纳入语言教育目标体系。指出："引导幼儿接触优秀的儿童文学作品。使之感受语言的丰富和优美。并通过多种活动帮助幼儿加深对作品的体验和理解，培养幼儿对生活中常见的简单标记和文字符号的兴趣，利用图书、绘画和其他多种方式引发幼儿对书籍、阅读和书写的兴趣，培养前阅读和前书写技能。"为此，针对如何培养小班幼儿的前阅读能力做了重点研究。

一、环境创设——激发幼儿阅读的兴趣

（一）创设温馨的阅读区环境阅读区是幼儿自主阅读图书的专门区域，因此，在创设时教师考虑到活动室空间进行合理布局，选择靠近光源、安静的角落与班级中的自然角融为一体，并提供了安全柔软的地毯、幼儿喜欢的各种卡通软垫供幼儿坐或靠。并用

屏风分隔出来，形成温馨独立的区域。在阅读区的环境墙饰中我们有一面针对小班幼儿阅读的规则墙饰，以照片的形式体现。在另外的一面墙饰中以看图讲述图片布置在墙饰中，供幼儿在阅读区中进行讲述。这样安静、温馨的阅读环境能够使幼儿静下心来进行阅读。

（二）提供适宜的阅读材料满足幼儿阅读的需要

1. 投放纸质较硬、可操作的图书。小班幼儿年龄小，手眼协调性较弱，很容易把图书撕破。因此提供了小狗帕比、鸭宝宝洗澡、猫头鹰奥奇、毛毛虫吃什么、忙碌的城市、热带草原等一系列硬皮的可操作的图书,幼儿可以边摆弄边阅读，满足了小班幼儿的兴趣需要。

2. 提供带声响的图书。小班幼儿对于各种声响都充满了好奇，想去探索，因此，在班级中教师提供了动物、乐器、我会念童谣的音乐图书以及会发出声响

作者简介：赵东霞，北京市通州区新城东里幼儿园保教主任，高级教师，北京市骨干教师。

的挂图，供幼儿进行摆弄，幼儿在操作的过程中边跟随模仿边进行学习。

3. 提供自制照片图书。照片是小朋友比较常见的，里面有孩子们熟悉的人物、环境及幼儿曾经亲身经历的这样的书是孩子最有感受、最能理解的最贴近孩子生活的图书。因此，我根据孩子的兴趣点制作了适合小班幼儿的照片书，如：《开饭啦》书中所展示的是小朋友平时吃饭时的各种食物，及小朋友进餐时的各种姿态表情。《睡觉喽》所展示的是小朋友睡觉时的样子。《学本领》照片书主要是小朋友们在老师组织活动时专注的神情动作等。另外，将幼儿的绘画作品，装订成册制作成图书让幼儿进行翻阅欣赏。这些自制的图书非常有个性化，幼儿在翻看时能准确地说出书中的内容。

4. 投放幼儿学习过的、感兴趣的阅读材料。小班幼儿对于学习过的熟悉的内容是比较容易接受的。因此，平时幼儿学习过的故事内容教师会制作成图书，投放在阅读区中供幼儿进行阅读。

5. 将奥尔夫图画书投放在环境中供幼儿进行阅读。奥尔夫内容是幼儿园新引入的一门音乐课程，在这个课程里有专门的配套图书教材。这本教材中最适合小班幼儿的是画面内容简单，人物少，最主要是单幅图片。每次进行奥尔夫课程教学时看图讲故事并不是重点内容，但是，每次活动结束后教师会把配套的图画书投放在阅读区环境中，让幼儿进行看图讲述，这样培养幼儿的阅读能力。

二、榜样示范——使幼儿养成良好的阅读习惯

小班幼儿阅读是个起步阶段，需要教师正确地示范阅读的方法。班中的幼儿刚入园时，有的幼儿分不清封底封面拿一本书就随便翻阅，因此，教师需要教会幼儿如何看书，通过教师的示范讲解幼儿知道要从封面开始一页一页地翻看图书，并学会翻书的正确方法。另外，阅读时幼儿的姿势很重要，作为教师也是亲自示范，让幼儿来模仿学习。在平时活动中教师随时关注，这样时间长了小朋友就养成了良好的阅读习惯。

三、注重引导——提高对文字及符号的兴趣

《3-6岁儿童学习与发展指南》提到，幼儿的语言学习，应在生活情境和阅读活动中引导幼儿自然而然地产生对文字的兴趣。因此，在日常的阅读活动中，教师注意引导幼儿关注图书中的文字及符号。如：在过渡环节和小朋友们一同看书时，教师都会边指文字边进行阅读。在进行每周的分享阅读活动时，也会在阅读时候利用指读的方法带幼儿学习。在遇到句号和问号时候会帮助幼儿进行讲解，便于幼儿了解什么情况下句号会出现，什么情况会有问号等等。在活动中很自然地让幼儿产生了对文字符号的

兴趣。

四、集体教学——提高阅读技能

小班幼儿的阅读常常带有盲目性、随意性和依赖性，这就需要教师的正确引导，为幼儿提出阅读的目的和任务要求，帮助幼儿进行有效的阅读活动。因此，组织幼儿进行必要的集体教学活动来提高幼儿的阅读技能，例如：每周会有一节分享阅读活动，会组织幼儿进行集体的看图讲述活动，如：在组织幼儿进行看图讲述《小鸭在哪里》时，教师问："图片上有谁？"然后第二个问题会问："它在哪儿？"等问题帮助幼儿初步看懂图画书中的大概内容，并把内容连起来阅读思考。最后分发给每位幼儿人手一张的小图片请幼儿边看边说。这样通过老师的提问帮助幼儿学会了该如何自己进行阅读。

五、定期调整——满足幼儿阅读需要

小班幼儿长时间看重复的图书会感到厌倦，失去阅读的兴趣，因此，在班级中教师会每周陆续增添一种新的图书，把幼儿不感兴趣的图书替换下来，每次提供新书时教师都会保证图书数量充足，并让书架上始终有幼儿熟悉的和不熟悉的不同层次的图书，以满足不同发展水平幼儿的阅读需要。

六、亲子共读——促幼儿前阅读能力的发展

《幼儿园教育指导纲要》指出，家庭是幼儿园重要的合作伙伴。因此，要充分发挥家长的作用，共同促进幼儿前阅读能力的提高。班级利用家长会向家长介绍亲子阅读的益处，并同家长商量将孩子在家中的图书带到班中和同伴进行相互交换借阅，获得了所有家长的一致赞同。教师利用每月底组织家长协助幼儿共同进行图书借阅登记活动，激发了幼儿的借阅兴趣。幼儿将图书借回家后进行亲子共读活动，激发了幼儿对于阅读的兴趣。通过一年的亲子共读，幼儿的阅读能力都有了较大的提高。

总之，前阅读对幼儿成长进步产生重要的作用，是幼儿向正规而成熟的阅读过渡的关键，是幼儿增长知识开阔眼界的有效途径。而作为教师要正确引导幼儿，这样幼儿的前阅读能力才能不断提高。

通过英语阅读提升学生核心素养

杜金茹

摘要：如何在英语课堂上提升学生的学科核心素养是对英语教师提出的新的要求。在不断地学习和实践过程中发现，教材中的阅读文本蕴含着丰富的教育内容，学生既可以学到词汇、语法等语言知识，也可以得到思维品质的训练，同时还有各种情感的渗透。教师通过对阅读文本的分析对学生进行各种德育教育从而达到对学生核心素养的提升。

"得阅读者得天下"这句话大家都很熟悉，作为英语教师我一直在思考一个问题：在英语教学中怎样才能让学生得到阅读或者说让学生在阅读中到底得到什么他们才能得到英语的天下。《普通高中英语课程标准》指出：学科核心素养是学科育人价值的集中体现，是学生通过学科学习而逐步形成的正确价值观、必备品格和关键能力。教师要想通过学科内容来培养学生的核心素养就要认真解读文本，教师对文本解读到什么程度，决定着学生在课堂上能够学习到什么程度，所以文本解读，是保证课堂教学质量的前提，更是通过阅读提高学生核心素养的第一步。

一、从深层信息入手，渗透情感教育

英语阅读材料涉及话题广泛，信息密度高，语言知识丰富。而综合语言运用能力的形成建立在语言技能、语言知识、情感态度、学习策略、文化意识等

素养整合发展的基础上。这五维目标相辅相成，缺一不可。对以文化、艺术、习俗、世界形势状况为主题的教材中，教师可以培养学生的文化意识和情感态度的目标为指导来解读、处理教材，构造具有丰富文化内涵和情感渗透的课堂，从而让学生理解交际中的文化差异，了解世界经济、政治文化知识，形成跨文化意识，提高他们的科学文化素养和人文素养。这样的阅读能塑造学生的心灵，使学生形成积极向上的情感和活泼开朗的个性，锻炼克服困难的意志，认识自己学习的优势与不足，乐于与他人合作，养成和谐向上的品格，逐步树立正确的人生观、世界观和价值观。

例如，北师大版初中英语教材八年级上 Unit3 Lesson 9 Never Give Up！本课主要讲述主人公 Janek 因为意外事故失去半条左腿和半条右臂，但是他克服种种困难到南极和北极探险，创造了记录，成为最年轻的极地探险家的故事。本文

作者简介：杜金茹，次渠中学英语教师，高级教师，市骨干教师。

的教育意义在于通过阅读文本感悟主人公坚毅的性格品质，引导学生认识到，无论遇到什么样的困难，都不要轻言放弃。坚持到底，就会有所收获。

为了引导学生真正的理解并感悟主人公是如何克服种种困难的艰辛历程，引导学生利用时间轴梳理文本的主要信息后，在为段落选取小标题的帮助下，通过问题链引导学生推断主人公的情感变化加深对文本的深层理解同时渗透德育教育。例如：在梳理第四段和第五段信息时我向学生追问两个问题：Is it easy to get to the poles? 和 What difficulties did they meet? 引导学生挖掘文本的深层信息。学生通过对文本的阅读找到了 Janek 遇到的困难有 animals, dangerous ice and bad weather。这些都属于浅层信息，在我不断的追问之下，学生们根据文本内容又依次挖掘出三个方面的困难：（1）对我们正常人来说去极地就不是一件轻松的事，更何况 Janek 还是一个失去半条手臂和半条腿的残疾人；（2）2004年 Janek 第一次到达北极时他当时只是一个十五岁的孩子，和学生差不多一样大；（3）2004年 Janek 从4月到达北极一直到12月到达南极，他用时八个多月行走在两个极地之间，同时还要面对种种困难，旅行的艰辛是可想而知的。这些都属于深层信息。学生们把这三个困难挖掘出来后一下子就能够深刻地体会到主人公坚毅的性格和面对困难永不

放弃的精神。由此再通过问题引导学生向 Janek 学习。What can you learn from Janek? What will you do if you meet some difficulties in your life? 这两个问题的设计目的在于学生在对问题进行思考和讨论的过程中实现情感目标，渗透德育教育。这也是教材编写者的目的所在。

二、从文化入手，增强爱国情怀

语言有丰富的文化内涵。在外语教学中，文化是指所学语言国家的地理、风土人情、传统习俗、生活方式、行为规范、文学艺术、价值观念等。在学习英语的过程中，接触和了解外国文化有益于对英语的理解和使用，有益于加深对中华民族优秀传统文化的认识与热爱，有益于接受属于全人类先进文化的熏陶，有益于培养国际意识。在教学中，教师应根据学生的年龄特点和认知能力，逐步扩展文化知识的内容和范围。

例如，北师大版初中英语教材七年级下册 Unit 4 Lesson 12 Summer Holiday，本课主要讲述了 Tim 向 David 介绍他在北京的暑假计划：首先在夏令营学习两周的中文，然后与父母开始旅行：先在北京参观长城和故宫，接着到西安参观秦始皇兵马俑，再到九寨沟，最后去三亚的整个行程。在文章的最后 Tim 又提到了北京的鸟巢。基于以上文本我利用时间轴引导学生梳理主要信息，关注 Tim 旅游的地方，引导学生了解这些地方的文化内涵。如：举世闻名的万里长

城是世界建筑史上的伟大奇迹，与埃及金字塔、巴比伦的空中花园等建筑并称为世界八大奇迹之一，是中国古代劳动人民的智慧结晶，是中华民族的瑰宝与民族的象征；故宫在建筑技术和建筑艺术上代表了中国古代官式建筑的最高水平，是中国封建社会后期明清两代的皇宫，是当时国家的政治中心、封建权力的中枢所在地，是历史的缩影，是中国文化传统的结晶；秦始皇兵马俑是世界人类文化的瑰宝，而它的发现本身就是20世纪中国最壮观的考古成就，它们充分表现了2000多年前中国人民巧夺天工的艺术才能，是中华民族的骄傲和宝贵财富。……通过对这些文化内涵的了解加深了学生对中华民族优秀传统文化的认识，让他们接受文化的熏陶，同时利用图片加强学生的视觉感受增强学生对祖国大好河山的热爱之情和爱国情怀。

再如，北师大版初中英语教材九年级（全一册）Unit 1 Lesson Body Languages，本课主要讲述的是'Body Language'在人际交往过程中的重要性以及在不同的文化中Body Language具有不同的含义。文本具体介绍了Body Language在一些西方国家、亚洲国家以及中东部国家的不同含义。以及Lesson 2 Different Kinds of English的听力材料讲述的是美式英语与英式英语之间的差异。这些文本材料皆是帮助学生理解交际中的文化差异，形成跨文化意识，通过学习英语，了解世界经济，政治文化知识。因此在阅读教学中，尤其是以文化、艺术、习俗为主题的文本，我们应当以培养学生的文化意识和情感态度的目标为指导来解读分析、处理文本，从而构造拥有文化内涵和情感渗透的课堂。

阅读教学不仅仅只是对语言点的理解，也不仅仅是对文本信息的理解。不同的文本解读就会导致教师设定不同的教学目标。我们知道，每个阅读文本都有多方面的内涵，而这需要我们在解读中去挖掘，并在阅读教学设计中加以体现。通过文本解读，赋予教材以全新的生命，使阅读教学更加立体，更加多元，更加综合，从而引导学生逐步形成适应个人终身发展和社会发展需要的必备品格和关键能力，这是我们应不懈追求的目标。

参考文献：

[1] 中华人民共和国教育部.《义务教育英语课程标准》（2011年版）北京师范大学出版集团，2012年1月

[2] 中华人民共和国教育部.义务教育教科书七年级下册 北京师范大学出版社，2013年12月

[3] 中华人民共和国教育部.义务教育教科书 八年级上册 北京师范大学出版社，2014年7月

[4] 中华人民共和国教育部.义务教育教科书 九年级（全一册）北京师范大学出版社，2015年7月

[5] 葛炳芳.《英语阅读教学中的材料处理：解读与使用》浙江大学出版社，2013年12月

[6] 葛炳芳.《英语阅读教学中的信息加工：提取与整合》浙江大学出版社，2015年11月

对全学科阅读的认识及见解

张静鑫

摘要：全阅读是以"逐步培养良好阅读行为习惯"为重点，以"阅读是生命存在的一项重要衡量方式"为理念，通过加强深化学生的自主阅读来达成学生身心发生预期变化的全学科、全员、全程式的学校教育方式。

一、对全学科阅读的理解及见解

全阅读是一种以"逐步培养良好阅读行为习惯"为重点，以"阅读是生命存在的一项重要衡量方式"为理念，通过加强深化学生的自主阅读来达成学生身心发生预期变化的全学科、全员、全程式的学校教育方式。全阅读的文化内涵十分丰富，它是对传统学校阅读教学的发展和突破。我们可从以下几个层面来进行解读。

（一）从工具论到目的论的超越阅读

在工具论看来，阅读只是一种手段策略。阅读是用来认识世界、了解世界的工具策略，是一种学习获得知识、吸收文化的过程。但是在全阅读的视角下，阅读不只是手段，更是目的。传统的学校阅读教学强调的是阅读的工具性质。阅读可以增长知识、消除愚昧、获取信息、拓宽视野，成为人们认识和改造世界、造福人类的有力武器，渗透着功利色彩的阅读观正是这种阅读工具论的集中反映。阅读不仅仅是工具，阅读本身就是目的，"通过阅读，为了阅读"，两者互相融合，这便是全阅读的观点。在全阅读看来，阅读并非单方面的知识攫取，而是一种双方、多方的积极对话，摆脱了功利的束缚，没有了功利的困扰，读者在与作品（作者、有时甚至还有编者）之间持续的对话中进行心灵上的沟通，进而展开思维上的碰撞交流，实现视域境界的融合，从而能够体察人生的意义。

作者简介：张静鑫，北京市第五中学通州校区地理教师，二级教师。

（二）从单学科到全学科的拓展

在传统的课程观来看，阅读的训练只是语文学科的任务。人类的语言除了基础语言外，还有特定的学科性语言，如数学语言、科学语言（物理的、化学的、生物的语言等）、美术语言、音乐语言……对于以特定的学科性语言编写的读物，学生要读懂其语言规则并深入把握其中的文化意蕴，只有通过学科性阅读并在这种活动中提高阅读能力、养成阅读习惯方能最终达成。随着现代科技的进步以及社会的逐步数字化，仅具备简单的阅读能力已经明显地暴露出其才能的不足，已经不能满足现代以及未来社会趋向要求。所以，在认识到全学科阅读能力培养的重要性之后，研究摸索全学科阅读培养的重要性及其教育功能在当今社会就显得极其的重要。

（三）从受动性到主动性的转变

"受动"指在外在因素的掌控下发生运动、变化的状态。在传统的学校阅读教学中，阅读什么、怎样阅读，几乎全由教师决定，学生处于从属地位，没有自由选择的权力，因而容易丧失阅读兴趣，显示出"受动性"特征。这也是长期以来阅读教学效率不高的根本原因。全阅读认为，"强化学生自主阅读"，还学生以主体地位，方能改变这一状况。自主包含主动性、独立性和自控性三方面特征。独立性的表现为不依赖于他人，能独立学习事物；自控性的表现为能对学习过程进行自我调节，如自我计划、自我调整、自我指导、自我强化等；主动性则是自主性的基础，表现为积极的心理状态。主动性阅读就是引导、激发学生"用自己内发的活动和努力"来完成的阅读，因此学生能在阅读上获得更大的提高。

二、全阅读的策略选择

全阅读的推进需要一定的策略，主要有课程驱动策略、环境熏染策略、活动推进策略和家校共建策略等。

（一）课程驱动策略

课程驱动是首要策略，因为课程是学校教育的核心，也是全阅读的根本依托。具体来说，一是充分利用现有课程扎扎实实地推进。在国家课程、地方课程实施过程中，我们应当坚持"在教师指导下的学生进行自主阅读"是课堂教学的主要形式，一方面加大文化构建的强度，通过宣传、探讨、沟通交流等各种有效形式，让师生能够充分地认识全学科阅读的价值和意义；另一方面通过课程制度、教学制度等制度建设切实加以保证。此外，学校还要大力开展教学研究、教学示范，使学生自主阅读真正落到实处并提高质量。二是积极开发新课程。有益于全阅读的课程资源很多，关键之处在于我们要积极发现、认真研究、努力开发，使之成为新的学校课程。

（二）环境熏染策略

环境育人说的是环境对于人的成

长发展具有十分重要作用，而这种作用是在"润物细无声"的状态下进行实施并且达到潜移默化的境界的。我国著名思想家陶行知先生曾精辟地论述过环境熏染的力量："大凡生而好学为上，熏染而学次之，督促而学又次之，最下者虽督促不学。生而好学与督促不学的人究属少数，大多数得到相当熏染、督促就肯学了。现今青年人所以不肯努力求学的缘故，实由于学校里缺少学问上熏染和督促的力量。熏染和督促两种力量比较起来，尤以熏染更重要。"全阅读同样需要熏染的力量。环境熏染策略包括三个方面的内容：一是学校要办好图书馆，班级要办好图书角，让图书成为学生的最爱；二是教师要做出示范，做一个执著的读书人，把对图书的满腔热爱"传染"给学生；三是形成爱图书、爱阅读的氛围，学校要对爱好阅读取得成绩的学生予以表彰、奖励，对不认真阅读的学生进行劝导，在学校上下形成阅读的舆论氛围。

（三）活动推进策略

活动的推进是中小学生十分喜爱的教育形式，通过活动的形式来推进全阅读，不失为一种更加高效的策略。这类活动大体分为两种：一种是目标直接指向阅读的活动，如朗读（诵）比赛、读书心得交流会、读书报告会、图书推介活动等；另一种是虽然目标并不直接指向阅读，却也与阅读有间接联系，并须有阅读参与的活动，如有些学校开展的作家见面会以及让学生改编、排演课本剧（读本剧），办手抄报等。

（四）家校共建策略

中小学生每天有几乎大半时间是在家庭中度过的，每个家庭应当成为学生阅读的重要阵地。全阅读提出"以良好阅读习惯的养成"为重点，并使阅读具有"全程"性质。如果脱离开家庭阅读，以上的设想也只能变为一句空话。所以，学校应当加强与家庭之间的沟通与合作联系，共同构建提供一个良好的学生阅读平台。例如，有些学校通过家委会设立了"家庭阅读指导组"，经常开展"家庭阅读交流日"活动，进而形成共识，来推进家庭阅读。值得注意的是，学生的阅读自觉性是需要培养的，因此，学校应与家庭联手来检查督促，使家庭阅读得到制度保证，引导学生逐渐从"他律"走向"自律"，由"要我读"变为"我要读""我爱读"，让阅读真正成为学生的主体行为。

指向学生思维品质提升的绘本阅读教学策略

冯思宇

摘要：本文以小学英语教师在绘本阅读教学中存在的教学问题为切入点，研究了教学中关于图片挖掘、活动设计、板书设计等问题，结合绘本故事教学实例，阐述了问题解决过程中的实践与思考，旨在提升教师教学效率，激发学生的阅读兴趣，拓展阅读视野，提升阅读品质。

小学英语绘本阅读成为师生教与学资源的有效补充，逐渐被运用到课堂教学之中。然而，在开展绘本阅读教学过程中，也暴露出了一些问题，比如：有的教师总是将绘本课上成朗诵课，未能充分发挥绘本独有的图片优势，忽略学生读图、解码、探索的过程，学生始终处于被动接受的状态；有的教师不了解绘本阅读教学的基本路径，生搬硬套，活动设计存在着随意性、缺乏层次性，忽略了学生思维能力的培养；还有的老师，忽视了板书在阅读教学中的作用，单纯地书写重点句型和生词，整篇阅读学下来，学生只学会了个别词汇句型，对故事的主旨、脉络没有把握到位，在输出环节中不能很好地复述语篇，以至于达不到阅读教学的最终目的。

下面谈一谈我在绘本阅读教学中的一些思考：

一、注重图片价值，引领内涵理解

大多数绘本中图片所占篇幅比文字更大一些，图片不仅具有辅助文字传达功能，更能强调主题内容的表现。图片在故事的完整性、趣味性上起到了文本所不可取代的作用。因此，在绘本教学中，教师对图片细节的把握、从图片中获取故事信息的引导显得尤为重要。

教学案例：该部分作者用了两页图配文三个词 Mum got cross. 学生在日

作者简介：冯思宇，芙蓉小学英语教师，二级教师。

Mum got cross.

图片来源：*Oxford Reading Tree Level1+ Goal*

常学习中，接触过 cross 这个词，但通常课本里的 cross 都是以"十字路口、交叉"这样的含义呈现，学生读到这个句子可能会疑惑不解，但是通过仔细观察图片，学生能猜测到它的另外一层含义。首先引导学生观察第六页图片：妈妈眉头紧皱，伸出了一只手，并且在大喊着什么。提问：Look at mum's face. How was mum's feeling? Was mum excited or angry? 接着引导学生观察第七页图片：一个穿黑色衣服的人（裁判 referee），手里举着一张黄色的卡片朝着爸爸的方向走过去。提问：What was the referee holding on his right hand? What happened? 从爸爸妈妈的神情、动作，和裁判的动作，可以推断出爸爸在足球比赛中犯规，得到了一张黄牌警告，妈妈可能觉得裁判给的黄牌不公平，所以觉得很生气，猜出 cross 在此处是"生气"的含义。教师通过不断地设问，引导学生仔细观察图片、解码隐含信息，帮助学生理解故事情节的同时，也锻炼了其观察、推断的能力。

二、巧设学习活动，促进思维发展

近几年英语绘本在小学英语教学中得到重视和采用，但是有不少教师在使用绘本时仅注重词汇和语法知识的学习以及朗读等技能的训练，忽视语篇层面的整体理解和迁移，对于绘本可能提供的思维训练缺乏系统的认识和实践。（中小学外语教育，2019）

在英语绘本阅读教学中，教师可依据英语学习活动观，设计有情境、有主线、有层次的英语学习活动，利用层级性的活动设计，引导学生逐步深入地对绘本内容进行思考，从而促进学生思维品质的提升。下面，以绘本 Favorite Pet 为例，谈谈我在绘本教学中，依据学习活动观进行教学设计的做法：

（一）Pre-reading（读前）：激活思维

学习活动 1：Free talk

Qs: Do you have a pet? What pet do you have? （学习理解类）

学习活动 2：Talk about the cover

Qs: What can you see from the cover? Who are they? Where are they? Why are they at the shop? （学习理解类）

（二）While-reading(读中)：发展思维

学习活动 1：Picture walk 图片环游

Q: What can they buy in the pet shop? （学习理解类）

A. Nice clothes B. Interesting toys

C. Different animals

学习活动 2：Independent reading 自主阅读

Task1: 用红笔将桃心涂上颜色，体现妈妈对以下宠物的接受程度（应用实践类）

Task2: Talk in pairs

Q: What does mom think of the spider? Why?（应用实践类）

（三）Post-reading（读后）：提升思维

学习活动 1: Retell the story（学习理解类）

学习活动 2：Make your own book（迁移创新类）

要求：请在任务单的方框中画出你喜欢的宠物，并根据文中的写法及提示进行简单介绍，以小组为单位制作绘本 Favorite Pet，Qs: What is your pet? What does it look like？ Why do you like it？

有层次的学习活动设计，让绘本课堂能够在发展学生的英语语言能力和学习能力的同时，提升学生的思维品质，最终落实学生的核心素养，实现英语教育立德树人的价值。

三、注重板书设计，发挥导图优势

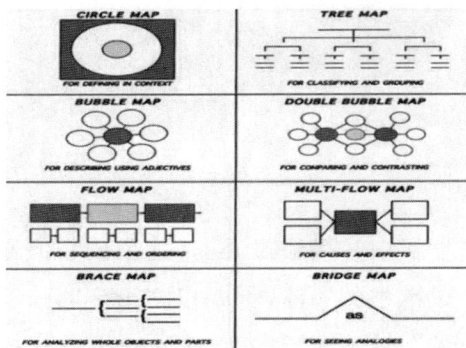

图片来源：*https://iblog.dearbornschools.org/msredaworldhistory/note-taking-strategies/thinking-maps/*

在绘本阅读教学中，板书的设计也是很重要的一步，思维导图是一种可视性的教学工具，一幅思维导图就是一篇阅读材料的缩影。采用思维导图分析绘本，可以使故事内容清晰、结构明晰，能够帮助学生把厚书读薄，对所学的知识，进行归纳、整理，让学生以一种联想的方式更清晰、更有效地进行思考，从而提高课堂教学效率。

下面以我在英语绘本教学中利用思维导图进行板书设计进行简单示例：

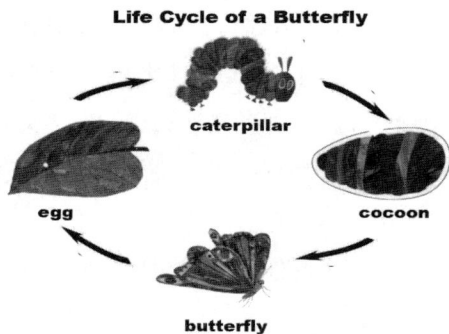

比如，在讲授绘本 The Very Hungry Caterpillar 时，我用流程图梳理毛毛虫

变成蝴蝶所经历的不同时期，帮助学生直观理解其变化过程。首先提炼出主题 Life Cycle of a Butterfly，然后从第一个小方框开始，按照故事脉络填入每部分内容，再用箭头将这些步骤串联起来。此过程既能帮助提升学生的逻辑思维能力，也有助于学生复述能力的提升。

思维导图是帮助学生思维的工具，它并不仅仅只有八种。在我们的日常教学中，教师应根据绘本的内容及特点，选取适合教学的思维导图，帮助学生有逻辑地表达自己的想法，也可以在此基础上设计出更适合本班学生和教学内容的 Thinking Map。

综上所述，小学英语阅读教学，需要充分利用绘本的优势，教师既要关注图片本身，又要关注学生学习活动的设计，结合板书，使绘本教学与阅读能力、思维能力训练有机融合，真正促进课堂教学质量的提升，提升阅读品质，促进学生综合英语素养的养成。

参考文献

[1] 钱小芳 . 基于英语学习活动观的小学英语绘本阅读教学活动设计 [J]. 中小学外语教学（小学篇），2019（11）

精心设计有效提问　提高学生阅读能力

——《Dick and the Olympics》教学案例

李文晓

摘要： "绘本"以其精致独特的装帧，诗意唯美的画面，改善了传统教材千篇一律的文本形式，吸引了学生的眼球，让其爱不释手。笔者以课堂教学一等奖课例《Dick and the Olympics》为例重点阐述如何在绘本教学中设计巧妙提问，激发学生阅读兴趣，提高学生阅读能力。

《北京市中小学英语学科教学改进意见》明确指出小学阶段要引导学生通过模仿、体验、参与等活动感知语言、内化语言，发展学生听说技能。小学阶段强调了语音语调的培养，即语言的韵律，节奏，发音等的培养。《意见》还提出加强英语学习的开放性和实践性，将学科不低于 10% 的课时用于学生走进社会。特别提倡农村学校补充绘本故事、有声读物等形式的英语学习资源。

我校也倡导教师灵活运用绘本资源开拓学生眼界，扩充学生知识面，倡导英语教师根据单元主题为学生们拓展绘本故事，并制定了《让绘本阅读，打开学生学习英语的另一扇窗》的研究专题，开启了绘本故事研究的新高潮。

五年级教材第六单元学习了与运动相关的功能句型，以及各种运动名称的表达方式，作为对第六单元内容的补充，我找到了与之相符的绘本阅读内容《Dick and the Olympics》，故事讲述了小鹦鹉 Dick 想参加动物运动会，在自己不能游泳、打篮球、跑步、打拳击的情况下，仍然不气馁，最终找到了自己能做的事——为小动物们当小记者。图文并茂的绘本资源和其绘声绘色的语调极大地调动了学生阅读故事的积极性，这也符合英语教学所提倡的"灵活运用教材内容，源于教材而高于教材的特点"。因此我进行了英语绘本故事拓展课的尝试。

作者简介：李文晓，梨园镇中心小学英语教师，一级教师，区骨干教师。

一、带着感知走进绘本——培养朗读能力

（一）创设真实情境，导入运动会主题

活动1：观看视频短片，回顾学校运动会的场景。

教师出示学生上学期参加学校运动会的照片，引导学生回忆当时的感受，激发学生的学习兴趣，引出本课话题。

T：Boys and girls，this is the sports meeting you have took part in last term. you did well in the sportsmeeting. So you all like sports，right？

活动2：根据运动话题自由交谈。

T： They do more sports right？ What's your favorite sport？

S1：I like swimming best.

S2： My favorite sport is playing football…．

T：对学生的回答进行追问："Where do you…？""How often do you…？"

T： 进入文本 Sport is good for our healthy. We all like doing sports. How about

the animals？

【设计意图】：激活原认知，热点话题交流，自然过度。

（二）展示绘本故事封皮，初步感知故事，了解故事主人公及故事场景

T：What do you see in the picture？

S：I can see…

T：What are they going to do？

S1：Maybe they are going to the park.

S2： Maybe they are going to the Olympics.

T： Yes. It's a big day for animals. Today is their Olympics.

【设计意图】：通过问题的引领，启发学生观察封面并思考老师提出的问题。

出示五环图，结合发音，理解 Olympics。

二、带着期待描述绘本——激发想象力

（一）整体感知故事，了解故事大意活动

1：出示封面，巧设悬念，猜测故事。

T：Look at this picture. Does Dick want to join？ What does Dick want to do？

S：Yes. He wants to join. / No. He doesn't want to…．

T： Something will happen between

them. Do you want to know？ Let's read it.

活动2：默读与思考，尝试回答。

T：The Olympic is coming. What are they going to do at theOlympics？

学生快速浏览书P2、3，圈出运动项目。

S：They are going to···.引导学生简单认读 swim、box、walk、shoot、high jump、long jump、run a race.

T：引导观察Dick，他在想什么？Dick wants to participate.

What does he want to learn？ Can you guess？学生试猜。

【设计意图】：复现动词，强化记忆，扫清障碍。

活动3：初读故事P4—11思考、体验、实践。

T：Let's read the story from page 4 to page 11.

What does Dick learn？

重点学习 Dick learns to···But. It's···"

T：At first，what does Dick learn？

T：Can he swim now？ Why？

T：Is he happy？ 深刻理解 Dick 此时的心情。

S：No. He is not happy.

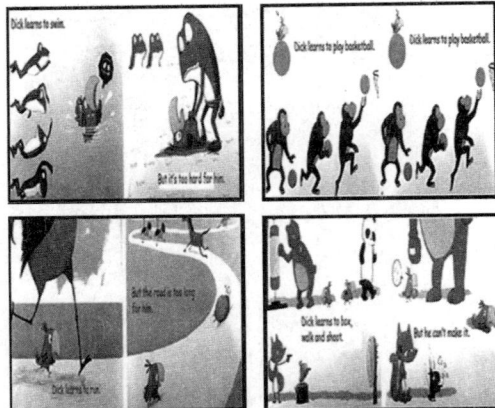

T：It's hard for Dick too. 引导学生观察 Dick 被救图片，帮助学生理解"too hard"

Who wants to be Dick and try to act？（启发学生尝试表演）

T：Oh，Dick can't swim! What does he want to learn next？

S：Play basketball.

T：Can he play？ Why or why not？Which is hard，swimming or basketball？

播放录音"Dick learns to play basketball. But the ball is too big for him."

T：If you were Dick，what would you say？ （出示实物，亲自体验）

S：I want to play basketball. / I learn to play basketball. 鼓励学生自主表达.

The ball is too big for me. / I can play basketball.

T：Dick can't swim. He can't play basketball. What can he do then？

课件出示其他运动项目（run、walk、box、shoot）图片。

活动4：请学生再次阅读（P8-11），深度感知故事。

T：Can he run ?

S：Maybe he can. / Maybe he can't.

T：I think maybe he can. But he has short legs. He can't run fast，but the road is too long for him.He may feel very tired.（课件出示相应情境图，师生边手画长长的路,边带学生说"too long"帮助学生理解，并跟读）。

T：Is he sad ? If you were Dick, what would you say ?

S：The road is too long for me. / The road isn't long for me.

Dick learns to ….But … is too … for him.
But he can't make it.

带领复述故事前部分，滚动已知。

课件出示 P10-11 场景。依次呈现 Dick 与其他动物之间对比不能竞走、不会拳击、不会射击图片。尤其关注右侧图片，帮助学生理解"He can't make it."意义。

T：Can he walk，box and shoot ? What would he say ? 听、模仿录音出示 Dick 跑步、射击、竞走、拳击的场景，引导学生体会 Dick 情绪，模仿后尝试转述。

"I learn to …But the road is too long for me. / I can't make it."学生尝试表演，师生作出积极评价。

活动5：整体复述故事

【设计意图】：通过讨论 Dick 不能参加其他项目的原因及心理，深入理解故事，激发想象 Dick 更适合做些什么。

活动6：学习 P12-14 分析思考，深入故事。

A、观察图中人物，引导学生观察图中影子的变化。

B、大胆猜测，尝试回答，启发学生对故事结尾的预设。

活动7：观察 P14，其它动物做"报道"的画面。

活动8：将 P2 图片和 P16 图片进行对比，体会 Dick 的心情变化。

【设计意图】：引导学生学习 Dick，学生为它不放弃的精神鼓掌。

三、带着兴趣分享绘本——彰显表现力

（一）跟读训练

听录音，跟读、朗读故事。

（二）尝试表演故事

教师出示道具：游泳帽、篮球、拳击手套、玩具枪，选择一情景示范表演，以 Dick 的语气说："I learnto …. But it's too…for me." 学生之间进行评价。

【设计意图】：在学生表演过程中，教师再次强调 Dick 不轻言放弃，敢于拼搏的精神。

四、教学设计特点

借绘本魅力，通过"三带一路"，培养学生英语学习"三力"。"一路"指我们中年级的研究专题："以有效拓展单元绘本故事为依托，培养学生英语学习能力"。这"三带"是指：

（一）带着感知走进绘本——培养朗读能力。例如：故事 2-3 幅图，我利用北京、伦敦奥运会图片帮助学生理解 Olympics、participate 的准确含义，突破重难点，认读体育项目单词，为后续学习扫清障碍，这部分体现了老师的"帮"。

（二）带着期待描述绘本——激发想象力。我利用绘本故事 4-7 幅图，引导学生发挥想象，说说 Dick 不能游泳和打篮球的原因。巧设悬念、师生共建故事，这部分体现了老师的"扶"。故事 8-9 幅图，我引导学生同桌讨论；故事 10-11 幅图，学生小组合作，各抒己见。最后引导学生自己推测故事情节的发展，猜测故事结局，这部分体现了老师的"放"。这样设计既做到了教学环节层次分明，又可以让不同层次的学生有所获。

（三）带着兴趣分享绘本——彰显表现力。

学生被故事深深吸引，激发了他们的表现欲望，于是我安排他们在小组内进行分角色朗读，戴头饰表演故事，分享自己读故事的感受，内化语言。

五、教学反思

绘本具备跌宕起伏的故事情节，但如何不拘泥于故事情节和孩子思维，用学过的功能句型表达自己的想法，就需要我们设计开放性的问题，这样孩子的回答就会更新颖、更多元。本节课给评委老师们最大的印象就是"开放"，开放性的新知教授、开放性的教学环节、开放性的问题设计。教师不再聚焦到具体的单词、句型，而是带领学生进行真实的语言交流，学生忘记了自己在学习英语，教师忘记了自己正在教英语，课堂展示的是学生思维的流动和语言的交流分享。

通过这两年聆听四位教研员的绘本示范课、市区级绘本展示课和自己的课堂实践，再次回想和反思这节课例还存在许多不足之处：在阅读绘本时我只注意到学生要关注封面上的人物和标题，更应了解作者、出版社等内容，尤其是作者的编写意图和创作背景，只有了解背景之后在读故事才会感同身受，因此我们要帮助孩子养成良好的读前习惯。

通过绘本阅读课的讲解，我想为学生呈现的理念是：Reading is fun！阅读可以给学生带来美妙的体验，告诉学生书里是一个美丽的世界。

3—6 岁幼儿阅读兴趣培养的策略

侯艳霞

摘要： 古人云："读万卷书，行万里路"；"读书破万卷，下笔如有神"；"腹有诗书气自华"。这些词句都表明读书影响着一个人的成长、经验、气质、内涵、表达等方面。《3—6 岁儿童学习与发展指南》指出："读写能力在个体的整体素质当中占举足轻重的地位"。即一个人的读写水平在很大程度上决定着他在社会交往、日常生活中是否能取得成功。《幼儿园教育指导纲要（试行）》中也指出："要利用图书、绘画和其它多种方式，引发幼儿对书籍、阅读和书写的兴趣，培养前阅读和前书写的技能"。所以在语言领域教育中，教师应把幼儿语言作为一种终身技能来培养，重视对幼儿阅读兴趣的培养，开发幼儿阅读潜能，遵循幼儿能力发展的规律，选择合适的教育方法，确保幼儿的生理和神经系统发育适应读写能力的发展，以免延误幼儿语言的学习。

一、幼儿阅读兴趣培养的重要性

兴趣是积极探究某种事物或进行某种活动的心理倾向，它使人产生愉快的情绪体验，在精神上得到一定地满足。从兴趣入手，激发幼儿的内部动机，可以保证幼儿阅读活动地顺利进行，并取得积极的阅读效果。现代脑科学研究表明：语言发展的关键期是 0—6 岁。著名幼儿教育理论家和实践家蒙台梭利指出：幼儿 5 岁前都处于语言敏感期。美国心理学家经过多年关于天才发生学研究成果表明：有 44% 左右的天才男童和 46% 的天才女童，在 5 岁前就开始阅读了。心理学家和教育学家的研究说明：幼儿早期阅读、计算能力对其日后的智力发展影响最大。所以通过培养阅读兴趣并激发幼儿养成良好的阅读习惯，不仅可以拓宽幼儿受教育的渠道，还可以有效促进幼儿语言、情感、社会性的发展。这就需要教师重视对幼儿阅读兴趣的培养，提供适当的条件和氛围的支持。

作者简介： 侯艳霞，台湖镇台湖中心幼儿园保教副主任，一级教师。

二、现阶段教师对幼儿阅读兴趣培养存在的认识误区

许多教师认为幼儿阅读就是会认字，会读写拼音，其实这种观念是片面的，带有功利性的。因为识字量不代表阅读活动质量，也不是阅读活动是否有效果的证明。幼儿阅读与小学正规的读写有着本质的区别，它只是一种"启蒙"，是在生活中不知不觉的学习行为，是为正式读写做的无意识准备。所以培养幼儿的阅读兴趣尤为重要。基于此，我园从以下几方面对幼儿的阅读兴趣进行了培养：

三、幼儿阅读兴趣培养的策略

（一）创设适宜阅读环境，唤起幼儿阅读兴趣

1. 环境是一种隐性课程。心理学家皮亚杰强调："儿童是在周围环境的影响下，通过主客体的交互作用而获得心理发展的。""适宜的物质和心理环境能激发幼儿学习的欲望，增强幼儿主动活动的意识,从而促进幼儿语言的发展。"阅读环境包括物质环境和精神环境两方面。我们会在班中光线充足且安静的地方设置图书角，放上小书架或透明图书袋，摆上小书桌，小沙发，或干脆在地上铺上地垫。墙面淡雅，有好听的轻音乐陪伴，图书随时更新。教师在图书角跟幼儿一起看书，讲故事，读儿歌，学绕口令。幼儿也可以随时随地拿到一本书看。

2. 提供操作材料。教师会将幼儿熟悉喜欢的事物，如蔬菜水果、交通工具、小动物等，制成色彩鲜艳、形象逼真的卡片，辅助出现大字号宋体字，让幼儿观看图片的同时也体会到阅读字的乐趣。

（2）根据不同年龄的幼儿特点，选择适宜的图书

1. 依据图书画面的颜色形状、笔触粗细、绘画风格等要素选择。图书的内容大多数通过画面来传达。所以画面要能展示主要情节，辅助说明正文内容。人物的喜爱厌恶、喜怒哀乐、内向开朗，要能在图画中透过画面颜色、动作、表情，甚至服装显露出来。图书的氛围能通过色彩、浓淡、布局等营造烘托出来。画面背景提供的次要情节要有助于幼儿发现和理解图书内容。

2. 依据图书故事情节、主题、文字等要素选择。情节是故事发展的线索，可以引领幼儿体会故事所传达的含义。因此图书要有灵动的情节，要能通过浅显易懂的内容，传达出丰富的内涵、深沉的情感和深刻的哲理，故事要词句有趣，文字优美，语句段落重复，朗朗上口，富有节奏感和韵律感。

同时不同年龄阶段的幼儿，因为认知能力、语言表达能力等发展的不同，在阅读的喜好及需求上也有相应的区别。

小班幼儿注意力持续时间短，对自己熟悉的、具体的事物感兴趣，对动作和声音更加喜欢，同时爱模仿。所以为

他们提供内容短小生动、情节简单、一次能看完的图书。书中有生动、形象的词汇和语句，如象声词、动词、叠词等，同时语句多动作性和重复，幼儿读来朗朗上口，富有韵律感，便于通过语音和动作模仿，再现图书中人物的语言、动作。同时，图书内容应贴近幼儿日常生活经验，画面色彩鲜艳明亮，主体形象可爱，大而突出，背景相对淡化，给人温馨、快乐的感觉。单幅画页、版面大而精美更能受到幼儿的喜爱。

中班幼儿乐于欣赏、学习具有清晰情节和结构富有想象力、感染力和思维性的图书，喜欢情节有变化、有悬念但不过于曲折的图书，喜欢表现人物情感和心情的性格鲜明生动的图书，喜欢描绘故事意境和人物内心情感的优美语言。这些图书中绘画线条和色彩的运用更为丰富，人物的不同心情、好恶、个性表现得更生动，更能准确地传达出故事要表达的意义或感觉。同时幼儿对拼贴画、水粉画、彩铅画等绘画风格的图书喜欢。

大班幼儿对新奇事物充满了好奇和探究的欲望，乐于欣赏多种题材和形式的优秀故事、童话图书，奇思妙想、出乎意料的神奇事件和人物的图书，甚至一些具有抽象概念或恐惧情绪的图书都是他们喜欢的。因此为大班幼儿选择的图书情节应跌宕起伏，人物心理和情感富于变化，且语言细腻刻画入微，幽默

且富有想象力和浪漫色彩。线条、色彩和构图应更能体现出人物性格特征，烘托出故事特有的气氛。

（3）通过对新图书的介绍，引发幼儿的阅读兴趣

在新书投放阅读区前，教师会根据幼儿的年龄特点，设计别致的介绍方法，以吸引幼儿的注意力。小班教师会利用幼儿喜欢游戏的心理，利用游戏形式，引发幼儿对新书地关注后，以师幼共读方式为幼儿讲新书。中班教师会利用图书封面和故事名称，提出有悬念的问题，以朗读方式调动幼儿的阅读动机，让幼儿根据已经了解的大意，仔细琢磨每页画面和文字的意义。同时教师会对故事的诠释、情感、态度传递给幼儿。随着大班幼儿阅读兴趣的提高，阅读图书的丰富，在来园、餐前等时间，教师会请幼儿向大家介绍图书，简单地讲出自己读过的故事中有趣的情节，就图书内容提出相关的问题请小伙伴猜一猜，并将问题用幼儿喜欢的图文结合的方式画出来，贴在阅读区墙饰中。

（4）引导幼儿深度阅读，关注细节、情节和心理

幼儿对图书的理解难点在于对图书画面及故事细节地理解，这也是影响幼儿准确理解和感悟图书的关键。到了中班后期和大班开始，幼儿会对细节有所追求，所以教师会在阅读区了解幼儿阅读中遇到的困难，从细节入手，给予指导。

会从画面和故事细节入手，引导幼儿细致观察人物表情、画面色彩及背景等多种线索，建立细节之间地联系，帮助幼儿把握细节，理解故事情节，体会人物情感，使幼儿获得审美能力地提高。

（五）运用灵活多样的教育方法，培养幼儿阅读兴趣

1. 讲述提问法。讲述提问法是由教师讲述，或边讲边提问，解释疑难，引导幼儿阅读理解材料的方法。它能促进师幼之间地情感交融。激发幼儿对阅读活动地关注和兴趣，提高幼儿对图书的感受能力和理解能力，帮助幼儿掌握一页一页翻阅等基本阅读习惯。如《这不是我的帽子》讲述中，第一次教师完整讲述故事内容后提问："小鱼的帽子是哪儿来的？这个故事中都有谁？"第二次精读绘本后，根据不同的内容提问："这是谁？这是他的帽子吗？那他从哪里偷来的呢？观察这四幅图大鱼的眼睛，你发现了什么？"等。

2. 角色扮演法。角色扮演法是教师与幼儿以口头扮演或动作扮演等形式，担任图书中某一角色的方法。如：《我的幸运一天》这个故事，教师让幼儿模仿小猪和狐狸的口气说话，做小猪和狐狸的动作等。活动中教师和幼儿采用适合角色的语气、语调、表情、动作，还可以师幼，幼幼交换角色多次扮演。这样可以增强幼儿对阅读活动地兴趣，提高幼儿的语言、动作的表达能力，加深

对阅读材料地理解，还有利于师幼之间建立民主、平等的关系。

3. 移情法。移情法是让幼儿站在图书中某一角色的立场思考问题，提出想法，表达愿望的方法。如：《和我一起玩》这个故事，教师会在帮助幼儿全面了解角色所处的情景，突出矛盾的基础上提问："如果你是小姑娘，碰到大家都躲开你，你会怎么办？"帮助幼儿加深对角色的处境、心情、欲望等地感知和理解，培养幼儿的移情思维及解决问题的能力。

4. 创编法。创编法是指在阅读中，教师鼓励幼儿根据自己的理解和思维，对故事中原有的情节进行改编，以拓宽幼儿的思路，发展幼儿的创造性思维，使幼儿体验到成功的乐趣，激发幼儿继续阅读的兴趣。如：《嗯嗯太郎》的故事最后，教师会带领幼儿思考："嗯嗯太郎要拉大便了，他会在哪里大便呢？他的厕所又会是什么样的呢？"创编中教师会尊重幼儿的想法，不打击幼儿的积极性，如遇上幼儿改编不合情理时，教师也不会全盘否定，而是耐心地对其讲清道理，进行引导。

5. 游戏法。教师会以各种形式的游戏为手段，引发幼儿对阅读活动的兴趣。如：我说你做，拼图，找不同，我做你猜，词语接龙、儿歌或绕口令联句等游戏。这样可以提高幼儿参与阅读活动的兴趣，并积极参与到游戏当中。

6. 随机引导法。在日常生活中，教师会根据幼儿表现出来的兴趣或遇到的问题，及时对幼儿加以引导。因为与幼儿日常生活密切相关，所以更有实效性。

（六）利用一日生活中的各个环节培养幼儿的阅读兴趣

阅读固然重要，但因为幼儿各方面的能力还比较弱，所以若独立阅读还是有一定难度的。想让幼儿喜欢阅读，就必须在日常活动中培养他们的阅读兴趣。所以教师会利用幼儿园一日生活中的各个环节，让幼儿有更多时间去接触图书，从而培养阅读兴趣。相关环节包括：

1. 晨间阅读。对于入园早的幼儿，教师会让幼儿自己选择喜欢的图书自主阅读，幼儿也可以和老师一起阅读。此时教室内幼儿并不多，且没有安排其他活动，环境很安静，幼儿的注意力比较集中，阅读的效果也比较好。

2. 午餐前后阅读。盥洗后等待吃午饭的时间，教师会让幼儿选择一本最想听的图书让老师读。这时，教师会对幼儿平时看书时的表现做点评，凡是不扔书、不撕书、不抢书，一页一页翻书，会把书放回原处的幼儿都可以轮流来选择。对于没有能来选择的幼儿，教师则鼓励他们以后看书要认真，争取下次能

当上这个幸运的幼儿。不管是谁选择的图书，要求幼儿都要安静地听。通过这种方法，幼儿明确了读书的要求，也会在之后看书时更认真，在潜移默化中也对阅读产生了兴趣。午餐后，教师会让先吃完饭的幼儿到阅读区自主看书。幼儿可以和同伴一起看书，可以轻声交流，既培养了幼儿社会交往能力，也使幼儿的语言表达能力得到了锻炼。

3. 午睡后阅读。午睡后，幼儿穿衣快慢不同。这时教师会让穿好衣服的幼儿自己阅读。一方面避免了穿衣快的幼儿消极等待，另一方面幼儿可在这个时候看自己没有看过或没有看完的图书。既能对穿衣慢的幼儿有所促进，也使幼儿对阅读活动产生了兴趣。

4. 离园前阅读。幼儿在离园前都比较兴奋。这时教师会带幼儿开展以阅读为主的活动，以图书为教材，根据图书的内容，设计有趣的阅读活动。

总之，阅读对孩子的成长与发展有着重要的作用，它不仅可以让幼儿开阔视野增长知识，也对之后的书写概括能力起着一定的作用。兴趣是幼儿阅读过程中最好的引领者，因此，我们应该多方位思考，积极探索，有效的培养幼儿阅读兴趣。

幼儿早期阅读的培养策略

李建立

摘要：早期阅读对于幼儿终身发展有重要的奠基作用。本文主要从幼儿早期阅读兴趣和习惯培养的角度，提出培养策略，即：运用表扬法、情境法激发幼儿阅读的积极性；运用标识法、示范法培养阅读行为习惯；运用多种阅读工具和平台激发幼儿的个性化阅读；发挥家长的榜样示范作用培养幼儿的良好阅读习惯。

早期阅读是幼儿认知的一种重要形式，是他们认识世界和探索世界的一种重要手段。良好的早期阅读不仅有助于培养幼儿的听、说、读和前书写能力，更有助于幼儿的全面发展和终身发展。但是在教育中，仍然存在忽视早期阅读，以及不知道如何支持幼儿开展早期阅读的问题。因此，本文试图探讨培养幼儿早期阅读的策略。

一、激发幼儿阅读的积极性

（一）教师用表扬法激发幼儿的阅读兴趣

每个人都渴望得到表扬，而幼儿时期对于表扬的渴望是极其强烈的，他们希望在表扬中感受到大家对他的认同，尤其是在教师就某种行为对某个幼儿进行表扬的时候，其他幼儿都会忍不住的向教师展示自己的行为，并且渴望得到表扬，同时还会去分析思考是为何得到表扬从而进行更好地模仿。因此，在早期阅读习惯培养中，教师可以着重表扬某个幼儿爱看书的好习惯，其他人可能就会为了得到表扬而开始拿起书本。这对于他们的早期阅读意识来说无疑是一个良好的开端。

（二）创设故事情境去吸引幼儿阅读

幼儿园可以多开展"故事姐姐"的活动，通过创设故事情境，定期为孩子们讲绘本故事，比如童话故事《三只羊》，老师可以说："从前山洞里面有一只大野狼，大野狼要吃掉去山上吃草的小羊和中羊，但是大羊却不怕大野狼，你们想不想知道为什么呢？大羊到底想出了

作者简介：李建立，马驹桥镇马驹桥中心幼儿园教师，二级教师。

什么办法来对付大野狼呢？看了这本故事书，书上就会告诉你怎么回事了。"形象生动地描绘故事情节，也可以根据符合幼儿年龄和心理特点的游戏，经常让幼儿参与到故事中来，扮演故事中主人公的角色进行表演。幼儿对这种角色扮演活动非常的感兴趣，往往会很积极地参与到图书活动中来。

二、培养幼儿的阅读习惯和能力

（一）有效利用标识，搭配儿歌，养成良好的翻书习惯

可以在书本的右下角的每一页都贴上一个蓝色的小星星，然后一边翻书一边念儿歌"捏住小星星，翻到下一页"这样示范给幼儿看，一页一页地翻书，等到幼儿会自己翻书的时候，一边和幼儿一起念儿歌，一边翻书，不断地做同样的动作，让幼儿渐渐养成一页一页翻书的好习惯。

（二）教师示范，幼儿模仿，养成收拾整理的好习惯

在教育活动过程中，教师可以把书本比作一个小动物，比如拿起一本书的时候说"小宝贝，你好可爱啊，今天我们一起学习新的技能吧，"顺便还可以问一声幼儿"你们爱小宝贝吗？""爱""那等会我们翻书的时候要轻轻的哦，看完的时候也要乖乖把它合好，不能把小宝贝弄疼了"一边说，一边要做示范动作，让幼儿跟着你一起模仿。之后，每天去

阅读之前，老师都要带领幼儿一起做一下这套动作，久而久之就会养成了把书放回原处的好习惯。

（三）创造宁静舒适的环境，养成安静阅读的习惯

我们可以把图书区设置在安静、光线适宜的区域，避免与表演区、角色曲相邻，并且提供有童趣、温馨的阅读空间，为幼儿创设宁静舒适的阅读环境，帮助幼儿养成安静阅读的习惯。

三、利用多种形式的个性化阅读促进幼儿兴趣

（一）利用信息技术，开展电子阅读

现如今的大多是幼儿对于电子产品都有着无师自通的天赋，因此在这样的天体条件下，利用信息技术或是电子产品无疑是可以吸引到他们的注意力，当他们把关注点都放在这上面时也就可以更好地激发阅读兴趣。所以教师可以在集体活动中，合理利用优质教育资源，借助动画或者其他各种形式调动幼儿的各种感官来感受并且学习。

除了集体阅读活动中，教师也可以利用平板等设备让幼儿自主阅读电子本，有声有色的电子读物肯定更能激发幼儿的阅读兴趣。

（二）创建阅读平台，丰富幼儿语言

定期在班级中开展绘本阅读的交流活动，让幼儿轮流介绍自己阅读的

书籍，并且交换自己的图书，形成一种资源共享的氛围。如我们有些班创设了"小博士编辑部"。这样幼儿可以一边积累一定的生活经验，培养早期阅读的良好习惯，还可以借助自制插图、卡片等各种形式来更好地表达自己的情绪和想法，也可以更好地学会运用语言学会表达。

四、家长的言传身教来培养幼儿的阅读习惯

家长还可以在睡前讲一些小故事，既能够增进亲子感情，建立良好的亲子关系，同时，这样培养幼儿喜欢阅读、定时阅读的的良好阅读习惯。

家长要关注幼儿的阅读兴趣，不能强迫幼儿阅读，根据幼儿的兴趣来调整自己的行为，家长可以在自己阅读的过程中，与幼儿采取互动的方式，比如：提问、复述前面的阅读内容、或者天马行空一下猜猜故事结局是什么等，让幼儿能在阅读过程中感受到快乐。

在平时的生活、交流中，家长要有意无意地运用幼儿刚学会的新词和语句和他对话。当幼儿有任何关于书本、文字的问题提问时，家长都应该积极地回应幼儿，对于一些无法回答的问题可以一起查询电脑解决，在一同解决问题的过程中，让幼儿感受到解决疑难问题的快乐。每当幼儿发表观后感时，家长都要表示出肯定的态度。当幼儿主动邀请家长一起阅读时，家长都应该抽出时间来一起看书，在看书的过程中重视两者之间的互动，期间可以适当地对幼儿提几个简单的问题，不断和幼儿交流、探讨一下书本中的人物、故事情节等。

综上所述，早期阅读既是幼儿园教育的重要组成部分，也是家庭教育的主重要组成部分。幼儿期是幼儿思维最活跃的时期，我们一定要懂得抓住幼儿的年龄特点、性格特征，在幼儿早期阅读兴趣、习惯和能力的培养中寻找适宜的方法和策略。培养幼儿的阅读能力和习惯不能一蹴而就，而必须要在日常生活中慢慢地积累。只有教师和不懈的努力和引导，再加上家长的积极配合，幼儿的阅读能力才能得到发展。作为教师，我们更应该加强支持和引导，积极培养幼儿良好的阅读兴趣和习惯，根据他们的年龄发展特点制定出个性化的指导方法，让早期阅读能够真正地激发幼儿源源不断的阅读兴趣，使他们形成一个良好的阅读习惯，让图书能真正陪伴幼儿一生，指引幼儿能在知识的海洋里尽情遨游，享受书籍所带来的无穷乐趣。

参考文献：

[1] 冯雅静 . 运用提问，提高幼儿绘本阅读质量 [J]. 教育探索，2014（10）：145-146.

[3] 徐筱娅 . 幼儿早期阅读的影响因素与培养策略解析 [J]. 科普童话，2016（11）：89.

[3] 季红 . 幼儿园开展分享阅读活动的有效策略 [J]. 学前教育研究，2001（11）：22-23.

中班幼儿阅读理解能力的现状及指导策略

刘　帅

摘要：理解是幼儿阅读过程中很重要的部分，阅读理解能力与生活经验密切相关，通过对相关文献的检索，发现以年龄划分为基础的幼儿阅读理解的相关研究较少。且中班幼儿的年龄特点突出，有较大的发展空间对于中班幼儿阅读理解能力的研究对于幼儿理解能力的发展有重要意义。

中班幼儿经过小班一年的培养，各方面能力都有所增强，有意注意时间的增加伴随着观察能力和理解能力的提高，但由于对事物的理解能力受限于身体发展规律，故而在图画书的阅读过程中对故事内容和画面的理解有限，主要体现在以下各方面：

一、幼儿在阅读过程中"观察"重于"理解"

幼儿在阅读各类图画书的过程中，能够关注到书中的细节，但很难把握图画与故事情节的关系，如在阅读图画书《鸭子骑车记》的过程中，幼儿能够观察到成人容易忽视的画面细节：农场中除主人公外的各种动物；鸭子骑车过程中带动的路上的碎石，草丛中隐藏着昆虫等。幼儿在阅读过程中注重于观察画面而非理解故事情节，更难捕捉到画面与故事情节之间的关系。对于中班幼儿而言，吸引他们的也更多的是画面中丰富的色彩和夸张的绘画手法，幼儿对画面有趣的认知往往多于故事本身。这一现象也提醒着教育者，在指导幼儿阅读图画书的过程中，用什么样的方式能够使画面内容更容易被幼儿所理解。

二、幼儿阅读理解能力与生活密切相关

当幼儿在阅读图画书的过程中遇到难以理解的情节或画面时，幼儿往往会将已有的生活经验带入到阅读中，利用生活经验来更好地理解故事。如在阅读《勇敢的小熊》时，幼儿能够很容易地体会到小熊的爸爸妈妈对小熊深深的关怀和爱。这正是由于幼儿在家庭和学校

作者简介：刘帅，七零九零幼儿园教师，一级教师。

中和故事中的小熊一样，他们同样被鼓励、爱和温暖所包围，故而这类能够让幼儿产生共情且符合幼儿现阶段身心发展的图画书更容易被幼儿所理解。但由于阅读经验的影响和自身的认知水平能力尚处于发展中，幼儿对图画书主题的理解还不够深入。教育者在指导过程中也可以通过利用幼儿已有生活经验帮助幼儿提高阅读理解的能力。

三、幼儿的阅读理解能力与家庭教育密切相关

在对班级中幼儿家庭阅读环境和阅读教育方式的调查结果中显示，幼儿阅读理解能力的高低与家庭教育息息相关，重视幼儿早期阅读教育的家庭中的幼儿阅读理解能力优于同龄幼儿水平。家庭教育中幼儿读物较多，家庭成员阅读频次高的幼儿，阅读理解能力相对较高。父母的阅读习惯潜移默化地影响着幼儿的阅读量和阅读习惯从而间接影响着幼儿的阅读理解能力。另一方面，家庭成员对于阅读的态度也影响着幼儿的阅读理解能力，有些父母能够与孩子在阅读过程中进行互动，让幼儿参与到整个阅读过程，而部分父母则会在阅读过程中会在成人的角度左右幼儿的想法，幼儿在后者这样的环境中很难提高阅读理解能力。

通过把握中班幼儿阅读理解能力的现状，针对中班幼儿阅读理解能力的特点，提高中班幼儿的阅读理解能力可以从学校和家庭两个方面入手。

四、园所教育中提高幼儿阅读理解能力的指导策略

（一）创造丰富、适宜的阅读环境，从兴趣入手提高幼儿的阅读理解能力

幼儿创设丰富且适宜的阅读环境尤为重要。园所在创设阅读区时要把握幼儿的年龄特点，有层次性地投放阅读材料。图画书的种类不仅要丰富，题材也要多样化，以满足幼儿多样的发展需求。适合幼儿阅读的区角环境，要求安静、宽敞、光线充足。在外部环境能够引发幼儿的阅读兴趣后，教师还要思考如何引发幼儿持续性地阅读行为。在阅读的过程中，教师要多用肯定，积极，赞扬的语言来激发幼儿继续阅读的兴趣。同时，也可以用多种方式来帮助幼儿理解图画书的内容。如利用特色活动"故事大王"来激发幼儿的表达欲望，或是利用边说边演的方式进一步加深对故事的理解。早期阅读的重点是培养幼儿良好的阅读习惯和引发幼儿的阅读兴趣，教师要用科学的指导策略帮助幼儿获得更高的阅读理解能力。

（二）利用多样化的阅读活动提高幼儿的阅读理解能力

一本优秀的图画书读本的呈现方式远不止于阅读活动，例如《是谁嗯嗯在我头上》这本幼儿喜爱的图画书，它既可以从科学性的角度出发，设计成科学活动，引发幼儿对自然界和人与动物关

系的思考。同时，还可以从艺术的角度出发，将绘画和表演融入到活动中，帮助幼儿从多角度来理解故事。同时，多样的阅读活动对幼儿提高阅读理解能力同样有所帮助。自制图画书、图书节、图书分享等多样的阅读形式，也能够引发幼儿对阅读的思考。例如，幼儿园能够将早期阅读作为自己园所的特色，为幼儿提供专门的阅览室。但在信息不断更迭的时代，幼儿园的管理人员和教师都要不断地学习，寻找适合幼儿和本园办学特色的途径，帮助幼儿更好地阅读，从而提高幼儿的阅读理解能力。

五、家庭教育中提高幼儿阅读理解能力的指导策略

（一）重视早期阅读，树立正确的儿童阅读观念

家庭教育作为幼儿早期教育中主要的教育方式对幼儿的意义重大，因而，家长的教育观念直接影响着幼儿的身心发展。随着生活节奏的加快和人们生活水平的提高，幼儿家庭阅读中缺少的不再是物质上的满足而是精神上的满足。成人阅读主要是依靠文字理解，注重的是文字的内涵与实际意义，是带有目的性的阅读；而幼儿阅读，尤其是学龄前期的幼儿阅读依靠的图画，他们更注重图画的趣味性和生动性。所以，家长要有正确的阅读观念，注重享受阅读的过程。这就要求家长在陪伴阅读的过程中给予幼儿丰富的阅读体验，引导幼儿大胆地表达自己的观点，通过表达来引发持续阅读和进一步思考的欲望。

（二）重视亲子阅读，实施科学指导

亲子阅读是指幼儿与家长秉持科学的阅读理念共同阅读一本图画书，在阅读过程中，家长与幼儿不仅有语言的交流更要注重情感的交流。幼儿可以通过亲子阅读来获得正确的阅读方式：如正确的翻书，了解图画书的基本结构，引发对故事内容外的思考。在亲子阅读的过程中，家长要做一个和幼儿一起阅读的参与者，要做个仔细的观察者，还要做一个正确的引导者。家长在早期阅读中的参与度直接影响幼儿阅读理解能力的发展，家长可以在阅读过程中观察幼儿的表现，同时及时给予反馈和相应地支持。在亲子阅读后，家长可以根据幼儿的表现及时对自己的指导策略进行调整和补充，做到成为一个合格的亲子阅读者，帮助幼儿获得更高的阅读理解能力。

阅读理解能力对幼儿的学习和生活都有着重要的作用，在幼儿的早期阅读发展阶段，提高幼儿的阅读理解能力不仅对幼儿的语言和社会交往能力有所发展，同时也能够在情感上丰富幼儿的认知和体验。家庭教育和园所教育对早期阅读的重视程度也成为了影响幼儿阅读能力发展的重要因素，这就要求不论是家庭还是园所都需要根据幼儿发展的现状和幼儿生活环境及时做出相应的调整，从而更好地提高幼儿的阅读理解能力。